Gongcheng Xiangmu Touzi yu Rongzi

工程项目投资与融资
（第二版）

汤伟纲　主　编
李丽红　副主编
严　玲　主　审

人民交通出版社股份有限公司
China Communications Press Co., Ltd.

内 容 提 要

本书为高等学校应用型本科规划教材，也是工程管理、工程造价等专业的核心课程教材。主要研究工程项目投资管理、投资决策、投资评价、融资管理、融资结构、融资担保以及投融资风险管理等问题。

本书以工程投资过程为线索展开，主要阐述了工程项目管理过程中的投资与融资管理。课程的基本内容包括：工程项目投资管理、工程项目投资决策、工程项目投资估算与评价、工程项目融资管理、工程项目融资结构、工程项目融资担保结构、工程项目投融资风险管理等。

本书为工程管理、工程造价、房地产开发与管理专业本科及研究生教材，亦可供相关专业师生参考。

图书在版编目（CIP）数据

工程项目投资与融资／汤伟纲主编．—2版．—北京：人民交通出版社股份有限公司，2015.6
ISBN 978-7-114-12199-9

Ⅰ．①工⋯ Ⅱ．①汤⋯ Ⅲ．①基本建设投资②基本建设项目—融资 Ⅳ．①F283②F830.55

中国版本图书馆 CIP 数据核字（2015）第 079646 号

书　　名：	工程项目投资与融资（第二版）
著 作 者：	汤伟纲
责任编辑：	王　霞　陈力维
出版发行：	人民交通出版社股份有限公司
地　　址：	（100011）北京市朝阳区安定门外外馆斜街3号
网　　址：	http://www.ccpcl.com.cn
销售电话：	（010）59757973
总 经 销：	人民交通出版社股份有限公司发行部
经　　销：	各地新华书店
印　　刷：	北京虎彩文化传播有限公司
开　　本：	787×1092　1/16
印　　张：	19.875
字　　数：	459千
版　　次：	2008年7月　第1版 2015年6月　第2版
印　　次：	2024年1月　第8次印刷　总第15次印刷
书　　号：	ISBN 978-7-114-12199-9
定　　价：	39.00元

（有印刷、装订质量问题的图书由本公司负责调换）

第二版前言

工程管理专业培养具备技术、管理、经济和法律等基本知识，掌握现代管理科学的理论、方法和手段，能够在工程建设领域从事工程技术和全过程管理工程项目的复合型高级管理人才，因此，工程管理专业知识主要是以土建类为主的工程技术及经济、管理、法律等方面的知识。

工程项目投资与融资是工程管理专业的核心课程，它按照工程管理专业培养学生的目标，从工程项目筹资者的视角出发，研究工程项目的投资管理、投资决策、投资评价、融资管理、融资结构、融资担保以及投融资风险管理等问题。通过本课程学习，能使学生在已学完财务管理和会计学课程的基础上，了解工程项目投融资过程的基本框架，掌握工程项目投融资决策的相关理论和基本分析方法，培养学生运用相关理论和方法进行投资和融资决策分析，并获得日后在工程管理工作中操作工程项目投资与融资实务的能力。

本书融合了经济、金融、管理与法律等方面与工程项目投融资相结合的基本知识，继承了以往工程管理学科关于投融资管理的基本内容，吸收国内外工程项目投融资管理的基本经验，反映了工程管理技术、项目管理、金融管理等成熟的理论成果和观点，符合我国工程投资管理改革的实际，具有一定的学术价值。

本书理论体系完备，注重实用性、实践性、可操作性，案例分析丰富，具有较强的可读性，是工程管理、工程造价、项目管理等相关专业的本科生和研究生深入学习的必备教材和教学参考书，也是相关从业人员的优秀工具书。

和类似教材相比，本书的特点主要表现在：其一，重视基础知识的系统性，将投融资理论与工程管理理论相结合，形成一套完整的工程项目投融资理论系统；其二，体现了全过程工程管理各阶段中，项目投融资相结合的特点，突破了以往类似教材分割投资与融资或只在工程管理前期进行投融资管理的局限；其三，借鉴和吸收了国内外成熟的工程管理、项目管理和金融管理的理论和经验，并与中国特色的工程管理实践相结合，具有前瞻性和实用性；其四，结合工程管理、工程造价和项目管理等相关专业培养要求，突出了项目投融资在其课程体系中的作用；其五，给出了需掌握的专业词汇中英文对照，既便于读者掌握基本的专业术语和查阅外文文献，也利于相关专业教师和学生学习；其六，本书将成熟的研究成果与教学实践相结合，配有大量丰富的案例分析和练习题。

全书由天津大学汤伟纲教授（博士）主编和统稿，李丽红（博士）、张月尧和闫娇娇参与编写；天津理工大学严玲教授（博士）主审，她为本书出版付出了辛勤的劳动，并提出了许多有建设性的宝贵意见，在此由衷地表示感谢。

本书在编写过程中，查阅和参考了许多工程项目投融资管理的资料与论著，得到了人民交通出版社股份有限公司、天津理工大学管理学院工程造价研究与培训中心、天津大学管理与经济学部等许多单位的支持和帮助，在此对资料和论著的作者、相关单位及参与者均表示感谢。

限于编者水平有限，本书难免有不足和欠妥之处，敬请读者、同行批评指正。

编　者

2015 年 3 月

第一版前言

工程管理专业培养具备技术、管理、经济和法律等基本知识,掌握现代管理科学的理论、方法和手段,能够在工程建设领域从事工程技术和建设项目的全过程管理的复合型高级管理人才。因此,主要学习以土建类为主的工程技术及经济、管理、法律等方面的知识。

工程项目投资与融资是工程管理专业核心课程,按照工程管理专业培养学生的目标,从工程项目投资者和融资者的视角出发,主要研究工程项目的投资管理、投资决策、投资评价、融资管理、融资结构、融资担保以及投融资风险管理等问题。通过本课程学习能使学生在已学完财务管理和会计学课程的基础上,了解工程项目投融资过程的基本框架,掌握工程项目投融资决策的相关基本理论和分析方法,培养学生运用这些理论和方法进行投资和融资决策分析,并获得日后在工程投融资管理工作中操作项目投融资实务的能力。

本书融合了经济、金融、管理与法律等知识,将工程项目投资和融资结合起来,沿袭了以往工程管理学科关于工程项目投融资管理的基本内容,吸收国内外工程项目投资与融资管理的经验,反映了工程管理技术、项目管理、金融管理等成熟的理论成果和观点,符合我国工程投资管理改革的实际情况,具有一定的学术价值。

本书理论体系完备,注重实用性、实践性、可操作性,案例分析丰富,具有较强的可读性,是工程管理专业、工程造价专业、项目管理专业等相关专业本科生和研究生深入学习的必备教材和教学参考书,也是相关从业人员的优秀工具书。

和已经出版的同类图书相比,本书的特点表现在:其一,重视基础知识的系统性,表现在将投融资的基本理论与工程管理的基本理论相结合,形成一套完整的工程项目投融资理论系统;其二,体现了工程管理全过程的投融资管理特点,即不仅将项目投资与融资相结合,而且将项目投融资与工程管理的每个阶段相结合,突破了类似教材分割投资与融资和仅仅只在工程管理前期进行投融资管理的局限;其三,借鉴和吸收了国内外成熟的工程管理、项目管理和金融管理的理论和经验,并且与国内工程管理的国情相结合,既有较强的前瞻性,又有有效的实用性;其四,结合工程管理、工程造价和项目管理等相关专业培养要求,突出了项目投融资在其课程体系中的作用;其五,给出需要掌握的专业词汇的中英文对照,既便于读者掌握基本的专业术语和查阅外文文献,提升研究能力,也有利于相关专业教师和学生学习;其六,本书将成熟的研究成果与教学实践结合起来,配有大量丰富的案例分析和练习题。

全书由天津大学汤伟钢教授(博士)和天津理工大学李丽红教授(博士)主编,并由汤伟钢负责统稿。全书共分七章,具体分工如下:第一章、第二章、第三章由汤伟钢编写,第四章、第五章、第六章由李丽红编写,第七章由汤伟钢编写,李丽红参加编写。

本书在编写过程中,查阅和参考了许多工程项目投融资管理的资料与论著,并得到人民交通出版社、天津理工大学管理学院工程造价研究与培训中心、天津大学管理学院等许多单位的支持和帮助,在此对资料和论著的作者、相关单位及参与者一并表示感谢。

限于编者的水平有限,本书难免有不足和欠妥之处,敬请读者、同行批评指正。

编 者

2008 年 4 月

学习导言

一、本课程的性质与研究内容

工程项目投资与融资是以工程项目为研究对象,以工程项目筹资者为视角,以工程技术、经济、金融、法律和管理为手段,以投资效益为目的,研究工程项目在建设全过程中的投资管理、投资决策、融资管理、融资决策、投融资风险管理的理论与方法,以及探索工程项目投融资一般规律的学科,是一门交叉的、新兴的边缘学科,也是工程管理、工程造价、项目管理等专业的核心课程。

本课程以工程投资过程为线索展开,详细介绍和阐述了工程项目管理过程中的投资与融资管理,课程的基本内容是工程项目投资管理、工程项目投资决策、工程项目投资估算与评价、工程项目融资管理、工程项目融资结构、工程项目融资担保结构、工程项目投融资风险管理。

其中,工程项目投资管理涉及投资和投资管理的一般理论、工程投资的基本概念和基本阶段、工程投资管理的基本过程;工程项目投资决策涉及投资决策的一般理论、工程投资决策基本概念和基本程序、项目可行性研究与项目评估的基本内容和步骤阶段;工程项目投资估算与评价涉及投资估算的概念和估算方法、财务评价的理论基础和评价方法、国民经济评价的理论基础和评价方法、工程投资项目的综合评价程序与方法;工程项目融资管理涉及融资管理的一般理论、工程项目融资的基本特点和优缺点、工程项目融资的构成要素和参与者、工程项目融资的组织和实施程序以及工程项目融资的成功条件;工程项目融资结构涉及工程项目融资结构的概念和策划评价、工程项目融资结构设计的基本原则和基本模式、并给出若干经典案例分析;工程项目融资担保结构涉及项目融资担保的地位与作用、项目融资担保的定义与分类、项目融资担保的范围和类型、项目融资担保的步骤和形式;工程项目投融资风险管理涉及风险管理的一般理论、工程项目投融资风险管理的概念和基本内容、工程项目投融资风险的分析方法、工程项目投资业主的风险管理、工程项目融资的风险管理。

二、本课程的任务

本课程的任务是按照工程管理、工程造价、项目管理等专业的培养目标,让学生掌握工程项目投资与融资管理与决策的相关理论、方法,以及获得运用这些理论和方法操作工程项目投资与融资实务的技能,培养工程建设领域全过程项目管理的复合型高级管理人才。

三、本课程与相关课程的关系

本课程是一门专业性、政策性、技术性、经济性、应用性很强的课程,涉及知识面较广,它以宏观经济学、微观经济学、工程经济学、金融学、管理学、项目管理学、法律学等知识为理论基础,以工程施工等知识为专业基础,以经济学、金融学、财务管理、会计学、工程管理、项目管理等课程为先修专业课程,使学生进一步掌握工程项目投资与融资管理与决策的相关理论和方法。

四、本课程的重点与难点

1. 课程重点

本课程核心重点内容是工程项目投资管理和决策的基本内容、工程项目融资管理与决策的基本内容等,其中第1、2、4、5章是重点内容。

2. 课程难点

本课程的难点是工程项目投资决策和融资决策,主要是因为这两部分既是核心重点内容,又涉及实际工作,且阐述比较抽象所致。

3. 学习方法

(1)必须与前期所学的课程,尤其是经济学、金融学、财务管理学、工程管理学、项目管理学课程有机结合,才能更好地理解和学习本课程。

(2)必须理论学习与实务操作有机结合。本课程是一门实践性和操作性很强的应用性课程,在学习本课程时,要注重实务操作的训练,尤其要结合案例分析。所以,一方面要充分利用本教材提供的案例材料和练习题,另一方面要寻找更多的课外案例进行分析,才能提高学生的实践能力。

五、与本课程相关的网站

中国建设工程造价信息网	http://www.ccost.com
中国采购与招标网	http://www.chinabidding.com.cn
中国招标信息网	http://www.cnbidding.com
中国政府招标投标网	http://www.cec.gov.cn
中国工程建设信息网	http://www.cecain.com
中国建设工程网	http://www.cacem.com.cn
中国工程项目管理网	http://www.cpmchina.com
中国项目管理研究网	http://www.chinapr.org.cn
中国项目管理网	http://www.project.net.cn
国际工程管理学术研究网	http://www.interconstruction.org
建设工程法律网	http://www.jsgcfl.com
建设工程教育网	http://www.jianshe99.com

中国工程咨询网	http://www.cnaec.com.cn
中国投资项目网	http://www.chinaip.net
中国贷款网	http://www.loancn.com
中国项目融资法律网	http://www.zgrzlaw.com
中国投融资网	http://www.chinaeis.com

目 录

第1章 工程项目投资管理概述 ... 1
1.1 投资概述 ... 1
1.1.1 投资的含义、构成、特点和过程 ... 1
1.1.2 投资的成本及其效益 ... 5
1.1.3 投资的分类 ... 8
1.1.4 投资的作用与意义 ... 11
1.2 投资管理 ... 13
1.2.1 投资管理的含义及其阶段 ... 13
1.2.2 投资管理体制 ... 15
1.2.3 微观投资管理 ... 18
1.3 工程投资管理 ... 21
1.3.1 工程投资的概念、特点与分类 ... 21
1.3.2 工程投资的资金来源 ... 24
1.3.3 工程投资的基本阶段 ... 28
1.3.4 工程投资管理 ... 38
本章小结 ... 48
习题 ... 48
参考文献 ... 49

第2章 工程项目投资决策概述 ... 50
2.1 投资决策概述 ... 50
2.1.1 投资决策的概念、意义、原则和分类 ... 50
2.1.2 投资决策分析的步骤 ... 53
2.2 工程投资决策概述 ... 55
2.2.1 工程投资决策的概念及基本程序 ... 55
2.2.2 项目可行性研究 ... 59
2.2.3 项目评估 ... 71
本章小结 ... 74
习题 ... 74

参考文献 75

第3章 工程项目投资的估算与评价 76

3.1 工程投资的估算 76
- 3.1.1 工程投资估算及其对象 76
- 3.1.2 工程投资项目的总资产估算 80
- 3.1.3 工程投资项目投产后的成本与收入估算 95

3.2 投资项目的财务评价 99
- 3.2.1 投资项目财务评价概述 99
- 3.2.2 财务评价的理论基础——资金的时间价值 114
- 3.2.3 单方案分析法 118
- 3.2.4 多方案分析 126

3.3 投资项目的经济费用效益分析 131
- 3.3.1 经济费用效益分析概述 131
- 3.3.2 经济费用效益分析的理论基础——影子价格理论 137
- 3.3.3 经济费用效益分析的基本目标和指标体系 142
- 3.3.4 费用效果分析 144
- 3.3.5 区域经济与宏观经济影响分析 146
- 3.3.6 综合评价方法 147

3.4 改扩建项目与并购项目的经济评价 150
- 3.4.1 改扩建项目的经济评价 150
- 3.4.2 并购项目的经济评价 151

本章小结 152

习题 153

参考文献 155

第4章 工程项目融资概述 157

4.1 融资概述 157
- 4.1.1 融资的意义 157
- 4.1.2 融资的分类 158
- 4.1.3 融资的渠道 160

4.2 工程项目融资的概念 162
- 4.2.1 工程项目融资的意义 162
- 4.2.2 项目融资的定义 163
- 4.2.3 项目融资的基本特点 165
- 4.2.4 项目融资的优点和缺点 168

4.3 项目融资的构成要素及其关系 169
- 4.3.1 项目融资的构成要素 169

4.3.2 项目融资构成要素之间的关系 170
4.4 项目融资的参与者 171
4.4.1 项目的发起人 171
4.4.2 项目公司 171
4.4.3 项目借款方 172
4.4.4 项目的贷款银行 172
4.4.5 项目的信用保证实体 173
4.4.6 项目融资顾问 173
4.4.7 有关政府机构 174
4.4.8 项目融资各参与方之间的关系 174
4.5 项目融资的组织 175
4.5.1 项目融资的组织 175
4.5.2 项目融资实施程序 176
4.6 项目融资成功的条件 178
本章小结 179
习题 179
参考文献 179

第5章 工程项目融资结构的设计 181
5.1 项目融资结构的概念、策划与评价 181
5.1.1 项目融资结构的概念 181
5.1.2 项目融资结构的策划与评价 183
5.2 项目融资结构设计的原则 187
5.2.1 有限追索原则 187
5.2.2 项目风险分担原则 187
5.2.3 成本降低原则 187
5.2.4 完全融资原则 188
5.2.5 近期融资与远期融资相结合的原则 188
5.2.6 表外融资原则 188
5.2.7 融资结构最优化原则 188
5.3 项目融资结构的多种模式 189
5.3.1 投资者直接融资 189
5.3.2 项目公司融资模式 191
5.3.3 "设施使用协议"融资模式 193
5.3.4 杠杆租赁融资模式 194
5.3.5 "生产支付"融资模式 198
5.3.6 BOT融资模式 200

5.3.7 ABS 融资模式 ·· 205
5.3.8 PPP 融资模式 ·· 211
5.3.9 私募股权融资模式 ·· 214
5.4 案例分析 ·· 216
5.4.1 马来西亚南北高速公路的 BOT 融资模式 ···················· 216
5.4.2 港珠澳大桥放弃 BOT 融资模式 ································ 218
5.4.3 法国迪士尼乐园融资——杠杆租赁融资模式 ·················· 220
5.4.4 莞深高速公路案例——ABS 融资模式 ························· 222
5.4.5 北海油田产品支付融资模式 ···································· 226
5.4.6 非营利性医院 PPP 项目融资模式 ····························· 227
本章小结 ··· 230
习题 ·· 231
参考文献 ··· 231

第 6 章 工程项目融资担保结构 ·· 233
6.1 项目融资担保结构的概念 ·· 233
6.1.1 担保在项目融资中的地位和作用 ······························ 233
6.1.2 项目融资担保的含义及分类 ···································· 234
6.1.3 项目担保人 ··· 234
6.1.4 担保范围 ··· 236
6.1.5 项目担保的类型 ·· 238
6.1.6 项目担保的步骤 ·· 238
6.2 项目融资担保的多种形式 ·· 239
6.2.1 商业银行对项目信用担保和物权担保的控制 ················· 239
6.2.2 项目信用担保 ·· 240
6.2.3 项目物权担保 ·· 244
6.3 案例分析：A 贸易公司煤矿项目的融资担保 ······················ 245
本章小结 ··· 247
习题 ·· 247
参考文献 ··· 248

第 7 章 工程项目投资与融资的风险 ····································· 249
7.1 工程项目投资与融资风险概述 ······································· 249
7.1.1 风险管理理论概述 ··· 249
7.1.2 工程项目的投资与融资风险 ···································· 257
7.1.3 工程项目投资与融资风险的管理 ······························ 259
7.1.4 案例分析：中国 PPP 项目失败案例的风险因素与风险管理 ·· 266
7.2 工程项目投融资风险分析方法 ······································· 271

7.2.1　盈亏平衡分析 271
　　7.2.2　敏感性分析 275
　　7.2.3　概率分析 280
　　7.2.4　CAPM 分析法 285
　　7.2.5　资本结构决策分析法 288
　　7.2.6　蒙特卡洛方法 289
　　7.2.7　投资膨胀分析法 290
　　7.2.8　其他方法 292
　7.3　工程项目投资业主风险管理 293
　　7.3.1　工程项目投资的业主风险辨识 293
　　7.3.2　工程项目投资的业主风险的分析与评估 294
　　7.3.3　工程项目投资的业主风险控制 295
　7.4　工程项目融资风险管理 296
　　7.4.1　项目融资风险管理概述 296
　　7.4.2　项目融资风险管理的策略 297
　　7.4.3　案例分析：北京地铁 4 号线 PPP 项目的风险分担 297
本章小结 300
习题 300
参考文献 301

第1章 工程项目投资管理概述

本章概要
1. 投资的含义、构成、特点和过程;
2. 投资的成本及效益;
3. 投资的分类、作用和意义;
4. 投资管理的含义、阶段;
5. 投资管理体制与微观投资管理;
6. 工程投资的概念、特点与分类;
7. 工程投资的资金来源;
8. 工程投资的基本阶段;
9. 工程投资管理。

1.1 投资概述

1.1.1 投资的含义、构成、特点和过程

1. 投资的定义

(1)经济学的定义

人们出于不同视角对投资(investment)的理解有很大区别,归纳为三种:

第一,指为继续生产的目的而做准备的行为。

第二,指从空间上放弃使用某物品,而给别人使用的行为。

第三,指从时间上放弃当前消费,而谋求未来不确定的更多消费的行为。

第一种从生产者视角解释投资的目的,第二种从放贷者视角描述投资的过程,第三种从消费者视角说明投资的效用。其中,第三种正是经济学定义的投资,该定义中,投资者(investor)确切知道放弃了多少消费,并预期得到更多消费,但不知道能带来多少额外消费。理性投资者通过投资活动节制当前消费欲望而期望获得与所承担的风险成比例的最大收益,从而能够享受未来更多的消费。

例如:某投资者购买1000元债券,希望一年后能得到1100元,他购买债券减少了现期消费1000元,而预期下期消费增加到1100元,投资活动改变了他现在和未来的消费效用,当然他也要承担投资风险,如果投资国债,就要承担通胀风险,如果投资公司债券,还要承担违约风险。

但经济学的定义并未考虑投资的多重目的（不仅仅是为了更多消费），也未考虑投资的过程管理,更未考虑公共投资(不仅仅是为了谋取私利)。

(2)投资的定义

兼顾投资的多重目的、过程管理和公共投资,投资是指为持续生产或谋求更多消费,而将一定数量的有形或无形资财(assets)投入到某种对象或事业中,通过有效管理,获得与所承担的风险成比例的最大收益或社会效益的活动。

如表1-1,尽管从期望收益率(expected rate of return)看,投资房地产的收益率最高,但这个收益率是不确定的,在经济衰退时,会发生亏损,还不如收益稳定的餐饮业。对此不同风险偏好的投资者会做出不同的投资选择。

投资项目收益率及其不确定性　　表1-1

项目＼环境	经济繁荣发生概率70%	经济衰退发生概率30%	期望收益率
投资餐饮业	收益率10%	收益率8%	9.4%
投资房地产	收益率25%	收益率-5%	16%
投资汽车行业	收益率15%	收益率2%	12.9%

2. 项目和项目投资的含义

(1)项目(project)的含义

项目是指临时性和一次性活动。美国项目管理协会(PMI,Project Management Institution)认为,项目是为提供某些独特产品、服务或成果所做的临时性努力。其中"临时性"是指项目有起点和终点,"独特"是指项目所形成的产品、服务或成果的关键特性不同。国际标准化组织(ISO)认为,项目是由一系列具有开始和结束的日期、相互协调和相互控制的活动组成的独特过程。

总之,广义的项目是指以一套独特而相互联系的任务为前提,有效地利用资源以实现特定目标所做的一次性努力。狭义的项目是指目标载体在一定资源约束条件下所完成的一次性任务。其中,"目标载体"指那些有目的性的要求,如明确的数量、功能和质量标准等要求,"一定资源"包括时间、空间、人力、资金、技术、信息和物力等等,"一次性"指每个项目都有确定的起点和终点,例如,建一座发电站,当建筑工程、安装工程结束,发电站移交给电力生产部门时,发电站的建设项目就告一段落了。

(2)项目的特征

①目标性:一是成果性目标,即项目预期形成的产品或服务,它明确了项目的终极目标,在实施过程中,它被分解为项目的功能性要求;二是约束性目标,即项目的费用限制或进度要求,是实施过程中必须遵循的限制性要求。

②一次性(only once):项目是一次性任务,不存在两个完全相同的项目。

③约束性:项目受资源条件约束,如人、财、物、时空、信息等约束条件。其中,作为工作标准的质量、进度、费用又是普遍存在的三大基本约束。

④系统性：一个项目由许多单体组成，同时又要求多个单位协作，由成千上万在时间和空间上相互依赖、相互制约甚至相互冲突的活动构成。每个项目既是子系统的母系统，又是更大母系统中的子系统。这要求在项目运作中，必须全面、动态、统筹地分析处理问题，以系统的观念指导项目管理。

⑤多样性：项目形式多样，大到外太空探索，小到生日聚会等。此外，项目还有临时性、开放性、不可挽回性和生命周期性等特征。

(3) 项目投资（project investment）的含义

项目投资是指投资主体为特定目的，将一定数量的货币、资本及实物合理配置于某一具体项目，以期在未来获取预期综合效益的投资活动。

3. 投资的构成要素

(1) 投资主体

投资主体是具有筹资能力、独立进行投资决策、承担投资风险、并对投资完成体享有所有权（ownership）或使用权（appropriative right）以及获得投资收益权（income right）的经济主体。它是人格化（personification）的经济主体，能在投资动机和目的的驱使下，对外部环境和各种经济信号做出理性选择和反应。例如，选择投资项目和方向、安排投资规模和结构以及组织实施投资决策方案等。

(2) 投资客体

投资客体是投资主体实施投资行为的外在对象，例如固定资产、证券等。

(3) 投资资源

投资资源是投资主体进行投资的手段和条件。分为：①主动性投资资源，包括货币资金、有形资产和无形资产等，在投资过程中充当购买和交易手段，投资主体可以根据投资的客观要求，随时主动地以其换回投资所需要的各种要素。②被动性投资资源，是投资得以进行的必要条件，例如，固定资产投资所需要的钢材、木材、水泥、砖瓦、灰砂石等物料，需要安装的机器设备、工具器具等。

(4) 投资形式

投资形式是投资主体所选择的投资方式，例如，固定资产投资中的更新改造、基本建设投资等。

(5) 其他要素

投资的其他要素，包括投资时机、投资期限、投资规模等。

综上，投资的构成要素如表1-2所列。

投资的构成要素　　表1-2

要　　素	特　　征
投资主体	具有投资动机的人格化独立经济主体
投资客体	投资行为的外在对象，如固定资产
投资资源	主动性资源（如货币、资产等），被动性资源（如建材、设备、工器具）
投资形式	投资方式，如固定资产投资中的更新改造投资、基本建设投资
其他要素	投资时机、投资期限、投资规模等

4. 投资的特点

（1）投资的资金规模大

长期投资（long-range investment）一般需要投入较多的资金，对投资主体的现金流量（cash flow）和财务状况影响很大。

（2）投资影响的时间长

长期投资对投资主体的未来盈利影响深远，甚至决定投资主体的命运。

（3）投资效应的供给时滞性

投资会产生需求效应和供给效应。需求效应是指与投资活动伴生的需求活动，包括物品需求、就业需求等，能够引起社会总需求上升；供给效应是指因投资而形成的新生产能力，能够引起社会总供给上升，但供给效应要待投资完成后才能产生，所以，供给效应滞后于需求效应，形成经济周期。

（4）投资的广阔性和复杂性

投资的广阔性是指投资类型较多、投资领域涉及广、综合性强；投资的复杂性是指各类投资有其自身规律，且各项投资关联性强，一项投资会引起其他领域的投资。

（5）投资周期具有长期性

投资周期是指投资从决策、筹资、投放、使用到回收的整个时间周期。一般来说，投资的决策期较长，建设期适中、回收期较短。

（6）投资实施的连续性

保证投资实施的连续性是降低投资风险和较快回收投资的先决条件，若投资无法连续实施，则不仅不能尽快形成新增固定资产以获得投资报酬，而且已投入的大量资金因被占用和呆滞于未完成的工程而不能周转也扩大了投资支出，还增加了对已建半截子工程和已到设备的巨额保养与维护费用。只有准确预测、科学决策、低成本筹资、合理使用、快速回收货币，才能保证投资的连续实施。

（7）投资过程的波动性

投资各阶段的用资量不一，实施期的投资支出要比决策期多得多，施工期的投资支出比准备期大得多，到了施工中期，设备大多到货，投资达到最高峰，形成投资过程的波动性。为了避免投资过程中发生较大波动，需要规划好项目进度和投资分布，尤其是大中型投资项目，要力求均衡投资，错开投资高峰。

（8）投资收益的不确定性（uncertainty）

投资是在期望收益率高于银行信用利率的基础上做出决策的，而期望收益率是投资的各种收益率水平与不同概率的加权平均值，并非投资的实际收益率，投资存在不能保值增值、甚至亏损的风险，此即投资收益的不确定性。

投资收益的不确定性与投资活动涉及面广、影响因素多、投资周期长等因素相关。具体地说：①投资预测和决策是建立在已有数据基础之上的，但这些数据不可能包容未来变化，投资周期越长则未来变化与主观预测差距越大，投资收益的不确定性就越大；②投资者即使有稳定的投资来源和足够的投资品，也未必保证一定能实现期望值，因为在长周期的投资过程中，投资管理能力会直接影响投资效率的发挥；③投资分析技术的不当和偏差，也会造成投资收益的不确定性。

投资收益的不确定性决定了投资者必须要有较高的风险管理能力,要能科学预测、慎重决策、强化管理,同时应建立健全投资责任制。

(9)投资项目的不可逆性

投资项目一旦开始初始支出或转换为专用性资产,如厂房、设备、基础设施、无形资产等,因转换用途的代价相当昂贵,存在"套牢"的风险,变现性较差,难以退出,只能以其提供的产品或服务获取收益,这就是投资项目的不可逆性。例如,关闭一家工厂,既要折价变卖流动性较差的固定资产,也要支付从合同条款中解脱出来的成本(如违约金),还要蒙受未来收益的损失,这些失败的"投资"因为不可逆,变成了沉没成本。

5. 投资的过程

(1)确定投资目标

合理的投资目标,应是在一定风险下实现收益最大化,或在一定收益下实现风险最小化。具体投资目标因投资者的风险偏好而有差异。例如,拥有足够财产的投资者有较高的风险承担能力,将目标锁定在高收益、高风险的投资项目上,而资金不足的投资者,将目标锁定在收入稳定、本金安全的投资项目上。商业银行为保证储户资金安全,必须选择安全性和流动性都高的投资项目。

(2)进行投资分析

投资分析重在寻找符合投资目标的投资项目,常采用内在价值分析法和风险分析法等进行投资分析。例如,投资股票就要预测市场折现率、股息现金流,以计算股票的内在价值,并与市场价格比较,寻找股价被低估的股票。

(3)制订投资计划

制订投资计划,一是要确定一定期限内的投资项目组合,将组合风险降到最低,并获得最大的组合收益;二是在恰当时间投资,以获得超额收益。

(4)实施并不断修正投资计划

在投资计划实施过程中,投资目标和投资分析都在变化,要不断修正投资计划,以改善投资的期望收益率。

(5)评估投资绩效

评估投资绩效就是评价投资收益与风险,通过比较投资结果与基准水平,来评价投资绩效的优劣。

1.1.2 投资的成本及其效益

1. 投资的成本

(1)投资的机会成本与投资的会计成本

一笔资金存入银行可获得利息,用于投资可获得利润,不同的投资项目,收益也会不同。经济学意义上的投资成本是投资的机会成本(opportunity cost),即当资本在一定期限内投入某一项目后,就被禁锢于该项目中,丧失了投入到其他项目可能得到的最大收益,这个最大收益就是投入到该项目的机会成本。若投资项目的收益低于投资的机会成本,投资者就应该放弃该项目的投资。

投资的会计成本（accountant cost）即投资的资金成本，是筹集投资资金所要支付的代价，投资者只有获得高于会计成本的收益，才能有利可图。

投资的机会成本和会计成本是投资项目评价中确定贴现率的主要依据。

（2）投资的机会成本

投资的机会成本是该类投资的要求收益率，即无风险报酬（时间价值）与风险报酬（风险价值）相加。无风险报酬即名义无风险利率（r_f），它是通货膨胀率与真实利率之和，常以政府债券的市场收益率表示。

风险报酬是$\beta(R_m-r_f)$，其中R_m是资本市场期望收益率，(R_m-r_f)是风险年金率，β代表该类投资对资本市场系统性风险的敏感程度。

所以投资的机会成本：

$$R=r_f+\beta(R_m-r_f)$$

（3）投资的会计成本

投资的会计成本，包括筹资费和使用费。筹资费是在筹资过程中发生的各种费用，例如，委托金融机构代发股票或债券要支付注册费和代理费，向银行借款要支付手续费；使用费是向资金提供者支付的报酬，例如，使用发行股票筹集的资金要向股东支付红利，使用发行债券和银行贷款所筹集的资金要向债权人支付利息，使用租赁的资产要向出租人支付租金等。按资金来源，投资的资金成本分为贷款成本、债券成本、股本成本、企业留利成本和加权平均资金成本等。

投资的会计成本公式如下：

$$K=(D+F)/P \quad 或 \quad K=(D+P\times f)/P$$

式中：K——是资金成本率；

P——筹资总额；

D——使用费；

F——筹资费；

f——筹资费费率（筹资费占筹资额的比率）。

各种资金来源的资金成本如下：

①优先股：

$$K_p=(D_p+P_0\times f)/P_0$$

式中：K_p——优先股成本率；

D_p——优先股股息；

P_0——优先股面值。

②普通股：

$$K_c=(D_0+P_0\times f)/P_0$$

式中：K_c——普通股成本率；

D_0——每年股利；

P_0——普通股票面价值。

③债券：

$$K_B = (I - It + B_0 \times f)/B_0$$

式中：K_B——债券成本率；
B_0——债券票面价值；
I——债券年利息总额；
t——所得税税率。

④银行借款：

$$K_g = (I - It + F)/G$$

式中：K_g——借款成本率；
G——贷款总额；
I——贷款年利息；
F——贷款费用。

⑤租赁成本：

$$K_L = (E - Et)/P_L$$

式中：K_L——租赁成本率；
P_L——租赁资产价值；
E——年租金额。

⑥留利成本：企业利润留存的资金成本等于普通股的资金成本

则平均资金成本：

$$K = \sum \Omega_i k_i$$

式中：K——平均资金成本率；
Ω_i——第i种资金来源占全部资金的比重；
k_i——第i种资金来源的资金成本率。

2. 投资的效益、费用与效果

(1) 投资的效益及其分类

效益(benefit)是指在合理利用资源和保护生态环境的前提下，以尽量少的活劳动消耗和物质消耗，生产出更好更多的符合社会需要的产品。

效益按方式分为直接效益(direct benefit)和间接效益(indirect benefit)，在财务评价中，直接效益按市场价格计算，在国民经济评价中，直接效益按影子价格计算，在经济费用效益分析中，效益以间接效益衡量。

此外，效益按经济效益活动范围，分为物质生产部门经济效益、非物质部门经济效益；按经济效益评价范围，分为宏观经济效益、微观经济效益；按经济效益实现时间，分为短期经济效益和长期经济效益。

(2) 投资的费用

费用(cost)是为取得效益所耗费的代价。分为直接费用和间接费用，直接费用是为供应投资项目的产品和服务而耗用的资源费（即会计成本），或为供应投资项目的产品和服务而放弃的效益（即机会成本）。

在财务评价中,直接费用是利息和税金。在国民经济评价中,直接费用是影子价格计算的项目投入物的经济价值,间接费用是社会为投资项目付出的代价,如环境污染费,利息和费用作为系统内的转移支付,不能计入直接费用。

(3) 投资的效果

投资的效果（effect）分为有形效果、外部效果和无形效果。

有形效果是直接费用效益比,即投资活动的产出与投入的比较。表达式：

$$经济效益 = 产出 - 投入 \quad 或 \quad 经济效益 = 产出 / 投入$$

外部效果是指外部收益与外部费用之比,无形效果是指对投资产生的效益和费用不能以货币形态度量的效果。

1.1.3 投资的分类

1. 按投资的经营方式分类

投资按经营方式,分为直接投资（direct investment）与间接投资（indirect investment）（表1-3）。直接投资是指把资金投放于经营性资产,以获取利润的投资,也即实物投资,其所增加的生产能力越强则投资报酬越大。直接投资的对象是有形资产和无形资产,有形资产如土地、建筑物、机器设备等,无形资产如人力资本、知识产权等。工程项目投资属于直接投资形式。

间接投资是把资金投放于金融性资产,如股票、债券、长期贷款等,以便获取股利或利息的投资,也称金融投资,工程项目融资属于间接投资形式。例如,普通股或债券的市场价值来源于发行公司的实物资产所创造的收入,投资者只需购买普通股或债券就可以间接持有实物资产,其所形成的生产能力决定了普通股或债券的价值,关系到投资者财富的增减。间接投资按收入的稳定性,分为固定收入类投资和权益类投资,前者如贷款、债券类投资,后者如股票类投资；按有无中介机构,分为直接融资和间接融资,前者如股票债券,后者如贷款。

直接投资与间接投资的区别是前者的对象不能分割、难以变现,后者的对象可分割、可流动。二者的联系是前者依靠后者实现社会闲置资金的聚集,后者是对前者资产的间接持有（表1-3）。例如,一家大型钢铁联合企业可以向社会公众融资,每个投资者仅占企业资产价值的小部分,并参加企业的利润分配。

直接投资与间接投资　　　　　　表1-3

投资 区别	直接投资	间接投资
经营方式	投于经营性资产,属实物投资	投于金融资产,属金融投资
资产分割性、流动性	资产不能分割,难以变现	资产可以分割,随时变现
分类	有形资产投资、无形资产投资	直接融资和间接融资,或固定收益类投资和权益类投资

2. 按回收期的长短分类

按回收期的长短,投资可分为长期投资（long-range investment）与短期投资（short-range

investment）。短期投资是指一年以内就可以收回的投资，多为流动资产投资，例如，原材料、在产品、产成品等；长期投资是指一年以上才能收回的投资，例如，固定资产、无形资产、长期证券等。

3. 按投资的性质分类

按投资的性质，投资可分为固定资产投资（fixed assets）、流动资产投资（current assets）、无形资产投资（immaterial assets）。固定资产投资是指增加固定资产数量或提高固定资产效率的投资；流动资产投资是指对原材料燃料等劳动对象的投资；无形资产投资是指对专利权、商标权、著作权、商誉等无形资产的投资。

4. 按投资与再生产类型的联系分类

按投资与再生产类型的联系，投资可分为合理型投资和发展型投资。合理型投资与简单再生产相联系，即为维持原有产品生产经营而进行的投资，如设备日常维修、原材料购买等；发展型投资指为扩大再生产所进行的投资，如设备更新改造、扩建厂房、培训人员、开发新产品等。

5. 按增加利润的途径分类

按增加利润的途径，投资可分为增收投资和节支投资。增收投资通过扩大生产经营规模以增加利润；节支投资通过降低生产经营成本以增加利润。

6. 按投资的动机不同分类

按投资的动机不同，投资可分为诱导式投资和主动式投资。诱导式投资是由于环境条件改变、科技进步、政治经济变革而激发的投资；主动式投资是企业家主观决定的投资，受投资者偏好、对风险的态度及其灵活性的影响。

7. 按投资影响范围的广狭分类

按投资影响范围的广狭，投资可分为战略性投资和战术性投资。战略性投资是指改变企业经营方向，对企业全局产生重大影响的投资；战术性投资是指不改变经营方向，仅限于局部条件的改善，影响范围较小的投资。

8. 按投资的主体分类

按照投资主体划分，投资可分为政府投资、企业投资、间接投资和个人投资。

（1）政府投资

政府投资是指为了适应和推动国民经济和区域经济发展，满足社会对文化、生活的需要，以及出于政治、国防等因素的考虑，由政府通过财政投资、发行债券、外国政府赠款以及财政担保的国内外金融组织贷款等方式进行的投资。

政府投资追求社会效益最大化，投资目标包括公益目标和经济目标。前者是政府所代表的国家利益，表现为维护主权、保持社会稳定、提高全民素质、保护生态环境和基础设施建设等方面，例如，公用事业投资和非经营性基础设施投资；后者是在投资规模较大、投资风险较大、资金需要较多、投资周期较长、外部效益较强、企业和个人不愿涉足或无力投资的领域，由政府投资，例如，国家扶持的支柱产业、高新技术产业、基础产业、经营性基础设施建设等。

政府投资分为政府直接投资和政府授权投资，或分为中央政府投资和地方政府投资。随着权力下放，中央政府投资规模下降，地方政府投资规模上升。

(2) 企业投资

企业投资,包括国有企业投资、民营企业投资和三资企业投资。企业投资是社会投资的主力,投资目标是盈利最大化,这不仅因为资本的本质是追逐利润,而且因为在自负盈亏机制下,投资获利和以收抵支是企业生存的必要条件。

(3) 间接投资

间接投资主要是商业银行、投资银行(公司)和信托公司投资。其中,商业银行主要向工商企业发放贷款,投资银行(公司)主要通过发行债券和股票为企业筹资,信托投资公司接受信托者资金用于投资理财并支付利息。

9. 按投资的来源分类

(1) 投资主要来源于政府财政资金

国民生产总值的一部分通过税收、国有企业上缴利润、行政性收费、财政信用或外债等方式形成财政收入,除用于维持政府机关运转、还本付息、流动资金和社会保障后备资金之外,剩余部分形成积累资金,用于国民生产建设。

许多项目是由国家预算安排拨款投资的,例如,一些非营利性文化、教育、科研、卫生等事业和行政单位及公益项目的建设投资,由国家预算支出,无偿使用,不需归还。这种拨款投资又分中央财政拨款投资和地方财政拨款投资。

从1985年起,我国政府投资项目的资金已分别由中央财政和地方财政作预算,建设单位向当地建设银行申请贷款,实行"有借有还,有偿使用"的原则,借款单位应在合同规定的期限内还本付息,这就是"拨改贷"制度。随着建设银行商业化,"拨改贷"制度正逐渐转变为由政府财政直接拨款的制度。

(2) 投资主要来源于企业自筹资金

企业自筹资金分为利用自有资金和外部筹集资金。自有资金指企业从税后留利的企业基金中筹集资金,包括:企业研发基金、生产发展基金、固定资产折旧基金(即更新改造基金的来源)、企业税后利润或利润留成等;外部筹集资金包括:利用事业单位自收自支、个人自有资金、银行信贷、发行股票债券等。

(3) 投资主要来源于利用外资

从国外引进资金的项目称为利用外资,它是建设项目与将所筹的外汇相结合。利用外资的方式包括外国贷款和外商投资,前者贷款后形成债务,要还本付息,后者带有合作性质。利用外资的形式有国际金融机构及政府间贷款、出口信贷及经济合作、金融市场和自由外汇、外商合资和独资等。

10. 按投资的方向分

按投资的方向,投资分为对内投资和对外投资。对内投资指企业将资金投放于固定资产、无形资产、其他资产和垫支流动资金而形成的投资。对外投资指企业购买有价证券或其他金融产品(包括期货与期权、信托、保险等),或以货币资金、实物资产、无形资产注入其他企业的投资。

11. 投资的其他分类

按投资的对象,投资可分为产权投资、债权投资、选择权投资。

按投资的风险,投资可分为低风险投资和高风险投资。

综上,投资的分类见表1-4。

投资的分类 表1-4

分类方式	分类
按经营方式	直接投资(实物投资)、间接投资(证券投资)
按回收期	长期投资(实物投资、长期有价证券投资)、短期投资
按投资的性质	固定资产投资、流动资产投资、无形资产投资
按再生产类型	合理型投资(简单再生产)、发展型投资(扩大再生产)
按增加利润的途径	增收投资、节支投资
按投资的动机	诱导式投资、主动式投资
按投资范围	战略性投资、战术性投资
按投资主体	政府投资、企业投资、间接投资、个人投资
按投资的来源	中央财政投资、地方财政投资、企业自筹投资、外国投资
按投资方向	对内投资、对外投资
按投资的对象	产权投资、债权投资、选择权投资
按投资的风险	低风险投资、高风险投资

1.1.4 投资的作用与意义

1. 投资的作用

投资的作用:①实现出资人以最小风险实现最大收益的目的;②增强出资人实力,广开出资人财源;③进行生产的前提,简单再生产要更新设备、改革产品工艺,扩大再生产要新建扩建厂房、增添设备和人员、提高人员素质等,这些都要投资才能完成;④降低风险的主要方法,将资金投入企业生产经营的关键或薄弱环节,可使各种生产经营能力配套和平衡,形成更大的综合生产能力,而投入到多个行业、实现多角化经营,能够增加企业销售和盈利的稳定性。

2. 投资对国民经济发展的意义

(1)投资是经济增长的基本推动力

投资能创造固定资产需求,其所产生的乘数效应可引起数倍于投资增量的国民收入增长,所以投资是促使经济增长的基本推动力。

$$投资乘数 = \Delta Y/\Delta I = 1/(1-b)$$

式中:ΔY——收入增量;

ΔI——投资增量;

b——边际消费倾向。

投资乘数反映了投资的需求效应,表现为投资增加使固定资产需求增加,推动生产资料生产扩大,进而使国民收入增加,后者又促使消费需求增加,使消费品生产扩大,进一步使国民收入增加,如此循环,导致国民收入成倍增加。

英国经济学家哈罗德在其经济增长模型中,进一步研究了投资对经济增长率的影响,其公式：

$$g = s/k$$

式中：g——经济增长率；

　　　s——储蓄率；由于投资和储蓄相等，所以 s 也被看作积累率；

　　　k——资本产出率，是投资效率的倒数。

该公式表明，积累率越高、投资效率越高，则经济增长率就越高。

我国改革开放以来，全社会固定资产投资与国内生产总值高度正相关，固定资产投资的增加是推动经济快速增长的重要因素，如表1-5所示。

1980～1999年我国全社会固定资产投资与国内生产总值对照表　　表1-5

年份（年）	1980	1981	1982	1983	1984	1985	1986	1987	1988	1989
投资额（亿元）	910.9	961.0	1230.4	1430.1	1832.9	2543.2	3120.6	3791.7	4753.8	4410.4
GDP（亿元）	4517.8	4862.4	5294.7	5934.5	7171.0	8964.4	10202.2	11962.5	14928.3	16909.2
年份（年）	1990	1991	1992	1993	1994	1995	1996	1997	1998	1999
投资额（亿元）	4517	5594.5	8080.1	13072.3	17042.1	20019.3	22913.5	24941.1	28406.2	29854.7
GDP（亿元）	18548	21617.8	26638.1	34634.4	46759.4	58478.1	67884.6	74462.6	78345.2	81910.9

资料来源：邓向荣，王凤荣，杜传忠．投资经济学．天津：天津大学出版社，2001．

（2）投资是国民经济持续、稳定、协调发展的关键因素

国民经济持续、稳定、协调发展，要求社会总供求相等且实现充分就业。社会总需求包括投资需求与消费需求，投资需求膨胀必致经济泡沫和通货膨胀，同时投资经时滞后形成新增生产能力，增加社会总供给，造成产能过剩，引起经济萧条和通货紧缩。所以，保持适度的投资规模和合理的投资结构，做好投资的时空布局，是消弭投资引发的经济周期、保持经济持续稳定发展的关键。

投资乘数反映了投资的需求效应，加速数反映了投资的供给效应，供给效应滞后于需求效应，所以，乘数—加速数原理可以说明投资与经济周期的关系。

　　商品市场均衡公式　　　　　　$Y_t = C_t + I_t$
　　消费函数公式　　　　　　　　$C_t = bY_{t-1}$
　　加速原理　　　　　　　　　　$I_t = v(C_t - C_{t-1})$

式中：Y_t——t 时刻收入；

　　　C_t——t 时刻消费；

　　　I_t——t 时刻消费。

加速原理是引致投资 I_t 是两期消费差 $(C_t - C_{t-1})$ 与加速系数 v 的乘积。

该模型表明国民收入波动是投资乘数与加速数效应交织循环的结果，统计资料显示固定资产投资周期与经济周期一致，并超前于经济周期。

（3）投资是优化国民经济结构的重要工具

通过对过去投资所形成的资产结构进行调整和改组（存量调整），和通过对每年新增投资在国民经济各部门的合理分配（增量调整），可实现投资结构的调整，进而优化国民经济结

构(即所有制结构、地区经济结构、产业结构等)。

其中,所有制结构是国民经济中各种经济形式之间的内在联系和数量比例,占主导地位的所有制形式决定了这个国家的经济性质,若某种所有制形式占主导地位,则该经济形式提供投资资金的能力就较强,从而在投资总量中占较大的比重,所以,投资是协调所有制结构和巩固国家政权的基础。

地区经济结构指各地区经济之间的内在联系和数量比例,该结构是否合理直接影响到国民经济能否协调健康发展,投资在这方面的作用表现在:

①各地区投资量的大小受制于现存地区经济结构的制约;

②投资对地区经济结构也具有重大影响,各地区投资总量及其比例直接影响地区经济结构的形成和完善,所以,投资是促进经济合理布局和地区经济协调发展的重要手段。

产业结构指国民经济各产业间的内在联系和数量比例,投资对产业结构的影响表现为:

①投资总量的增速影响产业结构的变化方向,当投资总量增速快、投资率高时,对投资品的需求就增多,会促使生产投资品的产业加快发展,使该产业的比重上升;

②调整投资在各产业间的分配比例,可提高一些产业的比重,相对降低另一些产业的比重,达到优化产业结构的目的。

(4)投资对国民经济的其他意义

①投资提高了国民经济各部门和企业技术装备水平;

②投资为物质文化生活水平的改善创造了条件,因为生产性投资可以提高物质生活水平,非生产性投资可以满足文化生活的需要;

③投资创造了就业机会,解决了就业问题。

1.2 > 投 资 管 理

1.2.1 投资管理的含义及其阶段

1. 投资管理的含义

投资的目的是获得收益。因此,投资管理(investment management)是为了获得投资的最大收益而对投资活动进行决策、计划、组织、实施、控制的过程。其中,投资决策(investment decision)是投资管理的核心活动,包括投资策划、投资评价等内容。

2. 投资管理的各个阶段

(1)投资策划阶段

投资策划阶段的主要任务:①进行市场调查、捕捉投资机会,投资机会主要受市场需求影响,投资前必须进行市场调查分析,寻找最有利的投资机会;②根据捕捉到的投资机会,确定待选方案,并将待选方案转换为可行方案,科学预测各可行方案所需要的投资额(amount of investment)和时间。

(2) 投资评价阶段

投资评价阶段的主要任务是建立科学的投资决策程序,并对投资项目进行可行性分析和项目评估,以保证投资决策的正确有效。

投资项目可行性分析就是论证投资项目的技术可行性和经济有效性,即运用各种技术经济方法,计算有关指标,评价投资项目的优劣。

项目评估是项目可行性研究完成后的进一步论证,主要对项目进行财务和风险评估分析,为项目立项或获得拨款、贷款等提供依据。

(3) 筹措资金阶段

筹措资金阶段即项目融资阶段,主要任务是把足额资金从闲置者手中及时筹集起来,以保证投资项目的资金供应。筹资渠道包括国家预算拨款、国家基本建设基金、银行贷款、企业自筹、国外投资、个人投资等。

大型投资项目,工期长、筹资多,一旦上马,就要有足够的资金供应,否则中途下马损失极大,所以上马前,必须采用适当方法以较低的筹资成本尽快筹措到足额资金,以保证项目顺利完成,此阶段要做好筹资的分析和决策工作。

(4) 投资分配阶段

投资分配阶段的主要任务是以招投标/采买方式分配所筹资金,是资金筹集与使用的中间环节。例如,政府投资项目采用公开招投标方式分配资金。

这一阶段要实行工程建设从设计、施工、设备、供应、监理等全方位、全过程的招投标和择优选择。招标方要确定合理的标底,承包商要体现"统一量、指导价、竞争费"的基本指导原则规范投标报价,政府通过价格调整、税收调整、金融政策等方式宏观调控资金分配。

(5) 投资实施阶段

投资实施阶段的主要任务是对投资项目进行工程设计、组织工程建设、采购设备和竣工投产交付使用。此阶段的详细设计、组织资金供应、精心施工、严格竣工验收、做好风险管理等在很大程度上决定着项目投资效益。由于此阶段周期长,投资环境变化大,风险因素集中爆发,尤其要做好风险管理。

(6) 投资回收和评审阶段

投资回收指资金转化为资产,出售产品或服务,收回投资的过程。其中,生产经营性资产的投资回收取决于资产在使用阶段所获得的最终收益;部分基础设施项目应从出售产品或有偿服务所得的收入中部分收回;对于非生产经营性资产,没有投资回收,但提供了公共产品,保证了其他投资的顺利进行。

投资回收完成后,应对项目投资总结评估,吸收经验教训,此即投资评审。

综上,投资的各个阶段见表1-6。

投资的各个阶段 表1-6

投资的阶段	各阶段的主要内容
投资策划阶段	市场调查、捕捉机会、确定待选投资方案
投资评价阶段	项目可行性分析、项目评估
筹措资金阶段	筹资决策分析、项目投融资

续上表

投资的阶段	各阶段的主要内容
投资分配阶段	项目招投标
投资实施阶段	工程设计、组织建设、采购设备、竣工投产
投资回收与评审阶段	收回投资、项目后评价

1.2.2 投资管理体制

1. 投资管理体制的概念与分类

投资管理体制（investment management system）是指政府管理投资活动所采取的基本制度、主要形式和方法，是投资活动的运行机制和管理制度的总称。

投资管理体制的内容，包括：投资主体行为、资金筹措途径、投资使用方式、投资项目决策程序、建设实施管理和宏观调控制度等。

投资管理体制按管理职能，分为投资计划管理体制、资金管理体制。

投资计划管理体制确定了计划期内的投资规模、投资项目、投资结构、投资布局、投资来源等；包括投资的决策体制、计划体制和调控体制等，如调控体制是动用经济手段（财政金融政策）和行政手段（指令规定）调控投资主体行为。

投资资金管理体制是对投资资金的来源和使用进行管理的体制，对投资资金的管理可以合理控制投资规模和投资速度，优化投资结构，提高投资效益；投资资金管理体制包括投资实施体制、投资资金管理体制、投资经营体制等。

投资管理体制按管理对象，分为投资项目管理体制、设计体制和施工体制等。

2. 投资管理体制的构成要素

（1）投资主体的层次和结构

投资主体是实施投资行为的法人或自然人，既是产权主体，也是市场主体，有独立的决策权，是筹集与运用投资资金的责权利统一体。

投资主体具有经济实体性、行为独立性和自我约束性。经济实体性指投资主体拥有一定财产、直接参与社会再生产活动、具有独立的经济利益和追求该利益最大化的内在冲动、享受民事权利和承担民事义务；行为独立性指投资主体可以在合法范围内运用各自产权并承担经营风险和经济赔偿责任；自我约束性指投资主体所具有的产权约束、投资效益约束和法律约束等。

不同的投资主体有不同的投资动机和投资范围。企业或个人投资主体的动机是获利，范围是营利性项目；政府投资主体动机是公益，范围是公益性项目。

随着我国市场经济体制的确立，投资主体逐渐市场化，表现在：①政府投资领域逐步向市场让渡，投资效率不断提高；②政府投资日益注重采用市场化方式，建立了多元投资主体下的出资人制度，政府与投资企业的关系从行政管理关系变为出资人与投资企业的关系，明确了政府投资主体的职责和范围。

（2）投资筹集和运用方式

投资筹集和运用方式由投资主体的层次与结构决定。若投资主体单一，投资决策权集中,则投资的方式和方法单一,资金由财政统收统支,采取拨款方式;若投资主体多元化,投资决策多层次化,则投资的方式和方法多样化,除财政拨款外,还有银行贷款、债券、股票等资金筹措与运用方式。

(3)投资领域内各类经济实体之间的相互关系

投资实施涉及建设单位、投资公司、勘察设计单位、施工单位、咨询机构、银行、物资供应单位等。它们之间的经济关系,由投资主体的层次与结构决定,若投资主体与投资方式单一,就是产品经济关系,带有行政计划性质;若投资主体多元化,投资方式多样化,是商品经济关系,带有市场自发性质。

3. 投资管理体制的模式

(1)集权式投资管理体制

集权式投资管理体制,由国家作为单一投资主体通过财政拨款投资,配合该模式的是直接调控的指令性计划经济、直接调拨的物资配给体制以及资金的中央集中与无偿分配体制,我国在改革开放前,以集权式的投资管理体制为主。

(2)分散式投资管理体制

分散式投资管理体制是投资决策权高度分散化的投资管理模式,为数众多的企业拥有投资决策权,在为牟利而进行投资的同时,也影响到国民经济全局和发展方向,虽然能够激发微观经济主体的积极性,但却容易造成宏观投资比例失调和资源浪费。早期资本主义国家以分散式的投资管理体制为主。

(3)分权式投资管理体制

分权式投资管理体制,分中央政府、地方政府和企业三个层次。中央政府投资于关系到国民经济发展的非竞争性领域(基础设施、基础产业和公益项目等)和关键性竞争领域(幼稚产业、支柱产业等);地方政府投资于关系到地方经济发展的非竞争性领域和关键性竞争领域;企业投资于一般竞争领域。

分权式的投资方式,除财政拨款和企业直接投资外,还有银行贷款、证券融资、项目融资等多种方式;调控投资领域内各经济实体关系的工具是市场直接调控和政府间接调控。西方发达资本主义国家以分权式投资管理体制为主。

综上,投资管理体制的模式见表1-7。

投资管理体制的主要模式   表1-7

投资管理模式	集权式投资管理	分散式投资管理	分权式投资管理
投资主体	国家	为数众多的企业	中央和地方政府、企业
投资方式	财政划拨	企业自主投资	财政划拨与企业自主投资
经济主体关系	行政关系	经济利益关系	政府投资非竞争性和关键性竞争领域,企业按盈利需要投资
调控方式	指令计划、直接划拨	市场自发调控	政府与企业投资、政府宏观间接调控、市场微观直接调控
资金来源	中央集中、无偿分配	企业自筹资金	财政划拨、银行贷款、企业自筹、证券融资、项目融资
典型例子	传统社会主义国家	早期资本主义	发达资本主义国家

4. 我国投资管理体制改革的目标模式

在投资管理体制的诸模式中,分权式投资管理模式具备可行性和有效性,已成为我国改革开放后所追求的投资管理体制的目标模式。表现为:

(1) 建立分权式的投资控制体系

一是建立以现代企业为主要投资主体的多元化和多层次市场调控投资体系,完善政府投资的经营管理体制。这包括明确界定政府与市场投资范围的边界,放开企业投资决策权,划分中央与地方政府的投资事权,强化地方政府的投资决策权和责任风险约束机制,理顺和规范各部门的投资管理职责,科学地规范政府投资的方式。二是鼓励发展自主经营和自律性强的投融资中介服务体系。三是建立健全以财政、信贷、利率、税收等经济手段为主的宏观投资调控体系。

(2) 健全良好的投资环境

投资主体实现投资动机在很大程度上受投资环境及投资环境所提供的投资机会的影响。良好的投资环境,不仅包括土地开发和基础设施建设等客观环境及多层次的便于资金筹集的金融环境,还包括拥有健全的准入制度、信用机制和退出机制的市场环境,以及促进政资分开和政企分开的管理环境。

例如,从投资规制方面看,要建立健全政府投资的审批制、企业投资的核准制和项目投资的备案制、投资咨询机构的资格审查制、监理工程师和造价工程师注册制等;从投资约束机制方面看,要建立健全投资项目法人治理结构、对项目可行性研究和项目评估的责任约束制度等。

(3) 中央政府实施宏观投资管理

一是中央政府对宏观投资总量规模和投资结构间接调控。例如,制订符合国情的国民经济长远投资规划和产业政策,灵活地使用货币政策和财政政策,加强对金融市场的监管等。在间接调控的诸手段中,经济杠杆调控尤其重要,所谓经济杠杆调控是在既定政策前提下,政府通过经济手段的导向作用,使投资主体在顺应国家政策时有利可得,在违背国家政策时无利可图,从而约束投资主体自觉遵从国家政策,规范投资行为。二是对关系到国民经济发展的大型基础设施、基础产业、公益项目和关键性竞争领域的项目,中央政府实施直接的投资管理。

(4) 地方政府和行业主管部门实施中观投资管理

一是中央对地区与行业的投资规模和投资结构间接调控。间接调控就是制订合理的地区或行业的长远投资规划用以依法规范投资者行为、建立经济情报信息系统(如原材料与产品供求信息、税收信息、价格信号、行业或区域发展规划信息等)以给投资者信息指导、运用经济杠杆调节投资者利益分配和必要的行政干预管理等。二是对关系到地区与行业发展的基础设施、基础产业、公益项目及关键性竞争项目,地方政府实施直接的投资管理。

【案例一】 南水北调投资主体及其投资来源分析

南水北调工程建设作为一个投资项目,它所牵涉的投资主体有中央、地方和企业等。其中,中央政府投资主体从宏观经济运行和经济结构发展的要求出发进行投资,投资规模较大,投资后形成的资产在国民经济发展中起决定性作用。地方政府投资主体主要指南水北调工程经过的沿线省、市,由于它们是该工程的主要受益者,同时该工程也是这几个地区内的公用事业和基础设施,是对本地区具有关键性作用的投资项目,自然它们也得依照某种比例进行投资。企业投资主体表现为两方面,一方面南水北调工程建设和运行应采用企业(集团)的组织形式管理;另一方面,参与南水北调工程建设和运行的企业从企业自身发展战略要求出发,本着利润最大化的原则,根据市场状况和市场发展趋势,结合本企业技术进步、新产品创新、工艺流程变化、管理手段等因素,做出投资决策。

中央政府投资的来源是国家财政性资金、外国政府贷款、国际金融机构的贷款、国家政策性金融机构(国家开发银行)的贷款筹资等。地方政府投资来源是地方财政拨款、水费集资(受益区工业企业及城市居民用水加价)、占地集资、发行市政债券、以工代资和其他资源置换等。企业投资来源是发行公司债券、发行公司股票、商业银行贷款、其他途径来源等。

1.2.3 微观投资管理

1. 微观投资管理的概念、内容

微观投资管理是对企业、事业单位、机关团体、个人投资的管理,目的是做好投资实施前的可行性研究,防止一哄而上和盲目重复建设。

微观投资管理,包括政府对投资项目的间接管理和投资者对投资项目的直接管理。后者即项目投资管理,是要做好项目投资的计划、组织和监督工作。

2. 微观投资管理的分类

据资金来源,微观投资管理分自筹资金管理、预算拨款管理和资本市场管理。

(1)自筹资金管理

自筹资金是企业从自身利益出发自行筹资,企业自筹资金管理受市场调节,并按照政府规定的投资程序核准或备案注册。

(2)预算拨款管理

预算拨款是政府按预算直接拨款用于政府投资,主要投资于政府审批通过的基础设施、基础产业、关键性竞争产业以及诸如国防、学校、科研、行政、公益等公共项目,由政府财政管理部门对该类投资项目的拨款严格控制管理。

(3)资本市场管理

资本市场管理分为银行贷款管理和发行证券管理。其中,银行贷款是投资主体间接融资的主要来源,具有偿还性、有偿性和担保性的特点,商业银行按市场原则管理;发行证券是投资主体直接融资的主要来源,由中国证券监督委员会负责管理,证券中介机构(如证券公司等)按照市场原则辅助操作。

3. 微观投资决策的方法

项目投资的微观决策也称项目评价,即对项目投资的必要性、技术可行性、经济合理性进行全面、系统分析,做出定量和定性评价,以便选出最佳投资方案,微观投资决策的方法是静态分析法和动态分析法。

(1)静态分析法

静态分析法(static analysis method)是指在分析选择最佳投资方案时不考虑时间价值因

素对投资效果影响的分析方法。该方法分为投资回收期法、追加投资回收期法、循环比较法、折算费用法和决策树法等。

(2) 动态分析法

动态分析法（dynamic analysis method）是指在分析选择最佳投资方案时考虑时间价值因素对投资效果影响的分析方法。该方法认为随着再生产过程的进行，资金要实现保值增值，同时，资金的占用、借贷或使用都要付出代价。该方法分为终值法、现值法、净现值比较法、年等值比较法、内部收益率法等。

4. 微观投资管理中的项目法人治理

微观投资管理主要体现为项目投资管理，项目投资管理的对象是项目法人，项目法人责任制是指经营性建设项目由项目法人对项目策划、资金筹备、建设实施、生产经营、偿还债务和资产的保值增值实行全过程负责的项目管理制度。

(1) 项目法人的设立

在计划经济投资体制下，投资项目建设统一由政府相关部门负责。建设单位是政府主管部门派出的临时管理机构，建成投产后移交经营部门负责。建设单位不是项目业主，不关心项目投资效益，责权利相分离造成投资决策不谨慎，基建投资膨胀和投资浪费严重的现象，引起工程概算失控。

为解决政府投资"吃大锅饭"问题，1993年11月中央通过了《中共中央关于建设社会主义市场经济若干问题决定》，决定推行建设项目企业法人投资责任制，实施投资主体由政府转向企业法人，实现资产所有权与企业经营权分离，最终达到政企分离的目的。1996年国家计委发布了《关于实行建设项目法人责任制的暂行规定》，要求国有单位经营性基本建设大中型项目，在建设阶段必须组建项目法人。项目法人按《中华人民共和国公司法》的规定设立有限责任公司和股份有限公司。

项目法人组建具体运作过程为：

① 项目建议书批准后，应组建项目法人筹备组，负责项目法人的筹建工作，项目法人筹备组应由项目投资方派代表组成。

② 项目可行性研究报告批准后，应正式成立项目法人，并按规定确保资本金到位，并办理项目公司（project corporation）的设立和登记事宜。由原企业负责建设的基建项目，如果需要新设立子公司，要重新设立项目法人；只设分公司或分厂的，原企业法人就是项目法人，原企业法人应向分公司或分厂派遣专职管理人员，并实行专项考核。

③ 项目法人（project legal entity）是负责项目管理、承担项目债务责任和风险的法律实体，由项目法人对项目的策划、资金筹措、建设实施、生产经营、债务偿还和资产的保值增值，实行全过程负责。

设立项目公司的意义在于：其一，有助于将项目的债务风险和经营风险限制于项目公司内；其二，有助于把项目资产的所有权集中于项目公司，而不是分散给项目的不同投资者，既便于经营管理，也便于融资；其三，项目公司有较强的管理灵活性，既可以成为实体以拥有项目管理所必需的技术、管理、人员条件，也可以只是法律上拥有项目资产的公司，而将项目运作委托给有管理经验的公司负责。

(2) 项目法人治理结构

项目法人责任制的核心是项目法人治理结构（the structure of project corporate governance），由股东大会、董事会、监事会和项目总经理组成。

项目的实际投资人是项目的主办人和发起人，可以是自然人、企业或多家企业组成的投资财团、甚至是政府机构，它们为项目提供资本金或者以直接担保或间接担保形式为项目公司提供信用支持，它们是项目公司的股东，通过项目的投资和经营活动获取投资利润和其他收益，这些股东组成股东大会，股东大会推举董事和监事，董事和监事各自组成董事会和监事会，董事会推举项目总经理。

董事会实行例会制度，讨论项目的重大事宜，对资金支出实行严格管理，并以决议形式予以确认。董事会的具体职权是：负责筹措建设资金；审核、上报项目初步设计和概算文件；审核、上报年度投资计划、落实年度资金；提出项目开工报告；研究解决建设过程中出现的重大问题；提出项目竣工验收申请报告；审定偿还债务计划和生产经营方针、并负责按时偿还债务；聘任或解聘项目总经理、并根据总经理的提名聘任或解聘其他高级管理人员。

项目总经理是项目管理班子的领导者，是项目有关各方协调配合的桥梁和纽带，要保证项目董事会和有关各方满意，指导和控制项目的日常工作，及时应对紧急状况，如实反映情况，及时收回所有应当收进的款项。

项目总经理的具体职权是：组织编制项目初步设计文件；对项目工艺流程、设备选型、建设标准、总图布置提出意见，提交董事会审查；组织工程设计、施工监理、施工队伍和设备材料采购的招标工作，编制和确定招标方案、标底和评标标准，评选和确定投、中标单位；编制并组织实施项目年度投资计划、用款计划、建设进度计划；编制项目财务预、决算；编制并组织实施归还贷款和其他债务计划；组织工程建设实施，负责控制工程投资、工期和质量；在项目建设过程中，在批准的概算范围内对单项工程的设计进行局部调整，凡是引起生产性质、能力、产品品种和标准变化的设计调整以及概算调整，需经董事会决定并报原审批单位批准；根据董事会授权处理项目实施中的重大紧急事件，并及时向董事会报告；负责生产准备工作和培训有关人员；负责组织项目试生产和单项工程预验收；拟订生产经营计划、企业内部机构设置、劳动定员定额方案及工资福利方案；组织项目后评价，提出项目后评价报告；按时向有关部门报送项目建设、生产信息和统计资料；提请董事会聘任或解聘项目高级管理人员。

(3) 项目投资的考核

项目董事会负责对项目总经理定期考核，各投资方负责对董事会成员定期考核，政府相关部门应组织有关单位对投资项目进行专项检查和考核。根据项目投资的考核结论，由投资方对董事会成员奖罚，由董事会对总经理奖罚。

项目投资考核的内容包括：项目投资过程中相关法律法规执行情况；设计文件审批、核准、备案和执行情况；概算控制、资金使用和工程组织管理情况；建设工期、施工安全和工程质量控制情况；固定资产形成及其经营效益情况；土地、环境保护和其他资源利用情况；其他需要考核的事项等。

1.3 ▶ 工程投资管理

1.3.1 工程投资的概念、特点与分类

1. 工程投资与工程投资项目的概念

(1) 固定资产投资与工程投资

固定资产(fixed assets)是指在长期再生产过程中,基本上不改变其原有实物形态的生产资料。例如,房屋、建筑物、机器设备、运输工具等。

依据再生产性质,固定资产投资分为更新改造投资、基本建设投资、其他固定资产投资。其中,更新改造投资是通过更新改造使被消耗的固定资产得到替换和补偿的投资,例如,基于技术改造的固定资产投资;基本建设投资是通过项目建设产生比被消耗的固定资产更多的新增固定资产的投资,例如,新建、扩建等扩大生产能力的固定资产投资。工程投资(project investment)主要就是指固定资产投资中的基本建设投资(capital investment)。

(2) 工程投资项目

工程投资项目(project investment item)是投资项目中最重要的一类,工程项目建设过程的实质就是工程投资的决策和实施过程,是将所投入的货币转换为项目实物资产的过程。

具体地说,工程投资项目是指需要一定量的投资,在时间、资金和质量等约束条件下,具有一个设计任务书(design instruction),按一个总体设计(general design)进行建设,在经济上实行统一核算,在行政上有独立组织形式,经过一系列决策和实施程序,以形成固定资产为目标的一次性工程建设单位。如一个企业、一所学校、一家医院、一座宾馆、一所商场等。

工程投资项目建设,就是为完成工程投资项目而购置和建造固定资产、购买和储备流动资产的经济活动。例如,修建住宅区、办公大楼、立交桥等。

(3) 工程投资项目的组成部分

任何一个工程投资项目都由一个或多个单项工程组成,所谓单项工程是指在一个建设单位中,具有独立设计文件,单独编制综合预算,建成后能独立生产或发挥效益的独立工程。例如,工业项目中一个完整、独立的生产系统,非工业项目中能够发挥设计规定的主要效益的各个独立工程。

任何一个单项工程都由一个或多个单位工程组成,所谓单位工程是指具有单独施工图纸(working drawing)和预算(budget),可以独立组织施工及单独作为计算成本对象,但建成后不能单独进行生产或发挥效益的工程。例如,某生产车间是一个单项工程,生产车间又由若干工段组成,每个工段都有独立的建筑物,这些工段建筑就是单位工程,单位工程依据组成部分的内容分为土建工程、特殊构筑物工程、工业管理工程、暖卫工程、电气照明工程等。

一个单位工程是由若干分部工程组成,按单位工程的部位、构件性质、使用材料、工种或设备种类、施工方法等的不同可划分不同的分部工程,例如,基础、墙身、柱梁、楼地屋面、装饰、门窗、金属结构等都是分部工程。

一个分部工程由若干分项工程组成,分项工程是用简单的施工过程就能完成、以适当的

计量单位就能计算工程量及单价的建筑或设备安装工程的产品,是单项工程组成部分中最基本的构成要素。分项工程可按照所用的施工方法、材料、结构构件规格等分类,例如,钢筋混凝土工程中的现浇钢筋混凝土矩形梁。

2. 工程投资的特点

(1) 一次投入大

工程项目投资是一次性巨额投资。例如,生产领域的固定资产投资用于大型复杂的机器设备和建筑安装,要筹足大量资金且在建设地点一次性固定。

(2) 建设和回收过程长

工程项目投资的建设周期,远比一般物质产品的生产过程要长。在这相当长的时间里,人力、物力、财力等不断投入而得不到回收,只有当项目建成投产后,才能逐渐回收投入,且回收的过程也要持续很长时间。

(3) 产品具有单件性和固定性

工程项目投资不可能批量生产,只能一个个地单独建设,此即单件性;同时,工程投资有固定的地点、用途、使用对象和工艺技术等,此即固定性。

(4) 工程项目的整体性强

每个工程项目都有独立的设计文件,项目的各个单项工程相互依赖,一些大型项目还有许多配套工程,缺一不可,它们被统一核算和统一管理。在投资决策时,既要考虑资金来源和筹措的可能性,使资金供应量满足项目整体建设;也要考虑项目整体建设的协作性,合理协调各个工程。

(5) 工程项目有明确的目标约束标准

工程项目从资金形态投入开始到实物形态形成结束,全过程存在一定的约束条件和目标标准,约束条件包括时间、资金和质量约束等,目标标准包括工程项目任务量、工程项目等级标准、投资总额、投资条件、工期、质量标准等。

(6) 工程项目投资管理的复杂性和程序性

工程项目投资决定国民经济和社会发展各方面的比例关系,决定生产力空间布局,也决定新的生产力水平,对国民经济发展有深远影响,因此工程项目投资管理十分复杂,要按既定程序进行投资决策和宏观、中观、微观投资管理。

(7) 实施的不可逆性

工程投资项目的建设地点一次性确定,建成后不可移动,设计的单一性,施工的单件性,使它一旦建成就难以改变。所以,工程投资项目从提出建设的设想、建议、方案选择、评估、决策、勘察设计、施工,一直到项目竣工、投产或投入使用等各个环节,都有严格的建设程序,先后顺序不能颠倒,并且各个环节需要各相关经济技术单位按照严格的规范协调进行。

3. 工程投资的分类

(1) 按投资的品种分

按投资品种,工程投资分为建筑安装投资(包括建筑物和构筑物的建筑以及机器设备安装的投资);设备、工具和器具的购置;其他基本建设工作的投资。

(2)按投资的收益性和风险程度分

投资的收益性指投资的净现值是否大于零,涉及项目投入价格、产出价格、税费及补贴政策。按投资的收益性和风险程度,工程投资分为五类:

第一类:纯公益性项目投资,有费用、无收入,如生态项目、环保项目、学校等。

第二类:低收费项目投资,低收入,高费用,无盈利,如灌溉设施、医院等。

第三类:一般收费项目投资,收入大于费用,难以收回投资,如地铁等。

第四类:风险项目投资,收入大于费用,能收回投资,风险大,如高科技项目等。

第五类:自我积累项目投资,收入大于费用,盈利收回投资,如工业等。

按照投资项目的产出属性(产品或服务),前两类是公益性项目(或公共性项目)投资,仅能保持收支平衡,甚至出现亏损,它只能靠行政拨款,政府通常只进行投资控制,而委托相关公司代理基建,如学校、机关、水利工程等,计算此类项目投资的收益比较困难,常采用费用效果分析法。

后三类是收益性项目(或非公共项目)投资,其中,第三类是准商业化项目投资,第四类和第五类是商业化项目投资,收益性项目投资可以用该项目最终产品和服务的收益来补偿,常采用费用效益分析法,操作上需要建立出资人制度,由公司投资和承担风险,其营利性由公司自行判断,例如,工业项目(矿山、工厂等)投资、高科技项目投资、商业项目(商店)投资等。

第一类、第二类、第三类和第四类的一部分,或是非营利性的公共项目投资(第一类和第二类),或是营利较小而难以收回投资的基础设施项目投资(第三类),或是虽有营利但风险较大的重大高科技项目投资(第四类一部分,如航天工业),通常是政府投资,这些投资项目也被称为政府投资项目,是由政府职能部门批准立项,由政府各类财政性基本建设资金投资或部分投资的项目。

(3)按照项目的用途划分

按项目用途,工程投资分为住宅类项目投资、办公和商业类项目投资、专业化生产类项目投资、重大基础类项目投资。其中,住宅类项目,如多居户楼房和高层公寓等;办公和商业类项目,如酒店、体育馆、娱乐场所、商业中心、仓库、办公楼等;专业生产类项目,如工业项目、农业项目等;重大基础类项目,如交通运输项目、环境保护项目、公共设施项目等。

(4)按建设阶段划分

按项目建设阶段,工程投资分为预备项目(投资前期项目)或筹建项目、新开工项目、施工项目、续建项目、投产项目、收尾项目、停建项目。

(5)其他分类

工程投资按项目产量或投资额(即项目规模),分为大型项目投资、中型项目投资和小型项目投资;按投资项目目标,分为经营性项目投资和非经营性项目投资;按项目投资管理形式,分为政府项目投资和企业项目投资;按项目与企业原有资产的关系,分为新建项目投资和改扩建项目投资;按项目融资主体,分为新设法人项目投资和既有法人项目投资。

1.3.2 工程投资的资金来源

1. 按工程项目的收益分析

（1）竞争性项目的资金来源

竞争性项目主要是指收益较高，市场调节较灵敏，具有市场竞争力的项目。如机电、纺织、石化、精细化工、建材医药等，主要依靠市场配置资源，由企业按市场需求自主决策，其资金来源主要通过商业银行间接融资。

（2）基础性项目的资金来源

基础性项目主要是指建设周期长、投资大、收益低，需要政府扶持的基础设施和一部分基础工业项目，以及直接增强国力的符合经济规模的支柱产业项目，可由国家开发银行融资，建立稳定的资金来源，其中一些有稳定的预期现金流量的项目，还可采用项目融资的方式获得资金来源。

（3）公益性项目的资金来源

公益性项目，包括科技、教育、文化、卫生、体育、环保等事业单位及政府机关、社会团体、公益设施、国防设施的建设项目。这类资金来源于政府财政拨款。

2. 按对资金的占有性质分析

按对资金的占有性质，项目的资金来源，如图1-1所示。

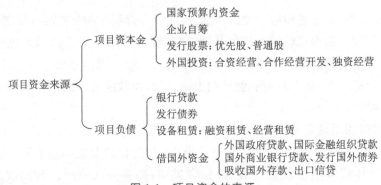

图1-1 项目资金的来源

（1）项目资本金

项目资本金是指项目总投资中由出资人实缴的一定比例的资金，是项目法人的非负债资金。除了主要由政府用财政预算投资建设的公益性项目等部分特殊项目外，大部分投资项目都应实行资本金制度。项目资本金的形式可以是现金、实物、无形资产等，出资方可以是国家、法人和个人。根据法律法规规定，建设项目的资本金主要来源于政府预算、发行股票、自筹投资和外资等多种形式。

①政府预算投资

政府预算投资即政府投资，是指以政府预算资金为来源并列入国家计划的固定资产投资。主要包括：国家预算、地方财政、主管部门和国家专业投资公司拨给或委托银行贷给建设单位的基本建设拨款、中央基本建设基金、拨给企业的更新改造拨款，以及中央财政安排的专项拨款中用于基本建设的资金。

政府预算投资拨款的基本原则是:

第一,按基本建设计划拨款,指按被批准的建设单位年度基本建设计划及其所附的工程项目一览表拨款。它实际上规定了拨款的用途。

第二,按基本建设拨款,包含两重含义:一是按年度基本建设支出预算拨款,二是按设计概预算拨款。它实际上规定了拨款的限额。

第三,按基本建设程序拨款,即通过拨款促使项目按基本建设程序办事。

第四,按工程进度拨款,即完成多少工程,就付多少工程价款。第三和第四个原则实际上规定了拨款的时间。

对于有偿还能力的企业,实行基本建设投资"拨改贷"方式,贷款利率较低,对于微利或无利企业,则豁免部分贷款本息或实行债转股等。

政府投资中的基本建设投资包括道路、桥梁、铁路、涵洞、机场、邮政通信设施、各种社会福利设施、体育场馆等。政府投资建设公共工程,自己可以作为业主发包工程,也可以将这些工程委托给建筑公司、咨询公司等承担。

②自筹投资

自筹投资指主管部门、地方和单位、个人等通过正当来源自筹资金用于项目投资,已成为工程项目筹资的主渠道,自筹资金必须服从宏观/中观投资管理。

③发行股票

股票是股份公司为筹集资金发给认购者的所有权证书,持有者凭之成为股东,有权分享公司利益,参与公司决策,同时以自己的出资为限承担公司的责任和风险。股票具有无偿还性,可抵押性,可转让性的特点。

按股东承担风险和享有权益的大小,股票可分为普通股和优先股两大类。

优先股股东优先较普通股股东获得利润分配,按一定比率取得固定股息;企业倒闭时,优先分得剩下的可分配给股东的财产,但不参加股东大会。

普通股股东在优先股股东之后分得股息,在公司盈利较多时分享红利,还可获得股票增值收益。普通股东有参加股东大会,选举公司董事、监事和参与公司管理的权利,其权利大小取决于持股份额。

发行股票筹资的优点:一是融资风险较小,即当公司经营不佳或现金短缺时,董事会有权决定不发放股息或红利;二是股票具有无偿还性,公司不必为偿还资金而担心;三是发行股票可降低负债比率,提高财务信用,增加公司融资能力。

发行股票筹资的缺点:一是资金成本高,购买股票承担的风险高于债券,投资者要求的股票报酬也高于债券利息,另外,债券利息计入生产成本,而股息和红利要用税后利润支付,使股票筹资的资金成本高于债券筹资;二是增发普通股须给新股东投票权和控制权,降低了原有股东的控制权。

④吸收外资

吸收外资主要包括与外商合资经营、合作经营、合作开发及外商独资经营等形式,不发生债务和债权关系,但要让出部分管理权,并支付一部分利润。

合资经营是由外国公司、企业经政府批准,同我国公司、企业在境内举办合营企业。合资经营企业由合营各方出资认股组成，各方出资多寡，由双方协商确定。根据国际通行做法和我国有关规定，合资企业各方出资方式可以是现金、实物，也可以是工业产权和专有技术。按国际惯例，合资各方的出资比例，决定了分享利润的份额和对风险及亏损所分担的责任，也关系到对企业的控制权。

合作经营（即契约式经营）是一种无股权的合约式经济组织，是由我方提供土地、厂房、劳动力、由国外合作方提供资金、技术或设备共同兴办的企业。合作经营企业的合作双方权利、责任、义务由双方协商并用协议或合同方式加以规定。双方签署的协议书、合同，经我国政府（或有关部门）批准后，便受法律保护。

合作开发，主要指对海上石油和其他资源合作勘探开发。合作方式与合作经营类似，双方按合同规定分享产品或利润，但在勘探阶段费用，由外国公司支付。

外资独营是由外国投资者独自投资和经营的企业形式。按我国规定，外国投资者可以在经济特区、开发区及其他经政府批准的地区开办独资企业，企业的产供销由外国投资者自行规定。但外资独营企业，应遵守我国法律、法规及其他规定，并照章纳税，纳税后的利润，可通过我国商业银行按外汇管理条例汇往国外。

（2）负债筹资

①银行贷款

银行贷款是银行利用信贷资金所发放的投资性贷款，按中国人民银行1996年发布施行的《贷款通则》规定，银行贷款的发放和使用应符合法律法规和中国人民银行发布的行政规章，应遵循安全性、效益性、流动性三原则。这三原则，既相联系、相依存，又相制约、相矛盾。一般来说，流动性越高，安全性越高，贷款效益性就越低；相反，贷款效益性越高，流动性和安全性就越低，此即风险与收益对称法则。

②发行债券

债券是债券发行人向购买者融通资金的有价证券，债券规定偿还年限、债息率、发行债券应保证到期还本付息。债券分为政府债券、金融债券、公司债券，政府债券又分为国债券、国库券、地方政府债券。

债券有安全性、流动性、收益性的特点。安全性指债券持有者到期能够无条件收回本金，为此债券发行者应提供物资担保或信用担保；流动性指债券持有人可将债券抵押、贴现或转让；收益性指债券持有者在偿还期内有权领取债息。

债券筹资的优点是：支出固定、控制权不变、少纳所得税、发行债券可提高股东投资报酬。缺点是：固定利息支出会使企业承受一定风险、发行债券会提高负债比率、债券合约条款常对经营管理诸多限制。

一般来说，当企业预测未来市场销售情况良好、盈利稳定、预计未来物价上涨较快，企业负债比率不高时，可以考虑以发行债券方式筹资。

③设备租赁

设备租赁是指出租人与承租人订立契约，由出租人应承租人要求购买其所要的设备，在一定时期内供其使用，并按期收取租金。租赁期间设备产权属出租人，用户只有使用权，且不得中途解约。期满后，承租人或所租设备退还出租人，或延长租期，或作价购进所租设备，或要求出租人更新设备再另订租约等。

设备租赁的方式分为融资租赁和经营租赁。融资租赁是设备租赁的重要形式,它将贷款、贸易与出租三者有机结合起来。出租过程是:先由承租人选定制造厂家,并就设备型号、技术、价格、交货期等与制造厂家商定,再与租赁公司就租金、租期、租金支付方式等达成协议,签订租赁合同,然后由租赁公司向银行借款等方式筹资,按承租人与制造厂家商定的条件买下设备,最后根据合同出租给承租人。融资租赁的资金成本率比其他筹资方式(如债券和银行贷款)要高。经营租赁即出租人将自己经营的设备反复出租,直至设备报废或淘汰。

④借用国外资金

借用国外资金主要是外国政府贷款、国际金融组织贷款、国外商业银行贷款、发行国外债券和吸收国外存款、出口信贷等。

外国政府贷款是指外国政府通过财政预算每年拨出一定款项,直接向我国政府提供的贷款。这种贷款的特点是利率较低(年利率一般为2%~3%),期限较长(平均为20~30年),但数额有限。所以,这种贷款比较适用于建设周期较长,金额较大的工程建设项目,如发电站、港口、铁路及能源开发等项目。

国际金融组织贷款,主要是指国际货币基金组织、世界银行、国际开发协会、区域性国际金融组织贷款等。世界银行提供贷款支持的项目,包括建设水坝、道路、桥梁、港口以及众多其他大型基础设施项目。世界银行在提供贷款时,除了关心项目的目标能否达到,更为关心的是贷款能否收回,因此,世界银行在承诺贷款之前,要审查申请贷款国的偿债能力,包括宏观管理能力、经济政策、金融政策、财政制度、货币制度、进出口、国际收支、外债、创汇能力等。

国外商业银行贷款,包括国外开发银行、投资银行、长期信用银行以及开发金融公司对我国提供的贷款。建设项目投资贷款主要是向国外银行筹措中长期资金,一般通过中国银行、国际信托投资公司和中国投资银行办理,可以较快地筹集大额资金,借得资金可由借款人自由支配,但利息和费用负担较重。

在国外金融市场上发行债券,债券偿付期限较长,一般在七年以上;发行金额一次在1亿美元左右,筹得款项可以自由运用,但债券发行手续比较烦琐,且发行费用较高,同时还要求发行人有较高信誉,精通国际金融业务,所以这种筹资方式适用于金额不大,资金运用要求自由的建设项目。

吸收国外存款是指通过金融机构,特别是设在经济特区、开发区、自由贸易区和海外的金融机构,广泛吸收私人客户外汇存款、同业银行存款、企业外汇存款等等在内的各类外汇存款,这类存款分散、流动性大,但成本低、风险小。

出口信贷是发达国家政府为了鼓励资本和商品输出而设置的专门信贷。这种贷款的利息率较低,期限一般为10~15年,借方所借款项只能用于购买出口信贷国设备。出口信贷根据贷款对象的不同分为买方信贷与卖方信贷。买方信贷是指发放出口信贷的银行将贷款直接贷给国外进口者(即买方);卖方信贷是指发放出口信贷的银行将资金贷给本国的出口者(即卖方)以便卖方将产品赊售给国外进口者(即买方),而不致发生资金周转困难。

1.3.3 工程投资的基本阶段

任何项目从开始到结束,分为项目决策阶段、准备阶段、实施阶段和结束阶段。工程投资项目是一类特殊项目,有内在的特点和规律,其从设想、选择、评估、决策、设计、施工,到竣工验收、投入生产,直到生产(服务)终止,要经历相当长的时间,通常 10～30 年不等。按照工程投资项目建设的内在联系及其发展过程,可分为四个阶段八个程序,即项目决策阶段的项目建议书程序和可行性研究报告程序,项目准备阶段的设计工作程序和建设准备程序,项目实施阶段的建设实施程序,项目结束阶段的生产准备程序、竣工验收程序和后评价程序。本书从投资的角度出发,将工程投资项目从设想到建成投产的整个生命周期分为投资决策期、投资期和投资回收期四个阶段,见表 1-8。

工程投资的基本阶段　　　　　　　　　　　表 1-8

工程投资的基本阶段	各阶段的主要内容
投资前期	机会研究阶段(投资策划、项目建议书),可行性研究阶段(项目初选、项目拟定),评价研究(项目评估、项目审查)和投资决策阶段(项目审批)。重点环节是投资策划、项目建议书、可行性研究、设计任务书、项目评估
投资期	项目实施准备阶段(招投标、签订合同、施工工程设计),项目实施阶段(施工建设与安装),项目结束阶段(生产准备和竣工验收)。重点环节是项目组织管理、项目筹资、申请建设用地、编制设计文件、建设准备、工程施工、生产准备、竣工验收
投资回收期	项目生产经营、工程保修、项目后评价

1. 投资决策期

投资决策期,包括机会研究、可行性研究、评价研究和投资决策等阶段。机会研究是项目设想阶段,包括投资策划和项目建议书;可行性研究是项目初选和拟定阶段;评价研究是项目评估与审查阶段,投资决策是项目审批阶段。投资决策期的重点环节是投资策划、项目建议书、可行性研究、设计任务书和项目评估。

(1)投资策划(investment plan)

投资策划是创造性地提出项目设想、拟定和比较多个方案、淘汰机会小或效益差的方案,初步选定合理的项目投资方案。

【案例二】 公路 BT 项目投资方案的效益预测

1. 两个公路 BT 项目概况

S104 芜湖至湾址公路 BT 项目是省级公路拓宽改造项目,全长 35km,设计路面宽 28m,双向 4 车道;全线有 2 座小桥。设计单位是东南大学设计院,2003 年 5 月底前完成施工图设计,工程造价约 2.2 亿元;计划于 2003 年 6 月底开工建设,2004 年年底建成。

G205 芜湖至南陵公路 BT 项目,全长 25km,路面宽 12m;2 座中桥,1 座公铁立交桥。设计单位是北京建达设计院,2003 年 5 月底前完成施工图设计,工程造价约 1.0 亿元,计划于 6 月底开工,2004 年年底建成。

由于施工图纸尚未设计出来,现场踏勘根据安徽省交通图进行,通过踏勘了解,原公路两侧的拆迁工作已经进行,整个沿线没有重难点工程,现有路基和路面有损坏,但还能通车,整个工程全是拓宽改造,施工期间估计需要保持原有交通。S104省道基本在平原微丘地区,G205原为省道丘陵略多平原少,由于两条省道不远处都有路况较好的国道,因此公路车辆不多。

2. BT项目合作条件

在项目2年建设期,由投资方投资,建设期不计利息;工程造价须经第三方审核;工程完工移交公路局后,公路局以国家公布的基准贷款利率为准,6年内还本付息;还款方式可以商谈;本工程只要芜湖市交通局批准即可。

这两个项目省去招投标形式,只要投资方有资金就行。监理单位由公路局选定。投资方需要按工程造价的10%交纳项目履约保证金(或银行保函)。

工程造价采用1996版交通部公路预算定额,按国家和安徽省新下发的编制办法取费。征地拆迁及费用由芜湖市公路局负责;取弃土场由公路局指定。

关于项目还本付息的保证问题,芜湖市公路局现有4个公路收费站,上一年度全年收费7700多万元。公路收费35%留省里,65%返还芜湖市公路局(包括15%的治理费用)。该费用不经过地方财政。芜湖市公路局今年又增加1个收费站;新公路建好后,收费站的数量还将继续增加。

3. BT项目合作利弊分析

(1)不利因素

①该项目建设期2年,还本付息6年,投资回收期长达8年。

②公路拓宽改造指标低,工程量不集中,投资规模不大,一个项目公司负责两个公路项目,治理跨度大,治理难度增加。

③设计概算正在编制中,概算指标、各项取费不很明确,用以往经验估算有时与实际相比会有差距。

(2)有利因素

①该项目无难度,无须太多施工机械,只要控制好质量和工期即可,施工中一般不会出现大问题。

②公路投标,竞争激烈,一般情况下降低造价幅度在20%以上。该项目芜湖市公路局没有提到降低工程造价问题,给投资方盈利留有空间。

③按建设期2年,贷款利率5.49%计算,项目公司治理费用按3%计算,投资回报可达5%以上。

④据现场调查了解,芜湖市后续还有其他BT方式合作项目,假如这两个项目合作成功,投资方在当地还有其他BT方式合作的机会。

4. BT项目成本预测

为建设和竣工移交公路项目,需要成立项目公司,专门负责治理这两条公路的融资、施工、移交、还贷和收取回购款。

(1)BT项目建设总投资

项目全部投资为3.2亿元(未含建设期贷款利息),设计费、监理费、征地费、拆迁补偿费预估为2000万元,此四项费用由芜湖公路局负责筹措,因此投资方负责完成的项目全部投资为3亿元。

①资本金。

根据银行提供融资要求,项目公司必须自筹项目资本金35%。因此投资方在本项目上需筹集资本金35%,即1.05亿元。

②投资安排。

按芜湖市公路局的要求本工程工期2年,投资方经过现场踏勘,认真研究,认为假如不发生不可抗力,工期可以争取提前半年完工,即实际工期安排在1.5年。本预测工期按2年考虑,投资按年均衡施工考虑,安排如下:

第一年,计划安排资金70%,即完成投资2.1亿元。此项投资先安排资本金1.5亿元,融资安排银行贷款0.6亿元;

第二年,计划安排资金30%,即完成投资0.9亿元,完全从银行贷款解决。

建设期两年,投资方需完成建设投资3亿,按实际投入85%即2.55亿元,则建设期需从银行贷款1.5亿元(2.55×85%=1.5亿元)。

③建设期贷款利息。

本项目建设期两年,贷款分年均衡发生。按下式计算建设期贷款利息:

$$q_j = 0.5 A_j \times i$$

式中:q_j——第j年贷款利息;

A_j——第j年贷款额;

i——建设期贷款利率。

建设期第一年(2003年7月～2004年6月)银行贷款利息:

$$q_1 = 0.5 \times 6000 \times 5.58\% = 165 \text{ 万元}$$

建设期第二年(2004年7月—2005年7月)银行贷款利息:

$$q_2 = 586 \text{ 万元}$$

建设期贷款利息合计:

$$\sum q = 751 \text{ 万元}$$

④六年均衡还款本金为3亿元,每年还贷本金5000万元,还款利率采用银行5～30年贷款利率5.76%,还贷期3年,发生利息共1528万元。

⑤全部建设投资。

全部投资=建设期贷款+建设期贷款利息+还款期贷款利息=17279万元

(2)BT项目盈利预测

工程完工总投入3.059亿元。工程完工,验交合格,投资方一次性贷款3.2亿元,按建设期贷款利息由施工单位承担,投标降低造价8%考虑,则支付施工单位2.944亿元,自留2560万元。如由投资方还贷,则对施工单位降低造价系数按10.745%考虑,投资方贷款3.2亿元,支付施工单位2.8562亿元,自留3878万元,支付建设期贷款利息659万元。考虑项目公司开支3%,投资方在2年建设期、6年还本付息期,共8年的BT投资期有5%收益,即收益1600万元。

以上估算假如施工单位投标降低造价再高些,或投资方项目公司开支再低些,或在银行得到优惠贷款利率,那么估算的收益还会再提高。

5. 提高本 BT 项目投资收益的途径

(1)建议投资决策要迅速

①目前该项目无竞争对手,芜湖市公路局比照安徽省公路局对外合作条件办理,开出的合作条件对投资方有利,假如其他投资商得到信息介入竞争,合作条件可能发生变化。

②决策过程、合作谈判、寻找优惠贷款、组建项目公司、决定施工队伍、做上场预备等开工前预备工作只有1个多月,时间比较紧张。

(2)若以 BT 方式投资,建议采用以下方式提高收益

①建议成立项目公司,由项目公司具体运作该项目。项目公司人员尽早参与 BT 方式合作谈判和其他前期工作。

②按国家招投标法规定,项目公司对施工企业公开招标(同等条件下可优先考虑投资方内部施工企业)。

③此项目融资的要害在贷款和担保。投资方发挥集团优势,对参与施工各单位统一贷款,统一担保,大宗材料统一采购,分散运输保管,减少治理费用。

④建设期投入的资金,施工单位自筹;工程验收合格后,投资方从银行贷款一次性付清各施工单位建设期费用。

⑤为降低投资风险,投资方应要求芜湖地方当局以银行保函,或公路产权作抵押,或由省公路局作担保,以保证工程验交后芜湖市公路局按时还本付息。

(2)项目建议书

项目建议书(project proposal)是各部门、地区、企业根据国民经济长远规划、行业规划、地区规划乃至城镇规划的目标和要求,以及本单位的发展需要,在投资策划的基础上,初步调查、预测、分析某项目投资的必要性和可行性,而编制的项目建议文件,是对拟建项目的总体轮廓设想。

项目建议书的内容包括:建设项目提出的必要性;项目产品或服务的国内外市场现状和发展趋势以及销量与价格预测;产品方案、拟建规模和建设地点的初步设想;资源情况、建设条件和协作关系;投资估算和资金筹措设想;建设进度设想;经济效果和社会效益的初步估计。

项目建议书的编制单位一般是项目投资者(即业主)。如果是政府投资,需由政府投资主管部门委托有相应资格的设计单位承担,再由政府投资主管部门提出。

项目建议书按国家规定的权限向相关部门申报审批。大中型项目由国家发展改革委员会(下称国家发改委)审批,重大项目由国家发改委审核后报国务院审批。小型项目按隶属关系,由各主管部门或省、自治区、直辖市、计划单列单位的计委审批,报国家发改委和有关部门备案。对于某公司在法律许可范围内的小型项目,其项目建议书不一定要由政府有关部门审查。

项目建议书经审查批准后,分别列入五年计划和年度建设计划,才能再转入可行性研究。其中,政府投资项目批准后,应由政府向社会公开,若有投资建设意向,要及时组建项目法人筹备机构,开展下一阶段的项目投资运作。

(3) 可行性研究

可行性研究（feasibility study）是在项目建议书基础上，对项目有关的社会、经济、技术、财务、组织等各方面的情况进行深入调查研究，论证项目建设的必要性，并对各种可能的建设方案与技术方案进行发掘和技术经济分析、比较和优化，对项目建成后的经济效益和社会效益进行科学预测和评价，综合论证项目的合理性，然后提出该项目建设是否可行的结论性意见。可行性研究报告（feasibility report）是确定建设项目和编制设计任务书的重要依据。

可行性研究必须具备以下条件：完整可靠的资料数据、有效的科学方法、能进行可行性研究的专门人才、先进的工具、一定数量的研究资金等。

可行性研究的主要内容包括：论证工程建设的必要性，确定工程建设任务；确定主要技术经济环境参数和成果；选定工程建设厂址；基本选定工程规模；初选工程总体布置；初选主要设备器具；初选管理方案；初步确定施工组织设计中的主要问题，提出控制工期和分期实施的意见；提出工程建设的财务、国民经济和社会评价；提出主要工程量，估算工程投资；提出综合评价结论等。

可行性研究报告由拟建项目的主管单位组织委托具有勘察设计资格证书的工程设计或咨询单位编制。一般是由有名望的咨询公司、设计单位或研究机构中的专业人员承担，可行性研究小组成员要有经济学家、市场分析员、同项目性质有关的专业技术人员、工程师、财务会计专家和工业管理专家等等参加。

可行性研究报告按国家规定的审批权限报批。申报项目可行性报告必须同时提出项目法人组建方案及运行机制、资金筹措方案、资金结构及回收资金的办法，并依照有关规定附上具有管辖权的相关部门的规划同意书。

(4) 编制设计任务书

设计任务书（design instruction）也称计划任务书，是建设项目的决策文件，是可行性研究报告的成果和最终投资决策结果的综合体现，也是进一步编制设计文件，确定项目实施的投资目标、进度目标、质量目标的主要依据。

例如，工业投资项目设计任务书的内容主要包括：建设目的和依据；建设规模、产品方案、生产方法与工艺原则；资源、水文地质、原材料、燃料动力、供水、运输等协作条件；资源的综合利用和环保要求；建设地点与用地估算；建设周期；投资控制额；要求达到的技术经济指标等。

设计任务书的编制单位是拟建项目的建设单位或主管部门，在报批前，由项目法人委托有资格的工程咨询机构或组织有关专家对设计任务书中的重大问题进行咨询论证，设计单位据咨询论证意见补充、修改和优化设计任务书。优化设计任务书不仅影响项目投资，而且还影响使用阶段的经常性费用，如保养、维修费等，使项目建设的全寿命费用降到最低。

(5) 项目评估

项目评估（project appraisal）是由不同单位、不同技术经济专家、承办贷款的银行，从不同的角度对拟建项目可行性研究报告和设计任务书的技术可行性、组织体制可行性、财务可行性、经济可行性、社会可行性进行评价论证，是项目最后决策前的再评价，因参评单位的多样化，项目评估更具公正性和客观性。

按国家有关规定,大中型项目须先按隶属关系,由项目主管部门或省、自治区、直辖市计委预审,然后上报国家发改委,由国家发改委委托中国国际工程咨询公司评估,地方小型项目评估由地方工程咨询公司承担;银行贷款项目由银行组织评估。可行性报告及项目评估是投资决策期的关键环节,承办单位应严肃认真、深入细致地做好这项工作,并对工作的深度和质量负责。

项目可行性研究报告、设计任务书和项目评估报告,应按国家规定向主管部门申报审批,其中大中型项目按隶属关系由主管部门或省、自治区、直辖市计委审批,并报国家发改委备案。项目一经批准,整个项目的立项和建设方案就被确定下来,此后如果在建设规模、产品方案、建设地点、主要协作关系以及投资控制额等方面有变动,需报经原单位批准同意。

2. 投资期

投资期包括项目实施准备、实施和结束阶段。其中,实施准备阶段包括招投标和签订合同、施工工程设计;实施阶段包括施工建设与安装;结束阶段包括生产准备和竣工验收。大中型工程项目常采取分期建设,分段形成生产能力,分期投产的方式建设。投资期的重点环节是项目组织管理、项目筹资、申请建设用地、编制设计文件、建设准备、工程施工、生产准备和竣工验收。

(1)项目组织管理

项目可行性研究报告经评估报批后,只要项目实施条件具备即可启动。

项目启动的标志之一是成立项目法人组织,即按项目法人责任制,在项目筹备小组的基础上组建项目公司,任命项目经理,建立项目管理班子,执行项目各阶段管理。

这里,工程项目管理(project management)是指在工程项目全周期内,用现代管理技术指挥和协调人力和物质资源以实现范围、成本、工期、质量和分享利益等预定目标。该过程包括招投标签约、施工准备、施工、验收和后服务等阶段。

项目管理班子采用职能式、矩阵式或项目单列式组织结构,职责是对项目进行决策、计划、组织、指挥、控制和协调,对项目的范围、成本、时间、质量、风险、人力资源、沟通和采购等进行管理。项目管理班子的成员来自不同的组织,要经历组建、磨合、规范和进入正规等阶段,才能相互熟悉、适应和磨合。项目经理(project manager)是项目管理班子的领导,负责项目整体管理。

项目经理和项目管理班子接受委托人的委托,对委托人选定的项目进行管理,项目经理在接受委托时,一定要同委托人明确资金、权限、要求和时间。即明确委托人有无足额资金用于项目管理并支付项目管理成员工资,明确委托人有无足够权限保证项目顺利进行,以及委托人对项目、项目经理和项目管理班子有无明确要求,明确项目何时启动和何时完成。

项目启动的标志之二是项目许可证书(exequatur),项目许可证书就是正式批准实施项目的文件,该文件通常由项目组织实施的高层管理者或项目的主管部门颁发,赋予项目经理将资源用于项目活动的权力。

例如,国务院1984年4月以"(84)国函57号文"批准了长江流域规划办公室1983年编报的《150米方案三峡水利枢纽可行性研究报告》,又于1984年4月底颁发了43号文件《关于开展三峡工程筹备工作的通知》,这两份文件就是长江三峡水利枢纽工程的项目许可证书，后一个文件要求成立长江三峡水利枢纽开发总公司，在工程建设期间，该公司是建设单位（总甲方），工程投产后，全部资产和债务都归其所有，由其负责水电站的经营管理。

（2）项目筹资

项目资金来源于自有资金和借贷资金。其中，自有资金是项目业主投入到项目中的资本金，项目业主凭所投入的资本金拥有项目所有权并获得项目收益，故也称权益资本，按来源分为国家、法人、个人和外商资本金。大部分公益性和基础性项目是政府投资项目，其资本金来源于政府预算，大部分竞争性项目或小部分公益性和基础性项目是民间投资项目，其资本金来源于企业（或其他民间组织）的利润留成或其他公积金、发行股票筹资、外商直接投资等。

借贷资金包括国内外商业银行贷款、国外政府贷款、外国出口信贷和国际金融机构贷款。除商业银行贷款外，其他贷款都只贷给政府。工程项目借贷的一个特殊方式是项目融资，例如，BT、BLT、BOT、PPP融资模式、项目公司融资等等，其中，BOT模式已成为项目借贷资金的重要来源。

（3）申请建设用地

建设项目立项后，建设单位可持经过批准的设计任务书或其他批准文件，向县级以上地方政府土地管理部门提出建设用地申请，按照国家建设征用土地的批准权限，经县级以上政府批准。

建设单位为选址而需要对土地进行勘测的，亦应征得当地政府同意。城市规划区域内的建设工程选址和布局必须符合城市规划，设计任务书报请批准时，必须附有城市规划行政主管部门的选址意见书。

（4）编制设计文件

设计文件是对拟建工程的实施在技术和经济上所进行的全面而详尽的安排，也是对工程建设进行具体规划的过程，是组织施工的依据。按我国规定，一般建设项目（包括民用建筑）按照初步设计（initial design）和施工图设计（working drawing design）两阶段进行；技术复杂又缺乏经验的项目还应增加技术设计（definition design）阶段，即扩大初步设计阶段。

设计文件是制订建设计划、组织工程施工和控制建设投资的依据。编制设计文件要做到限额设计和标准化设计。限额设计就是按批准的设计任务书和投资估算，在保证功能要求的前提下，按批准的初步设计及总概算控制施工图设计。按照限额设计要求，每一个专业，每一个设计人员都有一个投资限额目标，在设计过程中，设计人员应进行多方案比较，按分配的投资限额控制设计，严格控制不合理的变更，既保证设计技术上先进合理、新颖美观，又不突破投资限额目标，杜绝在工程设计过程中任意提高安全系数和设计标准的现象发生。

所谓标准化设计就是按国家或省、市、自治州批准的建筑、结构和构件等整套标准技术文件、图纸进行设计。采用标准化设计能提高设计速度和节省设计费用，一般可加快设计速度一倍以上；能提高劳动生产率；能节约建筑材料，降低工程投资，采用标准构件的建筑工程可降低工程投资15%左右；能总结和推广先进技术，促进建筑业工业化水平和标准化水平的提高。

根据国内外统计资料表明，设计费虽然只占工程费用约1%，但对工程投资的影响程度超过75%,其中,初步设计阶段影响工程投资额幅度达70%～90%,在技术设计阶段影响投资额程度达30%～75%。设计图纸一旦完成,施工企业必须"按图施工",无权随意变动图纸,也没有时间、精力及承担风险地去考虑优化设计。所以,项目法人应择优选择有资格的设计单位承担勘测设计任务。

(5)建设准备

工程建设项目的设计文件经批准并且资金到位后,就可进入建设准备阶段,这包括主要设备(大型专用设备的预安排例外)的订货和施工前的准备工作。其中,施工前的准备工作:一是征地拆迁、完成施工用水、电、通信、路和场地平整等工程(四通一平),建立必要的生产、生活临时建筑工程;二是组织设备、材料订货,准备必要的施工图纸,落实协作配套条件;三是组织施工招标投标、择优选定建设监理单位和施工承包队伍,并签订合同等等。在施工前的准备工作完成之后,建设单位应当向主管部门和有关单位申请领取施工许可证。

(6)工程施工

施工阶段是指工程的建设实施,是实现建设蓝图的物质生产活动和决定性环节,也是投资项目实体的形成阶段,是各阶段中消耗资金最大的阶段。项目法人应按照批准的建设文件,组织工程建设,保证项目建设目标的实现。

项目法人或其代理机构必须按审批权限,向主管部门提出工程开工的申请报告,经批准后方能开工,其开工必须具备以下条件:

①前期工程各阶段文件已按规定完成,施工图详图设计满足施工需要。

②建设项目已列入国家或地方建设投资年度计划,年度建设资金已落实。

③工程招标已经决标,工程承包合同已经签订,并得到主管部门同意。

④现场施工准备和征地移民等建设外部条件能够满足工程开工要求。

⑤建设管理模式已经确定,投资主体与项目主体的管理关系已经理顺。

⑥项目建设所需全部投资来源已经明确,且投资与融资结构合理。

⑦项目产品的销售,已有用户承诺,并确定了定价原则。

工程项目施工要在较长时间内耗费大量的资源,却不能产生直接效益,因此,管理的重点是控制进度、质量和成本。应把计划投资额作为投资控制的目标值,在施工过程中,定期比较投资实际值与目标值,发现并找出偏差,分析原因,采取有效的措施加以控制,以保证投资控制目标的实现。

要做到这一点,就要做到精读合同、控制工程进度、控制材料用量和合理确定材料价格、把好现场签证等。首先,要仔细研读施工合同,准确理解合同各项条款,对模糊不清之处应及时澄清或加以补充说明,以确保每笔工程款支付符合合同要求;其次,在对各分部工程的造价组成进行分析和归纳后,对照审定的工程总进度计划表,编制以月为单位的工程进度一览表,实施静态控制,同时要结合施工过程中的实际进度及协商变更情况,对工程进度一览表进行适当调整;其三,应仔细审核、确定工程量清单、基本单价,控制主要材料价格;对于主要材料、钢材、水泥等要统一采购,既保证工程质量和工程进度,也有利于控制造价,这些材料大都通过物资部门从主渠道招标议标订货;其四,工程投资的关键现场签证由业主代表、监理工程师、施工单位负责人在施工现场共同签署,它是用以证明施工活动中某些特殊情况的书面手续,记录了施工现场发生的特殊费用,关系到业主与施工单位的切身利益,应该由拥有工程造价知识并熟悉定额和有关文件法规的专业人员分析、审定签证是否合理和正确。

(7)生产准备

生产准备是项目投产前的重要工作,项目法人应按照项目法人责任制的要求,根据工程项目的生产技术条件,适时地组成专门班子或机构,有计划地抓好生产准备工作,保证工程项目建成后及时投产。生产准备包括以下内容:

①生产组织准备。建立生产经营的管理机构及相应管理制度。

②招收和培训人员。按照生产要求,配备生产管理人员,并通过多种形式的培训,提高人员素质,使之能满足经营要求;生产管理人员要尽早介入工程的施工建设,参加设备安装调试、熟悉情况,掌握好生产技术和工艺流程,为顺利衔接基本建设和生产经营阶段做好准备。

③生产技术设备。主要包括技术资料的汇总、运行技术方案的制订、岗位操作规程制订和新技术准备。

④生产物资准备。主要是落实投产运营所需要的原材料、协作产品、工器具、备品备件和其他协作配合条件的准备。

⑤正常的生活福利设施的准备。

⑥及时具体地落实产品销售合同协议的签订,提高生产经营效益,为偿还债务和资产的保值增值创造条件。

(8)竣工验收

竣工验收是由有关各方按照设计与施工验收规范对竣工工程进行验收,它是工程项目建设过程的最后一环,是全面考核建设成果,检验设计和工程质量的重要步骤,是保证竣工工程顺利投入生产或交付使用的法定手续,按照验收标准验收合格的项目可以办理资产移交手续,即从基本建设转入生产或使用。

当建设项目的建设内容全部完成,并经过单位工程验收符合设计要求,按基本建设项目档案管理的有关规定完成了档案资料的整理工作,以及完成竣工报告和竣工决算等必需的文件编制后,项目法人就可以按照有关规定向验收主管部门提出申请,根据国家和相关部门颁布的验收规程组织验收。其中,竣工决算文件必须由审计机关组织竣工审计,其审计报告作为竣工验收的基本资料。

对工程规模较大、技术较复杂的建设项目可先进行初步验收;不合格的工程不予验收;对有遗留问题的项目,要有处理意见,落实责任人,并限期处理。

3. 投资回收期

投资回收期(pay-back period)即工程投资项目正式投产并因产品和服务的经营而回收投资,以及工程投资项目评价与总结的时期。回收期的重点环节是生产经营管理、工程保修和项目后评价。

(1)生产经营管理

生产经营前期要应用和管理好项目的生产技术,尽快达到设计生产能力和各项技术经济指标;后期要根据市场变化、技术进步情况,考虑技术改造。

(2)工程保修

从竣工验收交付使用起,还有一个保修期,在此期间,承包单位要对工程中出现的质量缺陷承担保修与赔偿责任。

(3)项目后评价

项目后评价(post project evaluation 或 post project appraisal)是建设项目竣工投产并经过1~2年生产运营后,再对项目的立项决策、设计施工、竣工投产、生产经营等全过程进行系统评价的一种技术经济活动。

项目后评价的主要内容包括:

①影响评价,即项目投产后对各方面的影响进行评价;

②经济效益评价,即对项目投资、国民经济效益、财务效益、技术进步和规模效益、可行性研究的深度等进行评价;

③过程评价,即对项目立项、设计、施工、建设管理、竣工投产、生产运营等全过程进行评价。

项目后评价按项目法人自我评价、项目行业评价、计划部门(或主要投资方)等三个层次组织实施,必须遵循客观、公正、科学的原则,做到分析合理、评价公正。项目后评价可以达到肯定成绩、总结经验、研究问题、吸取教训、提出建议、改进工作,不断提高项目决策水平和投资效果的目的。

【案例三】 世界银行贷款项目的运用周期

世界银行已经为我国近190个政府项目贷款,这些项目的全过程按照世界银行的做法被划分项目选定、项目准备、项目评估、项目谈判、项目实施和项目总结评价等6个阶段。

项目选定:借款国确定有助于实现国家和地区发展计划、按照世界银行标准为可行、需要优先考虑的项目。世界银行也参与到借款国选定项目的过程。

项目准备:由借款国对项目从技术、财务、国民经济、组织机构、社会影响等各方面进行可行性研究,世界银行则向借款国政府或项目执行单位介绍对项目的要求和标准、提供或帮助寻找资金或技术上的援助、指导项目准备工作。

项目评估:对项目准备工作以及项目本身的各个方面进行全面细致的检查,由世界银行在借款国政府和项目执行单位的配合下独立完成。世界银行要和借款国政府和项目执行单位讨论项目的规模、内容、费用预算、实施安排、项目融资、联合贷款、采购、拨付和审计安排,以及双方同意的行动等。

项目谈判:世界银行同借款国就项目本身和贷款条件等协商,并最终达成协议,所达成的协议对双方产生法律约束,由双方认真履行。

项目实施:就是具体运用贷款资金采购项目所需设备、材料,进行设计、施工以及采购其他劳务和咨询服务等。由借款国政府和项目执行单位负责,但世界银行除提供必要的帮助外,还要对项目的实施过程从头到尾进行监督。

项目总结评价:项目完成后,世界银行检查贷款目标是否实现、项目实施过程和结果是否令人满意,而借款国也要检查项目是否按原定计划和目标进行,项目完成后是否能够实现国民经济发展目标,整个实施过程中有哪些经验教训等。

1.3.4 工程投资管理

1. 工程投资管理模式的概念

工程投资管理模式是决定工程投资项目各参与方地位和相互关系的经营活动方式,它使项目各参与方形成自我约束和激励机制。工程投资项目的参与方是投资方、贷款方、业主(或建设单位)、设计单位、施工单位、监理单位、工程供货单位、工程咨询单位以及其他有关单位,它们的关系如图1-2所示。

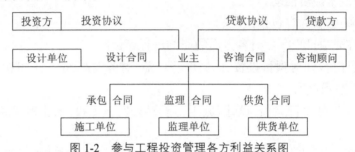

图1-2 参与工程投资管理各方利益关系图

工程投资项目各参与方的责任如下:

咨询设计单位,包括财务、设计、造价、监理等单位。财务咨询单位为业主提供项目可行性研究;工程设计单位按现代设计思想,对设计进行优化,当好业主的参谋,做出明智的决策建议,处理好设计和施工之间的关系;工程监理单位和造价咨询单位对工程造价加以控制,一是审查设计概(预)算是否符合投资要求,设计是否经济合理,选用的定额标准是否适当等问题,二是审查投标单位的资质,以及报价是否合理等问题,三是通过对合理工程量进行计量,防止承包商多报、早报、虚报工程量,四是认真对待工程设计变更、进度改变、施工条件变化和新增工程等问题,五是对可能引起的索赔事项及早提醒业主注意,减少索赔。

负责监督和实施工程项目的建造者就是工程承包商(或建筑施工单位),包括总承包商、专业承包商或分包商,它们负责工程投资项目的单项工程或单位工程的施工任务。工程承包商为了获得工程项目,必须以有竞争力的合理标价参加投标或按照专业特点联合投标,达到降低施工成本,提高工程承包经营效益,保证工程质量和工期,进而有效控制工程造价的目的。其中,总承包商负责协调项目任务的分工协作,经验丰富的总承包商能够协同专业承包商或分包商尽职尽责地完成任务;专业承包商则负责完成其专业任务内的工作,它们包括机械、电气、基础、土方和拆迁等专业项目的承包商,它们可以是总承包商的分包商,也可以直接与业主签署独立合同,受业主监督管理。

材料供应商,包括钢结构、网架金属结构、商品混凝土、预应力钢筋、钢屋架以及电气照明等方面的供应商;设备供应商,包括发电机组、热力、管道和其他设备等方面的供应商。多数供应商都负责现场安装以满足施工需要,由于复杂结构项目日益增多,专业承包商和材料设备供应商的供货渠道逐渐趋同。

业主(或建设单位),应降低筹资成本,以招投标方式优选项目建设的合作单位以及组建或委托项目管理公司管理项目建设。在政府投资项目的代建制模式中,业主委托政府主管部门通过招投标方式寻找专业化的项目管理公司负责项目全过程管理。由于政府主管部门与专业化项目管理公司有长期业务往来,建立了信任关系,保证了项目管理公司能尽职尽责地提供上乘的专业服务。

2. 工程投资管理模式的分类

(1)按管理体制划分

按管理体制,工程投资管理模式分自营和发承包。自营是指业主组织人力、物力承担建设;弊端是缺乏严格的经济责任制和内部约束,经济效益较低。发承包是业主通过发包方式将设计、施工等任务承包给专业单位;优点是引进竞争机制,促进各专业单位提高技术与管理水平,进而精打细算,提高经济效益。

(2)按管理方式划分

按管理方式,工程投资管理模式分为业主直接管理和业主委托专业管理单位管理。业主直接管理是业主组建管理机构,承担对承包单位的管理工作,也就是在发承包合同中自认甲方;缺点是业主缺乏建设管理经验、管理水平不高,一个项目建成,取得了一定经验教训后,建设管理机构就解散了,当业主不能在同一行业里做滚动开发时,该缺点会显得比较突出。

业主委托专业管理单位管理是业主委托诸如项目管理公司、承包公司,监理公司等专业单位代表业主,对设计、施工等承包单位进行管理,业主不直接参加项目建设的日常管理工作,而把精力放在资金筹措和对委托单位的监督上。

(3)按承包方式划分

按承包方式,工程投资管理模式分为建设全过程总承包、施工总承包和分标承包。建设全过程总承包是由承包公司(或设计单位主体)对建设全过程(即从可行性研究到竣工投产)向业主总承包,是将勘测、设计、采购、施工、安装、试运行、竣工验收全部建设任务都交给承包单位,也称交钥匙工程(turnkey)。优点是发挥设计单位优势,结合设计与施工,有利于缩短工期、降低造价。

施工总承包是建设项目从施工准备到工程竣工的全部施工任务由某一个施工承包商总承包,业主或业主委托的监理单位对工程施工进度进行质量监督。

分标承包是业主据工程规模和性质,将项目分为若干个标,由若干承包商承包。业主或业主委托监理单位负责协调各承包商,该方式适合于大型工程项目。

(4)按项目的分工管理划分

按项目的分工管理,工程投资管理模式分为传统的设计—承包模式、专业化的项目管理模式、业主—建造运营模式、交钥匙模式。

传统的设计—承包模式,就是业主选择设计单位为承包商,提供项目所需的详细规划和设计,设计单位同时代表业主在施工期间监督项目的执行,尽管具体工作由众多专业承包商承担,但却由总承包商对工程总负责,总承包商由业主通过招投标或邀请谈判选择,总承包商可以选择自己完成建设项目的全部或部分工作,也可以只作为管理者并采用招投标或邀请谈判方式选择分包商。

专业化的项目管理模式,是指由专业的工程项目经理和其他各方共同组成项目管理公司,或由专门的项目管理公司负责代理业主完成项目的规划、设计和施工等任务的集成管理,该模式有助于各管理队伍之间的协调。

业主—建造运营模式,业主有连续的在建项目流,可保留稳定的职能部门,而把其他部门外包出去,便于业主集权式决策和控制关键部门。

交钥匙运作模式,是由业主选定的承包商来承担设计和施工的所有责任。承包商按业主提供的执行标准,向业主提交完工的甚至运营完好的建设工程。

综上,工程投资管理模式分类如表 1-9 所示。

工程投资管理模式分类　　　　　　　　　　　　　　　表 1-9

分类方式	分类
按管理体制	自营、发承包
按管理方式	业主直接管理、业主委托专业管理单位管理
按承包方式	全过程总承包、施工总承包、分标承包
按项目分工管理	设计—承包模式、专业化项目管理模式、业主—建造运营模式、交钥匙模式

【案例四】 美国陆军工程公司的组织

在美国陆军工程公司的地区工程师办公室,都有设计部和运营部,设计部负责项目规划和设计,运营部负责项目日常经营及各类设施维修和养护。施工则有承包商完成,当项目批准后,从最合适的部门科室选择项目经理,经理再从其他科室挑选人员组成项目团队,项目完成后,团队成员回原科室,直到有新的项目。

3. 政府投资项目的管理模式

(1) 政府投资项目的特点

① 政府投资项目多是公益项目、基础设施项目、高风险重大科技项目。

市场主体总是追求自身利益最大化,它们回避诸如非营利性公益项目、难营利或投资回收期较长的基础设施项目、虽营利但风险较大的重大高科技项目,但这些项目关系到改善投资环境、提高生活水平、发展国民经济以及加强国防安全,国家财政基本建设资金必须集中投资于其上,以弥补市场失灵。

② 政府投资项目具有比一般项目更严格的管理程序。

政府为了保障公众的利益,树立廉洁高效的形象,保证政府投资项目的投资效率,一般均采取非常严格的管理程序。主要表现在:要按国家规定报批,严格执行建设程序;严禁挤占和挪用投资;严禁边勘探、边设计、边施工;政府各职能部门要执行项目评审程序,以保障政府投资不被浪费。

主要的管理程序包括:严格的立项审批制度、严格的政府采购制度、严格的项目评审程序、严格的项目管理制度等。

严格的立项审批制度,就是要建立中央或地方政府投资项目的储备库,执行严格的可行性研究审批制度,审批合格的储备项目可上升为年度执行项目,列入预算,报全国或地方人民代表大会的专门委员会批准。

严格的政府采购制度,既包括大宗建设用机电设备或工程材料的采购制度,也包括对承建政府投资项目设计、施工、项目管理的采购制度。这些采购必须按照国际惯例和 WTO 的规定,实施无歧视、公开的竞争性招标方式。

严格的项目评审程序,就是对项目可行性研究的估算、设计的概预算、招标的标底、施工的支付结算以及竣工的决算,都要执行严格的项目评审制度。

严格的项目管理制度,就是要组建项目法人,实行项目法人责任制,对项目实行严格管理,实施投资/成本、工期/进度、质量的三大控制,严格管理工程合同管理中的索赔和支付,严格管理项目竣工验收与结算;一旦项目超预算,就要有合理理由接受质询,由主管部门决定是否追加预算。

③政府投资项目更容易受到社会各界舆论的关注。

政府投资项目涉及社会公众文化生活的各个方面,涉及社会公众的切身利益,成为社会舆论关注的焦点。所以,要注重公共关系工作,自觉地接受公众舆论监督,这是保证政府投资项目顺利完成的重要保障。

(2)政府投资项目的资金来源

政府投资项目资金,主要来源于财政预算内、预算外基本建设资金,包括:财政预算内基本建设资金、财政预算内其他各项支出中用于基本建设项目的资金,纳入财政预算管理专项基金中用于基本建设项目的资金,财政预算外资金中用于基本建设项目的资金,其他财政性基本建设资金。

政府投资项目资金的其他资金来源包括发行国债或地方财政债券、利用外国政府捐赠、国家财政担保的国内外金融组织贷款等。

(3)政府投资项目的分类

按资金来源,政府投资项目分为财政性投资项目、国债专项投资项目和国际援助建设项目。财政性投资项目源于财政预算内、预算外基本建设资金;国债专项投资项目源于中央财政增发国债专项用于基本建设的资金;国际援助建设项目源于世界银行、区域性经济组织、友好国家等援助用于基本建设的资金。

政府投资项目按建设总规模或总投资分为大、中、小型项目,以适应政府分级管理的需要。按投资用途分为生产性建设项目和非生产性建设项目。按项目性质分为新建项目、扩建项目、改建项目、恢复项目、迁建项目等五类。

(4)政府投资项目管理制度

政府投资项目管理制度,有建设程序管理制度、政府采购制度、项目法人责任制、工程合同管理制、建设监理制、财务管理制度、代建制管理模式等。

①建设程序管理制度。

建设程序是指建设过程的各环节、各步骤之间客观存在的不可破坏的先后顺序,反映了建设项目的特点和规律,它由建设部和国家发改委共同制定颁布,建设项目必须遵守。这些程序包括项目建议书、可行性研究报告、初步设计、施工图设计、年度投资计划、开工报告、竣工验收等。

按国家规定,经营性项目总投资在5000万元以上、非经营性项目3000万元以上须编报项目建议书、可行性研究报告和初步设计;项目建议书及可行性研究报告初审后,由主管部门报国家发改委审批立项,初步设计由国家发改委审批,竣工验收工作由国家发改委和行业主管部门组织进行。经营性项目5000万元以下,非经营项目3000万元以下须编报可行性研究报告、初步设计,由主管部门审批。对投资额较小的单项新建或扩建项目由建设单位提出建设必要性的投资估算报告,经主管部门批准后,直接编报项目初步设计,具体投资限额由主管部门确定,其竣工验收工作由主管部门或其委托进行。

②政府采购制度。

政府采购制度是规范政府投资项目材料、设备以及施工、管理服务采购行为的制度。为保证政府采购的公正、公平和公开,便于纳税人监督,政府采购制度的核心是竞争性招标制度。《中华人民共和国招投标法》在法律制度上明确了政府采购的基本形式,1999年财政部制定实施的《政府采购办法》对政府采购作了明确规定,确定了政府采购范围、原则、主体和方式,采购范围是使用财政性资金购买、租赁、委托或雇用等方式获取货物、工程、服务的行为,原则是公开、公平、公正、效益和维护公共利益原则,主体是采购机关和供应商,方式是公开招标、邀请招标等方式。

③项目法人责任制。

按《公司法》,国家发改委1996年4月制定颁发了《关于实行建设项目法人责任制的暂行规定》,依据该规定,国有单位经营性基本建设大中型项目必须组建项目法人,实行项目法人责任制。即在项目建议书批准后,组建项目法人筹备组,项目可行性研究报告批准后,成立项目法人,办理公司注册登记。

④工程合同管理制。

为加强政府投资项目管理,保护政府投资项目工程合同双方的合法权益,应对政府投资项目实施严格的工程合同管理制。这包括:勘察和设计合同管理、总承包合同管理、建设监理合同管理、材料和设备采购合同管理、施工合同管理等等内容,工程合同管理的核心是施工合同管理。

⑤建设监理制。

工程建设监理是指监理单位受项目法人的委托,根据国家有关部门批准的工程建设文件、有关法律法规和工程建设监理合同及其他工程建设合同,对工程建设实施的监理工作。政府投资项目均要求实施建设监理,主要内容是控制工程建设的投资、建设工期和工程质量,进行工程合同管理,协调有关单位的工作关系。监理的程序是编制工程建设监理规划,按照工程建设进度、分专业编制工程建设监理细则,按照建设监理细则进行建设监理,参与工程竣工预验收和签署建设监理意见,向项目法人提交工程建设监理档案资料。

⑥财务管理制度。

财政部提出应以提高投资效益为核心,以政府的财政性资金管理为重点,通过深化投资体制改革,逐步建立以财政基本建设支出预算管理、投资项目管理和投资效益监督管理为主要内容的投资调控管理体系,建立和完善基本建设支出预算编制制度,投资项目的概、预、决算审查制度和投资效益的分析报告制度。

⑦代建制管理模式。

代建制即政府投资项目的业主将项目集中委托给政府投资主管部门,由其通过招标等方式选择专业化的项目管理单位负责项目建设,严格控制项目的投资,质量和工期,并在竣工验收后,将项目移交给业主使用。实施代建制的政府投资项目可以应用任何一种或多种合适的项目管理方式和项目承发包方式。

代建制管理模式不同于政府投资项目的传统分散业主管理模式,后者在政府投资项目审批通过后,由业主作为建设单位自行组建项目公司,委托项目管理单位负责项目建设。与传统分散业主管理模式相比,代建制模式既可以引入竞争机制,又可以转移项目管理的部分风险,还可以发挥代建机构专业化管理的优势。代建制管理模式已经成为我国政府投资项目的主要管理模式。

4. 我国工程投资管理失控的原因

改革开放以来,我国工程投资管理取得了较大进步,实现了市场经济条件下,按照定期公布的各种工程要素的调整系数进行的定额管理,并介入招投标管理和合同管理中。但目前许多工程仍有投资管理失控,概算超估算,预算超概算,结算超预算的问题,究其原因,主要有以下几个方面:

(1)项目审批把关不严,责任约束不力

尽管近年来由于强调可行性研究和项目评估,建设前期工作比过去有所进展。但是,不进行可行性研究就草率"上马"的项目仍时有发生,致使一些工程投资项目决策缺乏科学性,有的建设项目虽然做了可行性研究,但内容和数据不实,流于形式,一开始就使项目投资管理失控。

责任约束不力也是重要原因。例如,工程设计过于粗糙或超额设计却不负经济责任、建设单位随意更改设计或过高报价、施工合同过于简单、监理单位只停留于验工计价而造成监理不力等,都是责任约束不力造成的。

(2)缺乏工程项目全过程投资管理

我国现行工程投资管理是阶段性投资管理,缺乏工程项目全过程投资管理,建设单位、设计单位、施工单位缺乏统一的投资管理目标和相互沟通。

工程监理单位局限于施工阶段的质量与进度管理,很少介入投资决策分析;而工程造价部门则将大量的人力、物力用于审查或计算建筑安装工程造价。

设计单位在设计阶段虽作了工程概算,甚至细化到预算,对设计质量、进度、工程技术较为重视,但由于缺少对设计方案造价指标的控制约束,很少考虑如何才能达到投入合理的资金,获得美观大方、功能齐全适用、经济合理的建筑产品,导致设计比较保守,很少做方案对比,盲目追求安全度和设计收费,对于至关重要的概预算控制,因为与设计单位利益无关甚至违反,而无从控制。

在施工招投标阶段,标底和标价估价不准,使得工程在实施阶段,或因资金短缺,或成本管理不严等等,导致投资管理失控,工程不能按期完成,贷款利息不断增加,给企业、金融机构和国家都带来巨大损失。

(3)确定工程投资多采用静态方法

我国工程项目投资额以定额为依据确定,定额单价以人工、材料、机械台班价格的统计为基础。虽然各地造价管理部门也通过定期发布一些调整系数或补差来弥补静态方法的缺陷,但仍难以实行与国际惯例接轨的实物法编制,这种静态方法无法满足日益变化的市场经济要求,不同水平的承包商依据同一定额编制不同工程的造价,无法区别承包单位在不同地点、不同工程上的价格差异。

另一方面,工程投资项目的建设周期长,项目实施过程中受到的诸如社会、经济、自然等方面的干扰因素较多,因而实际投资偏高于概(预)算投资的情况经常发生,静态方法既不能解决原有的矛盾和问题,也不能解决新出现的矛盾和问题,故无法有效分析工程投资发生偏差的原因,并及时采取针对性的纠偏措施。

(4)合同管理控制投资未完全规范化和法制化

一方面,合同条款不够严密,在实施过程中合同双方对合同条款的理解不一,影响工程顺利进行;另一方面,对合同的法律性认识不足,有法不依。例如,工程的支付往往就不能按合同及时支付,承包方不得不通过回扣等手段获得工程款,由此也造成了建筑行业中行贿较为严重的局面。

5. 避免工程投资管理失控的措施

(1)建立项目审批制和落实项目法人责任制

建立项目建议书、可行性研究和项目评估的严格审批制度,该制度既能体现政府主管部门宏观和中观投资管理的政策,又能形成科学的投资决策程序。

落实项目法人责任制,一是有助于建立合理的项目组织结构,在项目管理班子中落实投资控制的人员、任务分工和职能分工;二是有利于委托或聘请有关咨询单位或有经验的工程造价师做好工程造价的控制及管理工作;三是有利于积极推行项目设计、施工、材料采购等的招投标制度;四是有利于在市场经济条件下,使工程投资管理的各参与方自我约束、自我激励和各负其责,从而有效管理工程投资。

(2)全过程工程投资管理

①全过程工程投资咨询。

工程投资项目的业主方,希望获得工程项目策划、设计、施工以至竣工的全过程投资管理服务,因而为业主服务的咨询公司应参与从可行性研究直到竣工决算的全部工作。科学周密而有计划地分阶段设置投资控制目标,通过目标控制,在项目决策、设计、发包和实施阶段,把投资发生额控制在批准的限额以内,并随时纠偏,确保投资目标顺利实现,使投资估算、工程概算、设计预算、承包合同价更趋合理准确,真实而客观地反映项目实际进程发生额,有效防止概算超估算、预算超概算、竣工结算超预算等"三超"现象发生,最大程度地合理使用人力、物力、财力,从而获得较好的投资效益和社会效益。

②造价部门参与设计管理。

在全过程投资管理中,尤其要重视设计阶段的投资管理,造价部门应参与设计管理,推行以"价"定"量"的限额设计方法,使设计部门严格按照批准的可行性研究报告及投资估算控制初步设计,按照批准的概算控制技术进行施工图设计,在确保达到技术标准和建设规模的前提下,按分配的投资控制设计,进行合理变更,保证总投资不突破,并在技术与经济平衡条件下实现工程造价最小。

造价部门公布合理的技术经济指标及考核指标,为设计工作者选择设计方案时,提供参考信息,促使设计人员精打细算,精心设计,不断优化设计,使优化的设计方案,既符合限额设计的要求,更经济可行,资源更节约,又能满足工程结构、使用功能和安全可靠的要求,为业主创造最优价值。

据研究资料显示,建设项目的建筑系数、空间平面、层数和层高、结构和材料的选择、设计的选型、新技术、新工艺的采用等因素直接影响工程造价。所以,造价部门运用价值工程等手段优化备选方案,对设计方案技术经济评价,可实现以最优设计和最经济投资,建造最好的工程项目的目的。

【案例五】 深圳市金宝城大厦设计阶段的投资控制

深圳市金宝城大厦建筑面积6万m^2,两个28层的塔楼,裙楼五层,两层地下室,工程总造价控制在1.2亿元以下,不能不说是一个投资控制成功的范例。在投资控制中,造价人员召开专家研讨评议及周密计算,改变了地基处理方式、调整了地下室楼板厚度,优化给水系统,不仅提高了功能,还节约了几百万元的资金。但是,作为造价管理人员也并不是一味追求降低造价,而要以价值工程的原理对项目的功能和成本认真地分析,提高产品价值。如该工程在对上部标准层的处理上,楼板原设计为180mm,经反复核算后,承载力有富余,如果做一些调整,可节约上千方钢筋混凝土,但考虑住宅的发展趋势,加厚的楼板可使住户根据个人喜好,做多种户型的组合,与业主商议后,没作调整。而这种新型的结构空间,在销售过程中反映极好,提高了销售效益。

③设计与施工相结合。

将设计和施工相结合也是全过程投资管理的重点。这方面,可取的模式如CM模式、D+D+B模式、D+B+FM模式等。CM模式就是设计与施工交叉作业,使设计与施工尽可能相互沟通和搭接,既有利于降低成本,提高质量,也可使工期缩短,对业主有利;D+D+B模式(Develop+Design+Build)是将传统承发包模式向前延伸,承包方既负责项目前期决策阶段的策划、管理,又负责设计和施工;D+B+FM模式(Design+Build+Facility Management)是传统承发包模式向后延伸,即设计、施工与物业管理相结合。

这些新颖的发包模式,归结起来都属于设计/施工一体化模式,其优点:一是使得建筑企业的业务范围、功能均发生了变化,具有了设计、施工、造价管理、开发及管理能力,它们甚至还可以设法帮助业主进行项目融资,原来大量存在的设计者与施工者之间的矛盾得以避免;二是使施工企业能在设计阶段为设计单位的设计提供施工上投资最省的方案,而承包商为业主融资,又能把承包商与业主的利益联系在一起,这样,以设计阶段为重点的全过程投资管理才更有可能成为现实;三是可以将项目分成若干组成部分,一部分设计完成后,这部分的施工便马上进行而无须等到项目其他部分的设计完成,如果协调得当的话,整个项目的周期会大为缩短;四是该模式可以进一步拓展为交钥匙方式,该方式中,业主可将所有责任委派给设计/施工公司一家承担,而该公司只要在商定的价格上为业主移交满足标准和要求的完工产品即可;五是该模式还可以拓展为专业化的工程投资项目管理的代理模式,如代建制模式,尤其适合于大型复杂的政府投资项目,这是因为大型项目内部的职能式、项目式、矩阵式等嵌套组织共生复杂,且存在复杂的集权和分权,不同阶段的组织形式也不相同,没有专业化、效率高的项目管理公司代理业主管理很难完成。

(3)开发和利用动态工程投资管理信息系统控制投资

我国工程投资控制之所以出现超资超额现象,往往是因为信息管理方式落后,资料精度不够,不能及时、全面地为决策者决策提供可靠的依据。

①全方位动态控制投资。

全方位动态控制投资,即对工程投资项目所涉及的地价、建筑安装工程费用、配套费用、前期费用等等,既要分别控制,又要作为项目整体加以控制。并把工程投资划分为静态投资和动态投资,把估算编制中的投资除去预备费部分作为静态投资,把基本预备费和涨价预备费等变动费用之和作为动态投资。

②建立一套动态的工程投资管理信息系统控制投资。

目前,很多优秀计算机软件都能实现项目投资和进度的动态跟踪,如世界银行和许多国家政府部门推荐使用的 P3 系列软件和微软公司 MS Project 98,均能计算项目管理中的网络参数、关键路径、时差、自动生成横道图、网络图和日历图、任务分配计划表,自动绘制资源、工作量和费用曲线,自动平衡全部资源。

例如,工程造价管理信息系统是由人—机(计算机)组成,对工程造价信息进行搜集、传输、加工、保存、维护和使用的系统,它由定额管理系统、价格管理系统、造价估价系统和造价控制系统组成。利用该系统,既可代替人工烦琐的各种日常业务处理工作,也能为管理人员提供及时有效的信息,成为领导者进行决策的支持系统。该系统有助于造价部门实现工程"量价分离",以"统一量"指导公平竞争,因为价格已由指导价过渡到市场价。如在招标阶段,造价管理人员除了要把握住工程造价具有市场动态特征外,还应考虑招标方式、合同条件、工程环境和工程实施等多方面因素;在施工阶段,造价人员除做好工程计量计价外,还要及时做好工程变更记录,按时编制详细的月工程预结算书,对合同控制所产生的价位偏差提出分析依据,以便业主及时了解和调整投资偏差的幅度,避免出现竣工结算价与估算价之间出现过分悬殊的局面。

(4)通过规范化合同管理确保有效控制工程投资

我国已起草和发布了一系列建筑法律、法规和合同示范文本,但与国际标准合同文本,尤其与国际通用的 FIDIC 合同文本相比,在合同文本的严谨性、合同主体的责权利方面仍有差距,应吸收国外合同条款中的合理部分,结合我国金融、保险、建筑法规,对现行合同文本进行修订,并在法律部门的监督配合下,做到有法必依,保证合同的严肃性,为工程投资的有效控制提供法律保证。

在具体合同管理方面:

①重点关注合同的法律性是否完备、合同是否完整、风险分摊是否合理、特别重视合同条件第二部分(结合具体工程的专用条款)的制定,要借助国际招标合同管理手段和方法(如 FIDIC 条款)。

②工程说明书应尽可能做到详细、明确、技术上要求切实可行,在对合同条件的拟定、招标方式的选择,承包金额的协商过程中,应根据相应的法律法规,切实控制投资,保证业主取得合理的最佳成本效益。

③在与承包商协议整个合同和商谈工程承包价时,一是要做好施工图预算和工程招标标底的审查工作,编制好标底,二是除以市场价格基础对承包商的总体报价的合理性做出评估外,尤其要注意利用资金的时间价值,对承包商报价的平衡性做出评估,合理确定合同价,

加强招标中对合同价的控制。

④由于项目建设期贷款利息、汇率变动、税费变化和价格变化都可能影响工程投资,因此,一要合理制订工期,二要评估合同中的价格调整条款,三要发挥监理工程师对施工费用的控制作用,监理工程师可以对工程设计变更、进度计划改变、施工条件改变和新增项目以及承包商索赔要求等严格控制。

【案例六】 津滨轻轨工程一期工程全过程投资控制

天津市区至滨海新区快速轨道交通工程(津滨轻轨工程)的一期工程,从市区中山门至开发区第八大街,全长45km,其中高架线路40km,地面线路5km,共规划19个车站(高架站16个,地面站3个)、车辆段一处、停车场一处及控制中心一处。工程投资估算总额为637209万元,设计最高时速为100km/h,计划于2001年5月18日开工,已于2003年10月1日建成通车。

该工程是一个并行工程,即在设计并没有全部完成时就开始进行工程采购和施工工作。该工程的拆迁量大、工程标段划分较多,专业复杂、工期要求严格,重叠并行任务多、变更概率大。为降低由此带来的投资控制难度,业主建立了一套切实可行、多层次的投资控制系统。

其中,设计控制系统综合采用了招投标、设计监理等规范程序,建立了设计管理体系,即利用公开透明的招投标制度和规范的制度程序,优选工程的设计单位,评估设计方案,降低设计费用,更重要的是抬高全过程投资控制的起点。利用规范的设计监理制度完善了设计过程控制。设计监理过程采用了限额设计控制方法。即将设计审定的工程计划造价,先行科学地分解到各设计专业,然后再分解到各单项工程和单位工程,并严格按照计划控制设计标准,满足质量和功能要求。限额设计方法帮助设计单位准确核定了初步设计、施工图设计等各阶段的投资限额,并将限额进行了合理分解,做到了落实到人、深入评估、奖罚分明,在降低限额的同时提高了它的可操作性。

业主建立了严格规范的工程施工和设备材料投标程序,利用专家评价法优选了施工单位和施工方案,同时提高了设备和材料的性价比。为增强投标竞争,业主合理划分了工程标段,如桩基分八个标段、线桥分十二个标段、站场分五个标段、机电施工分七个标段,使每个标段既有较多的潜在投标人,又能吸引实力雄厚的投标人参与竞争,还综合考虑了各标段的专业化要求。

业主与施工方和供应商充分协商后,分标段和材料特点确定了不同的定价方式。设备采购和机电安装合同专用条款中价格的规定集中采用了固定总价合同,大大降低了工程建设者的资金风险,部分工程也在适合自身工程特点的基础上采用了可调价合同。桩基、线桥、站场等建筑工程主要利用了工程量清单招标法,主要采用了固定单价合同形式。

每一标段的承包方依据施工设计图的技术和质量要求有序施工,监理公司严格监督检查施工过程,统计人员依据材料和设备购置费用单据以及其他支出额定期核算并上报实际投资支出,计算并比较BCWP、BCWS、ACWP、BCWP,作为承包方评价施工投资控制效果和进行变更索赔的基础。工程各方经常进行不定期沟通,协商施工调整方案和变更索赔事项。

本章小结

本章解释了投资和项目投资的含义,概述了投资的四大构成要素、投资的特点和过程;从资金成本和机会成本角度研究了投资的成本以及投资的费用、效益和效果;并对投资作了进一步分类,阐明了投资的作用和意义。

本章解释了投资管理的含义以及投资管理的6个基本阶段,说明了投资管理的概念、分类、构成要素;对三种投资管理模式进行了分析,提出了中国投资管理体制的改革方向;进而解释了微观投资管理的概念、内容、分类,以及微观投资决策的基本方法,强调了项目法人治理在微观投资管理中的作用。

本章解释了工程投资、工程投资项目的概念,以及工程投资项目的组成,说明了工程投资的特点和分类方法,从工程项目收益和资金所有权占有两个角度分析了工程投资的资金来源,并详细说明了工程投资三个基本阶段的主要内容;解释了工程投资管理模式的概念、参与各方责任和主要的分类,详细说明了政府投资项目的特点、资金来源、分类和主要的管理制度,探讨了我国工程投资管理失控的原因,并提出了解决之道。

习题

1. 什么叫作投资?什么叫作项目投资?
2. 投资的构成要素有哪些?投资有哪些主要特点?
3. 投资的过程是什么?
4. 投资的资金成本公式和机会成本公式有哪些?
5. 什么叫作投资的费用、效益和效果?
6. 投资的分类有哪些?
7. 什么叫作投资管理?它由哪些阶段构成?
8. 什么叫作投资管理体制?有哪些构成要素?
9. 投资管理模式有哪些?我国投资管理体制的改革方向是什么?
10. 什么是微观投资管理?有哪些基本内容?有哪些主要分类?
11. 微观投资决策的分析方法是什么?
12. 什么叫作项目法人治理?有哪些基本内容?
13. 什么叫作工程投资?什么叫作工程投资项目?工程投资项目的构成单元是什么?
14. 工程投资的主要特点有哪些?又有哪些主要分类?
15. 工程投资的资金来源有哪些?
16. 工程投资三个基本时期的主要内容是什么?
17. 什么叫作工程投资管理模式?有哪些参与方?各方的责任是什么?
18. 工程投资管理模式有哪些分类?
19. 政府投资项目的主要特点是什么?资金来源有哪些?有哪些基本管理制度?
20. 我国工程投资管理失控的原因是什么?如何解决?

参考文献

[1] 付鸿源,张仕廉. 投资决策与项目策划 [M]. 北京:科学出版社,2001.
[2] 张仲敏,任淮秀. 投资经济学 [M]. 北京:中国人民大学出版社,1992.
[3] 许晓峰,林晓言,肖翔. 投资管理学 [M]. 北京:中国发展出版社,1997.
[4] 财政部投资评审中心. 政府投资项目标底审查实务 [M]. 北京:经济科学出版社,2000.
[5] 克里斯·T·翰觉克森. 建设项目管理 [M]. 徐勇戈,等,译. 北京:高等教育出版社,2005.
[6] 吴之明,卢有杰. 项目管理引论 [M]. 北京:清华大学出版社,2000.
[7] 潘全祥. 项目管理实用手册 [M]. 北京:中国建筑工业出版社,1996.
[8] 段樵,伍凤仪. 经济、管理与项目分析 [M]. 北京:经济管理出版社,1993.
[9] 郭励弘. 投融资·工程经济·创新 [M]. 北京:经济管理出版社,2001.
[10] 徐大图. 工程建设投资控制 [M]. 北京:中国建筑工业出版社,1997.
[11] 尹贻林. 工程造价管理相关知识 [M]. 北京:中国计划出版社,1997.
[12] 国家发展改革委员会,建设部. 建设项目经济评价方法与参数 [M]. 北京:中国计划出版社,2006.
[13] 王涛. 投资理论与投资函数 [M]. 北京:清华大学出版社,2012.
[14] 王华. 工程项目管理 [M]. 北京:北京大学出版社,2014.
[15] 梁世连. 工程项目管理 [M]. 北京:清华大学出版社,2011.
[16] 陈荟云. 项目投资现代管理 [M]. 北京:中国电力出版社,2002.

第2章 工程项目投资决策概述

本章概要

1. 投资决策的概念、意义、原则和分类；
2. 投资决策分析的步骤；
3. 工程投资决策的概念及其基本程序；
4. 国家大中型基本建设项目投资决策的基本程序；
5. 项目可行性研究与项目评估的区别与联系；
6. 项目可行性研究的含义、作用和研究的各个阶段内容；
7. 项目可行性报告的依据、步骤、内容、程式、要求和审批；
8. 项目可行性研究中的环境、技术和经济研究；
9. 项目评估的含义、原则、内容和步骤；
10. 项目评估报告的组成。

2.1 投资决策概述

2.1.1 投资决策的概念、意义、原则和分类

1. 投资决策的含义

决策者在下决心投资某一项目前，都需要经过相当周密的投资决策分析。广义的投资决策（investment decision）是指按一定的程序、方法和标准，对投资规模、投资方向、投资结构、投资分配以及投资项目的选择和布局等投资方案进行选择和决断的过程。按投资决策的范围，可将广义的投资决策划分为宏观投资决策、中观投资决策和微观投资决策。其中，宏观投资决策是中央政府从国民经济和社会发展的全局战略出发，对一定时期的投资规模、方向、结构、布局进行规划，做出投资决策；中观投资决策是地方政府和行业主管部门对地区和行业的投资规模、方向、结构、布局进行规划，做出投资决策。

狭义的投资决策就是微观投资决策，是指投资主体对拟投资项目的必要性和可行性进行技术经济论证，比较不同的投资方案，并做出判断、选择和决定的过程。工程项目投资决策属于狭义的投资决策（图2-1）。

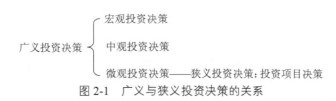

图 2-1 广义与狭义投资决策的关系

2. 投资决策的必要性

(1) 投资所需资金和资源的有限性

投资所需资金和资源的有限性,决定了在项目投资之前,对是否建设、如何建设,要进行科学的投资项目决策,慎重地优选目标,确定投资建设项目,制订合理的项目施工方案,以期达到预期的投资目的。

(2) 投资项目技术的复杂性和效益的不确定性

现代化投资项目,技术复杂,涉及面广,影响投资建设的因素繁多。这要求确定项目前,必须全面研究投资项目建设的诸环节,分析投资项目建设过程中的有利与不利因素,经技术经济论证,选择最佳投资实施方案,这是项目成败的关键。

3. 投资决策的意义

(1) 投资决策能更好地发挥投资项目的经济效益

一方面,投资项目建设构造复杂,形体庞大,具有整体性和固定性,只有整个项目全部完成,才能形成综合生产能力,发挥投资效益,并且建设地点一旦确定,就与土地连在一起,始终在那里发挥作用,不能随意移动和变更;另一方面,投资项目建设周期长,占用和消耗人力、物力、财力较多,一旦开工,就不可能间断,否则,拖延工期会积压和浪费掉已投入的大量人力、物力和财力,并且建设项目会错过最佳的投产时间,难以产生较好的经济效益。

项目的这些技术经济特点,要求在项目建设前,对项目建设的必要性和可行性,进行认真研究和论证,切实掌握和弄清项目建设的条件及各种相关因素。

(2) 投资决策是实现社会扩大再生产的基本手段

国民经济要持续稳定地向前发展,就要进行社会扩大再生产,而社会扩大再生产是通过基本建设和技术改造的手段实现的,即通过投资活动实现的,这就要求通过科学的投资决策保证社会扩大再生产的顺利进行。

(3) 投资决策是实现社会生产结构合理化的有效手段

在投资项目决策时,必须先弄清原有生产结构的现状,再有针对性地确定应该投资哪些项目,以便形成合理的社会生产结构,提高整个社会的经济效益。

(4) 投资决策是合理控制投资规模的重要手段

一定时期的投资规模,必须与该时期社会所拥有的人力、物力和财力相适应。通过投资决策可全面分析论证投资项目,避免重复盲目建设,合理控制投资规模。

4. 投资决策应遵循的原则

(1) 科学民主原则

投资决策必须尊重客观规律,遵循先论证后决策的科学决策程序,同时,应广泛征求经济、技术和管理专家的意见,实行民主化决策。

(2)系统性原则

系统分析是指对系统的各方面进行分析和评价,以求得系统整体优化的分析方法,包括功能分析、要素分析、结构分析、可行性分析和评价分析。该方法注重研究投资项目的总体性、综合性、定量化及最优化,要求定性与定量分析相结合、静态与动态分析相结合、总体和层次分析相结合、宏观和微观分析相结合、价值量和实物量分析相结合、预测与统计分析相结合等等。

具体地说,首先,要收集调查和科学分析研究各方面的投资信息;其次,要系统回答:拟建项目在技术上是否可行、经济上是否合理、建设条件是否具备、资源人力物力财力是否落实、建设工期要多长、需要多少投资、资金如何筹集等;第三,要考虑项目的相关建设和同步建设,项目建设对原有产业和产业结构的影响,项目产品在国内外的竞争力以及发展趋势等一系列问题。

(3)经济效益原则

投资决策必须坚持产出大于投入的原则、近期与远期效益相统一的原则、全过程与阶段性经济效益相统一的原则、直接与间接经济效益相统一的原则、微观与宏观效益相统一的原则、经济效益与社会效益相统一的原则。

(4)方案可比原则

方案可比性,包括需要上的可比性、消耗费用上的可比性、同一时点价格指数上的可比性、时间上的可比性。其中,时间上的可比性是投资决策分析的关键,不仅要求不同方案的技术经济分析要采用相等的计算期,而且要求注重资金的时间价值,要将不同时期的资金量按标准利率折算成现值,再进行比较。

(5)责任制原则

要求决策者对其决策行为所带来的投资风险负有不可推卸的责任。这就要求建立出资人制度和工程造价师资格认证制度,即出资人对投资决策的失误负经济责任、工程造价师对投资决策的论证错误负责。

5.投资决策的分类

(1)按投资决策问题的影响程度和范围

按投资决策问题的影响程度和范围,投资决策分为总体决策和局部决策。总体决策也称战略决策,是指对系统的发展和前景有着决定性作用的决策,是全局性、长期性且影响重大而深远的投资决策。如果把一个投资项目视为一个系统,则它投资的子项目、建设分期、各期的目标、内容、施工力量的部署等的决策都属于总体决策;此外,项目设计阶段的产品方案、生产工艺方案、生产规模、厂址等的确定对项目建成后的经济效益也有重大影响,其决策仍属总体决策。

局部决策也称战术决策,它是为了达到系统目标,由各子系统完成预定任务的各项具体决策,是局部的、短期的、并且为总的战略目标服务的投资决策。例如,上述投资项目中的施工机械的调配、库存材料的调整等就属于局部决策。

投资主体决策层次越高,决策越侧重战略决策,反之,则侧重战术决策。

(2)按投资决策问题的重复情况

按投资决策问题的重复情况,投资决策分为重复性决策和一次性决策。重复性决策也称常规性决策、程序化决策。它是例行决策,主要解决生产、建设管理中经常出现的问题,这类问题应按规定的程序、模型、参数、标准等解决。

一次性决策也称非程序化决策,它要解决的是过去完全没有或仅部分出现过的问题。决策层次越高,一次性决策问题就越多。在一次性决策中,决策者的洞察力、首创精神和分析方法的科学性往往对决策的效果起重要作用。战略性投资决策或重大战术性投资决策都是一次性决策。

(3)按投资决策目标的数量

按投资决策目标的数量,投资决策分为单一目标决策和多目标决策。单一目标决策是在已知条件下,例如,约束条件、某种状态发生的概率统计对于各种可能方案的损益值等已知条件下,寻求目标函数的最优解,决策目标是单一的。

多目标决策是以达到两个以上目标为准进行择优的决策。在实际评价拟建方案时,常常要考虑多个指数,要根据目标的重要程度进行权衡和综合决策,在进行多目标决策时,常将多目标分解为许多单一目标决策方案,分阶段完成。

(4)按投资决策问题所处的条件

按投资决策问题所处的条件,投资决策分为确定性决策、非确定性决策和风险性决策。确定性决策是指外部因素有较大的可控性,能在一定程度上依据可控因素进行投资决策;非确定性决策是指外部因素具有一定的不可控性,一个方案存在几种不同的结果,且概率不能确定;风险性决策是指外部因素虽然不可控,但其作用的程度以及引发的各种自然状态的概率是可以估算的。

(5)按投资决策涉及方案间的关系

按照投资决策所涉及方案之间的相互关系,投资决策分为独立方案决策、互补方案决策和互斥方案决策(表2-1)。

投资决策的分类 表2-1

分 类 方 式	具 体 分 类
按投资决策问题影响的程度和范围	总体决策(战略决策)、局部决策(战术决策)
按投资决策问题的重复情况	重复性决策、一次性决策
按投资决策目标的数量	单一目标决策、多目标决策
按投资决策问题所处的条件	确定性决策、非确定性决策、风险性决策
按照投资决策涉及方案间的关系	独立方案决策、互补方案决策、互斥方案决策

2.1.2 投资决策分析的步骤

投资决策分析的步骤如下,见图2-2。

1. 确定目标

投资决策的目标是指在一定环境条件下,按一定指导思想,希望达到某种结果。正确的目标不仅指明投资决策分析的方向,而且也是衡量投资决策成败的评价标准。一个好目标应具备定量标准、时间限制和明确的责任三个条件。

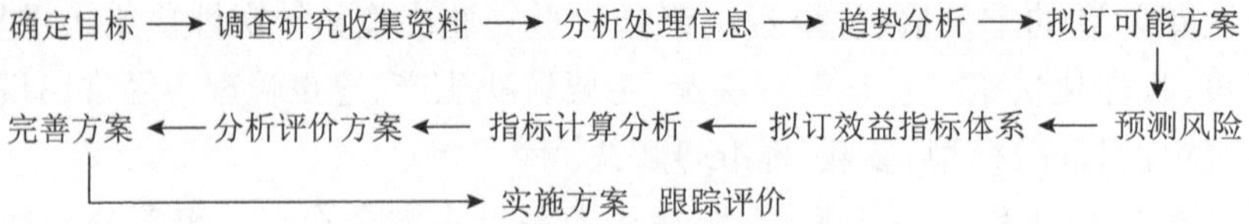

确定目标 → 调查研究收集资料 → 分析处理信息 → 趋势分析 → 拟订可能方案

完善方案 ← 分析评价方案 ← 指标计算分析 ← 拟订效益指标体系 ← 预测风险

→ 实施方案 跟踪评价

图 2-2 投资决策分析的过程

2. 调查研究、收集资料

调查研究就是调查项目方案所涉及的各方面信息，务求及时、可靠、准确和全面，达到掌握历史、总结过去、了解现状、预测未来的目的。

收集的资料有：反映生产技术、设计、工艺等方面的技术及经济资料，国内外同行业相关资料，市场简况资料，原材料动力供应资料，有关国家政策资料等。

3. 分析处理信息

对资料进行科学处理，滤去不真实的资料、使之条理化、系统化。

4. 趋势分析

趋势分析是指对投资对象和相关因素进行调查研究，分析过去，总结现状，预测未来，以确定合理的经济参数、指标和投入产出期。

5. 拟订多种可能方案

根据同一目标拟订多种可能方案，对拟订的方案要求具有完备性，除有总体方案外，也要有某方面的具体方案；拟订方案要尽可能定量化，有全面、具体、明确的数据；为拟订最佳方案打好基础，还要集思广益，多方听取意见。

6. 预测风险

任何投资决策都要有风险预测程序，该程序依据投资环境和收益状况的不同而有变化，从复杂的概率分析到直观预测，目的是预测方案的风险程度。

7. 拟订经济效益指标体系

为了衡量各种可能的技术方案的经济效益，对其功能做出评价，要拟订一系列可比较的技术经济指标，建立一套指标体系，并规定指标的计算方法。

8. 指标计算分析

输入各种数据，运用科学的分析计算方法，对指标进行计算分析。

9. 对方案进行评价

对方案进行评价，就是通过定量分析和定性分析，对各种被选方案进行综合评价，全面估量、总体权衡、互相对比，从中选出最佳方案。

（1）按评价的侧重点划分

按评价的侧重点，方案评价分为技术可行性评价和经济可行性评价。技术可行性评价是由工程技术人员对技术方案的可行性进行评价。经济可行性评价是由财务管理、经营管理人员在对市场需求预测、厂址选择、工艺技术方案选择等可行性研究的基础上，对拟建项目进行经济合理性分析，运用定量与定性分析结合、宏观经济效益与微观经济效益分析相结合的分析方法，对项目做出全面评价。经济可行性评价是可行性研究的重要组成部分，也是项目方案抉择的主要依据。

经济可行性评价,包括财务评价和经济费用效益分析。财务评价是从项目业主的经济利益角度考察项目的财务可行性和营利性。经济费用效益分析是从国民经济发展的角度分析和计算项目对国民经济发展的贡献。

(2)按评价的阶段划分

按评价的阶段,方案评价分为初步评价和详细评价。由于列出的可能性方案可能没有一个能合理地一次就满足预定目标。所以,通过初步评价,发现问题,可以淘汰不合理的方案,寻找新的备选方案,或在某方案基础上补充、修正、优化方案,然后再进行详细评价,最后确定能满意达到目标的方案。

10. 完善方案

在可能的条件下,进一步对选定方案进行优化,采取完善措施,使方案更便利于实现并具有更大的经济效益。

11. 实施方案,跟踪评价

投资决策经过以上步骤,完成编写可行性研究报告书后,送给有关决策部门审批,再进入贯彻实施阶段,在实施过程中,要连续追踪评价,检验决策是否科学,预测是否准确,作为决策依据的信息是否可靠,及时总结和修正,若有误差应及时采取补救措施,同时也为今后的投资决策分析积累资料和经验。

2.2 工程投资决策概述

2.2.1 工程投资决策的概念及基本程序

1. 工程投资决策的概念

投资决策者按规定的建设程序,根据投资规模、投资方向、投资布局的战略构想,结合有关方针政策,在广泛占有资料的基础上,对拟建项目进行技术经济分析和多角度综合分析评价,决定项目是否上马,在何方兴建,选择何方案,即解决定项、定点、定方案的问题,就是工程投资决策(project investment decision)。

工程投资决策的实质是对拟建项目的地点选择、方案确定、项目必要性、技术可能性、经济合理性等重大问题做出判断和决定。其决策正确与否关系到项目成败,对国家经济发展和企业经济效益有着深远影响。

2. 工程投资的基本决策程序

工程投资决策的程序是指投资项目在决策过程中,各个工作环节应遵循的符合其自身运动规律的先后顺序,其基本决策程序如下:

(1)确定工程项目目标

工程项目目标(project goal)是指一定条件下,项目投资者希望达到的结果,既是社会经济发展所必需的,也是现有技术经济条件能达成的。如果目标确定主观而盲目,会导致整个工程项目的失败。

例如,1998年、2008年,当我国政府准备实施积极的财政政策而将数万亿人民币投入基础设施建设时,有关单位甚至提不出像样的工程投资项目,而能提出的又多是重复建设项目。相反,在西方国家,特别是美国,通过建立智库,汇集专家,采用头脑风暴法,总能超前构思工程投资项目和确定项目目标。

(2)调查研究与项目规划

调查研究与项目规划,就是系统收集、整理和分析有关工程项目决策方面的信息,帮助决策人员了解投资环境,把握投资机遇,识别投资项目的制约因素和制约条件,制订项目规划方案,为工程项目决策提供依据。

调查内容包括:

①投资环境因素调查,即调查投资的政治法律环境、社会文化环境、科学技术环境、宏观经济环境、行业或地区竞争环境等因素。

②投资产品需求调查,包括产品调查和需求调查等。

③投资决策因素调查,即调查投资形式、投资时机、投资规模、投资地点选择等因素。

在上述调查研究基础上,确定决策评价指标体系,提出工程项目规划方案,包括产品方案和建设规模等。

(3)工程项目的可行性研究

工程项目可行性研究是对项目进行经济评价,侧重点是根据项目性质、目标、投资者、财务主体以及项目对经济与社会的影响程度等选择确定项目方案。

对于实行审批制的政府投资项目,应根据政府投资主管部门的要求,按国家发改委和建设部2006年联合发布的《建设项目经济评价方法与参数》(第三版)(以下简称《参数三》)对项目进行经济评价,对于实行核准制和备案制的企业投资项目,可根据核准或备案机关及投资者的要求选用《参数三》评价。

(4)项目评估与决策

项目评估就是对项目可行性研究报告进行评价,这是最后决策的关键。对可行性研究报告评价的原因是:

①可行性研究报告难免有局限性;

②从可行性研究报告完成到项目评估这段时间里,经济环境和建设条件可能发生了变化,需要调整;

③由于技术问题或操作欠缺,可行性研究报告需要订正和审定;

④通过第三方项目评估合理纠正和补充可行性研究报告,使报告更加完善和准确,便于融资机构做出融资决策,也便于政府相关部门做出审批或核准决策。

按照《参数三》的要求,在工程项目决策过程中,要健全项目经济评价和评估的工作制度。政府投资项目的经济评价工作,应由符合资质要求的咨询中介机构承担,并由政府有关决策部门委托符合资质要求的咨询中介机构进行评估。承担政府投资项目可行性研究和经济评价的单位,不得参加同一项目的评估。政府投资项目的决策,应将经科学评估的结论作为项目或方案取舍的依据。

为了科学做好项目经济评价与评估工作,应充分利用信息技术,开发和完善评价软件和项目信息数据库,以便提高工作效率和评价质量。

【案例一】 美国政府对政府工程投资决策的管理

在美国,政府投资工程,又称政府工程采购,指导原则是及时向用户交付最有价值的产品和服务、保持公众信任和执行公共政策。为此除制定法律法规外,联邦政府及州政府还结合自身实际,建立了科学的组织体系、严密的操作程序以及完善的监督机制,并在实践中不断加以完善,有效地保证了政府投资效果。

法律法规:美国联邦采购政策办公室制定的《联邦采购规章》。

组织体系:美国联邦政府投资工程分别由住宅与城市建设部、交通部、垦务局、美国工兵部队、总务管理局等实施专业化管理。对于一些特大型工程,则组建类似密西西比河流域管理局这样的专门机构进行特殊管理。但最终用户部门要参与审定设计和验收工程,管理与预算办公室要审定项目预算,该预算还要经国会批准后方可执行,财政部负责工程建设资金的集中支付。

投资决策程序:投资决策要经过区域规划、计划任务书研究和项目审定阶段。以房地产开发为例,区域规划阶段,由总务管理局房地产开发办公室的每个地区办公室建立区域规划,总务管理局总部的投资管理办公室在此基础上每年对循环滚动的5年计划进行更新;计划任务书研究阶段,由总务管理局做出项目批准决定,并向管理和预算办公室及国会提出所需投资额度;项目审定阶段,管理和预算办公室对作为总务管理局的预算请求的构成部分的每个说明书进行检查并上报国会,国会审定项目,并且在联邦预算中安排适当的资金。

监督机制:由国会总会计师事务所下属的总审计署办公室,对行政机关的投资计划进行评估,可以接触所有的政府文件,就政府机关的支出提出建议,而且可以对项目进行审计。没有中标的承包商,可直接提出"投标上诉"给政府总会计师办公室,也可先向负责该工程的行政机关的监督部门申诉以求解决纠纷。

3. 国家拨款的大中型基本建设项目的投资决策程序

(1)提出项目建议书

根据国民经济和社会的长远发展规划、行业规划和地区规划以及技术经济政策和建设任务的要求,在调查研究和预测分析的基础上,提出建设项目的建议书,向主管单位推荐,供其挑选。

项目建议书是投资前对项目轮廓的设想。内容主要是投资项目提出的必要性;产品方案、拟建规模和建设地点的初步设想;资源情况、建设条件、协作关系的初步分析;投资估算和资金筹措设想、偿还贷款能力测算;项目的大体进度安排;经济效益和社会效益的初步估计。

项目建议书经国家综合平衡、审查、筛选后,对于需要进一步进行工作的项目,分别纳入国家、部门、地区的建设前期工作计划,并通知提出项目建议书的单位和有关部门,以便委托其进行可行性研究。

(2)编制可行性研究报告

凡纳入前期工作计划的投资项目,可以进行可行性研究。即进行市场供需情况的调查与预测、建设条件（自然条件、资源条件、交通运输条件、协作配套条件等等）的调查,根据调查资料对投资项目的技术可行性、经济合理性以及建设条件的可能性等方面进行技术经济论证,分析比较不同方案,并在研究分析投资效益的基础上,提出建设项目是否可行与怎样建设的意见和方案。根据以上分析论证,编写可行性研究报告,以供进一步调查研究,编制计划任务书之用。

可行性研究分两步,第一步是初步可行性研究,指经过初步的技术经济分析,判断项目是否具有生命力,是否值得进一步做详细可行性研究;第二步是详细可行性研究,是对项目进行深入的技术、经济论证和方案比较,并在研究分析投资效益的基础上,提出建设项目是否可行与怎样建设的意见和方案,作为投资决策的依据。

(3) 编制设计任务书

设计任务书是确定投资项目及建设方案的重要文件,也是项目工程设计的重要依据。可行性研究报告所提供的若干项目投资方案,包括其中的最佳方案,经再调查、研究、补充、修正、挑选确定,就可作为编制设计任务书的依据。

(4) 项目评估

邀请有关技术、经济专家和贷款银行,预审项目可行性研究报告,然后委托有资格的、中立的工程咨询公司进行项目评估,即对项目的可行性研究报告和编制的设计任务书进行全面认真仔细的审查、计算和核实,根据审核、评估的结果,编写出项目评估报告,为投资项目最后决策进一步提供可靠的科学依据。

(5) 项目审批(project approval)

项目审批是指决策部门应对可行性研究报告、设计任务书和项目评估报告等文件再加审核,如果项目可行,即可批准。一经批准,就算立项。至于投资项目何时纳入年度计划,动工实施,还要由计划部门经过综合平衡予以确定。

4. 项目可行性研究和项目评估的关系

(1) 联系

①项目可行性研究与项目评估所遵循的原则和方法大体相同,都是按照国家发改委发布的"发改投资〔2006〕1325号"文件精神,依据《参数三》的要求执行。

②项目评估程序,虽在可行性研究之后,但在时间上可以平行,即向前延伸到对项目建议书评估,向后延伸到对项目实际产生的效益后评估。

③项目可行性研究与项目评估的内容基本相似,项目评估是对项目涉及的基本情况调查,审核可行性研究报告反映的各项情况是否属实,分析是否正确。故项目评估也要调查和评价拟建项目产品的市场状况,对项目的技术、财务、经济进行分析论证,以研究项目建设的必要性和可行性,选定最优建设方案。

(2) 区别

①侧重点不同。可行性研究是建设单位或投资主体在技术上、财务上、经济上论证拟建项目的可行性,现代科学技术的复杂性客观上造成编制单位将精力集中于技术分析,但财务分析和经济分析不够详尽;而项目评估是对可行性研究的审查和论证,由于可行性研究已为项目评估提供了大量资料数据,故一般的做法是在审查数据资料的基础上,侧重于财务和社

会经济效果的分析评价。

②考虑因素不同。项目评估站在宏观角度上,考虑项目的技术/财务/经济上的可行性和合理性、实施和建成后应允的经营管理方式与组织机构的合理性、借贷资金的偿还能力、国民经济效益分析、拟建项目在计划综合平衡中的优先次序等因素;而可行性研究站在微观角度上,考虑项目的技术/财务/经济上的可行性和合理性,提供客观评价项目的判断依据。

③立足点不同。可行性研究立足点是项目,对问题的看法难免局限;而项目评估由不同的经济和技术专家审查项目可行性,更具客观性和公正性。

④简繁程度不同。可行性研究是对项目进行彻底、全面的研究,其重要特点是分析比较各种可替代方案,从中选取最优方案;而项目评估立足于审查,若认为该方案可行,则建议同意或修正方案;若认为该方案不可行,则建议取消该项目,或提出新方案及建议措施,供审批决策参考。

⑤完成单位不同。可行性研究由建设单位或投资主体委托工程咨询机构完成;而项目评估由项目审批单位或贷款银行委托有资格的、专职中立并且重视商誉的工程咨询机构,按照规范化的项目评估要求完成。

综上,项目可行性研究和项目评估的比较见表2-2。

项目可行性研究与项目评估的比较　　　　　　表2-2

比　　较	项目可行性研究	项　目　评　估
研究内容原则方法	基本相同	基本相同
时间安排	在前	在后,但可向前延伸参与项目建议书,向后延伸到项目后评估
侧重点	倾向于技术分析	财务和社会经济效果分析
考虑因素	微观角度	宏观角度
立足点	站在拟建项目的角度研究	由不同的专家从不同的角度审查
简繁程度	彻底全面研究选择最优方案	审查取消、同意或修正方案
研究单位	投资主体委托工程咨询机构	审批单位或银行委托工程咨询机构

2.2.2 项目可行性研究

1. 项目可行性研究的含义及其作用

(1)含义

项目可行性研究是在项目投资决策期,运用多学科知识,采用现代科学技术成果,深入细致地分析拟建项目的主要技术经济要素(技术、管理、劳动力、市场、原材料、能源、基础设施、环境保护、宏观经济环境等),对各种可能方案进行技术经济的比较论证,对项目建成后的经济效益进行科学预测和评价,在此基础上,对拟建项目的技术先进性和适用性、经济合理性和财务营利性、建设的必要性和可行性进行全面分析和系统论证,多方案比较和综合评价,由此得出该项目是否应该投资和如何投资等结论性意见,为项目投资决策提供可靠的科学依据。可行性研究应以市场为前提,技术为手段,经济效益为最终目标。

可行性研究的含义包含三个范畴,即市场研究、技术研究、效益研究。其中市场研究,包括产品的市场调查和预测研究,这是项目可行性研究的前提和基础,解决项目的必要性问题;技术研究即技术方案和建设条件研究,这是项目可行性研究的技术基础,解决项目的技术可行性问题;效益研究即经济效益的分析和评价,这是项目可行性研究的核心部分,解决项目的经济合理性问题。

可行性研究的中心是"可行",即回答能否做到、是否该做、何时做、如何做、效果如何,所以除了技术性研究外,还要对各种影响因素,尽可能地以货币为尺度,进行全面、定量的经济分析,并计算出项目在整个使用期的经济效益。

(2)项目可行性研究的作用

在工程投资项目的整个周期,投资决策期的工作具有决定性意义,而可行性研究是投资决策最重要的一环,是为提高投资的有效性,避免盲目性,减少投资风险而设计的一套科学、系统的投资管理制度和风险防御机制,是投资决策的核心内容,一经批准,就在整个项目周期中发挥极其重要的作用,表现在:

①作为确定投资项目的依据。可行性研究论证项目的技术可行性和经济合理性,以确定项目是否可行。

②作为科学投资决策的依据。可行性研究从市场、技术、工程建设、经济及社会等多方面对拟建项目进行全面综合的分析和论证,依其结论进行投资决策,提高了投资决策的科学性。

③编制项目设计文件的依据。可行性研究报告已提出了项目建设方案规划,对项目选址、建设规模、主要生产流程、设备选型等方面进行了详尽论证和研究,可作为编制设计任务书、初步设计、施工详图、施工组织设计及安排施工进度计划的依据。

④作为向银行申请贷款或向国家申请拨款的依据。可行性研究详细预测了项目财务效益、经济效益及贷款偿还能力,世界银行等国际金融组织均把可行性研究报告作为申请项目贷款的先决条件,我国金融机构在审批项目贷款时,也以可行性研究报告为依据对项目进行评估,在确认项目偿还能力及风险水平后,再做出贷款决策,故可行性研究报告是向银行申请贷款的重要文件,对于政府投资项目,它还是向国家申请拨款的依据。

⑤签订各种合同和协议的依据。可行性研究报告对建设规模、主要生产流程及设备选型都进行了充分论证。建设单位在与有关协作单位签订承发包、原材料、燃料、动力、工程建筑、设备采购、销售等方面的协议和合同时,应以可行性研究报告为基础,保证项目目标的实现。

⑥作为环保部门、地方政府、规划部门和计划部门审批项目的依据。环境与生态保护是可行性研究的重要内容之一,各项指标应符合国家规定标准,可行性研究报告只有经环保部门批准发放执照后,工程项目才能施工。

工程项目在开工前需要地方政府批拨土地,规划部门也要审查项目建设是否符合城市规划,这些审查都以可行性研究报告中的总图布置等方面的论证为依据。此外,它也是国家各级计划部门编制固定资产计划的依据。

⑦作为施工组织、工程进度安排及竣工验收的依据。可行性研究报告对项目计划和实施方案有明确的要求,所以,它也是检验施工进度及工程质量的依据。

⑧作为项目后评估的依据。工程项目后评估是在项目建成运营一段时间后,评价项目实际运营效果是否达到预期目标,建设项目的预期目标已在可行性研究报告中被确定,因此,后评估应以可行性研究报告为依据,评价项目目标的实现程度。

⑨作为建设工程的基础资料。

【案例二】 我国可行性研究的应用与发展

可行性研究起源于美国,早在1936年开发田纳西流域工程时,美国国会通过了《控制洪水法案》,提出将可行性研究作为流域开发规划的重要阶段纳入开发程序。二次大战后,特别是20世纪60年代以来,可行性研究理论逐步形成一套系统的科学研究方法,并渗透到各个领域,从开发建设工程项目,发展到研究生产管理、科学试验和对自然及社会改造问题。当前,可行性研究不仅在经济发达国家,在亚非拉许多发展中国家也得到广泛应用。为此,联合国工业发展组织、世界银行、经济合作与发展组织等国际性机构,分别编写了大量的建设项目可行性研究手册、著作及培训教材,用以指导有关国家开展可行性研究工作。

我国开展可行性研究工作始于20世纪50年代初,当时由苏联援建的156个大中型项目都采用了技术经济方法分析论证厂址选择和投资效果,对提高建设项目经济效益起到一定作用。但当时的技术经济分析在工程设计阶段才开始进行,而不是在投资前期进行,因此在项目是否上马问题上具有一定盲目性。从1958年"大跃进"到"文化大革命"结束的近20年中,基本建设程序被否定,项目建设基本处于"边勘察、边设计、边施工、边生产"的状态。改革开放后,我国建设项目前期的技术经济论证逐步得到恢复,1981年国家计委下文明确规定"把可行性研究作为建设前期工作中的一个重要的技术经济论证阶段,纳入基本建设程序"。1983年又下达计委(1983)116号文件《关于建设项目可行性研究的试行管理办法》重申建设项目的决策和实施必须严格遵守国家规定的基本建设程序,而可行性研究是建设前期工作的重要内容,是基本建设程序的一个组成部分,进一步明确了可行性研究的编制程序、内容和评审办法,把可行性研究作为编制和审批项目设计任务书的基础和依据。随后各部门又分别结合本部门的特点,制定了本部门的可行性研究编制办法。随着改革不断深化,建设项目效益评价日益受到重视,为此国家计委于1987年9月颁布《关于建设项目经济评价工作的暂行规定》、《建设项目经济评价方法》、《建设项目经济评价参数》、《中外合资经营项目经济评价方法》等4个文件,对建设项目经济评价的程序、方法、指标等做出明确的规定和具体说明,并发布了各类经济评价的参数,要求各投资主体兴办的大中型建设项目、限额以上的技术改造项目,均应按照这四份文件进行经济评价,如果评价内容和质量达不到规定的要求,负责评估和审批的部门均不得受理。此后,国家计委和建设部又组织国内专家组在国内外进行实地考察和征求意见,并结合我国经济体制改革和投融资体制改革的方向,对文件进行了补充和修正,并对评价参数进行了重新测算,于1993年4月颁布《建设项目经济评价方法和参数》,对促进我国项目评价和投资决策工作科学化、规范化和制度化起到了推动作用。随着我国市场经济体制最终确立以及加入WTO,投融资体制逐渐与国际惯例接轨,新的建设项目经济评价方法和参数正在修订中。

2. 项目可行性研究的阶段

可行性研究是项目投资决策期的重要环节。国外将它分为机会研究、初步可行性研究、技术经济可行性研究和评估报告四个阶段。由于基础资料的占有程度、研究深度与可靠程度要求不同，可行性研究各阶段的研究性质、工作目标、工作要求、工作实践与费用各不相同，一般来说，随着可行性研究阶段的递进，项目投资和成本估算的精度要求也由粗到细，研究工作量由小到大，研究目标和作用逐步提高，因此工作实践和费用也逐渐增加。具体内容如下（表2-3）。

可行性研究各阶段的要求　　　　　　　　　表2-3

阶段	机会研究	初步可行性研究	详细可行性研究	评价阶段
性质	项目设想	项目初选	项目拟定	项目评估
内容	鉴别投资方向，寻找投资机会，提出建议书	专题研究，筛选方案，确定初步可行性	深入细致技术经济论证，重点财务效益、经济效益分析，多方案比较，确定可行性	评估审核可行性研究报告，分析其可靠性和真实性，最终决策
成果	项目建议书	初步可行性研究报告	可行性研究报告	项目评估报告
精度	30%	20%	10%	10%
费用	0.2%～1%	0.25%～1.25%	1%～3%	—
时间	1～3个月	4～6个月	8～12个月	—

（1）机会研究

机会研究，即寻找投资的有利机会，迅速而经济地确定拟建项目的投资方向。

机会研究的工作要求较粗略，仅对一些主要指标，如建设所需投资、产品成本等分析计算，或根据历史资料、同类项目对比加以估算，提供一个或一个以上可能的建设项目或方案。该阶段对项目所需投资和产品成本的估算精确程度要求达到±30%以内即可，所需时间约1～2个月，研究费用约占总投资的0.2%～1%。投资者若对机会研究的结果感兴趣，则进入初步可行性研究阶段。

机会研究可分为一般机会研究和项目机会研究。其中，一般机会研究有三种类型：其一，地区研究，就是在某个确定的地区，通过对该地区自然资源、地理位置、交通运输条件、建设条件和市场供需等进行调查与预测，寻找最理想的投资机会；其二，部门研究，就是鉴定在某一部门的投资机会，或者说以现有工业的拓展和产品的深加工为基础，通过增加现有企业的生产能力与生产工序等途径创造投资机会；其三，资源研究，就是研究利用某种自然资源的投资机会。而项目机会研究是对几个可能的投资机会或工程项目的设想进行鉴定，将项目设想转化为概略的投资建议，目的是为了激发投资者的投资动机。

（2）初步可行性研究

初步可行性研究是在机会研究的基础上进一步判断拟建项目是否可行。所要解决的主要问题是：其一，投资机会研究的可靠性，项目是否有希望，在这一阶段要收集有关资料，进行详细阐述，以便确定是否应该进行详细可行性研究；其二，弄清项目可行性的关键所在，以及哪些问题要作专题研究，是否需要通过市场供需的调查与预测、实验室的试验等；其三，初步预测可行性研究的结果，如产品进入市场后的需求和竞争力，原材料等物资供应，以及厂址选择、企业规模、土建工程、生产设备选型和工艺设计等。

该阶段虽然与详细可行性研究的内容相同,但所需资料和计算的详细程度不同,对工程投资项目各项指标估算的精确程度要求在20%以内,所需时间一般4～6个月,经费约占总投资额的0.25%～1.25%。

在我国,机会研究及初步可行性研究属于项目建议书阶段。项目建议书的任务是:根据国民经济长期发展计划要求、资源条件及市场需求,鉴别项目投资方向,初步确定应上什么项目,着重阐明项目建设的必要性,初步设想产品方案、拟建规模、建设地点和建设进度,初步分析项目成立的可行性,估算投资和设想资金筹措方案,初步测算经济效益和社会效益。项目建议书用以向有关部门提出项目推荐建议,批准后纳入到投资规划,可进一步开展可行性研究。

(3) 详细可行性研究

详细可行性研究,即项目的技术经济可行性研究,主要根据前两个阶段调查的大量资料,对项目进行技术经济综合论证,以及多方案优选,找出最优方案,作为最后的投资决策依据。具体地说,就是要实现三个主要目标:提出项目建设方案、效益分析和最终方案的选择、确定项目投资的最终可行性和选择的依据标准。

详细可行性研究要比初步可行性研究更全面、更具体、更明确,应通过技术经济可行性研究,得出可行或不可行结论,如可行,则要对投资项目的规模能力、原材料、燃料、动力供应、厂址选择、设备选择、工艺流程、土建工程、组织架构和管理费用、建设进度和工期、试产计划等各种可能的选择方案及各种影响决策的主要因素加以分析,陈述多个可选择方案的利弊,并推荐最优方案。

此阶段要求严格,各类数据力求精确,所花费的时间和精力较大,除工艺成熟的建设项目可利用已有资料数据外,项目所需设备应逐台计算费用,还要考虑因建厂地址所引起的运输、销售、原材料等费用的影响。要求对建设投资和产品成本估算的精确程度在10%以内,需时8～12个月,所需经费占投资额1%～3%。

在我国,项目可行性研究与设计任务书阶段,相当于详细可行性研究阶段。其中,设计任务书是确定项目建设方案的决策性文件,涉及内容与可行性研究相同,编制依据是经评估审定批准的可行性研究报告,其作用是将可行性报告研究或项目评估报告所推荐的最佳方案具体化、任务化,使之成为进行初步设计的依据。其工作深度应满足大型专用设备预订货的要求。

设计任务书的基本内容是:其一,项目建设的目的、依据和原则;其二,据经济预测,市场预测所做出的技术经济分析,确定项目建设规模、产品方案或纲要、生产方法或工艺原则、经营方式及发展方向等;其三,资源、原材料、燃料动力、供水、运输及有关的公用设施配合条件;其四,建设地区或地点的选择意见及占用土地的估算,解决建设布局问题;其五,资源综合利用及环境保护方案措施;其六,防空、防震等要求;其七,建设工期及建设质量标准;其八,投资估算及资金筹措方案;其九,劳动定员控制数;其十,经济效果及社会效益。

改扩建项目的设计任务书,还应包括原有固定资产的利用程度和现有生产潜力发挥情况的说明。自筹的大中型项目,应同时注明资金、材料、设备的来源,以及统计财政、物资部门签署的意见。

(4)评价和决策(评估报告)

详细可行性研究的成果是可行性研究报告,决策者组织和授权有关咨询公司或有关专家,代表业主和出资人对可行性研究报告全面审核和再评价,在充分考虑了可行性研究报告提出的建议后,做出修改,重新修订可行性研究报告,并对技术经济效果重新测算,最后再通过论证,对拟建项目的可行性研究报告提出评估意见,最终决策该项目投资是否可行,确定最佳方案,报批备案并实施。

工程项目评价和决策的内容包括:审核可行性研究报告反映的项目情况是否属实,分析可行性研究报告各项指标计算是否正确,从企业、国家和社会等方面综合分析和判断工程项目的经济效益和社会效益,分析判断可行性研究的可靠性、真实性和客观性,并对项目做出最终的投资决策,最后写出项目评估报告。

3. 项目可行性报告的依据、步骤、内容、结构和要求

(1)编制项目可行性报告的主要依据

①国家社会经济发展的长期计划、部门与地区规划、国家经济建设的政策方针、产业政策、投资政策与技术经济政策以及相关法律法规等。

②经批准的项目建议书、批复文件。

③经国家批准的资源报告、国土开发整治规划、区域规划、工业基地规划、江河流域规划及路网规划等有关文件。

④拟订建设地点或厂址的当地自然、经济、社会等基础资料。

⑤有关行业的工程技术、经济方面的规范、标准、定额等资料。

⑥政府颁布的项目评价参数、指标和评价方法(即《参数三》),如基准收益率(社会折现率)、行业基准收益率、外汇汇率、价格换算系数等。也可以由评价人员参考国外资料或历史资料确定参数。

⑦合资、合作项目各方签订的协议或意向书。

⑧委托单位的委托合同及要求。

(2)编制可行性报告的步骤

①建设单位提出项目建议书。

各投资单位根据国家经济发展的长远规划、经济建设的方针任务和技术经济政策结合资源情况、建设布局等条件,在广泛调查研究、收集资料、踏勘建设地点、初步分析投资效果的基础上,提出需要进行可行性研究的项目建议书和初步可行性研究报告,跨地区、跨行业的建设项目以及对国计民生有重大影响的大型项目由有关部门和地区联合提出项目建议书和初步可行性研究报告。

为保证项目建议书的质量,对于大型复杂项目应向工程咨询公司咨询,或与咨询机构合作开展工作,直到项目建议书经批准后列入前期工作计划。

②由项目业主、承办单位委托有资格的单位进行可行性研究。

当项目建议书经国家计划部门、贷款部门审定批准后,该项目即可立项。项目业主或承办单位,就可以签订合同的方式委托有资格的工程咨询公司(或设计单位)着手编制拟建项目可行性研究报告,双方签订的合同中,应规定研究工作的依据、研究范围、内容、前提条件、

研究工作质量和进度安排、费用支付办法、协作方式及合同双方的责任和关于违约处理的方法等。

③设计或咨询单位进行可行性研究工作,编制可行性研究报告。

首先,确定项目研究目标、范围和重点,组建可行性研究小组,组织成员包括经济管理财会、市场分析、机械电气工艺、土建等技术人员等。

其次,明确项目建设的目的,以便把握研究工作的重心,明确问题的范围,对相关因素筛选排队,并用以指导数据资料的调查整理及方案选择。

再次,围绕目标开展调查研究、搜集资料、预测分析、投资机会研究,并提出项目建议。即对拟建项目的产品需求量及销售价格、产品在国内外的竞争能力、工艺技术、原材料、能源、厂内外运输条件、所需的配套工程、设备供应、环境保护、可供选择的厂址或建设地点的自然、社会、经济条件等深入细致调查研究,广泛搜集各种相关资料。然后在此基础上,完成产品市场的预测及企业财务预测,并对其实现的可能性进行分析。

其四,在研究不同工艺技术、不同的设备选型、不同的投资额度、不同的厂址选择的基础上,制订备选方案,并将各种方案的技术经济条件相互比较,进行技术评价及经济评价,优选出最佳经济效益的方案。

其五,深入研究,对初选方案进行详细技术经济分析、评价和论证,做出研究结论。这包括评价经优选后提出的推荐方案,详细进行财务分析与国民经济分析,对各种不确定性进行敏感性分析,并详细计算总投资额,落实资金来源,签订资金供应协议,对各种外部协作条件也要落实签订供应协议或意向性协议。

其六,编制可行性研究报告。应将经过深入研究的推荐方案及方案的比选的主要过程、主要有争议的问题按国家规定详细列入可行性研究报告上报。

其七,编制资金筹措和项目建设计划及进度表,并明确项目建设的质量标准。

④决策部门审批可行性研究报告。

咨询或设计单位编制和上报的可行性研究报告及有关文件,按照项目大小应在预审前提交预审主持单位。预审主持单位认为必要时可委托有关方面提出咨询意见,报告提出单位应向咨询单位提供必要的资料、情况和数据,并积极配合。预审主持单位,组织有关设计、科研机构、企业和有关方面的专家,广泛听取意见,对可行性研究报告提出预审意见。当发现可行性研究报告有原则性错误或报告的基础依据与社会环境条件有重大变化时,应对可行性研究报告进行修改和复审。可行性研究报告的修改和复审仍由原编制单位和预审主持单位按照规定进行。

我国建设项目的可行性研究,按照国家发改委的有关规定:大中型建设项目的可行性研究报告由各主管部门、各省、市、自治区或全国性专业公司负责预审,报国家发改委审批,或由国家发改委委托有关单位审批;重大项目和特殊项目的可行性研究报告,由国家发改委会同有关部门预审,报国务院审批;小型项目的可行性研究报告,按照隶属关系由各主管部门、各省、市、自治区或全国性专业公司审批。经可行性研究证明不可行的项目,经审定后应将项目取消。可行性研究报告一经批准,就可以将报告中选定的最佳实施方案具体化、任务化。

(3) 可行性报告的基本内容

①技术方面：所拟投资方案在技术上能否实现，采用的设备和技术是否先进、适用。涉及拟建项目的厂址选择、生产规模、工艺技术方案、产品规格数量及所需机器设备的选定，以及原材料、动力运输等因素的考虑。

②经济方面：所拟投资方案在经济上是否合理，能否取得预期的经济效益与报酬，以及以现有财力和预计可筹集的资金能否满足投资需要。涉及产品或劳务的供求预测估算，产品价格策略及销售渠道，项目建设及营运的组织结构及进度方案，预测项目营运获利能力、债务偿还能力、生产增长能力、承担风险程度等，还必须制订项目资金的最佳运用方案。

③社会方面：所拟投资方案是否为社会所接受，是否有污染、有否危及社会安全或影响人们正常生活秩序、影响交通、城市规划等。要以最大国民福利为目的，综合考虑社会生活、社会结构、社会环境等因素的影响。

④环境方面：现有社会经济环境和自然生态环境是否适合该投资项目，同时该投资项目建成后，对环境影响如何。

⑤法律方面：所拟投资方案是否在法律允许范围内。

⑥其他方面：项目所需资金量、项目建设质量标准、项目资金筹措方式、项目建设周期、项目建设及完成建设后需要的人力、物力、资源及动力等。

综上，可行性报告的基本内容见表 2-4。

可行性研究报告的基本内容　　　　　　　　　　　　　　表 2-4

项目领域	可行性研究报告的基本内容
外部投资环境	
政策性环境	国家法律制度、税收政策 项目对环境的影响和环境保护立法 项目的生产经营许可证或其他政府政策限制 项目获得政治风险保险的可能性
金融性环境	通货膨胀因素、汇率、利率 国家外汇管制的程度、货币风险及可兑换性
工业性环境	项目基础设施、能源、水电供应、交通运输、通信等
项目生产要素	
技术要素	生产技术的可靠性及成熟度、资源储量及可靠性
原材料供应	原材料来源、可靠性、进口关税和外汇限制
项目市场	项目产品或服务的市场需求、价格、竞争性、国内外市场分析
项目管理	生产、技术、设备管理、劳动力分析
投资收益分析	
项目投资成本	项目建设费用、征购土地、购买设备费用、不可预见费用
经营性收益分析	项目产品市场价格分析与预测、生产成本分析与预测 经营性资本支出预测、项目现金流量分析
资本性收益分析	项目资产增值分析和预测

（4）可行性报告的基本内容结构

可行性研究报告作为正式文件,既是报审决策的依据,也是向银行贷款的依据,同时,还是向政府主管部门申请经营执照和同有关部门或单位合作谈判、签订协议的依据,故可行性报告的内容和研究深度应符合国家规定,有一定的基本内容结构,一般工业建设项目可行性研究的内容结构如下：

①总编。综述项目概况,包括项目名称、主办单位、承担可行性研究的单位,阐明项目提出的背景、投资的必要性和经济意义、投资环境及论证的主要依据、工作范围和要求、项目的历史发展概况、项目建议书及有关审批文件、提出可行性研究的主要结论概要和存在的问题与建议等。如系改建项目,还要说明企业现状。

②需求预测和拟建规模。调查国内外市场近期对产品需求情况和预测市场未来趋势,以选定目标市场;估计国内外现有工厂的生产能力,进行产品销售预测、价格分析、判断产品的竞争能力及进入国际市场的前景;确定拟建项目的生产规模和产品方案,并对其发展方向进行规划,做出技术经济比较和分析。

③资源、原材料、燃料及公用设施情况。经过全国储量委员会批准的资源储量、品位、成分及开发利用条件的评述;建设项目所需原辅材料和燃料的种类、数量、质量、来源及供应可能性;有毒害及危险品种类、数量和储运条件;建设项目所需动力公用设施（水、电、气、热等）的数量、供应方式和供应条件、外部协作条件及签订协议和合同的情况。

④建厂条件和厂址方案。指出建厂地区的地理位置,与原材料产地和产品市场的距离;根据建设项目的生产技术要求,在指定的建设地区内,对建厂的地理位置、气象、水文、地质、地形条件、地震、洪水情况和社会经济现状进行调查研究,收集基础资料,了解交通运输、通信设施及水电气热的现状和发展趋势;厂址面积、占地范围,厂区总体布置方案,建设条件、地价、拆迁及其他工程费用情况;对厂址选择进行多方案的技术经济分析和比选,提出选择意见。

⑤设计方案。在选定的建设地点内进行总图和交通运输的设计和比较;确定项目构成范围,主要单项工程（车间）的组成,厂内外主体工程和公用辅助工程的方案比较论证;项目土建工程总量估算,土建工程布置方案的选择,包括场地平整、主要建筑和构筑物与厂外工程的规划;采用技术和工艺方案的论证,包括技术来源、工艺路线和生产方法,主要设备选型方案和技术工艺比较;引进技术和设备的必要性及其来源国别的选择比较;制造方案设想及工艺流程图。

⑥环境保护与劳动安全。调查项目建设地区的环境状况,分析项目"三废"种类、成分和数量,预测和评价对环境的影响;提出治理方案的选择和回收利用情况;提出劳动保护、安全生产、城市规划、防震防洪防空、文物保护等要求以及采取相应措施的方案。

⑦企业组织、劳动定员和人员培训。生产管理体制、机构设置、对选择方案的论证;工程技术和管理人员的素质和数量的要求;劳动定员的配备方案;人员的培训规划和费用估算。

⑧项目施工计划和进度要求。根据勘察设计、设备制造、工程施工、安装、试生产所需时间与进度要求,选择项目实施方案和总进度,并用横道图和网络图来表述最佳实施方案。

⑨投资估算和资金筹措。估算总投资和分年投资,主体工程和协作配套工程所需投资,及所需流动资金,提出资金来源渠道、筹措方式和各种资金来源比例、资金成本和偿还方式。

⑩社会及经济效益的评价。对投资项目评价经济效益,既要进行静态分析,也要进行动态分析;不仅计算项目本身的微观效益(财务评价),而且要衡量项目对国民经济发展的宏观效应,并要分析其对社会的影响(经济费用效益分析),通过有关指标的计算分析项目盈利能力、偿还能力等,综合提出项目投资是否可行的结论。

⑪综合评价与结论、建议。运用各项数据,从技术、经济、社会、财务等方面论述项目可行性,推荐一个或几个方案供决策者参考,指出项目存在的问题及结论性意见和改进建议。

(5)可行性报告的编制要求

①编制单位必须具备承担可行性研究的条件。

可行性研究报告的质量取决于编制单位资质和编写人员素质,项目可行性研究报告内容涉及面广,还有一定的深度要求,因此编制单位必须是拥有一定技术装备和手段的、具有国家有关部门审批登记的资格等级证明,并且具有承担编制可行性研究报告的能力和经验的咨询、设计单位。其研究人员应具有所从事专业的中级以上专业职称,并具有相关的知识、技能和工作经历。

②确保可行性研究报告的真实性和科学性。

可行性研究报告是投资者进行项目最终决策的重要依据。为确保可行性研究的质量,应切实做好编制前的准备工作,占有大量、准确、可用的信息资料,调查研究应深入细致、切实可靠,地质地形勘察、资源勘察、采用新技术必需的科学实验与工厂试验等资料,如果在项目建议书阶段确实无法准备而凭经验假设,则在可行性研究阶段必须搞好调查研究,取得实际资料,不能凭经验假定。

还应坚持多方案科学比较分析,没有可比方案就无从推荐最佳方案,进行方案优选是做好可行性研究的关键。报告编制单位和人员必须坚持独立、客观、公正、科学和可靠的原则,以事实为依据,以国家利益为准绳,科学回答项目可行或不可行的问题,对所提供的可行性研究报告的质量负完全的责任。

③可行性研究的深度要规范化和标准化。

不同行业和不同项目的可行性研究报告的内容和深度各有侧重和区别,但基本内容要完整、文件要齐全、结论要明确、数据要准确、论据要充分,能满足决策者确定方案的要求,报告选用主要设备的规格、参数应能满足预定要求,重大技术、经济方案应有两个以上方案比选,主要工程技术数据应满足项目初步设计要求,报告应附有评估、决策(审批)所需的合同、协议、政府批件等。

必须保证可行性研究的工作周期,防止突击草率从事。具体工作周期由委托单位与咨询设计单位会商,以合同形式确定下来。研究深度要达到国家规定的标准,基本内容要准确完整,切忌粗制滥造,走形式,走过场,主观臆断下结论。

应处理好可行性研究各阶段的相互关系,分段把关,逐步深入。在任何一个阶段发现项目不可行,均应停止研究。对前一阶段应该解决而没有解决的问题,后一阶段应当补充,保证可行性研究的整体质量。

④可行性研究报告必须签证、审批和落实。

可行性研究报告编制完成后,应由编制单位的行政、技术、经济方面的负责人签字,并对研究报告的质量负责,还需要上报主管部门审批。

可行性研究强调落实。如项目建设所需的原材料、燃料、动力供应、交通运输、征地、供水等外部协作条件,要与有关单位签订意向性协议或由有关单位签署意见;资金来源方面要资金供应单位与建设单位签订资金供应协议;在实施进度方面,要对筹建、设计、施工等项目总进度做多方案比较,提出按合理工期安排建设的建议;对技术改造和改扩建项目要增加企业调查,并对比改造前的经济效益;对国内外合资项目要分析资金构成、产品销售、收益分配和企业管理等。

4. 可行性研究中的环境研究

对投资项目的环境、技术和经济等的研究是可行性研究的重点,其中,投资环境研究是可行性研究的前提,技术可行研究是可行性研究的基础,经济合理性研究是可行性研究的依据。投资项目的环境研究包括:总论、市场前景、资源和原燃料的供应、公用设施(建厂条件)和厂址方案等。

(1)总论

总论部分论证投资的必要性,主要从投资的大环境出发研究该项目的必要性。要把投资项目的目的,投资对国民经济的意义搞清楚,另外,对小环境也要适当提及,如自然资源情况、国内和本地区同行业的历史和现状,国家产业政策对本项目的影响,本项目的特点、优势和劣势都要研究并论述清楚。

(2)市场前景

市场前景预测就是产品的供求和价格变化趋势以及产品竞争能力,产品是否有可预见的良好市场前景。包括国内外市场需求情况调查预测,调查市场现状并了解产品供应情况,项目产品的竞争能力或项目产品的市场占有率估计。

(3)资源和原燃料供应

资源包括未经开采加工的自然资源、已开采加工且可作为生产投入的燃料、动力等资源。主要研究资源在技术上开发的可行性、获得的可能性,所需原材料和燃料数量、质量和成本估算、来源、运输条件以及它们稳定供应的可能性。

(4)公用设施

公用设施研究包括公用设施的种类、数量、供应方式和供应条件的研究。要较准确地估算出项目对公用设施的需求种类和数量,并结合公用设施现有条件加以综合研究,要考虑因为扩建增容公用设施而增加的投资费用。

(5)厂址选择

厂址应选尽量靠近交通条件好,原材料和能源易得,且离销售市场较近,自然灾害较少的地方。要考虑因素有:能否取得适当面积、有扩充余地且价格相宜的工厂用地,是否在容易取得原料的地点,是否在工业用水丰富并且便宜的地方,是否接近消费地,是否便于招工,交通是否便利,是否有碍环境保护。

5. 可行性研究中的技术可行性研究

投资项目的技术可行性研究,包括项目的硬件技术研究与软件技术研究。如方案设计、环境保护等属于硬件技术研究,而许可证贸易、企业组织管理机构的研究、劳动定员与人员培训、项目实施时间安排等属于软件技术研究。

（1）方案设计

项目的方案设计主要是对投资项目的规模、工艺方案、设备选择、土建工程、厂区布局等方面研究，并设计可行的方案供决策。

投资项目的规模是指拟建项目建成后正常年份一年内所能生产的产品总量，也称生产规模或生产能力。确定合理项目规模需要考虑的因素是市场近期和远期的需求量，财力及物力，同类企业的分布状况，交通、动力、劳动力、地理等条件，生产专业化协作条件，生产水平，最适经济规模等。

工艺方案的选择是选择工艺技术和确定工艺流程方案。其中，选择工艺技术要考虑的因素是采用技术的先进性和适用性、满足项目规模的要求、技术经济指标是否良好；要解决的问题是确定技术类型（要素密集类型），技术来源（自创、引进），技术获得方式（许可证贸易、交钥匙工程、合资经营、合作经营），技术吸收、消化及配套能力，整个项目内部生产力布局和工艺流程方案的确定，原材料的可得性，技术费用的估算和支付方式。工艺流程方案要解决的问题是整个工艺流程及其阶段、特点、适用范围的说明，新流程从工业性试验到正式生产或扩大规模时，可能出现的问题，物流平衡与能源平衡，产品及废品流程等等。

设备的选择要符合工艺流程和生产规模的要求、各台设备的生产能力要匹配、设备要易于维修、配件供应有保证、设备的经济性良好。

厂区布置要服从工艺流程要求，尽量减少原材料、辅料、半成品的厂内运输距离，缩短能源输送线路和供水线路，并估算土建工程量。对于项目有关的公用辅助设施和厂内外交通分析，属于项目专用的，要计入项目的工程量中，合用的设施则分担投资共建。在厂区布置基础上制作项目布置图，从空间上说明项目的特点和范围，展示各种流量信息，反映项目内部各要素的空间关系。

（2）环境保护

环境保护一是要考虑环境对生产过程的影响，二是要考虑生产过程对环境的影响，后者重点考虑"三废"对环境的影响，及治理"三废"和保护环境的专项费用。

（3）许可证贸易的研究

许可证贸易实际上是一种作价的技术转让，可转让的对象包括专利、技术诀窍（know-how）、商标等。要研究许可证贸易的成本。

（4）企业组织、劳动定员和人员培训的研究

企业组织机构的设置要合理，一方面要有利于企业经营和提高生产率，另一方面要减少企业管理费的开支以降低经营成本。

生产组织与管理机构的设计，应与项目设计配合，按生产与管理两大系统确定组织机构和规模，并根据机构及岗位定人员编制，制定工资及行政管理费用。

对于新开发项目或引进的先进技术项目，应对人员素质提出一定要求，如达不到标准就要有计划对人员进行培训，对培训人员的数量、种类、时间、地点、费用等，均要在可行性研究中陈述清楚。

(5)项目实施的时间安排

制定项目实施的时间安排表是为了加强对项目实施的管理。工程项目确定后,从谈判、签订合同,到设计施工、试产,投产的整个工期都要制定一个周密的进度计划,使项目实施的各个阶段互相衔接,合理有效地利用资源和时间。

制定工程进度计划应注意:资金的筹措及施工材料与设备的供应要能够适应和保证工程建设进度的需要,施工安装的工作量应尽量均衡地进行,制定工程实施计划时应大力推广使用网络计划技术(PERT)。

6. 可行性研究中的经济可行性研究

经济可行性研究包括对投资项目的经济效益分析及估算、所需投资资金估算以及资金筹集措施。对于投资资金测算要求估算精确度达到10%以内,并力求以较低的资金成本筹措资金。投资项目的效益要从企业和国家的角度分析,前者为企业财务评价,后者是经济费用效益分析。

财务评价主要计算项目现金流量,即对总投资、建成投产后总收支进行计算和分析,包括:根据建设进度确定资金的逐年投入量、通过计算总销售收入和总生产成本确定逐年毛利收入、确定借款归还计划、编制逐年盈利和亏损计算表、计算财务效益指标,财务效益指标用投资内部收益率、投资回收期、净现值等表示。经济费用效益分析是从国民经济角度考察项目效益费用,用影子工资、影子汇率和社会折现率计算分析项目对国民经济的贡献,评价项目的经济合理性。

2.2.3 项目评估

项目评估是继提出项目建议书和进行可行性研究后的重要决策步骤。

1. 项目评估的含义、原则

(1)项目评估的含义

项目评估是在拟建项目可行性研究的基础上,从宏观角度出发,对项目建设的必要性及技术经济的合理性进行全面审查和评价。

广义的项目评价分三个层次。一是在可行性研究报告及设计任务书中对项目从技术上、经济上论证其可行性的评价;二是由指定的咨询机构、审计机构或银行部门对可行性研究报告及拟建项目进行再评价;三是计划部门或主管部门在前两个层次基础上最后评价和决断。狭义的项目评估是第二层次的项目评价。

(2)项目评估的原则

首先,项目建设要符合国家的大政方针,目标符合国家和地区的发展规划。

其次,要充分考虑项目经济效益,实现项目微观效益与宏观效益统一。为此,项目产品应在一定时期内符合市场需求,并具有一定竞争力;要从宏观上考虑项目投入物及相关投入物的短缺程度;要有货币的时间价值观念,动态地考虑项目投资的成本;要从宏观角度,确定较合理的价值尺度,调整换算投入物和产出物的价格,正确分析项目的国民经济效益;要考虑项目投入物及产出物的机会成本及边际效益,以最少的投入换取最大的社会经济效果。

2. 项目评估的内容与步骤

(1) 项目评估的内容

①可行性研究报告所采用的各项数据、资料、标准、规范是否可靠和准确,是否符合国家有关规定。

②根据行业和项目的具体情况,有重点地审核带关键性的指标和有关问题。如矿产资源储量、品位是否准确,项目地质条件是否清楚,原料燃料动力供应是否可靠,交通运输条件、外部协作配套条件是否落实等。

③所采用的技术和工艺方案是否先进、成熟、适用和可以消化吸收,设备选型是否得当,资源利用是否合理。

④市场调查和预测是否可靠,产品是否具有市场竞争能力,建设规模、产品方案是否符合国家的建设方针和长远规划的要求,配套工程能否同步建设,能否保证项目建成后正常营运。

⑤建设地点选择是否符合区域规划、城市规划的要求,生产工艺和"三废"治理是否符合生态环境保护要求。

⑥投资估算是否切合实际,有无高估、漏项、少算的情况。

⑦着重进行企业经济评价和经济费用效益分析,并作不确定性分析。

⑧审查资金渠道是否符合国家规定,来源是否落实可靠,贷款额度是否得当,贷款条件是否合理,偿还能力是否可靠,配套投资是否落实等。

⑨通过项目经济效益分析,对有关政策和管理体制做出改进建议。

⑩在以上工作基础上对拟建项目总评价,得出项目是否上马的明确结论。

(2) 项目评估的步骤

项目评估一般经过如下步骤。

第一步:组建项目评估小组。

评估小组人数一般以 5～7 人为宜。应建立项目评估责任制,指定专家作为评估小组负责人,负责协调汇总专家意见并主持评估小组的全面工作。评估人员应按评估内容、质量要求严格把关,确保评估工作做到公正、可靠、科学。

第二步:编制评估工作计划。

根据评估要求,安排好初审、收集资料,各项评估内容及编写评估报告的进度,保证在设计任务书审批前提交评估报告。

第三步:对拟建项目做一般性审查。

这是对项目的初步评审,审查方法可采用直观法、经验法。其中,直观法是评估小组按项目可行性研究的有关规定,对项目可行性研究报告的编制程序、编制单位、编制内容和附件,逐条核对、审查,直观地发现是否符合有关规定。发现不符合则要求可行性研究报告编制单位尽快改正补送。

经验法是凭借个人经验,根据已知的综合定额或经验数据,对可行性研究报告中的内容、资料、数据做简单估算和审查。特别是利用国内已建成的同类项目数据进行简单对比,以期及早发现问题。如属明显不合理的项目,应停止评审。

第四步:根据审查信息,确定调查目标,制定调查提纲,收集有关数据资料,进行调查。

第五步:分工把关,对可行性研究报告进行详尽、全面的审查。

第六步:通过项目经济效益分析,对有关政策及管理体制提出改进建议。

第七步:对项目进行总评估,并编写评估报告。对项目是否应该上马、宜建规模、建设方案选择等,应提出明确的意见。

3. 项目评估报告

项目评估报告是向决策部门提供项目建设主要概况和评估结果的综合性技术经济文件,也是向银行申请贷款的主要依据,报告应包括以下几部分:

(1)总论

分析拟建项目的概况、历史背景和性质,并对项目上马的必要性做出评价。

(2)市场调查与预测

预测市场供求和产品竞争能力,以"产品未来需要量"与"产品总供应能力"进行分析比较,对建设项目规模进行评价。

(3)生产建设条件的评估

这包括分析资源的可靠性、工程地质和水文地质条件、工艺技术水平、原料燃料动力供应及其稳定性、交通运输条件及协作配套条件的落实情况、环境保护治理方案、引进成套项目的多方案比较、厂址选择的合理性等。

(4)技术评估

从可持续发展的高度出发,根据国家的有关技术政策,对建设项目选用的工艺技术和技术装备的先进性、适用性和经济性系统评估,检验采用的新工艺、新技术、新设备、新材料的安全可靠性,并通过多方案比较优选。

(5)投资和财务基本数据评审

这包括投资估算、资金来源渠道、投资构成、流动资金估算、生产规模及产品方案数据、产品成本、销售收入及税金估算、盈利水平估算、贷款利率及条件、贷款偿还能力等方面数据的审查核算,以及各项技术经济指标的测算。

(6)企业财务评价

针对投资项目本身情况,以现行制度规定为依据,对建设项目的经济效益评估,这包括测算内部收益率、投资回收期或其他根据项目需要增加的指标。

(7)经济费用效益分析

国民经济效益评价是从整个国民经济角度对投资项目的经济效益分析和评估,包括新增国民收入、投资回收期、外汇收入、相关项目的投资和环境、社会等方面所取得的经济效益,主要指标是经济内部收益率、投资净效益率等。

(8)不确定性分析

在财务评价和经济费用效益分析的基础上,对可能出现的原材料价格变化、产品价格升跌等项目建设过程中诸多不可预见的不确定性因素进行风险分析与预测,并提出相应的对策,作为最终决策的依据。

(9)对影响项目经济效益的管理体制及财经政策提出建议

(10) 总评估

总评估报告一要归纳、综合评估工作的全过程，反映评估结果；二要文字简练，用准确数据证明项目是否可行；三要提出的结论及建议具有科学性、合理性和可行性。

4. 项目投资的后评估

项目投资的后评估有利于吸收正反两方面的经验教训，逐步积累经验，也是必要的信息反馈机制，便于对已经决策的项目及时修正。

项目后评估通常是在项目投资向生产领域延伸后，根据实际投资及营运成本和收益等资料，采用财务评价和经济费用效益分析方法，对实际投资经济效益全面评价，并对项目的产品市场销售情况、工程技术、协作配套条件复查，通过与可行性研究报告及项目评估报告对比，形成项目投资后评估报告。

后评估应放在项目竣工验收阶段（即建成试生产三个月内或项目投产后 2～5 年或达到设计能力后 2～3 年）。一般项目由决策单位承担，银行贷款项目由银行设立的专门机构承担，复杂大型项目由决策单位委托咨询设计单位承担。

本章小结

本章概略地阐述了投资决策的概念、意义、原则和分类，说明了投资决策的 11 个基本步骤。在此基础上解释了工程投资决策的概念，详细说明了工程投资的基本决策程序和国家大中型基本建设项目投资决策程序，以及这其中项目可行性研究和项目评估的区别与联系。

本章阐述了项目可行性研究的含义、作用、主要的研究阶段及其研究内容，项目可行性报告的依据、步骤、内容、程式、要求和审批，并重点说明了项目可行性报告的环境、技术和经济等三个基本研究内容。

本章阐述了项目评估的含义、原则、内容和步骤，并详细说明了项目评估报告的基本组成，最后简要地解释了项目后评估的含义、作用、内容、评估时间和承担评估的单位。

习题

1. 辨析广义投资决策和狭义投资决策的含义，它们之间有怎样的关系？
2. 说出投资决策的必要性及其意义，投资决策需要遵循哪些基本原则？
3. 介绍投资决策的分类及基本步骤。
4. 工程投资决策的概念及其实质是什么？
5. 工程投资决策的基本程序及其内容有哪些？
6. 阐述国家大中型基本建设项目的投资决策程序及其内容。
7. 说明项目可行性研究和项目评估的关系。
8. 项目可行性研究的含义是什么？作用有哪些？
9. 说出项目可行性研究的各个阶段及其主要内容。
10. 编制项目可行性报告的主要依据是什么？
11. 简要说明编制项目可行性报告的步骤。

12. 阐述项目可行性报告的基本内容和程式。
13. 编制项目可行性报告的基本要求有哪些？
14. 简述项目可行性报告的审批过程。
15. 简要说明项目可行性研究中的环境、技术和经济可行性研究。
16. 简述项目评估的含义、广义和狭义的项目评估含义。
17. 阐述项目评估的原则、内容、步骤。
18. 介绍项目评估报告的基本组成部分。
19. 项目后评估的意义是什么？项目后评估的含义是什么？
20. 简述项目后评估的时间和承担单位。

参考文献

[1] 朱康全. 技术经济学 [M]. 广州：暨南大学出版社，1996.

[2] 张仲敏，任淮秀. 投资经济学 [M]. 北京：中国人民大学出版社，1992.

[3] 胡铁林，林孝军. 技术经济学 [M]. 北京：中国展望出版社，1987.

[4] 金明律. 技术经济学 [M]. 天津：南开大学出版社，1990.

[5] 万君康，蔡希贤. 技术经济学 [M]. 武汉：华中理工大学出版社，1996.

[6] 黄渝祥，邢爱芳. 工程经济学 [M]. 上海：同济大学出版社，1995.

[7] 菲尔·荷马斯. 投资评价 [M]. 王嗣俊，等，译. 北京：机械工业出版社，1999.

[8] 马钧，毛瑛. 投资项目的决策 [M]. 北京：中国经济出版社，1997.

[9] A. D. F. 普赖斯. 国际工程财会 [M]. 彭娜，等，译. 北京：水利电力出版社，1995.

[10] 赵国杰. 建设项目经济评价 [M]. 天津：天津科技翻译出版公司，1989.

[11] 王硕豪. 国际公司理财 [M]. 北京：中国建筑工业出版社，1997.

[12] 付鸿源，张仕廉. 投资决策与项目策划 [M]. 北京：科学出版社，2001.

[13] 徐大图. 工程建设投资控制 [M]. 北京：中国建筑工业出版社，1997.

[14] 段樵，伍凤仪. 经济、管理与项目分析 [M]. 北京：经济管理出版社，1993.

[15] 尹贻林. 工程造价管理相关知识 [M]. 北京：中国计划出版社，1997.

[16] 国家发展改革委员会，建设部. 建设项目经济评价方法与参数 [M]. 3 版. 北京：中国计划出版社，2006.

[17] 王勇. 投资项目前期管理——基于项目可行性分析与评价 [M]. 北京：电子工业出版社，2012.

第3章
工程项目投资的估算与评价

本章概要

1. 工程投资估算的概念及其对象；
2. 工程投资项目的总资产估算；
3. 工程投资项目投产后的成本与收入估算；
4. 工程投资项目的财务评价概述与理论基础；
5. 工程投资项目财务评价的单方案和多方案分析；
6. 工程投资项目的经济费用效益分析概述与理论基础；
7. 工程投资项目经济费用效益分析的基本目标和指标体系；
8. 费用效果分析；
9. 区域经济与宏观经济影响分析；
10. 综合评价方法；
11. 改扩建项目与并购项目的经济评价。

工程投资估算与评价是工程投资决策的重要内容，为适应市场经济发展的需要，规范工程项目经济评价工作，保证经济评价的质量，提高项目决策的科学水平，引导和促进各类资源的合理配置，充分发挥投资效益，国家发展改革委员会与建设部 2006 年 7 月联合发布了《建设项目经济评价方法与参数》（第三版），本章所涉及的投资估算与评价参照该方法和参数撰写，以下简称《参数三》。

3.1 > 工程投资的估算

3.1.1 工程投资估算及其对象

1. 工程项目投资估算的含义和作用

（1）工程项目投资估算（investment estimate）的含义

工程项目投资额指进行某项工程建设的全部费用，即该工程项目有计划地进行固定资产再生产和形成无形资产、递延资产和流动资产的一次性费用总和。

工程项目投资估算指在工程项目建设前期的投资决策过程中，据现有资料及投资估算的经验和方法,估算工程项目投资额,该估算对投资的影响度约为75%。

狭义的工程项目投资估算是在项目建议书及可行性研究阶段,对工程造价进行测算,该估算对工程总造价起控制作用,也是编制设计文件的依据。

工程项目投资估算的含义见表3-1。

工程项目投资估算的含义　　　　　表3-1

解　释	含　义
工程项目投资额	某项工程建设完成耗费的全部一次性费用
工程项目投资估算	工程建设前期依据现有资料、估算经验和方法估计工程投资额
狭义工程项目投资估算	项目建议书和可行性研究阶段对工程造价测算

(2) 工程项目投资估算的作用

① 项目建议书阶段的投资估算是项目主管部门审批项目建议书的依据之一,并对项目的规划、规模起参考作用。

② 项目可行性研究阶段的投资估算是项目投资决策的重要依据,也是研究、分析、计算项目投资经济效果的重要条件,其准确与否影响到可行性研究工作的质量和经济评价的结果。可行性研究报告一经批准,其投资估算就成为设计任务书中下达的投资限额,即作为工程造价的最高限额,不得随意突破。

③ 项目投资估算控制工程设计概算,设计概算不得突破批准的投资估算额。

④ 项目投资估算可作为项目资金筹措及制订建设贷款计划的依据,建设单位可以根据批准的项目投资估算额,进行资金筹措和向银行申请贷款。

⑤ 项目投资估算是核算项目固定资产投资和编制固定资产投资计划的依据。

2. 不同阶段的工程项目投资估算

我国工程项目建设前期分为规划阶段、项目建议书阶段、可行性研究阶段、评审阶段、设计任务书阶段等五个阶段。故投资估算也分为五个阶段,随投资估算阶段的深入,掌握的资料会越来越丰富,估算的条件也会越来越完备,所以对投资估算要求的准确度也会不断提高(图3-1)。

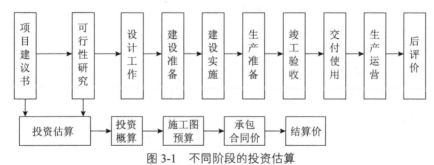

图3-1 不同阶段的投资估算

(1) 规划阶段的投资估算

在规划阶段,主要依据工程项目的投资规划进行投资估算,估算误差率可以大于30%。该阶段的投资估算主要以粗略的投资数额说明各有关工程项目间的关系,是可以否定一个项目或决定是否继续研究的依据之一。

(2)项目建议书阶段的投资估算

在项目建议书阶段,主要依据产品方案、建设规模、拟议中的车间组成和主要生产工艺流程、初步选择的建厂地点等内容进行投资估算,估算误差率小于30%。该阶段的投资估算可以从经济上判断工程项目是否应列入投资计划,并作为主管部门审批项目建议书的依据之一。

(3)可行性研究阶段的投资估算

在可行性研究阶段,主要依据技术经济论证进行投资估算,估算误差率小于20%。该阶段的投资估算可以对工程项目是否真正可行做出初步决定,若确定可行,可以进行评审并作为编制设计任务书的参考依据。

(4)评审阶段的投资估算

在评审阶段,主要依据对技术、经济、财务的详尽、系统、全面的评价和多方案评选进行投资估算,估算误差率小于10%。该阶段的投资估算可以对可行性研究报告作最后评价,并成为对工程项目是否真正可行进行最后决定的依据,同时,此阶段的投资估算也是下一个阶段工作的主要依据。

(5)设计任务书阶段的投资估算

在设计任务书阶段,主要依据可靠的数据和资料对工程项目进行最后的投资估算和认可,并在可行性研究报告或设计任务书中体现出来。该阶段的投资估算可以作为编制投资计划、进行资金筹措以及申请贷款的主要依据,同时它也下达了投资限额,即控制初步设计概算和整个工程造价的最高限额。

【案例一】 国外项目投资估算的阶段与精度要求

在国外,如英美等国,对一个建设项目从开发设想直至施工图设计,这期间各阶段项目投资的预计额均称估算,只是各阶段的设计深度不同,技术条件不同,对投资估算的精度要求不同,它们把工程项目的投资估算分为五个阶段。

第一阶段:是项目的投资设想时期。在尚无工艺流程图、平面布置图,也未进行设备分析的情况下,即根据假想条件比照同类型已投产项目的投资额,并考虑涨价因素来编制项目所需要的投资额,属于毛估阶段,投资估算的意义是判断项目是否需要进行下一步工作,估算精度允许误差大于30%。

第二阶段:是项目的投资机会研究时期。此时应有初步的工艺流程图、主要生产能力及项目建设的地理位置等条件,故可套用相近规模厂的单位生产能力建设费估算拟建项目所需要的投资额,据以初步判断项目是否可行或审查项目引起投资兴趣的程度。属于粗估阶段,估算精度误差在30%以内。

第三阶段:是项目的初步可行性研究时期,此时已具备设备规格表、主要设备的生产能力和尺寸、项目的总平面布置、各建筑物的大致尺寸、公用设施的初步位置等条件。此阶段的投资估算额可以决定拟建项目是否可行或列入投资计划。属于初步估算阶段,估算精度误差在20%以内。

第四阶段:是项目的详细可行性研究时期。此时项目细节已明,并进行了建筑材料和设备询价,以及设计和施工咨询,但工程图和技术说明尚不完备。据此阶段的投资估算额可以筹款。属于确定估算阶段,估算精度误差在10%以内。

第五阶段:是项目的工程设计阶段。此时应有工程设计图、详细技术说明、材料清单、工程现场勘察资料等,据单价逐项计算加总可得投资额。此阶段的投资估算额可以控制项目实际建设。属于详细估算,估算精度误差在5%以内。

3. 工程项目投资估算的对象:总资产、成本与收入

(1)工程项目总资产的构成

工程项目总资产的构成如图3-2所示。

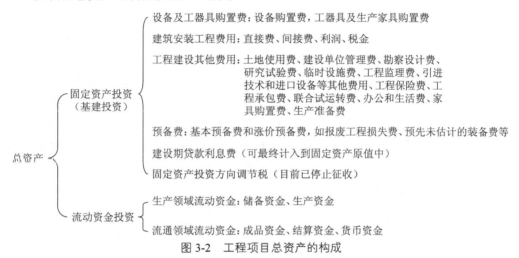

图3-2 工程项目总资产的构成

工程项目总资产包括固定资产投资和流动资金投资的估算,其中,固定资产投资是从筹建、施工直至建成投产的全部投资项目的费用,实际就是建设投资,主要包括:工程费用(设备及工器具购置费和建筑安装工程费)、工程建设其他费用、预备费(基本预备费和涨价预备费)、建设期贷款利息和固定资产投资方向调节税等等。其中,涨价预备费、建设期贷款利息费、固定资产投资方向调节税等构成动态投资部分,其余构成静态投资部分。

这里,设备及工器具购置费是指为工程项目购置或自制的达到固定资产标准的各种国产或进口设备、工具、器具的费用,由设备、工具、器具及生产家具的原价、手续费、包装费、运输费和采购及保管费组成。

建筑安装工程费包括建筑工程费、安装工程费、建筑安装工程的直接费和间接费、利税组成。其中,直接费包括材料费、人工费、施工机械使用费,间接费包括施工管理费和其他间接费,利税即建筑安装工程费中的利润和税金。

工程建设其他费用是指除建筑安装工程费用和设备、工器具购置费以外的,为保证工程顺利完成和交付使用而发生的各项费用总和,包括土地转让费和与工程建设有关的费用等等。土地转让费是用地单位需要按规定向土地管理机关照统一标准缴纳的征地费。与工程建设有关的费用包括建设单位管理费、勘察设计费、研究试验费和其他费用,其中,建设单位管理费是指工程项目筹建、建设、联合试运转、验收总结等工作发生的管理费用;勘察设计费是指委托勘察设计单位勘察设计时按规定应支付的工程勘察设计费;研究试验费是指为建设项目提供或验证设计数据、资料所进行的研究试验和按照设计规定在施工过程中必须

进行实验所需的费用以及支付科技成果、先进技术的技术转让费;其他费用包括临时设施费(如施工机构迁移费)、工程监理费、工程保险费、引进技术和进口设备、工程承包费等费用以及与未来企业生产经营有关的其他费用,如联合试运转费、生产准备费、办公和生活家具购置费等等。

流动资金是指生产经营性项目投产后,用于购买原材料、燃料、支付工资及其他经营费用等所要的周转资金,是伴随固定资产投资而发生的长期流动资金,实际上就是财务营运资金。包括生产领域流动资金和流通领域流动资金。

【案例二】 世界银行的工程项目总建设成本构成

1978年,世界银行、国际咨询工程师联合会详细规定工程项目总建设成本包括项目直接建设成本、项目间接建设成本、应急费和建设成本上升费。项目直接建设成本包括土地征购费、场外设施费用、场地费用、工艺设备费、设备安装费、管道系统费用、电气设备费、电气安装费、仪器仪表费、机械的绝缘和油漆费、工艺建筑费、服务性建筑费用、工厂普通公共设施费、车辆费、其他当地费。项目间接建设成本包括项目管理费、开工试车费、业主行政性费用、生产前费用、运费和保险费、地方税。应急费包括未明确项目的准备金、不可预见准备金。建设成本上升费是估算日到工程结束日之间的未知成本增长费用。

(2)项目收入与成本的构成

工程项目收入与成本构成如图3-3所示。

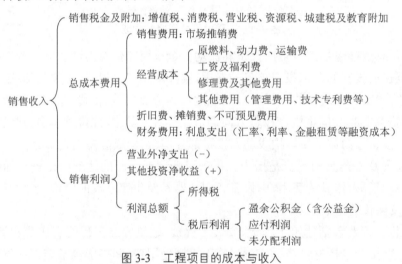

图3-3 工程项目的成本与收入

3.1.2 工程投资项目的总资产估算

工程投资项目的总资产估算是在项目的建设规模、技术方案、工程方案、设备选择方案及项目实施进度等已确定的基础上,分别估算项目的固定资产投资和流动资金投资,然后将估算结果汇总,即得工程投资项目总资产估算额。

1. 工程投资项目资产估算的主要依据、要求和步骤、方法

(1)工程投资项目资产估算的主要依据

①项目建设管理部门颁发的建设工程造价费用构成、计算标准及其他有关计算工程造

价的文件。

②行业主管部门制定的投资额测算办法和估算指标。

③有关部门制定的工程建设其他费用的计算办法和费用标准。

④部门和地方制定的安装工程定额和建筑工程定额。

⑤拟建项目各单项工程的建设内容及工程量。

(2)工程投资项目资产估算的主要要求

①工程内容和费用构成齐全,计算合理,不重复计算,不提高和降低估算标准,不漏项、不少算。

②当选用的指标与具体工程的标准或条件有差异时,应换算或调整。

③合理预测项目建设期间各种参数及指标变动因素。

④估算深度应能满足控制初步设计概算的要求。

(3)估算步骤

第一步:分别估算各单项工程建筑工程费、设备及工器具购置费、安装工程费。

第二步:在汇总单项工程费用基础上,估算工程建设其他费用和基本预备费。

第三步:估算涨价预备费和建设期利息。

第四步:估算流动资金。

第五步:估算无形资产原值和其他资产原值。

第六步:项目运营期内,设备、设施等需要更新或拓展的项目,应估算项目维持经营的投资费用,并在现金流量表中作为现金流出,同时调整相关报表。

(4)主要方法

按照费用归集形式,工程投资项目资产估算方法分为概算法和形成资产法。根据项目前期研究各阶段对投资估算精度的要求、行业特点和相关规定,可选用相应的投资估算方法,这些方法应该满足投资估算内容与深度在项目前期研究各阶段的要求,并为融资决策提供基础。

2. 固定资产投资的估算

固定资产投资指使用期超过一年的资产投资,包括生产项目、辅助生产项目、公用工程、服务性工程、生活福利设施和厂外工程等费用,以及建设期贷款利息、固定资产投资方向调节税和耕地占用税等支出。其估算方法如下:

(1)资金周转率法

$$投资额=(产品年产量 \times 产品单价)/资金周转率$$

此法简便,计算快,但精确度低,适于规划或项目建议书阶段的投资估算。

(2)生产规模估算法

对于工艺技术路线相同,而生产规模不同,但在一个不太大范围内变化时,可直接由生产规模推算出固定资产投资。

方法一:单位生产能力投资估算法,计算公式如下:

$$K=K_A \times \Delta A \times P_C/P_A$$

式中:K——拟建项目投资;

K_A——单位生产能力的投资;

ΔA——拟建项目生产能力;

P_C——建设年份价格;

P_A——单位生产能力投资数据取得年份的价格。

单位生产能力按类似项目竣工结算分析资料或专业部门测算数据取得,价差系数按万元定额编制。

由于在实际工作中不易找到与拟建项目完全相似的项目,通常是把项目按下属车间、设施和装置分解,分别套用类似车间、设施和装置的单位生产能力投资指标计算,然后加总得到项目总投资,或根据拟建项目的规模和建设条件,将投资适当调整后估算项目的投资额。

单位生产能力投资估算法把项目的建设投资与其生产能力管理的关系视为简单的线性关系,这种方法主要用于新建项目或装置的估算,十分简便迅速,但估算的精确度较差。该方法要求估算人员注意拟建项目的生产能力和类似项目的可比性,并且要掌握足够的类似典型项目(或装置)的单位生产能力造价的历史数据,这些数据只有在规模大小和时间上存在差异。

【例3-1】 1972年在某地动工兴建一座年产48万吨尿素、30万吨合成氨的化肥厂,单位产品的造价为:每吨尿素560～590元,又知该厂在建设时总投资为28000万元,若在1994年开工兴建这样的一个厂需要投资多少?假定从1972年至1994年每年平均工程造价指数为1.1,即每年递增10%。

【解】 560元/吨尿素×48万吨×$(1.1)^{22}$=560×48×8.14=218803.2万元

590元/吨尿素×48万吨×$(1.1)^{22}$=590×48×8.14=230524.8万元

28000万元×$(1.1)^{22}$=227920万元

上述计算表明,按单位生产能力造价计算的投资额为21.88亿元至23.05亿元,所以1994年兴建该项工程的总投资额为22.79亿元。

方法二:生产规模指数法

生产规模指数法是根据已建成的类似项目生产能力和投资额来粗略估算拟建项目投资额的方法。计算公式如下:

$$Y_2 = Y_1 \times (X_2/X_1)^n f$$

式中:X_1——甲厂的生产能力;

Y_1——甲厂的投资额;

X_2——新厂的生产能力;

Y_2——新厂的投资估计数;

n——投资生产能力指数,取值在0～1之间;

f——应建设地点和时间的不同而给出的调整系数。

【例3-2】 仍以上例,假如1994年开工兴建45万吨合成氨、80万吨尿素的工厂,合成氨的生产能力指数为0.81。

【解】 拟建项目投资额=28000×$(45/30)^{0.81}$×$(1.1)^{22}$=316531.08万元

生产规模指数法比单位生产能力估算法精度略高,误差在20%以内,尽管误差仍大,但这种估价方法不需要详细的工程设计资料,只要知道工艺流程及规模即可,对于总承包工程而言,可作为估算的旁证。

(3)系数估算法

系数估算也称为因子估算法,它是以拟建项目的主体工程费或主要设备费为基数,以其他工程费占主体工程费的百分比为系数估算项目总投资的方法。该法简便易行,但精度较低,多用于项目建议书阶段,主要的系数估算法有:

方法一:朗格系数法。

该方法以设备为基础,乘以适当的系数来推算整个工程的建设费用,公式为:

$$D=(1+\sum K_i)K_c \times C$$

式中： D ——总建设费用;

C ——主要设备费用;

K_i ——管线、仪表、建筑物等项费用的估算系数;

K_c ——包括工程费、合同费、应急费等间接费在内的估算系数;

$(1+\sum K_i)K_c$ ——朗格系数。

应用朗格系数法进行工程项目估价的精度仍然不够高,其原因:一是装置规模大小发生变化的影响,二是不同地区自然地理条件的影响,三是不同地区经济地理条件的影响,四是不同地区气候条件的影响,五是主要设备材质发生变化时,设备费用变化较大而安装费变化较小所产生的影响。

尽管如此,由于朗格系数法是以设备费为计算基础,而设备费在一项工程中所占的比重对于石油、石化、化工工程而言达到45%～55%,同时,一项工程中每台设备所含有的管道、电气、自控仪表、绝热、油漆、建筑等都有一定规律,所以,只要对各种不同类型工程的朗格系数准确掌握,估算精度仍可较高,朗格系数法估算误差通常是10%～15%。

方法二:设备系数法。

以拟建项目的设备费为基数,根据已建成的同类项目的建筑安装费和其他工程费等占设备价值的百分比,求出拟建项目建筑安装工程费和其他工程费,进而求出项目总投资。计算公式如下:

$$C=E(1+f_1P_1+f_2P_2+f_3P_3+\cdots)+I$$

式中: P_1、P_2、$P_3\cdots$ ——已建项目中建筑安装费和其他工程费等占设备费的比重;

f_1、f_2、$f_3\cdots$ ——因时间因素引起的定额、价格、费用标准等变化的综合调整系数;

I ——拟建项目的其他费用。

方法三:主要车间系数法。

对于生产性项目,在设计中若考虑了主要生产车间的产品方案和生产规模,可先采用合适的方法计算主要车间的投资,然后利用已建相似项目的投资比例计算辅助设施等占主要生产车间投资的系数,估算总投资。计算公式与设备系数法相同,其中 P_1、P_2、P_3 表示已建项目中各车间工程费用占设备费的比重。

方法四:比例估算法。

据统计资料,先求已有同类项目主要设备投资占该类项目建设投资的比例,再估算拟建

项目的主要设备投资,即按比例求拟建项目建设投资,公式为:

$$I = \frac{1}{K} \sum_{i=1}^{n} Q_i P_i$$

式中:I——拟建项目的建设投资;
　　K——主要设备投资占拟建项目投资的比例;
　　n——设备种类数;
　　Q_i——第 i 种设备的数量;
　　P_i——第 i 种设备的单价。

(4)分项估算法

方法一:设备厂房系数法。

对于一个生产性项目,如果设计方案已确定了生产工艺,并且初步选定了工艺设备并进行了工艺布置,就有了工艺设备的重量及厂房的高度和面积,则工艺设备投资和厂房土建投资就可分别估算出来。项目的其他费用,与设备关系较大的按设备投资系数计算,与厂房土建关系大的则以厂房土建投资系数计算,两类投资加起来就得出整个项目的投资。

方法二:功能单元法。

为完成某一工艺操作所用的全套设备称作功能单元。功能单元法首先要根据有关数据和图表估计每个功能单元费用,然后求出整个装置的总建设费用。

方法三:分项类比估算法。

该方法是以设备或装置的价格及土木工程造价为基础,再根据调查资料的统计分析,求出与它有关的费用,推算出总固定投资费用。

可将固定资产投资分为设备投资、建筑工程投资、安装工程投资、其他费用投资和不可预见费用投资五项。首先估计出设备的投资,其次根据其他三部分对它的比例关系逐项估算,再次,按前四项费用之和的一定百分比计算不可预见费,最后将五项投资估算值相加可得工程项目的固定资产投资估算值。

设备的投资估算法:

$$K_E = \sum_{j}^{n} Q_{Ej} \times P_{Ej} \times (1 + R_{Ej})$$

式中:n——设备种数;
　　K_E——设备部分投资估算值;
　　Q_{Ej}——第 j 种设备的数量;
　　P_{Ej}——第 j 种设备的出厂价;
　　R_{Ej}——同类项目同类设备的运输安装费系数。

建筑工程投资估算:

$$K_{CE} = K_E \times R_{CE}$$

式中:K_{CE}——建筑工程部分投资估算值;
　　R_{CE}——同类项目建筑工程部分投资占设备部门投资的相对比重。

安装工程的投资估算:

$$K_{IE} = K_E \times R_{IE}$$

式中：K_{IE}——安装工程部分投资估算值；

R_{IE}——同类项目安装工程部分投资占设备部分投资的相对比重。

其他费用投资的估算：一般包括筹建与施工建设中的管理费、试运转中所使用的开工费和项目勘探设计及其他独立费用：

$$K_{DE}=K_E\times R_{DE}$$

式中：K_{DE}——其他费用投资估算值；

R_{DE}——同类工程项目其他费用部分投资占设备部分投资的相对比重。

不可预见费用的估算：

$$K_{UF}=(K_E+K_{CE}+K_{IE}+K_{DE})\times R_{UF}$$

式中：K_{UF}——不可预见费用估算值；

R_{UF}——考虑不可预见费用因素而设定的费用系数。

方法四：造价指标估算法。

建筑工程可以按每平方米建筑面积的造价指标估算投资，也可以细分为每平方米的土建工程、水电工程、暖气通风及室内装饰工程的造价，再汇总建筑工程造价，并估算其他费及预备费，即可以估算出项目固定资产投资额。

（5）指标估算法

指数估算法是国内使用最广泛的方法，它将固定资产投资划分为建筑工程、设备安装工程、设备购置费和其他建设费等费用项目或单项工程，再据各种具体的投资估算指标进行各项费用项目或单位工程投资的估算，在此基础上，汇总成每一单项工程投资，另外再估算工程建设其他费和预备费，求得项目总投资。

估算指标包括工程项目综合指标（如综合生产能力单位投资等）、单项工程指标（如单位生产能力单位投资，要考虑主辅生产设施、公用工程、环保工程、运输工程、服务设施、生活福利设施、场外设施不同）、单位工程指标（如房屋的元$/m^2$、管道的元$/m$、水塔的元$/$座等）。

估算指标的编制分为三个阶段，即收集整理资料阶段、平衡调整阶段、测算审查阶段。编制方法是采用有代表性的单位或单项工程的实际资料，以现行的该预算定额编制该预算，或收集有关工程的施工图预算或结算资料，经过修正、调整反复综合平衡，以单项工程（装置、车间）或工段（区域、单位工程）为扩大单位，以量价结合的形式，用货币来反映活劳动与物化劳动。

估算指标编制不但要反映实施阶段的静态投资，还必须反映项目建设前期和交付使用期内发生的动态投资，其应遵循的编制原则：一是估算指标项目的确定应考虑以后几年编制工程项目建议书和可行性研究报告投资估算的需要；二是估算指标的分类、项目划分、项目内容、表现形式等要结合各专业的特点，并且要与项目建议书、可行性研究报告的编制深度相适应；三是估算指标编制要反映不同行业、不同项目和不同工程的特点，投资估算要适应项目前期工作深度的需要，而且具有更大的综合性；四是估算指标的编制内容、典型工程的选择必须遵循国家的有关建设方针政策，符合国家技术发展方向；五是估算指标的编制要体现国家对固定资产投资实施间接调控的特点，并贯彻静态和动态相组合的原则，如要考虑建设期价格、利率、固定资产投资方向调节税、汇率等影响。

具体估算时,对建筑工程可据项目结构特征一览表套用大指标(如每平方米建筑面积的造价指标)或概算指标计算(如造价指标估算法);对国外引进设备按到岸价加国内运输费和贸易费估算;标准设备按各部、省、市、自治区规定的产品出厂价估算,非标准设备按非标准设备指标估算;设备费按设备原价加设备运杂费估算,而设备运杂费按各部、省、市、自治区规定的运杂费率估算;设备安装费按安装费率或安装概算指标计算;工器具费按占设备原价百分比计算。

对安装工程,应据项目一览表和工艺流程图,套用大指标或概算指标计算。其他费用按各主管部门规定的收费标准或采用系数法估算。不可预见费可按工程费和其他费用之和的一定百分比估算。

将固定资产投资估算表中各项费用求和,即为固定资产投资总额估算值。

(6)编制概算法

在详细可行性研究阶段,项目建设所形成的固定资产使用编制概算法估算,按确定工程规模、费用构成分析、工程概算编制三步完成,其中,确定工程规模是要确定工程项目各单项工程量,费用构成分析是要分别估算建筑工程费、设备及工器具购置费、安装工程费和工程建设其他费用。所计算的具体费用如下。

①设备及工器具费用。

设备及工器具购置费包括设备购置费、工器具及生产家具购置费。其中,设备购置费由设备原价与设备运杂费组成;设备原价指国产标准设备、非标准设备、引进设备原价;设备运杂费指设备供销部门手续费、设备原价中未包括的包装和包装材料费、运输费、装卸费、采购费及仓库保管费等费用的总和。工器具及生产家具购置费是设备购置费与定额费率的乘积。

②建筑工程费用。

目前国际通行的预测建筑工程费用的基本方法是单价法和实物量法。

单价法是将各个建筑工程按工程性质、部位,划分为若干单项工程,单项工程划分为若干单位工程,单位工程划分为若干分项工程,划分的粗细应与所采用的定额相适应,各分项工程的造价是分项工程数量与相应工程单价的乘积。

工程单价由所需的人工、材料、机械台班(时)的数量乘以相应的人、材、机价格,求得人、财、机的金额,再按规定加上相应的有关费用(其他直接费、间接费、企业利润)和税、费后构成。工程单价所需的人、材、机数量,按工程的性质、部位和施工方法选取有关定额确定。

单价法的优点是计算简便,缺点是人、材、机定额反映一定时期行业和区域范围内的共性,必然与某个具体工程的个性产生差异,造成预测失误。

实物量法也称工程量清单计价法,是分部分项工程量的单价汇总,即直接费、现场经费、其他直接费、间接费、利润或税金及合同约定的所有工料价格变化风险等一切费用加总,是一种完全价格形式,也是一种国际通行的估价方式。

实物量法的计算步骤是:第一步把各个建筑物划分为若干合理的工程项目(如土石方、混凝土等);第二步把每个工程项目再划分为若干基本的施工工序(如钻孔、爆破等);第三步确定施工方法和选择最合适的设备,确定施工设备的生产率;第四步根据所要求的施工进度确定每个工序的生产强度,据此确定设备、劳动力组合;第五步根据施工进度计算出人、材、机的总数量;第六步将人、材、机总数量分别乘以相应的基础价格,计算出该工程项目中的直接费用;第七步将总直接费用除以该工程项目的工程量即得直接费单价;第八步按施工管理机构和人员设置等设定的条件和间接费包括的范围,计算施工管理费和其他间接费;第九步按有关条件和经验估算利润、利息、税金等费用,利润以定额占用资金的比率计算(资金利润率),税金是国家按照法律以税金形式向建筑安装工程生产经营者取得的那部分财政收入,如营业税、收益税、财产税。

实物量法的缺点是计算复杂,但针对每个工程具体情况测算,较准确合理。

③安装工程费用。

安装工程费包括各种需要安装的机电设备的装配、装置工程,与设备相连的工作台和梯子的装设工程,附属于被安装设备的管线敷设工程,被安装设备的绝缘、保温、油漆、测试、单体试运转等费用,通常采用综合指标法估算。

④工程建设的其他费用。

工程建设其他费用按各项费用规定的费率或取费标准估算,编制工程建设其他费用估算表。具体科目及取费标准,应据项目情况和所在地区具体情况确定。

例如,土地转让费是通过划拨方式取得土地使用权而需支付的土地征用及迁移补偿费,或者通过土地使用权出让方式取得土地使用权而需支付的土地使用权出让金。包括土地征用补偿费、土地使用权转让费(含土地转让价、契税、土地增值税)、居民迁移和厂址迁建产生的安置补助费以及土地清理防护费、土地管理费(取征地费的一定比率),应按照 2004 年修订的《中华人民共和国土地管理法》等国家相关规定计算支付的费用。

建设单位管理费的计算方法以单项工程费用总和为基础,按照工程项目不同规模分别制定的建设单位管理费率计算,或以管理费用金额总数表示。

勘察设计费是为本工程项目提供项目建议书、可行性研究报告及设计文件等所需的费用,应按政府颁发的工程勘察设计收费标准和有关规定计算。

研究试验费是为工程项目提供和验证设计参数、数据、资料等所进行的必要的试验以及设计规定在施工中必须进行试验、验证所需要的费用,包括自行或委托其他部门研究试验所需要的人工费、材料费、试验设备及仪器使用费等,这项费用按照设计单位根据工程项目的需要提出的研究试验内容和要求计算,也可以用建设项目总投资与研究试验费率乘积计算。

临时设施费是建设期间建设单位所需临时设施的搭设、维修、摊销费用或租赁费用。按照建筑安装工程费与临时设施费率乘积计算。如施工搬迁费用按建筑安装工程的费用之和与施工机构迁移费定额百分比之乘积计算,其他类推。

工程监理费是建设单位委托工程监理单位对工程实施监理工作所需的费用,一般情况下应按工程建设监理收费标准计算,或按所监理工程概预算或预算的百分比计算,对于单工种或临时性项目可根据参与监理的年度平均人数计算。

工程保险费是工程项目在建设期实施工程保险的费用。包括以各种建筑工程及其在施工过程中的物料、机器设备为保险标的的建筑工程一切险,以安装工程中的机器设备为保险标的的安装工程一切险,以及机器损坏保险等保险费。根据不同工程类别,分别以其建筑、安装工程费乘以建筑、安装工程保险费率计算,例如民用建筑占建筑工程费的 2‰～4‰,其他建筑占3‰～6‰,安装工程占3‰～6‰。

引进技术和设备其他费包括出国人员费、国外工程技术人员来华费、技术引进费、分期或延期付款利息、担保费及进口设备检验鉴定费。其中人员按人头算,技术引进按一次总付或分期提成算,延期付款利息按年利率计息,担保费按金融机构规定的担保费率算,进口设备检验鉴定费按进口设备货价的3‰～5‰算。

工程承包费是指具有总承包条件的工程公司对建设项目从开始建设到竣工投产全过程的总承包所需要的管理费。包括组织勘察设计、设备材料采购、非标准设备设计制造与销售、施工招标、发包、工程预决算、项目管理、施工质量监督、隐蔽工程质量检查、验收和试车直至竣工投产的各种管理费。该费按主管部门规定的工程总承包费取费标准计算。一般工业建筑项目为投资估算的6%～8%,民用建筑和市政项目为4%～6%,不实行工程承包的项目不计算本项费用。

联合试运转费是新建企业或新增加生产工艺过程的扩建企业在竣工验收前,按照设计规定的工程质量标准,进行整个车间的负荷或无负荷联合运转发生的费用支出大于试运转收入的亏损部分,可以单项工程费用总和为基础,按照工程项目不同规模分别规定的试运转费率计算或以试运转费的总金额包干计算。

生产准备费是新建企业或新增生产能力的企业,为保证竣工交付使用进行生产准备所发生的费用,包括生产人员培训费、生产单位提前进厂参加施工、设备安装、调试以及熟悉工艺流程和设备性能等的人员费用,按人头计算。

办公和生活家具购置费是为保证新改扩建项目初步正常生产、使用和管理所要购置的办公和生活家具、用具的费用,按设计定员人数乘以综合指标计算。

⑤预备费。

预备费即基本预备费和涨价预备费。基本预备费是设计变更及可能增加工程量的费用,或初步设计及概算难预料的工程费。按建筑工程费、设备及工器具购置费、安装工程费及工程建设其他费之和与基本预备费率(如5%)乘积计算。

涨价预备费是为项目在建设期内由于价格上涨可能引起工程投资增加而预留的费用,以建筑工程费、设备及工器具购置费、安装工程费之和为基数,按分年投资使用计划和投资价格指数上涨率复利计算。其公式如下:

$$涨价预备费\ PF = \sum_{t=1}^{n} I_t \left[(1+f)^t - 1 \right]$$

式中:n——建设期年数;

I_t——第t年投资计划额;

f——年均投资价格上涨率。

上式中的年度投资用计划额I_t可由建设项目资金使用计划表得出,年价格变动率可以根据工程造价指数信息的累积分析得出。

【例3-3】 涨价预备费

某工程项目建设期3年,各年投资计划额如下,第一年贷款7200万元,第二年10800万元,第三年3600万元,年均投资价格上涨率6%,求涨价预备费。

【解】 第一年涨价预备费＝7200[(1+6%)-1]＝7200×0.06

第二年涨价预备费＝10800×[(1+6%)²-1]

第三年涨价预备费＝3600×[(1+6%)²-1]

三年合计 2454.54 万元。

⑥建设期贷款利息。

在项目建设投资分年计划的基础上设定初步融资方案,对采用债务融资的项目应估算建设期利息。建设期贷款利息是债务资金在建设期内发生并按规定允许在投产后计入固定资产原值的利息,即资本化利息,应计入固定资产原值。

建设期贷款利息包括向国内银行和其他非银行金融机构贷款、出口信贷、外国政府贷款、国际商业银行贷款以及在境内外发行的债券等在建设期间内偿还的借款利息,以及其他融资费用。其他融资费用是指某些债务融资中发生的手续费、承诺费、管理费、信贷保险费、转贷费等融资费用。

建设期贷款利息通常按年度估算,所以在估算建设期利息时,先要确定实际年利率(即有效年利率),即将年名义利率转换成年实际利率后再估算利息,假设年名义利率为 P,每年计息次数为 m,年实际利率为 i,则转换公式为:

$$i=(1+p/m)^m-1$$

当贷款总额一次性贷出,且利息固定,则公式为

$$F=P(1+i)^n$$

$$贷款利息=F-P$$

式中:P——一次性贷款金额;

F——建设期还款本利和;

i——年利率;

n——期限。

若总贷款是分年均衡发放的,建设期利息的计算可按当年借款在年中支用考虑,即当年贷款按半年计息,上年贷款按全年计息,计算公式为:

$$q_j=(P_{j-1}+A_j/2)i$$

式中:q_j——建设期第 j 年应计利息;

P_{j-1}——建设期第 j-1 年末贷款累计金额与利息累计金额之和;

A_j——建设期第 j 年贷款金额;

i——年利率。

分期建成投产的项目,应按各期投产的时间分别停止借款费用的资本化,此后发生的借款利息应计入总成本费用。

⑦固定资产投资方向调节税。

投资方向调节税根据国家产业政策和项目经济规模实行差别税率,税率为 0、5%、10%、15%、30%五个档次,差别税率按基本建设项目和更新改造项目两类计算。以固定资产项目实际完成投资额为计税依据,首先确定单位工程应税投资完成额,然后根据工程性质及划分单位工程情况确定单位工程的适用税率,最后计算各单位工程应纳投资方向调节

税,并将税额汇总得出固定资产投资方向调节税总额。目前,固定资产投资方向调节税已暂停征收。

综上所述,固定资产的估算方法可总结如表3-2所列。

固定资产估算方法　　　　　　　　　　　　　　　　　　　　　　　　表3-2

固定资产估算方法		内　　容	评　　价
资金周转率法		(产品年产量 × 产品单价)/ 资金周转率	简便,精度低,适于规划或项目建议书阶段估算
生产规模估算法	单位生产能力法	$K=K_A \times \Delta A \times P_C/P_A$	简便,精度低,要注意项目可比性,有足够数据
	生产规模指数法	$Y_2=Y_1 \times (X_2/X_1)^n f$	精度略高,只要知道工艺流程及规模即算
系数估算法	朗格系数法	$D=(1+\sum K_i)K_c \times C$	对标准化工程精度高
	设备系数法	$C=E(1+f_1P_1+f_2P_2+f_3P_3+\cdots)+I$	类比同类项目套算
	主要车间系数法	$C=E(1+f_1P_1+f_2P_2+f_3P_3+\cdots)+I$	同上
	比例估算法	$I=\frac{1}{K}\sum_{i=1}^{n}Q_iP_i$	同上
分项估算法	设备厂方系数法	估算工艺设备和厂房土建投资,与设备关系大的费用按设备投资系数计算,与厂房土建关系大的费用按厂房土建投资系数计算	
	功能单元法	据有关数据和图表估计各功能单元费用,然后求整个装置的总建设费用	
	分项类比估算法	以设备或装置的价格及土木工程造价为基础,先估算设备投资,再按建安工程和其他费用与它的关系逐项按比例估算,最后按上述费用总和的一定百分比计算不可预见费用,加总可得	
	造价指标估算法	按每平方米建筑面积的造价指标估算不同的细分工程投资,再估算其他费用和预备费用,加总可得	
指标估算法		先按估算指标估算各费用项目或单位工程,再汇总成每个单项工程投资,再估算其他费用和预备费,加总可得	
编制概算法		详细可研阶段,先确定工程规模,再进行费用构成分析,最后编制概算汇总可得	

【例3-4】 某地区2004年初拟建一工业项目,有关资料如下:

(1)经估算国产设备购置费为2000万元(人民币)。进口设备FOB价为2500万元(人民币),到岸价(货价、海运费、运输保险费)为3020万元(人民币),进口设备国内运杂费为100万元。

(2)本地区已建类似工程项目中建筑工程费用(土建、装饰)为设备投资的23%,2001年已建类似工程建筑工程造价资料及2004年初价格信息,如表3-3所示,建筑工程综合费率为24.74%。设备安装费用为设备投资的9%,其他费用为设备投资的8%,由于时间因素引起变化的综合调整系数分别为0.98和1.16。

(3)基本预备费率按8%考虑。

问题:

1.按照表3-3的给定数据和要求,计算进口设备购置费用。

2. 计算拟建项目设备投资费用。
3. 试计算：其一，已建类似工程建筑工程直接工程费、建筑工程费用。

2001 年已建类似工程造价资料及 2004 年初价格信息表　　表 3-3

名　称	单　位	数　量	2001 年预算单价	2004 年初预算单价
人工	工日	24000	28	32
钢材	吨	440	2410	4100
木材	立方米	120	1251	1250
水泥	吨	850	352	383

名称	单位	合价	调整系数
其他材料费	万元	198.5	1.1
机械台班费	万元	66	1.06

其二，已建类似工程建筑工程中的人工费、材料费、机械台班费分别占建筑工程费用的百分比（保留小数点后两位）。

其三，拟建项目的建筑工程综合调整系数（保留小数点后两位）。

问题 1

【解】 如表 3-4 所列。

进口设备购置费用计算表　　表 3-4

序号	项　目	费率	计　算　式	金额（万元）
（1）	到岸价格			3020.00
（2）	银行财务费	0.5%	2500×0.5%	12.50
（3）	外贸手续费	1.5%	3020×1.5%	45.3
（4）	关税	10%	3020×10%	302
（5）	增值税	17%	(3020+302)×17%	564.74
（6）	设备国内运杂费			100.00
	进口设备购置费		（1）+（2）+（3）+（4）+（5）+（6）	4044.54

问题 2

【解】 拟建项目设备投资费用：4044.54+2000.00=6044.54 万元。

问题 3

【解】 （1）人工费：24000×28=67.20 万元

材料费：440×2410+120×1251+850×352+1.98×5000=349.47 万元

则类似已建工程建筑工程直接费：67.20+349.47+66.00=482.67 万元

类似已建工程建筑工程费用：482.67×(1+24.74%)=602.08 万元

（2）人工费占建筑工程费用的比例：67.20÷602.08×100%=11%（或 11.16%）

材料费占建筑工程费用的比例：349.47÷602.08×100%=58%（或 58.04%）

机械费占建筑工程费用的比例：66.00÷602.08×100%=11%（或 10.96%）

(3)2004年拟建项目的建筑工程综合调整系数：

人工费差异系数：$32 \div 28 = 1.14$

拟建工程建筑工程材料费：$440 \times 4100 + 120 \times 1250 + 850 \times 383 + 1985000 \times 1.1 = 446.31$ 万元

材料费差异系数：$446.31 \div 349.47 = 1.28$

机械费差异系数：1.06

建筑工程综合调整系数：$(0.11 \times 1.14 + 0.58 \times 1.28 + 0.11 \times 1.06) \times (1 + 24.74\%) = 1.23$

或 2004年拟建项目的建筑工程综合调整系数：

人工费：$0.0032 \times 24000 = 76.8$ 万元

材料费：$0.41 \times 440 + 0.125 \times 120 + 0.0383 \times 850 + 198.5 \times 1.1 = 446.31$ 万元

机械费：$66.00 \times 1.06 = 69.96$ 万元

直接工程费：$76.8 + 446.31 + 69.96 = 593.07$ 万元

建筑工程综合调整系数：$593.07 \div 482.67 = 1.23$

3. 流动资金投资的估算

(1)流动资金的含义

流动资金是指项目建成投产后，在运营期内占用并周转使用的营运资金，不包括运营中需要的临时性营运资金。

项目在销售收入获得前，用于备料加工、预发工资及销售环节及管理费用的资金。这部分流动资金在生产与销售环节间周而复始地进行物质与货币形态的循环，项目建成后，若无足够的流动资金，项目就难以经营，甚至可能停产。

(2)项目决策早期的流动资金估算法

流动资金估算的基础是经营成本和商业信用等。项目决策早期，即项目建议书阶段，主要采用简便易行，但准确度不高的扩大指标估算法估算。

扩大指标估算法是根据项目的特点，参照同类项目流动资金占营业收入，或经营成本的比例，或单位产量占用营运资金的数额估算流动资金。

常用的有：

①固定资产比率法，即按固定资产总投资的一定比率(10%～20%)估算流动资金；

②销售收入比率法，即按销售收入的一定比率(25%)估算流动资金；

③按经营成本的一定比例估算；

④按总成本费的一定比例估算；

⑤按每百元产值占用流动资金比例估算；

⑥按同行业正常年产值的一定比例估算；

⑦按年财务报表中的各项流动资产和流动资金占用率，结合有关规定进行估算；

⑧按储备资金、生产资金和成本资金三部分估算流动资金。

(3)项目决策阶段的流动资金估算法

在项目决策阶段，常采用分项详细估算法，即根据周转额和周转速度之间的关系，对流动资金构成的各项流动资产和流动负债分别估算，再将流动资产减去流动负债就得到该年流动资金，这个流动资金再减去上年已注入的流动资金就得到该年流动资金增加额。当项目达到正常生产水平后,不再投入流动资金。

这里,流动资产包括应收账款、预付账款、原料、备件、在制品及成品的库存和库存现金,简单地说就是存货、库存现金、应收账款和预付账款。

流动资产的估算步骤:首先,按照项目各年生产运行的强度,确定某项流动资产对应的成本和费用,对一般项目而言,应收账款对应的成本费用是年经营成本,现金对应的成本费用是年工资与福利费之和,存货对应的成本费用是直接制造费用;其次,计算该项流动资产的每年周转次数(360/最低周转天数);其三,计算该项流动资产的占用资金额(即年成本费用/周转次数)。

流动负债一般应考虑应付账款和预收账款,应付账款即赊购的原料、辅助材料、日用品、公用设施日常支付的资金,可以用同样方法估算流动负债。

流动资产和流动负债的计算公式如下:

$$流动资金=流动资产-流动负债$$

$$流动资产=应收账款+存货+现金$$

$$流动负债=应付账款$$

$$流动资金本年增加额=本年流动资金-上年流动资金$$

$$周转次数=周转额/各项流动资金平均占用额$$

$$各项流动资金平均占用额=周转额/周转次数$$

$$应收账款=年销售收入/应收账款周转次数$$

$$存货=外购原材料+外购燃料+在产品+产成品$$

$$外购原材料占用资金=年外购原材料总成本/原材料周转次数$$

$$外购燃料=年外购燃料/按种类分项周转次数$$

$$在产品=(年外购原材料燃料+年工资及福利费+年修理费+年其他制造费)/在产品周转次数$$

$$产成品=年经营成本/年产品周转次数$$

$$现金需要量=(年工资及福利费+年其他费)/现金周转次数$$

$$年其他费用=制造费用+管理费用+销售费用-(以上三项费用中包含的工资及福利费、折旧费、维简费、摊销费、修理费)$$

$$应付账款=(年外购原材料+年外购燃料)/应付账款周转次数$$

根据上述流动资金各项估算结构,还可以编制流动资金估算表,估算方法见表3-5。

流动资金的估算方法 表3-5

流动资金估算方法	种 类	评 价
扩大指标估算法	固定资产比率法、销售收入比率法、经营成本比率法、总成本比率法等等	项目建议书阶段采用,简便易行,但精度不高
分项详细估算法	据周转额和周转速度分别估算各项流动资金和流动负债,相减可得	项目决策后期采用,精度高,但要考虑生产负荷等

在采用分项详细估算法时,应该注意以下问题:

①应根据项目实际情况确定现金、应收账款、存款和应付账款的最低周转天数,因为最

低周转天数减少将增加周转次数,从而减少流动资金需要量,因此,必须切合实际地选用最低周转天数。对于存货中的外购原材料和燃料,要分品种和来源,考虑运输方式和运输距离,以及占用流动资金比例等因素确定。

②不同生产负荷下的流动资金应按所需要的各项费用,分别照上述计算公式估算,而不能直接按满生产负荷下的流动资金乘以生产负荷百分比求得。

③流动资金属于长期性流动资产,流动资金筹措可通过长期负债和资本金方式解决。流动资金要求在投产前一年开始筹措,为简化计算,可规定在投产第一年开始按生产负荷安排流动资金需用量,其借款部分计年息,流动资金利息应计入生产期间财务费,项目计算期末收回全部流动资金(不含利息)。

【例3-5】 拟建年产10万吨炼钢厂,据可行性研究报告提供的主厂房工艺设备清单和询价资料估算该项目主厂房设备投资约3600万元,已建类似项目资料:与设备有关的其他各专业工程投资系数如表3-6,与主厂房投资有关的辅助工程及附属设施投资系数,如表3-7,本项目的资金来源为自有资金和贷款,贷款总额8000万元,年利率8%,建设期3年,第一年投30%,第二年投50%,第三年投20%,预计建设期物价平均上涨率3%,基本预备费率5%,投资方向调节税率为0%。

与设备投资有关的各专业工程投资系数   表3-6

加热炉	汽化冷却	余热锅炉	自动仪表	起重设备	供电传动	建安工程
0.12	0.01	0.04	0.02	0.09	0.18	0.4

与主厂房投资有关的辅助及附属设施投资系数   表3-7

动力系统	机修系统	运输系统	行政生活福利设施工程	工程建设其他费
0.30	0.12	0.2	0.3	0.2

问题:

1. 用系数估算法估算该项目主厂房投资和项目工程费与其他非投资。

2. 估算该项目的固定资产投资额。

3. 若固定资产投资资金率为6%,用扩大指标估算法估算项目的流动资金,确定项目的总投资。

问题1

【解】 主厂房投资=3600×(1+12%+1%+4%+2%+9%+18%+40%)=6696万元

其中建安工程投资=3600×0.4=1440万元

设备购置投资=3600×1.46=5256万元

工程费与工程建设其他费=6696×(1+30%+12%+20%+30%+20%)=14195.52万元

问题2

【解】 基本预备费的计算:

基本预备费=14195.52×5%=709.78万元

故静态投资=14195+709.78=14905.30万元

建设期各年静态投资额如下:

第一年 14905.3×30%=4471.59 万元
第二年 14905.3×50%=7452.65 万元
第三年 14905.3×20%=2981.06 万元

涨价预备费的计算：

涨价预备费=4471.59×（1+3%-1）+7452.65×[（1+3%)^2-1]+
2981.06×[(1+3%)^3-1]=864.44 万元

由此得预备费=709.78+864.44=1574.22 万元

投资方向调节税=(14905.3+864.44)×0%=0

建设期贷款利息计算为：

第一年贷款利息=(0+8000×30%/2)×8%=96 万元

第二年贷款利息=[(8000×30%+96)+(8000×50%/2)]×8%=359.68 万元

第三年贷款利息=[(2400+96+4000+359.68)+(8000×20%/2)]×8%=612.45 万元

建设期贷款利息之和=96+359.68+612.45=1068.13 万元

由此得到固定资产投资总额=14195.52+1574.22+0+1068.13=16837.87 万元

问题 3

【解】 流动资金=16837.87×6%=1010.27 万元

拟建项目中投资=16837.87+1010.27=17848.14 万元

4. 递延资产与无形资产投资的估算

递延资产主要是指投产前开办费。这部分资金是项目基本建设投资中不能转入固定资产部分，但它是为取得固定资产的资本支出，包括人员工资、印刷费、咨询费、可行性研究费用、工程设计费、筹建单位管理费、设计勘察费、出访及外事活动费、人员培训费、谈判活动费、注册登记费等等，可逐项估算。

无形资产投资是为购买项目所需要的专有技术、商标专利商誉、土地使用权等权益的使用权或所有权而产生的耗费，它是无形的固定资产，可逐项估算。

递延资产和无形资产在前述固定资产投资和流动资金投资的估算中已重复估算过，可以不再单独进行资产估算。

3.1.3 工程投资项目投产后的成本与收入估算

1. 总成本的估算

总成本系指在运营期内为生产产品或提供服务所发生的全部费用，是经营成本与折旧费、摊销费和财务费的总和。

成本估算应该遵循企业财务会计制度规定的成本和费用核算方法，同时应该遵循有关税收制度中准予在所得税前列支科目的规定。当两者矛盾时，应该按从税原则处理。各行业成本费用的构成各不相同，制造业项目可以直接采用以下公式估算，其他行业的成本费用估算应该根据行业规定或结合行业特点另行处理。总成本的估算方法如下：

（1）生产成本加期间费用估算法

$$总成本=生产成本+期间费用$$

$$生产成本＝直接材料费＋直接燃料动力费＋直接工资＋其他直接支出＋制造费$$
$$期间费用＝管理费＋营业费＋财务费$$

公式中，生产成本是各项直接支出及制造费。直接支出是产品生产过程中消耗的直接材料、直接工资和其他直接支出。制造费是为组织管理生产所发生的各项费用，包括生产单位管理人员工资、职工福利费、生产单位房屋建筑物、机器设备等的折旧费、维简费、租赁费（不含融资租赁费）、修理费、运输费及其他制造费（办公费、差旅费、劳动保护费）。例如固定资产原值按年计入折旧费。

期间费用中的管理费是企业管理部门为管理和组织经营活动而付出的各项费用，包括公司经费、工会经费、职工教育经费、劳动保险费、董事会费、土地使用费、咨询费、技术转让费、技术开发费、无形资产及递延资产摊销费、业务招待费等费用。例如建设期形成的无形资产和其他资产原值可计入摊销费。

财务费指为筹资而发生的各项费用，包括生产经营期间发生的利息净支出、汇兑净损失、调剂外汇手续费、金融机构手续费及筹资发生的其他财务费。

营业费即销售费用，是指为销售产品和提供劳务而发生的各项费用以及专设销售机构的各项经费，包括销售部门人员工资、职工福利费、差旅费、办公费、折旧费、修理费、广告费、销售服务费，及其他销售费用。

（2）生产要素估算法

$$总成本＝经营成本＋折旧费＋摊销费＋财务费（利息支出）＋维简费$$
$$经营成本＝外购原材料燃料和动力费＋工资及福利费＋修理费＋其他费$$

经营成本中，外购原材料燃料及动力费包括生产经营过程中外购原材料、辅助材料、备品配件、半成品、燃料、动力、包装物及其他材料。可按各年生产负荷算出各项消耗数量乘以单价估算，也可按销售产品价值中的内含比例匡算。

工资包括生产、管理和销售人员的工资、奖金、津贴和补贴。按企业定员人数乘以各类人员年工资标准得到估算额。职工福利费可按工资总额的一定比例估算，主要用于医药费或医疗保险、职工困难补助以及其他福利性开支。

修理费包括生产单位、管理部门和销售部门发生的修理费。一般按折旧的一定比例估算。因此要重视项目所需各种设备、设施的寿命期，对于一些寿命期短于计算期的项目，应考虑这些设备及设施的再投资、更新投资的有关费用。

其他费是指从制造费、管理费和营业费中或者说总成本中扣除折旧费、摊销费、利息费、修理费、工资及福利费以后的其余部分，包括制造费、管理费和销售费中的办公费、差旅费、运输费、保险费、工会经费（按工资总额2%估算）、职工教育经费（按工资总额的1.5%估算）、土地使用费、技术转让费、咨询费、业务招待费（按销售净额的1%估算）、坏账损失费和在成本中列支的税金、租赁费、广告费、销售服务费等等。

2. 产品成本的估算

（1）产品成本的内容

总成本也可以是产品成本，产品成本包括固定成本和可变成本。固定成本是不随产量变动而变动的成本，包括固定资产折旧、无形资产和递延资产摊销、工资福利费和其他费用。

通常把运营期发生的全部利息也作为固定成本。可变成本是随产量变化而变化的成本,包括外购原材料、燃料及动力费、计件工资等。

有些成本属于半固定成本或半可变成本,必要时可进一步分解为固定成本和可变成本。项目评价中可以根据行业特点进行简化处理。

(2)产品成本的估算方法

当项目只生产一种产品时,可将财务费用加总再除以总产量。当项目能生产多种不同规格的产品时,其产品成本可按单位产品总量分别将同品种或不同品种的不同规格产品进行成本分配,再按产品结构计算项目的产品总成本。

产品成本的估算常采用分项类比估算法、统计估算法、MLF 图表法,折旧费的估算常采用直线折旧法、余额递减折旧法、双倍余额递减折旧法等,对于摊销费的估算常采用分期平均分摊法。

3. 销售收入

(1)销售收入的含义

销售收入即营业收入,是指项目投产后向社会销售产品或劳务所取得的货币收入,是工程项目现金流入的主要内容,它等于单位产品售价与销售量的乘积。销售净收入是销售毛收入扣除商业折扣和销售退回及折让。

如果项目投产后能生产多种产品和提供多项服务,应分别预测各种产品及服务的销售收入。对那些不便于按详细的品种分类计算销售收入的项目,也可采取折算为标准产品的方法计算销售(营业)收入。

(2)收入预测

收入预测重点是要预测各年工程项目可能提供的销售量或服务量。应分析、确认产品和服务的市场预测分析数据,特别要注重目标市场的有效需求分析;说明项目建设规模、产品或服务方案;分析产品或服务的价格,采用的价格基点、价格体系、价格预测方法;论述采用价格的合理性。

在价格选取上,应考虑价格变动的各种因素,即各种产品相对价格变动和价格总水平变动(通货膨胀),根据具体情况选用固定价格或变动价格进行分析。固定价格是指在项目生产经营期内不考虑价格相对变动和通货膨胀影响的不变价格,变动价格是指在项目生产经营期内考虑价格变动的预测价格,是只考虑价格相对变动因素引起的变动价格(即单因素变动价格),或既考虑价格相对变动,又考虑通货膨胀因素引起的变动价格(即双因素变动价格)。

在预测项目收入流量时,要重视运营负荷的选取。运营负荷是指项目生产经营期内生产能力的利用率,以百分比表示,一般应按项目投产期和以后正常生产年份分别设定生产负荷。在取值时应注意,生产负荷受市场竞争状况、营销手段、季节变动等多种因素影响,即使是在正常生产年份,也不可能是每年、每月、每天都满负荷运转,将正常生产年份的生产负荷取值为 100% 是不符合实际情况的,应根据技术的成熟度、市场的开发程度、产品的寿命期、需求量的增减变化等因素,结合行业和项目特点,通过制定运营计划合理确定。

对于先征后返的增值税、按销量或工作量等依国家规定计算并按期给予的定额补贴、以及属于其他形式财政补贴等,应按相关规定合理估算,记入补贴收入。

(3)市场预测

销售收入建立在市场预测基础上,后者是基于调查资料对投资项目的产品市场规模、区域、性质、特点和供求等预测分析,包括市场调查和市场预测。

第一步:市场调查。

市场调查是应用科学方法,有目的地收集、整理、分析市场信息,描述市场状况,认识市场本质和规律。市场调查,据调查目的和深度分为探索性调查、描述性调查、因果性调查和预测性调查。据调查方式分为普查、重点调查和随机性调查。据空间区位分为国内市场调查和国际市场调查。

市场调查主要围绕拟建项目的产品进行,内容包括:产品用途调查、相关产品调查、生产能力调查、产量销量调查、价格调查和国际市场调查等。

市场调查的方法包括市场信息的收集方法、整理方法和分析方法。市场信息的收集方法主要是观察法、访问法、问卷调查法、函询调查法(德尔菲法)等;整理方法主要是分类排序法等;分析方法主要是定性分析和定量分析法,如聚类分析法、相关分析法、事件序列法等。

第二步:市场预测。

在市场调查的基础上运用科学方法,全面系统地对引起市场需求变化的因素分析研究,掌握未来市场发展趋势。

市场预测内容主要应侧重于三个方面,首先是国内市场预测,即预测国内市场的需求潜量(未来市场上有支付能力的需求总量)和销售潜量(拟建项目的产品在未来市场上的销售量),销售潜量是需求潜量与市场占有率的乘积。

其次是产品出口和进口替代分析,即对比分析项目产出物与有代表性的国外同类产品,对比内容包括:产品价格、成本、生产效率、产品设计、质量、花色、包装装潢以及服务等。应当了解国外产品的销量和市场占有率,找出自身产品的优势和劣势、劣势的原因和对策,并估计产品出口和进口替代可能的数量。

第三步:价格预测。

除了考察市场供求状况对均衡价格的影响外,还应了解影响产品价格的其他因素,这主要有产品生产和经营过程中的劳动生产率、成本、利润等。预测价格可用价格区间或平均价格及其变化幅度表示。

市场预测的方法包括直观法、时间序列法、回归分析法。其中,直观法包括调查综合法、指数推断法、国际比较法等等;时间序列法包括移动平均法、指数平滑法、时间回归法、季节周期法等;回归分析法包括一元线性回归法、多元线性回归法、一元非线性回归法、多项式回归法等。

4. 税金

税金是国家为了实现自身职能的需要,对一定对象,按照一定税率,向有纳税义务的单位和个人无偿地征收的一定数量现金。

项目评价中涉及的税费主要包括关税、增值税、营业税、消费税、所得税、资源税、城市维护建设税和教育费附加等,有些行业还包括土地增值税。

税种和税率的选择应根据相关税法和项目的具体情况确定,如有减免税优惠,应说明依据及减免方式并按相关规定估算。

5. 利润

利润是从产品的销售收入中扣除成本、交纳税金、加减营业外损益后的纯收入。从利润中扣除被没收的财务损失、支付各项税收的滞纳金和罚款、弥补企业以前的年度亏损、提取法定盈余公积金、提取公益金后,就是投资者可分配利润。即

年利润总额＝年产品销售收入－年产品销售税金及附加－年总成本费用

年净收益＝年销售利润＋年折旧＝年销售收入－年经营成本－年销售税金及附加

3.2 投资项目的财务评价

3.2.1 投资项目财务评价概述

1. 投资项目评价的含义、意义、原则和分类

（1）投资项目评价的含义

投资项目评价是指在项目决策前的可行性研究过程中,根据国民经济和社会发展以及行业、地区发展规划的要求,在项目初步方案的基础上,采用科学、规范的分析方法,对拟建项目计算期内的投入产出等各因素进行调查、预测、研究和计算,并做出项目财务可行性和经济合理性的论证和评价,比选并推荐最佳方案,为项目决策者提供决策的科学依据。

（2）投资项目评价的意义

投资项目经济评价是项目投资前期工作的重要内容,对于加强固定资产投资的宏观调控,提高投资决策的科学化水平,引导和促进各类资源合理配置,优化投资结构,减少和规避投资风险,充分发挥投资效益,具有重要作用。

（3）投资项目评价的原则

①投资项目经济评价必须保证评价的客观性、科学性、公正性。要坚持"有无对比"的原则,坚持定量分析与定性分析相结合、以定量分析为主的原则,坚持动态分析与静态分析相结合、以动态分析为主的原则。

②投资项目经济评价参数的测定应遵循同期性、有效性、谨慎性和准确性的原则,并结合项目所在地区、归属行业以及项目自身特点进行定期测算、动态调整、适时发布。例如,经济费用效益分析中采用的社会折现率、影子汇率换算系数,政府投资项目财务评价中使用的财务基准收益率,应由国家发改委与建设部组织测定、发布并定期调整,有关部门（行业）可以根据需要自行测算、补充经济评价所需的其他行业参数,并报国家发改委和建设部备案。

③投资项目评价人员应认真做好市场预测,并根据项目的具体情况选用参数,对项目经济评价中选用的价格要有充分的依据并做出论证。项目经济评价中使用的其他基础数据,应务求准确,避免造成评价结果失真。

④投资项目评价的深度,应根据项目决策工作不同阶段的要求确定。可行性研究阶段的经济评价应系统分析和计算项目的效益和费用,通过多方案比选推荐最佳方案,对项目建设的必要性、财务可行性、经济合理性、投资风险等全面评价。项目规划、机会研究、项目建议书阶段的经济评价可适当简化。

⑤投资项目经济评价的计算期应是建设期和运营期。建设期应参照项目建设工期或项目建设进度计划确定;运营期应据项目特点参照项目的合理经济寿命确定。

(4)投资项目评价的分类

投资项目评价的分类见表 3-8。

投资项目评价的分类　　　　　　表 3-8

分类依据	投资项目评价分类
按评价性质	社会评价、经济评价,后者包括财务评价和经济费用效益分析
按评估时间	前评价、中间评价、后评价
按照资金时间价值	静态评价、动态评价

按评价性质,可将投资项目评价分为社会评价和经济评价,而经济评价按其考虑范围的不同分为财务评价和经济费用效益分析(即国民经济评价)。

按评估的时间,投资项目评价分为前评价、中间评价、后评价,前评价是项目决策前的预测性评价,如项目建议书和可行性研究中的项目评价,后评价是项目建成投产后的评价,此外有些项目在实施过程中还要进行中间评价。

按是否考虑资金的时间价值,投资项目评价分为静态评价和动态评价。

2. 投资项目财务评价的概念

(1)财务评价的含义

财务评价(finance evaluation)又称财务分析或项目盈利分析,是在国家现行财税制度和价格体系的前提下,从项目角度出发,计算项目范围内的财务效益和费用,分析项目的盈利能力和清偿能力等,评价项目在财务上的可行性。

(2)财务评价的核心

投资项目盈利能力的高低关系到投资主体的切身利益,是财务评价的主要指标,另外从资金筹集角度看,投资主体不但要了解投资项目的盈利能力,更要关心投资项目的偿还能力。故盈利能力和偿还能力是财务评价的核心。

(3)财务评价的主要任务

①从项目的角度出发分析投资效果、判明投资主体投资所获得的实际利益,从而衡量项目的优劣。

②为企业拟建项目制定资金筹措计划。

③为协调企业与国家利益提供依据,为国家提供投资建议。

(4)财务评价方法的分类

①按时间价值分类。

财务评价按是否考虑资金的时间价值分为静态评价法和动态评价法。静态评价法,即非折现现金流量分析,是在进行投资决策分析时,不考虑资金的时间价值对投资效果影响的分析方法,如静态投资回收期法、投资利润率法等等。动态评价法,即折现现金流量分析,是在进行投资决策分析时,考虑资金的时间价值对投资效果影响的分析方法,如净现值法、内部收益率法等等。

②按资金来源分类。

财务评价依资金来源分为全投资评价法和自有资金评价法。全投资评价法也即融资前评价法,该方法排除了融资方案变化的影响,不考虑资金来源的不同,从项目投资总获利能力的角度计算和评价项目的经济效益,考察项目方案设计的合理性。该评价应作为初步投资决策与融资方案研究的依据和基础。

按《参数三》的要求,融资前评价应以动态评价为主,静态评价为辅,融资前动态评价应以营业收入、工程投资、经营成本和流动资金估算为基础,考察整个计算期内的现金流出和流入,编制项目投资现金流量表,利用资金时间价值的原理进行折现,计算项目投资内部收益率和净现值等指标。融资前分析也可计算静态投资回收期指标,用以反映收回项目投资所需要的时间。

自有资金评价法也即融资后评价,是以融资前评价和初步融资方案为基础,计算和评价企业自有资金所获得的经济效益,考察项目在拟定融资条件下的盈利能力、偿债能力和财务生存能力,判断项目方案在融资条件下的可行性,该评价可用于融资方案的比较,帮助投资者做出融资决策。

一般财务评价应先进行全投资评价(项目建议书阶段),在评价结论满足要求的条件下,初步设定融资方案,再进行自有资金评价(融资后评价)。

3. 财务评价的基本内容

按《参数三》的要求,财务评价应在项目财务效益与费用估算的基础上进行,财务评价的内容应根据项目的性质和目标确定。对于经营性项目,财务评价应通过编制财务分析报表,计算财务指标,分析项目的盈利能力、偿还能力和财务生存能力,判断项目的财务可接受性,明确项目对财务主体及投资者的价值贡献,为项目决策提供依据。具体如下:

(1)项目盈利能力分析

项目盈利能力分析就是考察企业在项目投产后所具有的盈利能力,通常是将行业平均利润率或国家规定的基准收益率作为分析的基础,通过一系列评价指标考察项目可能达到的预期目标值,并确定其合理性和可行性。

(2)项目清偿能力分析

项目清偿能力分析主要是考察计算期内各年财务状况和偿债能力。偿债能力是根据可行性研究中的预期收益,扣除一系列有关费用和税及应提取的公积金和公益金之后,测算项目是否有能力偿还各项借款本息、是否有能力在偿还债务后仍有一定投资回报的分析指标。偿债能力是企业对外融资的依据,也是对项目投资进行可行性论证的一项重要财务评价指标。

(3)项目生存能力分析

项目生存能力分析就是在财务分析辅助表和利润与利润分配表的基础上编制财务计

划现金流量表,通过考察项目计算期内的投资、融资和经营活动所产生的各项现金流入和流出,计算净现金流量和累计盈余资金,分析项目是否有足够的净现金流量维持正常运营,以实现财务的可持续性。

财务的可持续性应首先体现在有足够的经营活动净现金流量,其次各年累计盈余资金不应有负值,若有负值应短期借款,同时分析该短期借款的年份长短和数额,进而判断项目的财务生存能力,短期借款应体现在财务计划现金流量表中,其利息应计入财务费,为维持项目正常运营,还要分析短期借款的可靠性。

(4) 项目的不确定性及风险防御能力分析

该分析是项目投资风险决策的依据。在可行性分析研究中,对投资环境的各种要素及有关参数进行了较充分的论证,但是不可预见的情况在投资过程中仍大量存在,如投资所涉及的资源价格变化、利息、税率、汇率的调整,市场供求行情的变化以及不可抗自然灾害和政治因素而导致投资期的延长等,都会使原投资成本和预期收益测算数据改变。因此,在财务评价中必须对项目风险进行分析。

(5) 外汇平衡能力分析

该分析是针对涉及外汇收支的项目进行的专项财务评价,以考察企业在项目投产后是否有能力通过正常经营获取足够的外汇以平衡企业在项目建设期和运行期所用外汇,是否可通过其他渠道获取平衡外汇的能力。

(6) 非经营性项目的财务评价内容

对于没有营业收入的项目,不进行盈利能力分析,主要考察项目的财务生存能力。此类项目通常需要政府长期补贴才能维持运营,应合理估算项目运营期各年所需的政府补贴额,并分析政府补贴的可能性与支付能力。对于有债务资金的项目,还应结合借款偿还要求进行财务生存能力分析。

对于有营业收入的项目,应根据收入抵补支出的程度,区别对待。收入补偿费用的顺序为:补偿人工和材料等生产经营耗费、缴纳流转税、偿还借款利息、计提折旧和偿还借款本金。

有营业收入的非经营性项目分为:

①营业收入在补偿生产经营耗费、缴纳流转税、偿还借款利息,计提折旧和偿还借款本金后尚有盈余的项目,表明项目在财务上有盈利能力和生存能力,其财务评价方法与一般项目基本相同。

②一定时期内收入不足以补偿全部成本费用,但通过运行期内逐步提高价格(收费)水平,可以实现其设定的补偿生产经营耗费、缴纳流转税、偿还借款利息、计提折旧、偿还借款本金的目标,并预期在中长期产生盈余的项目,可以只进行偿债能力分析和生存能力分析,由于项目运营前期需要政府在一定时期内给予补贴以维持运营,因此应估算各年所需的政府补贴额,并分析政府在一定时期内可能提供政府补贴的能力。

4. 财务评价的步骤

投资项目的财务评价是在对项目的技术可行性和市场可行性分析的基础上,利用现行财务指标核算体系,通过编制财务分析报表,对有关指标及数据进行计算和分析而达到可行性研究目的的。故其步骤如下所列:

（1）进行评价的基础准备

财务评价准备工作的内容主要是根据项目的技术可行性和市场可行性研究，利用现行的价格核算体系和财税制度，将有关涉及投资成本、收益、税金等财物分析的指标数据汇集和整理，形成一套系统的基础分析数据。

这些基础数据分为两类，一类是与项目投资成本有关的数据，另一类是与项目投资收益有关的数据。包括产品品种方案及生产规模、销售量；项目产品价格、销售收入预测；项目投资固定资产、流动资金估算值、资金年度使用计划及资金来源；项目贷款条件，包括贷款利率及偿还时间、偿还方式；项目涉及产品成本及其构成的预算值；税金及其他专项基金；实施进程表；项目评价计算期限。

在收集基础数据资料时，需要关注的信息资料包括项目投资的市场信息资料、项目投资的生产信息资料、项目投资费用总额及其来源的信息资料。

（2）测算项目的财务效益和财务费用

项目的财务效益主要是指项目实施后所获得的营业收入，对于适用增值税的经营性项目，除营业收入外，其可得到的增值税返还也应作为补贴收入计入财务效益，对于非经营性项目，财务效益应包括可能获得的各种补贴收入。财务费用主要表现为建设项目总投资，成本费用和税金等各项支出。

在财务效益与费用测算中，通常先测算营业收入或建设投资，再依次是经营成本和流动资金，当需要继续进行融资后分析时，可在初步融资方案的基础上估算建设期利息，最后完成总成本费用的估算。

需注意的是，运营期财务效益与费用测算要采用一致的价格体系，采用预测价时，要考虑价格变动因素，对适用增值税的项目，运营期内投入产出的测算价格可采用不含增值税价格，若采用增值税价格，应予说明，并调整相关价格。

项目的财务效益和费用是财务分析的重要基础，其估算的准确性与可靠性对项目财务评价影响极大。故财务效益和费用的测算应遵循"有无对比"的原则，正确识别和估算"有项目"和"无项目"状态的财务效益和费用，其测算应反映行业特点，符合依据明确、价格合理、方法适宜和表格清晰的要求。

（3）编制财务报表

一般要编制财务报表（financial statement）和辅助报表。其中财务报表主要是现金流量表、利润与利润分配表（损益表）、资产负债表、财务计划现金流量表、借款还本付息估算表，以及其他报表，如资金来源与运用表（经营状况表）、财务外汇平衡表等。

（4）计算财务评价指标

根据财务报表的基础数据计算财务评价的一系列指标，并对比基准值，从而对项目有关反映盈利能力、清偿能力和外汇平衡能力的财务指标做出基本评价。

财务评价基准收益率的选取应遵循以下原则：其一，政府投资项目的财务评价要采用国家行政主管部门发布的行业财务基准收益率。对于项目产出物或服务非由市场定价的项目，其基准收益率是政府投资所要求的收益水平上限，但这不是对参与该类项目的其他投资者的要求，它们的收益率通过参加政府招投标或与政府部门协商确定。其二，企业投资等其他建设项目的财务评价所采用的行业财务基准收益率,既可使用投资者自行测定的最低可接受收益率,也可选用国家或行业主管部门发布的行业财务基准收益率。根据投资人意图和项目具体情况,项目最低可接受的财务收益率取值可高于、等于或低于行业财务基准收益率。

(5) 对投资的不确定性和风险的财务分析

据财务报表的基础数据对投资过程存在的不确定性因素及投资风险进行财务可行性分析,分析方法是盈亏平衡分析、敏感性分析和概率分析等。

(6) 根据对基础数据和财务指标的分析,提出财务评价结论。

综上所述,财务评价的内容见表3-9。

财务评价的内容   表3-9

财务评价	内容
含义	从财务角度计算项目效益与费用,考察项目盈利、偿还、外汇平衡和风险防御能力等,确定项目的财务可行性
核心	项目的盈利能力和偿还能力是财务评价的核心
任务	分析投资效果、判明项目优劣、拟定资金计划、提供投资建议
分类	按资金来源有全投资评价和自有资金评价,按时间价值有动态评价和静态评价
步骤	基础准备、测算效益费用、编制财务报表、计算评价指标、分析风险、结论

5. 编制财务报表

财务评价表包括各类现金流量表、利润与利润分配表、财务计划现金流量表、资产负债表、借款还本付息估算表等等。

(1) 现金流量表

① 现金流量。

现金流量(cash flow)是指在将投资的技术方案看成一个独立系统条件下,从项目筹划、设计、施工、投产直至报废整个期间,各年从系统中流入和流出的货币量总称,反映了项目在建设和生产服务年限内的资金运动。

其中,现金流入是指投资项目所引起的收益增加了货币资本,用正数表示,项目的现金流入包括产品销售收入、回收固定资产余值、回收流动资金、其他形式的现金流入(如成本的降低额、税金的节约额)。现金流出是指投资项目所引起的开支减少了货币资本,用负数表示,项目的现金流出包括固定资产投资、流动资金、经营成本、销售税金、技术转让费用、资源税、营业外净支出等。净现金流量是指项目在一定时期内现金流出和流入的代数和。

在计算现金流量时,还要考虑项目对企业其他部门造成的影响,正效应则计入现金流入,负效应则计入现金流出。此外,沉没成本不应计入现金流量,因为它是由于过去的投资决策失误或投资的固定资产因精神磨损等原因而淘汰产生的,它所继续发生的费用(如折旧、利息等)不应计入新项目的现金流量中。

② 现金流量图。

现金流量图可以形象地描述项目的现金流量情况,该图表明了现金流量的方向、时间和流量的大小。为了描述现金流量图,必须确定项目计算期,包括建设期和生产期。建设期是一个项目从设计开始到施工结束所经历的时间,生产期不能等同于项目投产后的服务期,它一般比项目的物理周期短,可以按综合折旧寿命计,一般项目 15 年左右,最多 20 年,生产期分为达产期和正常运营期。

以横线作为时间坐标轴,以该轴上的单位代表期数,通常以年表示,特殊情况下也可以半年、季、月等表示,零点为第一年年初的时间。1 为第一年年末,又是第二年年初,如此类推到 n 年末。箭头表示资金流动方向,向下箭头表示现金流出,向上箭头表示现金流入,箭头长短与收支大小成比例。一般约定投资发生在期初,经营费用、销售收入与残值则发生在随后的时期。如图 3-4 所示。

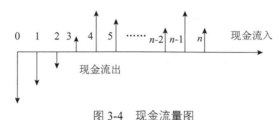

图 3-4 现金流量图

③现金流量表。

现金流量表(cash flow table)反映项目在计算期内不同时间的现金流入和现金流出情况,可以计算出各年净现金流量和累计净现金流量,它是计算财务内部收益率(financial internal rate of return)、财务净现值(financial net present value)、投资回收期(pay-back period),进而分析项目财务盈利能力的基本依据。

现金流量表根据投资估算表、成本及价格估算表、经营成本估算表、销售收入计算表等辅助报表编制,分为全部投资现金流量表(即项目投资现金流量表)、自有资金流量表(即项目资本金现金流量表)和投资各方现金流量表。

全部现金流量表以全部投资为视角,计算项目投资内部收益率及净现值等财物评价指标,考察项目全部投资的盈利能力,是比较各投资方案的共同基础。

自有现金流量表(项目资本金现金流量表)以投资主体为视角,把借款的还本付息作为现金流出,计算自有资金的财务评价指标。项目借款是现金流入,又在同一时间用于项目投资,构成相同数额的现金流出,相抵为零,对净现金流量计算无影响,因此,表中投资只计自有资金,而现金流入是项目收入。

投资各方现金流量表用于计算投资各方的内部收益率等财务评价指标。

(2)利润与利润分配表(损益表)

利润与利润分配表即损益表(profit and loss table),用以反映项目计算期内各年营业收入、总成本费用、利润总额、所得税及税后利润的分配情况,可用来计算总投资收益率、项目资本金净利润率等指标。

该表的编制以利润总额的计算过程为基础,可用以计算投资利润率、投资利税率和资本金利润率等指标。其所涉公式如下:

利润总额=营业利润+投资净收益+营业外收支净额

其中: 营业利润=主营业务利润+其他业务利润−管理费−财务费

主营业务利润=主营业务收入−主营业务成本−销售费用−销售税金及附加

在测算项目利润时,投资净收益一般属于项目建成投产后的对外再投资收益,这类活动在项目评价时难以估算,因此可以暂不计入。营业外收支净额,除非已有明确的来源和开支项目需单独列出,否则也暂不计入。

(3)资产负债表

资产负债表反映项目计算期内各年末的资产、负债和所有者权益的增减变化及对应关系,用以计算资产负债率、流动比率、速动比率,考察资产、负债、所有者权益的结构,进行清偿能力分析,编制依据是:

$$资产=负债+所有者权益$$

(4)财务计划现金流量表

财务计划现金流量表反映项目计算期各年的投资、融资及经营活动的现金流入与流出,用于计算累计盈余资金,分析项目的财务生存能力。

(5)借款还本付息计划表

借款还本付息计划表反映项目计算期内各年借款本金偿还和利息支付情况,用于计算偿债备付率和利息备付率指标。

(6)其他表

①资金来源与运用表(经营状况表)。

资金来源与运用表反映项目计算期内各年的资金盈余或短缺情况,用于选择资金筹措方案,制定适宜的借款及偿还计划,并为编制资产负债表提供依据。

编制该表时,首先要计算项目计算期内各年的资金来源与资金运用,然后通过资金来源与资金运用的差额反映项目各年的资金盈余或短缺情况。

项目资金来源包括利润、折旧、摊销、长期借款、短期借款、自有资金、其他资金、回收固定资金余值、回收流动资金等;项目资金运用包括固定资产投资、建设期利息、流动资金投资、所得税、应付利润、长期借款还本、短期借款还本等。项目的资金筹措方案和借款及偿还计划应能使表中各年度的累计盈余资金额始终大于或等于零,否则,项目将因资金短缺而不能按计划顺利运行。

②财务外汇平衡表的编制。

财务外汇平衡表主要适用于有外汇收支的项目,用以反映项目计算期内各年外汇余缺程度,是进行外汇平衡分析的依据。

除这些基本的财务报表外,还有财务辅助报表,如固定资产投资的估算表、投资使用计划表、单位成本表、总成本表、产品销售(营业)收入表等。

【例3-6】 某拟建项目基础数据如表3-10所示。

(1)固定资产投资总额为5263.90万元(其中包括无形资产600万元),建设期两年,运营期八年。

(2)本项目固定资产投资来源为自有资金和贷款,自有资金在建设期内均衡投入,贷款总额2000万元,在建设期内,每年贷款1000万元。贷款年利率10%(按年计息),由中国建设银行获得,在运营期初,按照每年最大偿还能力偿还,无形资产在营运期8年中,均匀摊入成本,固定资产残值300万元,按照直线法折旧,折旧年限12年。

建设项目资金投入、收益、成本费用表（单位：万元）　　　　　表 3-10

序号	项目		1	2	3	4	5	6	7	8
1	投资	自有	1529.45	1529.45						
		贷款	1000	1000						
2	年销售额				3500	4500	5000	5000	5000	5000
3	销售税附加				210	270	300	300	300	300
4	年经营成本				2490.84	3443.15	3947.87	4003.80	4059.72	4061.34
5	流动资产				532	684	760	760	760	760
6	流动负债				89.83	115.5	128.33	128.33	128.33	128.33
7	流动资金				442.17	568.5	631.67	631.67	631.67	631.67

（3）本项目第 3 年投产，当年生产负荷达到设计能力 70%，第 4 年达到设计生产能力 90%，以后各年均达到设计生产能力。流动资金全部为自有资金。

（4）所得税税率 33%，项目的资金投入、收益、成本见表。

问题：

1. 计算建设期贷款利息和营运期固定资产折旧费、无形资产摊销费。
2. 编制项目的还本付息表、总成本费用表、损益表。
3. 编制项目的资金来源和运用表、该项目的资产负债表。

问题 1

【解】建设期第 1 年贷款利息 =（0+1000/2）×10% = 50 万元

第 2 年贷款利息 =[（1000+50）+1000/2]×10% = 155 万元　总计 205 万元

固定资产折旧费 =（5263.9-600-300）/12 = 363.66 万元

无形资产摊销费 = 600/8 = 75 万元

问题 2

【解】（1）依据贷款利息公式列出还本付息表中的各项费用，填入建设期两年的贷款利息，如表 3-11 所示，第 3 年年初累计借款额 2205 万元，则利息为 220.50 万元。

还本付息表（单位：万元）　　　　　表 3-11

序号	名称	1	2	3	4	5	6	7
1	年初累计借款	0	1050	2205	1672.54	1112.65	538.52	0
2	本年新增借款	1000	1000	0	0	0	0	0
3	本年应计利息	50	155	220.5	167.25	111.27	53.85	0
4	本年应还本金			532.46	559.89	574.13	538.52	0
5	本年应还利息			220.5	167.25	111.27	53.85	0

（2）根据总成本费用的组成，列出总成本费用中的各种费用，并将还本付息表中的第 3 年贷款利息 220.50 万元和年经营成本、年折旧费、摊销费用填入总成本费用表中，汇总得第三年总成本费用为 3150 万元。如表 3-12 所示。

总成本费用表（单位：万元） 表3-12

序号	费用名称	3	4	5	6	7	8	9	10
1	年经营成本	2490.84	3443.15	3947.87	4003.80	4059.72	4061.34	4061.34	4061.34
2	年折旧费	363.66	363.66	363.66	363.66	363.66	363.66	363.66	363.66
3	年摊销费	75	75	75	75	75	75	75	75
4	长期借款利息	220.5	167.25	111.27	53.85	0	0	0	0
5	总成本费用	3150.00	4049.06	4497.80	4496.31	4498.38	4500.00	4500.00	4500.00

（3）将各年销售额、销售税金及附加和第3年的总成本费用3150万元填入损益表的该年份内，并按以下公式计算该年的利润总额、所得税和税后利润（表3-13）。

第3年利润总额＝3500－3150－210＝140万元

第3年应交纳所得税额＝140×33％＝46.20万元

第3年税后利润＝140－46.2＝93.8万元

损益表（单位：万元） 表3-13

序号	费用名称	3	4	5	6	7	8	9	10
1	年销售收入	3500	4500	5000	5000	5000	5000	5000	5000
2	销售税及附加	210	270	300	300	300	300	300	300
3	总成本	3150	4049.06	4497.80	4496.31	4498.38	4500	4500	4500
4	利润总额	140	180.94	202.2	203.69	201.62	200	200	200
5	所得税	46.2	59.71	66.73	67.22	66.53	66	66	66
6	税后利润	93.80	121.23	135.47	136.47	135.09	134	134	134
7	盈余公积金				13.65	13.51	13.4	13.4	13.4
8	应付利润				22.96	121.58	120.60	120.60	120.60
9	未分配利润	93.80	121.23	135.47	99.86	0	0	0	0

（4）最大还款能力是将该年税后利润全部作为未分配利润用来还款。

所以第3年的最大还款能力＝93.8＋363.66＋75＝532.46万元

（5）计算第4年应计利息，第三年的最大还款能力532.46万元，就是还本付息表中第4年的应还本金额，为此第4年初的累计借款额为：

第4年初累计借款额＝2205－532.46＝1672.54万元

第4年应计利息＝1672.54×10％＝167.25万元

（6）将第4年应计利息再代入总成本费用表中，用以上方法计算该年的总成本费用4049.06万元，再将此总成本费用代入损益表中计算，便得到第4年的税后利润为121.23万元，见损益表，所以，第4年的最大还款能力为：

第4年应还本金（最大还款能力）＝121.23＋363.66＋75＝559.89万元

（7）以后各年皆重复以上计算，根据还本付息表、总成本费用表、损益表分别求出第5年的最大偿还能力和第6年尚需偿还本金额（即该年应还款额），据此，分别计算出第6年的未分配利润、盈余公积金和应付利润。

第5年应还本金（最大还款能力）=135.47+363.66+75=574.13万元

此时，从还本付息表中可以看出，第6年再偿还538.52万元，就还清了全部贷款，由于第6年的税后利润136.47万元与折旧费、摊销费之和为640.47万元，超过了该年应还款额，所以，该年的未分配利润按以下公式计算：

第6年未分配利润=538.53－363.66－75=99.86＜136.47万元。

未分配利润小于税后利润，该年未盈余年份，应计取税后利润10%的盈余公积金，最后剩余部分为应付利润。

即：盈余公积金=136.47×10%=13.65万元

应付利润=136.47－13.65－99.86=22.96万元

（8）第7、8、9年和第10年已还清贷款，所以，总成本费用表中，不再有固定资产贷款利息，损益表中的未分配利润也均为0，税后利润只用于提取盈余公积金和应付利润。

（9）计算借款偿还期

借款偿还期=(6－1)+538.52/(136.47+363.66+75)=5.94年

问题3

【解】 编制项目的资金来源与运用表，表中各项费用计算如下：

（1）资金来源

各年的利润总额、折旧费、摊销费分别取自于损益表和总成本费用表。

建设期各年借款利息总额为

建设期第1年借款总额=1100+50=1050万元

第2年借款总额=1000+155=1155万元

各年的自有资金为

固定资产：建设期两年中，每年提供1529.45万元。

流动资金：流动资金总额为631.67万元，按达产的比例分配。

第3年 442.17万元

第4年 568.5－442.17=126.33万元

第5年 631.67－568.5=63.17万元

回收固定资产余值=(12－8)×363.66+300=1754.64万元

回收全部自有流动资金=442.17+126.33+63.17=631.67万元

（2）资金运用

第1年固定资产投资=1000+50+1529.45=2579.45万元

第2年固定资产投资=1000+155+1529.45=2684.45万元

流动资金按达产的比例第3～5年分别投入：442.17、126.33、63.17万元

所得税、应付利润取自损益表，借款本金偿还取自还本付息表

（3）盈余资金=资金来源－资金运用

资金来源与运用表如表3-14所示。

资金来源与运用表（单位：万元）　　　　　　表3-14

序号	费用名称	1	2	3	4	5	6	7	8	9	10
1	资金来源	2579.45	2684.45	1020.83	745.93	704.03	642.35	640.28	638.66	638.66	3024.96
1.1	利润总额			140.00	180.94	202.20	203.69	201.62	200	200	200
1.2	折旧费			363.66	363.66	363.66	363.66	363.66	363.66	363.66	363.66
1.3	摊销费			75	75	75	75	75	75	75	75
1.4	贷款	1050	1155								
1.5	自有资金	1529.45	1529.45	442.17	126.33	63.17					
1.6	回收固定资产余值										1754.63
1.7	回收流动资金										631.67
2	资金运用	2579.45	2684.45	1020.83	745.93	704.03	628.70	188.11	186.60	186.60	186.60
2.1	固定资产投资	2579.45	2684.45								
2.2	流动资金投资			442.17	126.33	63.17					
2.3	所得税			46.20	59.71	66.73	67.22	66.53	66	66	66
2.4	应付利润						22.96	121.58	120.60	120.60	120.60
2.5	借款还本			532.46	559.89	574.13	538.52	0	0	0	0
3	盈余资金	0	0	0	0	0	13.65	452.17	452.06	452.06	2838.36
4	累计盈余	0	0	0	0	0	13.65	465.82	917.88	1369.94	4208.30

由背景资料、资金来源与运用表、还本付息表、损益表得资产负债表如表3-15所示。

资产负债表（单位：万元）　　　　　　表3-15

序号	费用名称	1	2	3	4	5	6	7	8	9	10
1	资产	2579.45	5263.90	5357.24	5070.58	4707.92	4282.91	4296.42	4309.82	4323.22	4336.62
1.1	流动总额			532	684	760	773.65	1225.82	1677.88	2129.94	2582.00
1.1.1	流动资产			532	684	760	760	760	760	760	760
1.1.2	累计盈余						13.65	465.82	917.88	1369.94	1822.00
1.2	在建工程	2579.45	5263.90								
1.3	固定资产			4300.24	3936.58	3572.92	3209.26	2845.60	2481.94	2118.28	1754.62
1.4	无形资产			525	450	375	300	225	150	75	0
2	权益	2579.45	5263.90	5357.24	5070.58	4707.92	4282.91	4296.42	4309.82	4323.22	4336.62
2.1	负债	1050	2205	1762.37	1228.15	666.85	128.33	128.33	128.33	128.33	128.33
2.1.1	流动负债			89.83	115.50	128.33	128.33	128.33	128.33	128.33	128.33
2.1.2	贷款负债	1050	2205	1672.54	1112.65	538.52					
2.2	所有者权益	1529.45	3058.90	3594.87	3842.43	4041.07	4154.58	4168.09	4181.49	4194.89	4208.29
2.2.1	资本金	1529.45	3058.90	3501.07	3627.40	3690.57	3690.57	3690.57	3690.57	3690.57	3690.57
2.2.2	累盈余公积						13.65	27.16	40.56	53.96	67.36
2.2.3	累未分利润			93.80	215.03	350.50	450.36	450.36	450.36	450.36	450.36

6. 主要评价指标

工程项目投资的财务评价指标按是否考虑资金的时间价值,分为静态指标和动态指标两类。静态评价指标包括投资利润率、投资利税率、资本金利润率、静态投资回收期、借款偿还期、利息备付率、偿债备付率、资产负债率、流动比率、速动比率等;动态评价指标包括财务净现值、财务净现值指数(盈利指数)、财务内部收益率、动态投资回收期等。

按指标性质分为时间性指标、价值性指标、比率性指标。时间性指标如投资回收期、借款偿还期,价值性指标如财务净现值,比率性指标如财务内部收益率、投资利润率、资本金利润率、资产负债率、流动比率、速动比率等。

按资金回报,财务评价指标分为盈利能力指标和偿还能力指标(表3-16)。

财务评价的主要指标 表3-16

评价指标分类		主要的评价指标
盈利能力指标	投资收益率	投资利润率(ROI、ROE)、内部收益率(IRR)、外部收益率(ERR)
	时间价值	净现值(NPV)、净终值(NFV)、盈利指数(PI)、年值(AW)
	投资回收期	静态投资回收期、追加投资回收期、动态投资回收期
偿还能力指标	偿还期限	固定资产偿还期
	备付率	利息备付率、偿债备付率
	覆盖率	债务覆盖率(单一年度、累计年度)、资源收益覆盖率
	负债比率	债务承受比率、资产负债率、流动比率、速动比率

(1)盈利能力指标

在财务评价中,盈利能力指标也即经济效益指标,主要包括投资财务内部收益率指标、财务净现值、项目资本金财务内部收益率、投资回收期、总投资收益率(ROI)、项目资本金净利润率(ROE)等,可根据项目的特点及财务分析的目的、要求等选用。(具体计算方法见单方案分析法)

(2)偿还能力指标

债务清偿能力分析,重点是分析银行贷款的偿还能力。由于银行贷款是贷给企业法人而不是贷给项目的,银行进行信贷决策时,一般应根据企业的整体资产负债结构和偿债能力决定信贷取舍。有时虽然项目自身无偿债能力,但是整个企业偿债能力强,银行也应给予贷款;有时虽然项目有偿债能力,但企业整体信誉差、负债高,偿债能力弱,银行也可能不予贷款。因此,债务清偿能力评价,一定要分析债务资金的融资主体的清偿能力,而不仅仅是项目的清偿能力。

对于企业融资项目,应以项目所依托的整个企业作为债务清偿能力的分析主体。为了考察企业的整体经济实力,分析融资主体的清偿能力,需要评价整个企业的财务状况和各种借款的综合偿债能力。为了满足债权人的要求,需要编制企业在拟建项目建设期和投产后若干年的财务计划现金流量表、资产负债表、企业借款偿还计划表等报表,分析企业偿债能力。

一般通过计算利息备付率(ICR)、偿债备付率(DSCR)和资产负债率(LOAR)等指标,分

析判断财务主体的偿债能力。计算方法如下:

①利息备付率(ICR)。

利息备付率是指项目在借款偿还期内,各年可用于支付利息的息税前利润(EBIT)与当期应付利息费用(PI)的比值。它表示项目的利润偿付利息的保证倍率,从付息资金来源的充裕性角度反映项目偿付债务利息的保障程度。

利息备付率的计算公式为:

$$ICR = EBIT/PI$$

式中:$EBIT$——息税前利润;

PI——计入总成本费用的应付利息。

利息备付率应分年计算,利息备付率高,表明利息偿付保障程度高,对于正常运营的项目,利息备付率不宜低于2,并结合债权人的要求确定,否则,表示付息能力保障程度不足。

②偿债备付率(DSCR)。

偿债备付率是指项目在借款偿还期内,各年可用于还本付息资金($EBITDA-T_{AX}$)与当期应还本付息金额(PD)的比值,它表示可用于还本付息的资金偿还借款本息的保障程度,其表达式为:

$$DSCR = (EBITAD - T_{AX})/PD$$

式中:$EBITAD$——息税前利润+折旧+摊销;

T_{AX}——企业所得税;

PD——应还本付息金额,包括还本金额和计入总成本费用的全部利息,项目融资租赁费可视为借款偿还。运营期内的短期借款本息应纳入计算。

若项目在运行期内有维持运营的投资,可用于还本付息的资金应扣除维持运营的投资,偿债备付率应分年计算,偿债备付率高,表明用于还本付息的资金保障程度高,正常情况下偿债备付率不低于1.3,并结合债权人要求确定。当指标<1时,表示当年资金来源不足以偿付当期债务,要短期借款偿付已到期债务。

③资产负债率(LOAR)。

资产负债率表示投资者的杠杆比率,是指各期末负债总额(TL)同资产总额(TA)的比率,应按下式计算:

$$LOAR = TL/TA \times 100\%$$

式中:TL——期末负债总额;

TA——期末资产总额。

资产负债率越小,表明投资者资本金越少,则每份资本收益率越高,但资产负债率越高,项目风险越大,因为自有资金投资大部分形成土地使用权、房屋和机械设备,变现比较困难,银行和债权人一般不愿意贷款给资产负债率高于80%的项目。适度的资产负债率表明企业经营安全、稳健、具有很强的筹资能力,且企业和债权人的风险较小。该指标分析应结合宏观经济状况、行业发展趋势、企业所处竞争环境等条件判定,在长期债务还清后,可不再计算资产负债率。

短期指标如流动比率、速动比率等,反映各期偿付流动负债的能力:

流动比率＝流动资产／流动负债

速动比率＝速动资产／流动负债＝（流动资产－存货）／流动负债

流动比率应≥1.2～2.2，速动比率应≥1.0～1.24。

④债务承受比率。

项目融资常常使用的一个指标是债务承受比率 CR，计算公式为：

债务承受比率　　　　　　$CR=PV/D$　　取值在1.3～1.5之间

式中：PV——项目在融资期间内采用风险校正贴现率为折现率计算的现金流量现值；

D——计划贷款金额。

⑤固定借款偿还期。

固定借款偿还期是指在国家财税制度规定及项目具体财务条件下，以项目投产后用于还款的资金偿还借款本金和建设期利息所需的时间，该指标计算的关键是明确项目可用于还款的来源，尽可能做到偿还来源与偿还对象一致。

表达式为：

$$P_d=I_d/R$$

式中：I_d——借款本金和利息之和；

P_d——从项目建设期初起算的投资借款偿还期；

R——平均每年用于还款的资金，包括用于还款的利润、折旧摊销及其他资金。

判别准则是当借款偿还期满足贷款机构要求时，即认为有清偿能力。

⑥项目债务覆盖率。

项目债务覆盖率是贷款银行对项目风险的基本评价指标，是指项目可用于偿还债务的有效净现金流量与债务偿还责任的比值，可用现金流量模型计算。

债务覆盖率分为单一年度债务覆盖率和累计年度债务覆盖率指标。

单一年度的债务覆盖率 DCR_t，计算公式为：

$$DCR_t = \frac{(CI-CO)_t}{RP_t+IE_t+LE_t}+1$$

或者：

$$DCR_t=(NC_t+RP_t+IE_t+LE_t)/(RP_t+IE_t+LE_t)$$

式中：CI——第 t 年现金流入；

CO——第 t 年现金流出；

NC_t——第 t 年扣除项目支出后的净现金流量；

RP_t——第 t 年到期债务本金；

IE_t——第 t 年应付债务利息；

LE_t——第 t 年应付的项目租赁费用。

在项目融资中，贷款银行要求单一年度债务覆盖率≥1。若贷款银行认为项目风险较高，会要求该指标的数值相应增加。公认的项目覆盖率范围应在1～1.5之间。债务覆盖率越高，说明可用于偿还债务的有效现金流量越多。

贷款银行在评价项目融资报告时，首先要确定可接受的最低债务覆盖率值，该值大小反映出银行对项目自身风险的估价,也表现出银行对来自项目之外的各种信用支持结构的有效性评价。例如,对于采用了"无论提货与否均需付款"类型的长期购买协议作为信用支持的项目,DCR_t取值将会比没有这种协议的DCR_t取值要低,因为银行会认为前者保证了项目的收入。

累计年度债务覆盖率$\sum DCR_t$

计算公式为:

$$\sum DCR_t = \frac{\sum_{i=1}^{t}(CI-CO)_t}{RP_t+IE_t+LE_t}+1$$

式中,$\sum_{i=1}^{t}(CI-CO)_t$表示自第1年开始至第$t-1$年项目未分配的净现金流量或者:

$$\sum DCR_t=(NC_t+\sum_{i=1}^{t-1}NC_i+RP_t+IE_t+LE_t)/(RP_t+IE_t+LE_t)$$

项目在某几个特定年份可能出现较低的DCR_t值,如项目生产前期和设备更新期,所以项目把一定比例的盈余资金留在项目公司中,只有满足累计覆盖率以上的资金才可作为利润返还投资者,使项目在不同年份之间都有偿还能力。

累计债务覆盖率取值在1.5~2.2之间可保证项目持续满足债务覆盖要求。

⑦资源收益覆盖率。

对于资源性项目,项目融资风险与资源储量直接相关。贷款银行对依赖于某种自然资源的生产型项目,要求已证实可供项目开采的资源储量是项目融资期计划开采资源量的两倍以上,且任何年份的资源收益覆盖率都大于2。公式为:

$$RCR_t=\frac{PNVP_t}{OD_t}=\frac{\sum_{i=1}^{n}\frac{NP_i}{(1+R)^i}}{OD_t}$$

式中:RCR_t——第t年资源收益覆盖率;

OD_t——第t年未偿还的项目债务总额;

$PNVP_t$——第t年项目未开采的已证实资源储量的现值;

R——贴现率,一般用同等期限的银行贷款利率表示;

NP_t——项目第t年的毛利润,即销售收入-成本;

n——项目经济生命期。

3.2.2 财务评价的理论基础——资金的时间价值

1. 资金的时间价值的概念

(1)资金时间价值(time value of money)的含义

资金时间价值是指等额资金在不同时点具有不同价值,或者说资金在扩大再生产及循环周转过程中,随时间变化而产生增值,即资金是时间的函数。所以,资金具有时间价值,即使两笔等额资金,若发生于不同时期,实际价值量也不相等。

这可以从两方面理解,其一,将资金用作某项投资,由资金运动可获得一定收益,从而产生资金增值;其二,若放弃资金使用权力,相当于失去收益机会,应付出一定代价。例如

1980年的1万元人民币相当于2015年的200万元。

（2）资金时间价值的实质

资金时间价值的实质是资金的机会成本或最低限度是资金的会计成本，例如银行借贷资金所得到的利息，是资金的会计成本，也可看成是这笔资金的时间价值，衡量的绝对尺度是利息额或盈利额，相对尺度是利息率或收益率，可以理解为投资的基准贴现率（base rate），基准贴现率应高于贷款利率。

（3）资金时间价值的成因

①"时差"价值理论。一些经济学家认为：利息是现在货币与未来货币的差异，这种由于对现在和未来两个不同时间的评价不同而带来的价值差异就是"时差"，"时差"存在要求未来货币的所有者必须向现在货币所有者支付等于价值时差的贴水，该贴水就是利息，理论上叫作"时间偏好"或"灵活偏好"。形成"时间偏好"的原因是通货膨胀、风险因素和牺牲现时消费。通货膨胀使现时货币的价值要高于未来等额货币的价值，风险因素要求现时货币获得承担风险的报酬，牺牲现时消费使现时货币所有者推迟消费而要求有回报。

②剩余价值理论。马克思认为只有将货币转化为资本，与生产和流通相结合，或者说货币用于具体的投资活动才具有增值能力，这种价值增值源于劳动者创造的剩余价值，当资本分化为借贷资本和产业资本后，借贷资本需要从剩余价值中获得一部分报酬，该报酬体现为资金的时间价值。

③资金的让渡价值。在市场经济条件下，资金作为一种商品，同样具有价值和使用价值，其价值是其所代表的一定数量的物质和货币的价值，使用价值在于它是生产经营必不可少的要素，并能在生产过程中得到增值；由于资金分属于不同所有者，因而资金的所有者不可能无偿地让渡资金的使用权，资金的使用者也不可能无偿地使用资金，这就必然形成资金的时间价值，即资金的所有者将资金的使用权让渡给资金的使用者，从而获得一定报酬，资金的使用者将资金增值额的一部分支付给资金的所有者，从而形成资金的价格，在资本市场中，利息就是货币所有者让渡货币使用权给货币使用者而得到的报酬。

2. 计算资金时间价值的公式

计算资金时间价值的关键是确定一个适当折现率（discount rate），因为只有采用适当的折现率才能解决不同时点货币的等值及可比性问题，折现率根据资金的会计成本和机会成本计算，会计成本是真实利率与通胀率之和，即无风险报酬（或名义利率），机会成本还要考虑风险报酬。

根据折现率计算的资本增值就是资本利息，计息时间单位即计息周期（interest period），计息方法是单利和复利，资金的时间价值按复利计算。

（1）单利

单利就是只对本金计息，对利息不再支付利息，在整个计息期内只考虑本金产生的利息，上一计息周期的利息不转入下一计息周期的本金。

公式是：

$$F = P(1 + ni)$$

式中：F——期末本利和；

P——本金；

i——利率；

n——计息时间。

(2) 复利

①复利终值因数。

复利终值因数表示单位货币额在未来到期年末按一定年利率复利计息的本利之和的系数。

公式为：

$$F=P(1+i)^n$$

式中：F——一次支付n年后的将来值（终值），特定时间序列的终点资金价值；

P——一次支付金额，即现值，特定时间序列的起点资金价值；

i——年利率；

n——计算年数。

$(1+i)^n$——复利终值因数，记为$(F/P, i, n)$。

【例 3-7】 某项目公司向银行贷款 50 万元，年利率 11%，贷款期限 2 年，到第二年末一次偿清，应付本利和多少元？

【解】 $P=50, i=11\%, n=2$

$F=P(1+i)^n=50\times(1+11\%)^2=61.605$ 万元

②年金终值因数。

年金是指一定时期内，间隔相等时间支付或收入相等的金额。年金终值因数表示每年期末存入单位货币额，按复利计息的各年本利和终值总额的系数。

公式为：

$$F=A\{[(1+i)^n-1]/i\}$$

式中：A——等额分付值，也称年金；

$\{[(1+i)^n-1]/i\}$——年金终值因数，记为$(F/A, i, n)$。

【例 3-8】 如果从第一个月开始每月有 5 万元现金流入，月利率 8‰，年终多少？

【解】 已知 $A=5, i=8‰, n=12$

所以 $F=A\{[(1+i)^n-1]/i\}=5\times 12.542=62.712$ 万元

③偿债基金因数。

偿债基金是指为了在约定的未来某一时点清偿某笔债务或积累一定数额的资本而必须分次等额提取的存款准备金。偿债基金因数是表示在给定年限内为达到清偿单位货币而需要每年（期）存入等额存款准备金的系数。

公式为：

$$A=F\{i/[(1+i)^n-1]\}$$

式中：$\{i/[(1+i)^n-1]\}$——偿债基金因数，记为$(A/F, i, n)$。

【例 3-9】 某项目公司第五年末应偿还一笔 20 万元债务，年利率 8%，那么该公司每年应该有多少现金流入？

【解】 已知 $F=20$,$i=8\%$,$n=5$

所以 $A=F\{i/[(1+i)^n-1]\}=3.41$ 万元

④贴现因数。

贴现因数表示未来某一年末单位货币额的现值系数。

公式为:

$$P=F[1/(1+i)^n]$$

式中:$[1/(1+i)^n]$——贴现因数,记为$(P/F,i,n)$。

【例3-10】 某项目公司二年后拟从银行取50万元,现应存多少,设年利率8%。

【解】 已知 $F=50$,$n=2$,$i=8\%$

所以 $P=F[1/(1+i)^n]=50\times(1+8\%)^{-2}=42.867$ 万元

⑤年金现值因数。

年金现值是把年金的分次付款折算成现值。年金现值因数是表示未来每年(期)提取的单位货币额的现值总额的贴现因数。

公式为:

$$P=A\left[\frac{(1+i)^n-1}{i(1+i)^n}\right]$$

其中年金现值因数为 $\left[\frac{(1+i)^n-1}{i(1+i)^n}\right]$,记为$(P/A,i,n)$

【例3-11】 某公司拟投资某项目,预计建成后每年获利10万元,3年内收回全部贷款本利和,贷款年利率11%,问该项目总投资应控制在多少万元范围内?

【解】 已知 $A=10$,$n=3$,$i=10\%$

所以 $P=A\left[\frac{(1+i)^n-1}{i(1+i)^n}\right]=24.44$ 万元

⑥资金回收因数

资金回收指在给定年限内等额收回或清偿初始投入资金或所欠债务,资金回收因数表示在未来清偿部分按复利计息条件下,在给定年限内清偿单位货币额时每年应还固定金额的系数。

公式为:

$$A=P\left[\frac{i(1+i)^n}{(1+i)^n-1}\right]$$

式中:$\left[\frac{i(1+i)^n}{(1+i)^n-1}\right]$——资金回收因数,记为$(A/P,i,n)$

【例3-12】 若投资100万元,预计年利率10%,分5年等额回收,每年回收多少?

【解】 已知 $P=100$,$i=8\%$,$n=5$

所以 $A=P\left[\frac{i(1+i)^n}{(1+i)^n-1}\right]=26.38$ 万元

3. 盈利能力分析的原则和步骤

为了评价和比较工程技术方案的经济效果,可以按照资金时间价值原理,根据各方案寿命周期内的现金流量计算并判断有关评价标准,如投资回收期、净现值、将来值、年值、内部收益率等,应遵循以下原则和步骤:

(1)原则

①净现值原则。可接受的投资应有正的净现值(net present value),多方案比较时应选取净现值最大的方案。

②报酬率原则。可接受的投资应是投资报酬率大于折现率,多方案比较时,应选取投资收益率最大的方案。

(2)步骤

①必须确定投资项目的成本。

②估计项目未来的现金流量,包括估计使用期末资产的价值。

③估计现金流量的风险性,要求掌握项目现金流量的分布状况。

④将风险程度转化为适当的投资折现率,并将项目现金流量贴现。

⑤将期望现金流入量转为现值,与项目成本比较,决定项目可行性。

4. 融资后的盈利能力分析

(1)动态分析

动态分析包括两层次,如下所列。

①项目资本金现金流量分析。应在拟定融资方案下,从项目资本金出资者角度,确定现金流入和流出,编制项目资本金流量表,利用折现率转化为现值,计算项目资本金财务内部收益率,考察其收益水平。

②投资各方现金流量分析。应从投资各方实际收入和支出角度确定其现金流入与现金流出,分别编制投资各方现金流量表,计算投资各方财务内部收益率指标,考察投资各方的收益水平。当投资各方不按股本比例进行分配或其他不对等的收益时,可选择进行投资各方现金流量分析。

(2)静态分析

静态分析不采用折现方式处理数据,依据利润与利润分配表计算项目资本金净利润率(ROE)、总投资收益率(ROI)和静态回收期指标。

3.2.3 单方案分析法

1. 投资利润率法

投资收益率即投资效果系数,指投资项目达到设计生产能力后的一个正常生产年份的年利润总额与项目总投资比率。静态指标是投资利润率等,动态指标是内部收益率等。其中,投资利润率即项目总投资收益率和项目资本金净利润率。

(1)项目总投资收益率(ROI)

$$ROI = EBIT/TI \times 100\%$$

其中,$EBIT$即项目正常年份的年息税前利润或运营期内年平均息税前利润,TI为项目总投资。

$$TI = 年产品销售收入 - 年产品销售税金及附加 - 年总成本$$

$$年销售税金及附加 = 年增值税 + 年营业税 + 年特别消费税 + 年资源税$$
$$+ 年城乡维护建设税 + 年教育费附加$$

$$TI = 建设投资 + 流动资金$$

ROI 高于同行业收益率参考值，表明项目盈利能力满足要求。

(2) 项目资本金净利润率 (ROE)

$$ROE = NP/EC \times 100\%$$

式中：NP——项目正常年份的年净利润或运营期内年平均净利润；

EC——项目资本金。

ROE 高于同行业净利润率参考值，表明项目盈利能力满足要求。

【例 3-13】 某建设工程固定资产投资为 3376.63 万元，流动资金为 336.48 万元，项目投产期年利润总额为 945.84 万元，达到设计能力的正常年份（生产期）的年利润总额为 1271.89 万元，该项目的投资利润率是多少？

【解】 项目的投资利润率 = 1271.89/(3376.63 + 336.48) = 34.25%

投资利润率属于静态指标，静态指标的决策规则是：所计算的静态指标≥行业平均静态指标，表明项目盈利能力达到行业平均水平，该方案即可取。

2. 投资回收期法

(1) 投资回收期

投资回收期 (pay-back period) 也称投资偿还年限，指工程项目从投入生产年起，到用每年净收益回收全部初始投资时止所需要的时间，单位用年表示。这里的初始投资是固定资产投资和流动资产投资，净收益为销售收入与经营成本之差。

投资回收期包括动态投资回收期、静态投资回收期，追加投资回收期（静态指标）等，以动态投资回收期最为重要。

(2) 静态投资回收期

静态投资回收期是从项目建设期初起，用各年净收入将投资回收所需期限。

设初始投资为 C_0，每年的净收益为 $R_j (j = 1, 2, \cdots, n)$，则，静态投资回收期 T 应满足：$\sum_{j=1}^{T} R_j - C_0 = 0$；如果每年项目净收益相等为 R，则 $T = C_0/R$。

显然，静态投资回收期越短，表现投资效果越好，如果所计算的回收期低于标准回收期，则项目可行。当多项方案比较时，选择投资回收期最短的方案。

【例 3-14】 现在有两个投资方案，甲方案需投资 120000 元，建成后年成本费 120500 元（其中年折旧费 27500 元），年收入 147000 元，乙方案需投资 190000 元，建成后年成本费 144300 元（其中年折旧费 20000 元），年收入 183800 元。

【解】 甲方案的回收期 = 120000/(14700 - 120500 + 27500) = 2.2 年

乙方案的回收期 = 190000/(182800 - 144300 + 20000) = 3.2 年

显然甲方案的投资回收期要比乙方案少，应该选择甲方案。

与静态投资回收期对应的是投资效果系数法，它是投资回收期的倒数，反映工程项目投产后,平均年利润与总投资之比,若计算的投资效果系数大于标准投资效果系数,则为可行方案。静态投资回收期法的缺陷一是不能反映回收期以后的情况,二是没有考虑资金的时间价值对投资效果的影响。

(3)动态投资回收期

动态投资回收期是指以项目净收益回收项目投资所需要的时间,一般以年为单位。项目投资回收期宜从项目建设开始年算起,若从项目投产开始年计算,应予以特别注明。

动态投资回收期 T 可采用以下公式计算:

$$\sum_{t=1}^{T}(CI-CO)_t=0$$

式中: CI——现金流入量;

CO——现金流出量;

$(CI-CO)_t$——第 t 期净现金流量。

动态投资回收期可借助项目投资现金流量表计算,项目投资现金流量表中的累计净现金流量由负值变为 0 的时点即为项目动态投资回收期。

$$T=T_m-1+\frac{\left|\sum_{t=1}^{T_m-1}(CI-CO)_t\right|}{(CI-CO)_t}$$

其中, T_m 是各年累计净现金流量首次为正值或零的年数。

具体计算时,可不断给 T 设值,当 $T=t$ 时,若净现值<0, $T=t+1$ 时,若净现值>0,则利用两个净现值和两个时间值,采用插值法计算出 T 值。

投资回收期短,表明项目投资回收快,抗风险能力强。在单方案条件下,将计算的投资回收期与标准投资回收期比较,小于标准回收期即为可行方案。

(4)评价

投资回收期法的优点是反映问题直观,计算方法简单。从缩短资金占用周期、发挥资金的最大效益、加速扩大再生产的角度来说,采用投资回收期评价十分必要。但因不考虑回收期后的盈利,因此不能反映项目的总体盈利能力。

3. 净现值法

(1)净现值法的概念

净现金流即现金流入与流出之差。净现值就是净现金流折现的累计值,记为 NPV。净现值法是把不同时期上发生的净现金流量按某个预定折现率(行业基准收益率或投资主体设定的折现率)统一折现为期初现值,再求其代数和。

如果方案的净现值≥0 且属于净现值最大的方案,那么该方案在财务上可接受。因为财务净现值(financial net present value)≥0,表明项目盈利能力不低于预定折现率;财务净现值<0,表明项目盈利能力达不到预定折现率。

财务净现值考虑了项目计算期内所有现金流量大小及分布,也考虑了资金时间价值,是项目经济效果评价最重要的动态指标,计算项目投资财务净现值,可根据需要选择计算所得税前净现值或所得税后净现值。

(2) 净现值的计算方法

净现值计算法是将项目寿命周期内发生的资金流入量减去流出量,得出净流量,再按基准折现率用现值复利公式逐一计算现值,累计其代数和。公式是:

$$NPV=\sum_{t=1}^{n}(CI-CO)_t(1+i_c)^{-t}$$

式中：i_c——基准收益率；

CI——现金流入量；

CO——现金流出量；

$(CI-CO)_t$——第 t 期净现金流量；

n——项目计算期。

【例 3-15】 一项投资将永久性地带来每年 100 元的现金流入,其初始投入为 400 元,投资预期收益率为 20%,则该项目的 NPV 计算如下：

【解】 $NPV=-\dfrac{400}{(1+0.2)^0}+\sum_{j=1}^{\infty}\dfrac{100}{(1+0.2)^j}=-400+500=100$ 元

【例 3-16】 有两个投资方案,方案 1 的投资额 10.5 万元,方案 2 的投资额 17.2 万元,两个投资形成的固定资产使用期都是 10 年,其各自收益的发生额如表 3-17,该行业基准收益率 10%。

两方案各年收益情况(单位:万元)　　　　　　　　　　　　表 3-17

年份	1	2	3	4	5	6	7	8	9	10
现值系数	0.909	0.826	0.751	0.621	0.683	0.564	0.513	0.467	0.424	0.386
方案 1 收益	1.5	1.8	2.4	2.4	2.4	2.4	2.4	2.4	2.4	2.4
方案 2 收益	1.2	1.9	4	4	4	4	4	4	4	4

【解】 方案 1：

$NPV=1.5\times0.909+1.8\times0.826+2.4\times(0.751+0.683+0.621+0.564+0.513+0.467+0.424+0.386)-10.5=2.932$ 万元

方案 2：

$NPV=1.2\times0.909+1.9\times0.826+4\times(0.751+0.683+0.621+0.564+0.513+0.467+0.424+0.386)-17.2=3.096$ 万元

所以,方案 2 的净现值大于方案 1,方案 2 较好。

4. 终值法

终值法是将方案的时点选在计算期的终点,将计算期内各项现金流量按基准折现率换算成终点值,再累加为净终值 NFV,可得出与净现值相同的结论。

$$NFV=\sum_{t=1}^{n}(CI-CO)_t(1+i_c)^{n-t}$$

5. 年值法

年值法将方案在研究期内各项现金流量折成年等额支付系列,直观反映项目计算期内年经营情况,可使各被选方案的净流入和流出有等价可比性。年值：

$$AW(i)=NPV=\sum_{t=1}^{n}(CI-CO)_t(1+i_c)^{-t}(A/P,i,n)$$

如果方案是一个支出系列,或收益相同或相似,而费用支出不同,可应用年值法的特殊情况,即年成本法,但仅可评优,不可判断方案是否可行。年成本:

$$AC(i)=C_0(A/P,i,n)-F(A/F,i,n)+A$$

式中:F——期末值(或残值);

A——等额年经营成本。

6. 盈利指数(PI)

盈利指数又称成本盈利率,是将未来现金流量的现值与最初投资额相比。即

$$PI=PV/C_0$$

式中:PV——预期未来现金流量的现值;

C_0——初始投资。

若比值大于1,则可行,反之,则不可行。

与盈利指数相似的是净现值指数($NPVR$),它是净现值与投资额现值的比率,表明单位投资带来的净现值流量,反映方案的相对经济效益,净现值率越大,投资的经济效益就越好。所以用于多方案比较时,如果几个方案的NPV值都大于零,但投资规模相差较大时,可作为净现值的辅助指标进行评价。

7. 内部收益率法(IRR)

(1)内部收益率的含义

内部收益率(internal rate of return)是指在项目整个计算期内各年一系列收入和支出的现金流量净现值累计等于0时的折现率,是反映投资者内部获得报酬率的可能性指标。

基本公式是:

$$\sum_{t=1}^{n}(CI-CO)_t(1+IRR)^{-t}=0$$

项目投资财务内部收益率、项目资本金财务内部收益率和投资各方财务内部收益率都依据上式计算,但所用的现金流入和现金流出不同。

(2)步骤

第一步:正确估算项目的成本和收益,编制项目成本收益表。

第二步:多次选择适当的贴现率试算出接近于0的正负两个净现值。

即当$IRR=IRR_m$时,净现值为$NPV_m>0$;

当$IRR=IRR_{m+1}$时,净现值为$NPV_{m+1}<0$。

第三步:用插值法求得内部收益率。

插值法公式是:

$$IRR=IRR_m+(IRR_{m+1}-IRR_m)\times[NPV_m/(NPV_m+|NPV_{m+1}|)]$$

【例3-17】 某公司拟建容器厂,初始投资5000万元,预计寿命10年,每年得净收益800万元,第十年末残值2000万元,该项目资金成本率10%,是否可行?

【解】 $NPV=800\times(P/A,IRR,10)+2000(P/F,IRR,10)-5000$

当$IRR=12\%$时,$NPV=164.2>0$

当 $IRR=13\%$ 时，$NPV=-69.8<0$

内插求 IRR 得：$IRR=12\%+(13\%-12\%)164.2/(164.2+69.8)=12.7\%$

所以该项目内部收益率为12.7%，高于资金成本率10%，所以可行。

例如，某建设工程，折现率 $i_c=12\%$ 时，财务净现值 $FNPV=300$ 万元；$i_c=14\%$ 时，财务净现值 $FNPV=-150$ 万元，用内插公式法得内部收益率为13.33%。

（3）判断

当内部收益率大于或等于设定基准收益率，并且较大的方案，财务上可考虑接受。

8. 外部收益率法

假定投资方案的上期末净收益在下期初按基准收益率再投资，求使净现值（或净终值、净年值）为零的收益率，则该收益率就是外部收益率。

公式是：

$$NPV=-\sum_{t=0}^{n}I_t(1+ERR)^{-t}+\sum_{t=0}^{n}(CI-CO)_t(1+i_c)^{-t}=0$$

式中：I_t——第 t 期的投资额；

ERR——外部收益率。

解法与内部收益率法类似。

【例3-18】某拟建项目固定资产投资总额为3600万元，其中预计形成固定资产3060万元（含建设期贷款利息60万元），无形资产为540万元，固定资产使用年限为10年，残值率4%，固定资产余值在项目运营期末收回，该项目的建设期为2年，运营期为6年。

项目的资金投入、收益、成本等基础数据见表3-18。

某建设项目资金投入、收益及成本表（单位：万元）　　表3-18

项目		年份 1	2	3	4	5～8
建设投资	自有	1200	340			
	贷款		2000			
流动资金	自有			300		
	贷款			100	400	
年销售量（万）				60	90	120
年经营成本				1682	2360	3230

固定资产贷款合同规定的还款方式为：投产前4年等额本金偿还，贷款年利率6%，流动资金贷款年利率4%。无形资产在运营期6年中，均匀摊入成本。流动资金800万元，在项目运营期末全部收回。设计生产能力为年产量120万件，产品售价45元/件，销售税金及附加的税率为6%，所得税率为33%，行业基准收益率为8%。行业平均投资利润率为20%，平均投资利税率为25%。

问题：

1. 编制还本付息表、总成本费用表和损益表。
2. 计算投资利润率、投资利税率和资本金利润率。

3. 编制项目自有资金现金流量表，计算项目的静态、动态投资回收期和财务净现值，从财务角度评价项目的可行性。

问题1

【解】 根据贷款利息公式列还本付息表费用名称，计算贷款利息如表3-19所示。

某项目还本付息表（单位：万元） 表3-19

年份 项目	1	2	3	4	5	6
年初累计借款	0	0	2060	1545.00	1030.00	515.00
本年新增借款	0	2000	0	0	0	0
本年应计利息	0	60	123.6	92.70	61.80	30.90
本年应还本金	0	0	515.00	515.00	515.00	515.00
本年应还利息	0	0	123.60	92.70	61.80	30.90

计算各年度应等额偿还本金＝第3年初累计借款/还款期＝2060/4＝515万元

根据总成本费用的构成列出项目总成本费用估算表如表3-20所示。

某项总成本费用估算表（单位：万元） 表3-20

年份 项目	3	4	5	6	7	8
经营成本	1682.00	2360.00	3230.00	3230.00	3230.00	3230.00
折旧费	293.76	293.76	293.76	293.76	293.76	293.76
摊销费	90.00	90.00	90.00	90.00	90.00	90.00
建设投资贷款利息	123.60	92.70	61.80	30.90	0.00	0.00
流动资金贷款利息	4.00	20.00	20.00	20.00	20.00	20.00
总成本费用	2193.36	2856.46	3695.56	3664.66	3633.76	3633.76

计算固定资产折旧费＝[(固定资产总额－无形资产)(1－残值率)]/使用年限
＝[(3600－540)(1－4%)]/10＝293.76万元

无形资产摊销费＝无形资产/摊销年限＝540/6＝90万元

计算各年销售收入、销售税金与附加，将各年总成本填入损益表，如表3-21所示。

某项目损益表（单位：万元） 表3-21

序号	项目	3	4	5	6	7	8
1	销售收入	2700	4050	5400	5400	5400	5400
2	总成本费用	2193.36	2856.46	3695.56	3664.66	3633.76	3633.76
3	销售税金及附加	162.00	243.00	324.00	324.00	324.00	324.00
4	利润总额(1)－(2)－(3)	344.64	950.54	1380.44	1411.34	1442.24	1442.24
5	所得税(4)×33%	113.73	313.68	455.55	465.74	475.94	475.94
6	税后利润(4)－(5)	230.91	636.86	924.89	945.60	966.30	966.30
7	盈余公积金(6)×10%	23.09	63.69	92.49	94.56	96.63	96.63
8	应付利润	76.58	441.93	701.16	719.80	869.67	869.67
9	未分配利润(6)－(7)－(8)	131.24	131.24	131.24	131.24	0	0

年销售收入＝当年产量×产品售价

第3年销售收入＝60×45＝2700万元

第4年销售收入＝90×45＝4050万元

第5～8年的销售收入＝120×45＝5400万元

年销售税金及附加：

第3年销售税金及附加＝2700×6％＝162万元

第4年销售税金及附加＝4050×6％＝243万元

第5～8年销售税金及附加＝5400×6％＝324万元

计算还款期各年未分配利润＝515－293.76－90＝131.24万元

计算各年其他费用，如利润、所得税、随后利润、盈余公积金、应付利润等均按损益表中公式逐一计算求得。

表中，第3年税后利润为230.91万元，大于该年还款所需的未分配利润131.24万元，故投产第1年就是盈余年份，可提取盈余公积金，即：

第3年盈余公积金＝230.91×10％＝23.09万元

第3年应付利润＝税后利润－盈余公积金－未分配利润
＝230.9－23.09－131.24＝76.58万元

如此计算出各年的盈余公积金、未分配利润和应付利润。

问题2

【解】 年平均利润总额＝（344.64＋950.54＋1380.44＋1411.34＋1442.24×2）/6＝1161.91万元

投资利润率＝[1161.91/（3600＋800）]×100％＝26.41％

年平均利税总额＝1161.91＋（162＋243＋324×4）/6＝1445.41万元

投资利税率＝[1445.41/（3600＋800）]×100％＝32.85％

资本金利润率＝[1161.91/（1540＋300）]×100％＝63.15％

问题3

【解】 根据资料、还本付息表中的利息、损益表中的销售税、所得税等数据编制拟建项目的自有资金现金流量表，如表3-22所示。

某项目自有资金现金流量表（单位：万元） 表3-22

序号	项目	1	2	3	4	5	6	7	8
1	现金流入			2700.00	4050.00	5400.00	5400	5400.00	7497.44
1.1	销售收入			2700.00	4050.00	5400.00	5400	5400.00	5400.00
1.2	固定资产余值								1297.44
1.3	回收流动资金								800.00
2	现金流出	1200	340	2900.33	3544.38	4606.35	4585.64	4049.94	4594.94
2.1	自有资金	1200	340	300.00					
2.2	经营成本			1682.00	2360.00	3230.00	3230.00	3230.00	3230.00
2.3	偿还借款			642.60	627.70	596.80	565.90	20.00	520.00

续上表

序号	项目	1	2	3	4	5	6	7	8
2.3.1	固定资产本金还			515.00	515.00	515.00	515.00		
2.3.2	固定资产利息还			123.60	92.70	61.80	30.90	0.00	0.00
2.3.3	流动资金本金还								500.00
2.3.4	流动资金利息还			4.00	20.00	20.00	20.00	20.00	20.00
2.4	销售税金及附加			162.00	243.00	324.00	324.00	324.00	324.00
2.5	所得税			113.73	313.68	455.55	465.74	475.94	475.94
3	净现金流量	−1200	−340	−200.33	505.62	793.65	814.36	1350.06	2947.50
4	累计净现金流量	−1200	−1540	−1740.33	−1234.71	−441.06	373.30	1723.36	4670.86
5	折现系数8%	0.9259	0.8573	0.7938	0.7350	0.6806	0.6302	0.5835	0.5403
6	折现净现金流量	−1111.1	−291.5	−159.02	371.63	540.16	513.21	787.76	1592.53
7	累折现净现金流	−1111.1	−1402.6	−1561.62	−1189.99	−649.83	−136.62	651.14	2243.67

计算回收固定资产余值＝293.76×4+3060×4％＝1297.44万元

计算回收全部流动资金＝300+100+400＝800万元

静态投资回收期：NPV_5＝−441.06万元　NPV_6＝373.30万元

所以，静态投资回收期＝（累计净现金流量出现正值的年份−1）+（出现正值年份上年累计净现金流量绝对值/出现正值年份当年净现金流量）＝(6−1)+441.06/814.36＝5.54年

NPV_6＝−136.62万元　NPV_7＝651.14万元

所以，按插值法，动态投资回收期＝(7−1)+136.62/787.76＝6.17年

从财务评价的角度评价该项目可行。因为项目投资利润率26.41％＞20％，项目的投资利税率为32.85％＞25％，项目的自有资金财务净现值NPV＝2243.67万元＞0，表明项目盈利能力大于行业平均水平。

3.2.4 多方案分析

投资决策的过程往往是对各备选方案进行比较做出最优选择的过程。方案比选是寻求合理的经济和技术方案的必要手段，也是项目评价的重要内容。

1. 备选方案应满足的条件

①备选方案的整体功能应达到目标要求；

②备选方案的经济效率应达到可以接受的水平；

③备选方案包含的范围和时间应一致，效益和费用计算口径应一致；

④备选方案的计算指标要具备可比性。

为了使各备选方案具有可比性，需要对某些不可比因素分析和修正，使各备选方案基本处于一个可比的基础上。

其一，产量指标差异的可比性。可以将投资和年成本的绝对值转化为相对值，即通常采用把总投资和总年成本转化为单位产品投资额和单位产品年成本，使之有可比基础。

其二,质量差异的可比性。对于质量好的商品投资采用使用效果系数 a 进行修正:
$$a = F/F_0$$
F_0、F 调整前后产品质量的使用效果,可用使用寿命、价格等指标表示。

调整后的投资额＝调整前的投资额／使用效果系数

调整后的年成本＝调整前的年成本／使用效果系数

2. 方案之间的相互关系

一般地,方案之间的相互关系归为三类:独立型、互斥型、混合型。

(1) 独立型方案

独立型方案是指可实现预定目标的、能自由组合而又互不干涉的各方案。根据独立型方案的性质,只要两个方案的效果互不影响,那么它们必定满足加法法则,即向两方案共同投资,投资效益也是相加。

(2) 互斥型

互斥型也称排他型方案,指各方案间相互排斥,从几个方案中只选一个而放弃其他方案的情况,项目经济评价宜比选互斥方案或转化为互斥方案的方案。

(3) 混合型

混合型是独立方案和互斥方案的混合,它是实际工作中最一般的类型。

3. 独立型方案的排序

(1) 独立型方案排序的含义

指对各独立型方案在条件允许下,自由组合并选择指标排序最有利的方案。

(2) 独立型方案排序的特点

独立型方案的取舍只取决于基准收益率的比较,而无须横向比较,各方案的计算期可以不同,可以接受一个或几个甚至一个都不接受。

(3) 无资金限额下独立方案的排序

无资金限额指项目不受资金约束,只要内部收益率大于基准收益率即可。可用现值 (NPV) 法、年值法 (NAV) 法、内部收益率法 (IRR) 排序选择。

(4) 有资金限额下独立方案的排序

在资金一定的情况下,拟实施的项目不仅要大于基准收益率,而且要在资金约束的范围内,对项目进行优化组合,以使项目的经济效益最大。

方法一:现值法。

以某方案的净现值为基准,在资金限制下,寻求总净现值最大的方案组合。

第一步:根据所采用的基准收益率分别测算各方案净现值,若各方案使用寿命不同,要使各方案组合的总净现值具有可比性,应以诸方案中最长的使用寿命作为计算各方案净现值的共同计算期。操作是:计算各方案按自身使用寿命的净年值 NAV,再将 NAV 转化为按共同计算期计算出的净现值 NPV。

第二步:各方案净现值 NPV 由大到小排列,并剔除 $NPV<0$ 的方案。

第三步:在资金限制条件下,按各方案净现值大小,计算出相应累计投资额,其累计投资额不超过资金限额的方案就是所选定的方案组合。

与现值法类似的还有净年值比较法,以净年值大的方案为优。

方法二:盈利指数法。

该方法是以各方案的盈利指数为基准,在资金限制条件下,寻求总盈利指数最大的方案组合。计算步骤与现值法相同。

方法三:内部收益率法。

第一步:计算出各方案的 IRR,并将 IRR 小于基准收益率的方案舍去。

第二步:将各方案由具有最大内部收益率者开始,依次递减排列。

第三步:从排好的方案中选择投资方案,直到找到符合资金限额的方案组合。

4. 互斥型方案中选优

互斥型方案中的方案指同一项目中的不同方案,通过比较选择最优方案。

(1)比较的先决条件

比较的先决条件是:被比较方案的费用及效益计算口径一致、具有相同计算期、现金流量具有相同的时间特征、必须以相同的基准收益率计算。

(2)直接对比法

方法一:现值法。

计算期相同的互斥方案,分别计算各自净现值,取净现值最大的方案。计算期不同的互斥方案,假定每个方案在第 1 计算期的现金流量,在第 2、3……计算期重复发生。取各方案计算期的最小公倍数为共同计算期,再比较净现值。

例如,甲方案计算期 4 年,乙方案计算期 6 年,最小公倍数 12 年,甲 4 年后重复一次投资,八年后再重复一次投资,如此计算甲方案的净现值。

方法二:年值法。

比较方案净年值(NAV)以判断经济可行性,不必按共同计算期计算。

方法三:最小费用法。

互斥方案若收益相等,可以计算各方案付出的费用,方法是费用现值比较法和费用年值比较法。费用现值比较法将各期费用按一定的基准收益率转化为费用现值,取费用现值较低的方案为优。费用年值比较法将各方案的费用折现为年费用,取费用年值较低的方案为优。若方案计算期不同,则取各方案计算期的最小公倍数为共同计算期,各方案进行重复投资计算。

方法四:最低价格(服务收费标准)比较法。

在相同产品方案比选中,以净现值为 0 推算备选方案的产品最低价格 P_{min},取最低产品价格较低的方案为优。

(3)差额分析法

差额是指投资较大的方案相对于投资较小的方案在初期投资、计算期、逐年净收益率、期末残值等方面的差异量。这些差量构成新的现金流量,称为差额现金流量。根据差额现金流量计算的净现值、净年值、内部收益率分别是差额净现值、差额净年值、差额内部收益率。

差额分析法是对两个互斥方案对应金额的差额部分进行分析,也就是将差额现金流量视为一个假设方案,研究其追加投资的经济效果,以判断投资小的方案追加投资是否值得,从而比较方案的优劣。

差额分析法应遵循的原则是:把方案投资金额从大到小排列,唯有投资额较低的方案被认可、比它高的方案方可与之比较。若追加投资合理,则应选择投资较高的方案,否则应选择投资较低的方案。

差额分析法的实质是边际分析,边际是指由于自变量的微量变化而产生的因变量变化,差额分析法是把边际效益引入项目经济分析中,也称增量分析法。

方法一:差额内部收益率法。

先将方案按投资额由小到大排列,再论证较小投资方案的可行性,计算出内部收益率,若内部收益率大于基准收益率即可行,反之,淘汰该方案,再计算次小投资额方案的内部收益率,判断是否可行,直到找到可行方案为止。

找到可行方案后,计算可行方案与排序相邻的后一个方案的内部追加投资收益率,若追加投资收益率大于基准收益率,则投资额大的方案优,反之,则保留投资额小的方案。

公式:

$$\sum_{t=1}^{n}[(CI-CO)_{大}-(CI-CO)_{小}](1+\Delta FIRR)^{-t}=0$$

式中:$(CI-CO)_{大}$——投资大的方案的财务净现金流量;

$(CI-CO)_{小}$——投资小的方案的财务净现金流量;

$\Delta FIRR$——差额投资财务内部收益率,也可以替换成差额投资经济内部收益率$\Delta EIRR$,进行经济费用效益分析。

最后将保留的方案再与下一个方案进行计算比较,直到留下最后一个方案。

方法二:差额现值法。

计算差额现金流量的净现值是否≥0,判断追加投资是否合理。

先把方案按初期投资的递进次序排列,再求出相邻两个投资方案现金流量的差额的净现值,若净现值≥0,则投资追加合理。

方法三:差额年值法。

根据差额现金流量的净年值是否≥0,判断追加投资是否合理。

方法四:差额收益费用比率法。

差额收益费用比率法是指两方案比较时,将两方案的收入现值(或等额年值、终值)之差除以支出现值(或等额年值、终值),以表示单位支出增加额可获得收入增加额,若该值大于1,则追加支出合理,反之则不合理。

方法五:差额投资回收期。

其一,静态追加投资回收期的计算方法。

投资回收期法的优点是概念明确,计算简单,但未考虑投资回收后的收益情况,也不能进行不同规模方案的比较。追加投资回收期是一个相对投资效果指标,是指用增额投资所带来的累计净收益增量或年成本累计节约额(两方案销售收入相同)来计算回收增额投资所需要的年数。公式为:

追加投资回收期=投资增额/年净收益差额或年成本的节约额

若追加投资回收期大于标准回收期,则投资小的方案更好。该方法可用于多个互斥方案的比较,即将所有方案按投资额从小到大排列,再从投资额最小的方案开始比较,每次选出较好的方案与后面的方案比较,最终选出最优方案。

其二,动态追加投资回收期的计算方法。

该方法是指在考虑资金的时间价值条件下,对比方案的差额投资和经营成本节约额,将其换算为同一时点的数值,通过试设投资回收期,计算净现值,当净现值由负转正时,用插值法计算投资回收期。

5. 混合方案的评选

(1)混合方案群的互斥化法

典型的混合方案群由两层次构成,高一层次是若干并列的独立方案,而每个独立方案又由若干互斥方案组成,评价时将其转为相互排斥的方案评选。

例如,某一方案群由两个独立方案构成,每个独立方案又由两个互斥方案,由此构造互斥方案。如表 3-23 所示,9 个方案构造如下。

混合方案的互斥化　　　　表 3-23

方案号	A_1	A_2	B_1	B_2	选择
1	1	0	0	0	只取 A_1
2	0	1	0	0	只取 A_2
3	0	0	1	0	只取 B_1
4	0	0	0	1	只取 B_2
5	1	0	1	0	只取 A_1,B_1
6	1	0	0	1	只取 A_1,B_2
7	0	1	1	0	只取 A_2,B_1
8	0	1	0	1	只取 A_2,B_2
9	0	0	0	0	都不取

"1"表示内部收益率达到基准收益率,将上述 9 个方案视为互斥方案,然后按互斥方案进行比较。

(2)增量效率排序比较法

增量效率排序法是利用各方案现金流量的差额(增量)的效率指标,把投资方案按投资效率的高低依次排序,并按此顺序选择最佳方案组合。

具体计算时,先利用静态方法淘汰无资格方案,然后将有资格方案两两比较(包括 0 方案,即任何方案都不选的方案,0—A 方案,就是指 A 方案),并按差量内部收益率排序,将资金约束条件及基准收益率标注于同一图中,选取资金约束范围内而收益率大于基准收益率的方案组合。

图 3-5 中资金约束为 400 万元,低于基准收益率的方案为 B-C 方案。因此方案组合为(A,B)。

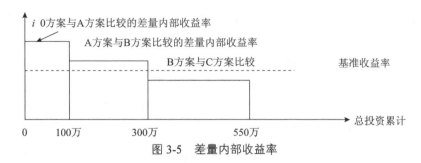

图 3-5　差量内部收益率

6. 方案比选时应注意的问题

①备选方案提供的信息资料应可靠、均衡。

②同时进行财务分析和经济费用效益分析时,方案的经济比选主要应按经济费用效益分析的结论选择方案。

③备选方案的经济指标取值比较差异不大时,不能依此判定方案的优劣,只有经济指标的取值存在足够的差异,且估算和测算的误差不足以使评价结论出现逆转时,才能认定比较方案有显著的差异,并据此判定方案的优劣。

④备选方案的计算期不同时,宜采用净年值法和费用年值法。如果采用差额投资内部收益率法,可将各方案计算期的最小公倍数作为比较方案的共同计算期,或以各方案中的最短计算期作为比较方案的计算期。

3.3 ▶ 投资项目的经济费用效益分析

3.3.1　经济费用效益分析概述

1. 经济费用效益分析的概念

（1）经济费用效益分析的含义

投资项目的经济费用效益分析,即传统的国民经济评价(national economic evaluation),是按照资源合理配置,从经济整体利益的角度出发,分析项目对社会福利所做出的贡献,以此评价项目的经济合理性。

（2）经济费用效益分析的必要性

①任何投资项目既是单独实体,又是区域经济不可分割的细胞,它在寿命期内的投入与产出,都会对区域经济产生直接或间接影响。通过对项目的经济费用效益分析,可以保证项目投资符合国家和社会的整体利益,促使国家产业政策的实现,促使产业结构、规模结构的合理化。

②经济费用效益分析保证有限的资金能得到最合理、最有效的利用,实现人财物等资源的优化配置。

③发展中国家市场不够成熟,政府仍是推动经济发展的主要力量,这些国家的市场价格

还不能反映社会真实成本和效益,造成价格失真的原因较多,例如,劳动力过剩会使工资过于低估了实际社会费用,通货膨胀使价格低于实际价值,汇率管制则高估了本国货币,保护民族工业发展导致出口价与进口价不能反映其成本和利润,所以,需要对重大项目投资决策用经济费用效益分析。

④发达国家虽然建立了成熟的市场,且政府也越来越广泛地间接调控市场,但由于现实市场不仅不具备古典经济学所要求充分就业、完全竞争,资源自由配置、贴现率相同等条件,而且存在市场失灵和政府失灵,这些都使价格扭曲,所以将投资项目置于社会大环境时,会出现项目利润和社会盈余不一致的现象,同样需要对重大项目投资决策使用经济费用效益分析。

⑤我国是一个国有经济占有重要地位的国家,国家对经济资源的配置具有强有力的调控手段和能力,因此更应重视而且也更有资格和能力来重视项目投资的资源优化配置问题,所以,更宜重视投资项目评价中的经济评价工作。

(3) 需要进行经济费用效益分析的项目

按《参数三》的要求,建设项目是否进行经济费用效益分析,应根据项目性质、目标、投资者、财务主体及项目对经济与社会的影响程度等情况确定。

对于费用效益计算比较简单,建设期和运营期较短,不涉及进出口平衡等一般性项目,如果财务评价的结论能够满足投资决策需要,可不进行经济费用效益分析;对于关系公共利益、国家安全和市场不能有效配置资源的经济和社会发展的项目除应进行财务评价外,还应进行经济费用效益分析,对于特别重大的建设项目尚应辅以区域经济与宏观经济影响分析方法进行经济费用效益分析。

可见需要进行经济费用效益分析的项目属于价格扭曲、财务成本不能包含项目对资源的全部消耗、财务效益不能包含项目产出的全部经济效果、财务现金流量不能全面真实地反映其经济价值的项目。

下列类型的项目需要进行经济费用效益分析:

①具有垄断特征的项目,例如,重大工业项目和重大技术改造项目。
②产出具有公共产品特征的项目。
③外部效果明显的项目,例如,技术引进和替代进口项目。
④资源开发项目,例如,有关稀缺资源开发和利用的项目。
⑤涉及国家经济安全的项目,例如,影响国计民生的重大项目。
⑥受过度行政干预的项目,例如,产品和原材料价格明显失真的项目。

【案例三】 经济费用效益分析在西方国家的应用

经济评价理论的源起,可以追溯到20世纪30年代的经济大萧条时代。此之前,自由放任的经济学说支配着西方国家特别是英美的经济思想和政府政策。那时人们相信,政府的主要任务是守护产权,除了公共财政、保障劳力、促进贸易和少数公益事业外,政府并不涉及其他投资,也不考虑投资的社会效益问题,投资项目的评价只是私人投资的财务评价。

经济大萧条摧垮了西方自由市场经济体系,一些政府,特别是美国政府,运用财政政策、货币政策和公共工程来挽救萧条的经济。这类短期措施,其后成为宏观经济管理的常规手段。第二次世界大战期间,各国实行了政府动员的战时经济政策,战后,它们又为了经济重建和恢复,运用了各种政策和措施来控制经济事务,以实现国家经济发展目标。随着各国政府管理公共事务的经验积累和人民要求改善生活的强烈愿望,政府干预社会经济的需要和作用逐渐加强,普遍要求在投资项目评价中,从区域及国家经济发展角度考虑项目的经济可行性。

西方国家早期进行投资项目经济评价所采用的方法主要是费用效益分析法,该方法起源于法国工程师杜比特(Dupuit)在建桥时提出的消费者剩余标准。消费者剩余标准是消费者从各项投资项目中得到的满足,量度基础是物品和服务的效用,效用是各消费者为了获得某个物品所愿做出的最大牺牲。希克斯(Hicks)于1940年在《消费者剩余修正》一文中,提出了剩余标准由社会剩余标准、消费者剩余标准、生产者剩余标准和其他商品潜在的剩余损失构成。在此基础上,西方国家逐步形成了以消费者剩余为基础的经济评价理论体系。

由于产权明晰,市场功能完善,费用效益分析法在西方发达国家的应用范围受到限制。对于生产性公共项目,市场价格和愿付代价的背离不大,费用效益分析退化为财务分析。对于非生产性公共项目,因效益定量困难、外部效益太大、政治因素太强,费用效益分析的结果不一定为决策者所接受。例如,1970年英国政府委托以Roskil为首的七人委员会对伦敦第三机场场址方案进行了规模空前的费用效益分析。次年发表了著名的"Roskil"报告,提出从费用最小角度出发,应将机场建在伦敦西郊的Cubbiington。该方案比最差方案(建在Foulness)能节省费用现值2亿英镑。这个分析几乎把所有的费用和效益都进行了量化,包括吸引旅客多少、旅客到机场的费用、旅客多花的时间费用和噪声费用等等。英国政府可能出于政治上的考虑,并未采纳这个结论,而倾向于建在社会费用最高的海边(Foulness)。因此,西方国家虽然十分重视对公共设施资源配置的评价工作,但已经很少采用定量分析方法通过计算ENPV或EIRR来进行投资决策。

最近十多年来,费用效益分析在发展中国家得到了应用和推广。世界银行和联合国工业发展组织都在其贷款项目评价中同时使用财务分析和经济分析。1968年牛津大学著名福利经济学家Little I和经济数学教授Mirrlees I联合为经济合作和发展组织(OECD)编写了《发展中国家工业项目分析手册》;1972年联合国工业发展组织(UNIDO)出版了《项目评价准则》;1974年Little和Mirrlees又联合发表了《发展中国家项目评价和规划》;1975年和1979年世界银行研究人员发表了《项目的经济分析》和《项目规划和收入分配》两本重要著作。1980年日本国际开发中心(财团法人)委托岛山正光编写了《工程项目可行性研究的理论及实践》。这些著作代表了当今西方国家建设项目经济评价的主要观点。

2. 经济费用效益分析方法的特点与条件

(1)经济费用效益分析方法的特点

①从社会角度考虑了项目费用和效益,与整个国民经济的宏观调控相衔接。因为,按制定的一系列影子参数(影子价格、影子汇率、影子工资、社会折现率等)进行费用效益分析,能使微观一级评价和决策更能体现宏观目标。

②分析方法概念清晰、直接,并有一套系统完整的分析步骤。效益和费用采用统一的度量单位,所得项目净收益既可以给出项目评价结论,也可以跨部门、跨行业进行项目与方案

的选择。

③所用数据以客观效果为依据，并考虑了不同时点效益与费用的不同效果。

（2）经济费用效益分析法的条件

在大型建设项目经济费用效益分析中，费用指社会成本而非企业支出，效益指社会效益而非企业收益，识别项目的经济效益和费用应符合以下条件：

①遵循有无对比的原则。项目所涉及的效益和费用都能用货币来衡量。

②对项目所涉及的所有成员及群体的费用和效益做全面分析。

③正确识别正面、负面外部效果，防止误算、漏算或重复计算。

④合理确定效益和费用的空间范围和时间跨度。

⑤正确识别和调整转移支付，根据不同情况区别对待。

3. 经济费用效益分析与财务评价的区别与联系

（1）两种评价的差别

①评价的目标和角度不同。

财务评价是从投资主体的角度考虑项目的财务净收益及贷款偿还能力，经济费用效益分析从国家整体和全社会角度考虑项目对国民经济乃至整个社会产生的净效益以及资源有效利用程度，以此确定项目的可行性。

②评价范围不同。

财务评价只考虑项目本身所能获得的直接可计算效益，而经济费用效益分析除了考虑直接效益和费用外，还考虑了项目投产后对其他部门及其他企业效益的影响，计算间接的外部的各种相关效益和费用（即外部效果）。例如，工业项目产生的废水排放对周围水域及农田的污染是一种外部费用，工业项目附属的道路工程可以为附近的工厂企业、农民所利用，又是一种外部效益。

③效益与费用的界定原则不同。

财务评价根据项目的实际收支确定项目效益和费用，凡是流入项目之内的货币收入，均应视为效益，凡是流出项目的货币支付，均看作财务费用。例如，各种税金、利息等支付，对投资主体来讲是支出，属于费用，但对经济费用效益分析来说，其着眼点在于从项目对社会提供的有用产品和服务来考查项目效益，从项目所耗费的全社会有用资源来考查项目费用，故投资主体支付的税金并不表示资源的真正耗用，只是一种转移支付，不能算作支出。又例如，原有企业新上一个项目，占用了属于该企业的一块土地，由于没有发生土地征用等开支，在财务评价中就没算这笔支出，但在经济费用效益分析中却作为一笔费用，因为这块地有用作其他项目的机会，所以要把这种机会成本打入到费用中才合理。

④评价中所用的价格不同。

财务评价对投入物和产出品采用市场价格，在建设期内，一般应考虑投入的相对价格变动及价格总水平变动，在运营期内，若能合理判断未来市场价格变动趋势，投入与产出可采用相对变动价格；若难以确定投入与产出的价格变动，一般采用项目运营期初的价格；有要求时，也可考虑价格总水平变动。

经济费用效益分析注重项目净贡献、资源最优使用，因此投入物和产出品价值应根据机会成本和供求关系确定的影子价格计算,而不考虑价格水平变动因素。

影子价格是使资源得到最合理和最充分利用的价格,在市场机制不完善的情况下,市场价格与影子价格之间会有较大偏离,但由于影子价格能够客观正确地反映该生产要素或商品的价值及其稀缺程度,为资源的合理配置和有效利用提供了正确的价格信息和计算尺度,因此,市场价格体系与影子价格体系是区别财务评价与经济费用效益分析的主要依据。

⑤评价所用有关参数不同。

财务评价与经济评价除了价格参数不同外,其他一些有关参数也有区别。例如,经济费用效益分析中的社会折现率与财务评价中的基准折现率是有区别的。

(2)两种评价之间的关系

财务评价和经济费用效益分析之间的关系如表3-24所示。

财务评价与经济费用效益分析的关系 表3-24

比 较	财 务 评 价	经 济 费 用 效 益 分 析
评价的角度	投资主体	国家和社会
评价的目标	考察项目的盈利与偿还能力	全社会的净收益和资源有效利用程度
评价的范围	计算直接效益与费用	计算直接与间接的效益与费用
界定原则	直接流出/流入项目的货币收付	按项目的社会效益与费用计算
使用的价格	实际交易价格	以机会成本为基础的影子价格
折现率	基准折现率	社会折现率
使用方法	现金流量方法	以现金流量方法为主
评价结果	财务评价为基础 财务评价不可行而经济费用效益分析可行时,通过宏观调控使其财务评价可行,二者一致时,项目可行	经济费用效益分析是项目的通行证 财务评价可行而经济费用效益分析不可行时,否决该项目,或通过宏观调控使其财务评价不可行

①财务评价是经济费用效益分析的基础。

②两种评价结论一致才可以对项目做出肯定或否定的判断。

按照《参数三》的要求,对于财务评价结论和经济费用效益分析结论都可行的建设项目,可予以通过,反之予以否定。对于经济费用效益分析结论不可行的项目一般应予否定;对于关系公共利益、国家安全和市场不能有效配置的经济和社会发展的项目,如果经济费用效益分析结论可行,但财务评价不可行,应重新考虑方案,必要时可提出经济优惠措施的建议,使项目具有财务生存能力。

这就是说,当经济费用效益分析认为可行而财务评价认为不可行时,可采用调节税收、贷款利率以及实行政策性补贴等经济手段,使财务评价变得可行。而经济费用效益分析认为不可行而财务评价认为可行时,应予以否定,或国家通过价格、税收、利率等经济手段使财务评价不可行,使投资主体不会实施。

③经济费用效益分析方法与财务评价都采用现金流量折现方法,即对费用和效益用货币单位计量,并采用折现手段,计算出若干个评价指标,然后再进行评价,例如,两者都利用净现值和内部收益率评价等。

(3) 财务评价与经济费用效益分析不一致的原因

①价格失真。由于通货膨胀、外汇汇率高估、劳动力过剩、保护民族工业的措施、垄断等原因,价格不能确切反映项目单位产出(投入)的社会效益(费用)。

②存在外部效果。主要是指没有在项目的财务收益或支出中包括进去的那些效益和费用。

③存在不可计量的效果。这包括不能或难以用货币度量的效益或费用及本身都无法计量的效果。

④可能产生差异的主要项目。主要投入产出品受关税与非关税保护项目;外部效果较为显著的项目,如交通、水利、通信和环境治理项目;主要产出品价格受政府控制的项目,这些主要是公用设施项目,如供水、供电、供气等项目。

4. 经济费用效益分析的步骤

(1) 一般步骤

第一步:确定目标或任务。

第二步:描述目标,说明那些要求是达到目标的实质性内容。

第三步:形成各种可行方案。

第四步:建立各方案达到规定的要求、程度的估价度量标准。

第五步:选择固定效果法或固定费用法。前者是选择最小费用而达到规定效果的方案,后者是在给定费用条件下选择效果完成最好的方案。

第六步:确定各方案达到上述度量指标的水平。

第七步:在达到指标水平及所花的费用方面,对各可行方案进行分析。

第八步:敏感度分析,即分析各种假定或条件变化的情况下对结果的影响。

第九步:做出结论。

需要指出的是在完成经济费用效益分析之后,应进一步分析对比经济费用效益与财务现金流量之间的差异,并根据需要对财务分析与经济费用效益分析结论之间的差异进行分析,找出受益或受损群体,分析项目对不同利益相关者在经济上的影响程度,并提出改进资源配置效率及财务生存能力的政策建议。

(2) 在财务评价的基础上进行经济费用效益分析的步骤

经济费用效益分析中的经济效益与费用流量可在财务分析基础上,通过调整财务效益和费用流量得到,再利用表格计算相关指标进行经济费用效益分析。

第一步:效益和费用范围的调整。

识别项目的间接效益和间接费用,并尽量定量计算。

调整不属于国民经济效益和费用的内容,剔除已计入财务效益和费用中的属于国民经济内部的转移支付;识别和分析项目间接费用和间接效益,即外部效果,并尽量定量计算;按投入物和产出物的影子价格与国民经济参数(如影子汇率、影子工资、社会折现率等)对有关经济数据调整。

第二步:效益和费用数值的调整。

固定资产投资的调整:按固定资产投资构成逐项调整,从财务评价的投资额中剔除属于国民经济内部转移支付的引进设备、材料关税和增值税;用影子汇率、影子价格、影子运费和贸易费用调整设备购置费、安装费和其他费用；用影子工资、影子材料价格等调整建筑安装工程消耗的人工材料费，或通过建筑安装工程的影子价格换算系数调整建筑安装费；用土地影子费用代替占用土地实际费用，并用新增资源消耗重新计算土地费用；剔除涨价预备费；调整其他费用。

流动资金的调整：按流动资金或经营成本构成逐项调整由于流动资金估算基础的变动引起流动资金占用量的变动。首先剔除作为转移支付的非定额流动资金部分（如货币资金、结算资金等）；按影子价格进行详细的分项调整；亦可按调价后的销售收入、经营成本或固定资产价值进行粗略估算的调整。

经营费用的调整：按财务评价的经营成本进行分解，分别调整可变成本与固定成本。可变成本部分按原材料、燃料、动力的影子价格重新计算各项费用；固定成本部分剔除折旧费和流动资金利息，计算固定资产投资和流动资金的资金回收费取代。对维修费和工资进行调整，其他费用不予调整。维修费可按调整后的固定资产原值（扣除国内借款的建设期利息和投资方向调节税）和维修费率重新计算，工资则按工资换算系数计算出影子工资。最后再加总，计算经营费用。

销售收入的调整：根据项目产品的货物类型，按不同定价原则测算并确定项目产出物的影子价格；然后重新计算销售收入，在涉及外汇借款时用影子汇率计算外汇借款本金与利息的偿付额。

第三步：编制项目经济效益与费用的现金流量表，计算内部收益率和净现值。

（3）直接做经济费用效益分析的具体步骤

经济费用效益分析可在直接识别估算经济费用和经济效益的基础上，利用表格计算相关指标进行分析。

第一步：识别和计算项目直接效益。

对那些为国民经济提供产出物的项目，首先应据产出物性质确定是否属外贸货物，再据定价原则确定产出物影子价格，然后按项目产出物的种类、数量和产出物影子价格计算项目的直接效益。

第二步：确定影子参数，进行投资估算。

用货物的影子价格、土地的影子价格、影子工资、影子汇率、社会折现率等参数直接进行项目投资估算。

第三步：流动资金估算。

根据生产经营的实物消耗，用货物的影子价格、影子工资、影子汇率等参数计算经营费用。

第四步：识别间接效益与费用，编制报表，计算评价指标。

3.3.2 经济费用效益分析的理论基础——影子价格理论

1. 外部效果的处理方法

（1）外部效果的含义

一个项目除在系统之内产生的内部费用和内部效益（即内部效果）外，还会对项目以外的社会其他部分发生影响，此即项目的外部效果，当外部效果可以用货币度量时，就是有形外部效果，不能用货币度量时，就是无形外部效果。

影子价格（shadow price）既非市场价格、也非政府定价，而是根据经济分析的需要，虚拟制定的计算价格，是由项目的外部效果引起的。

（2）有形外部效果的来源

有形外部效果来源于技术外部效果、相邻部门连锁外部效果、乘数效应和价格失真引起的外部效果。

技术外部效果是指那些确系项目投资带给项目之外的生产与消费机会的真实变化；例如，排放废物造成环境污染属于负的外部技术效果，水电建设增加的防洪效益属于正的外部技术效果。

相邻部门连锁外部效果包括前向连锁和后向连锁效果；前向连锁效果是指项目对投入品的使用迫使其他使用该投入品的产业部门可能不得不以更高的价格购买这些投入品，造成这些产业部门的收入下降；后向连锁效果是指投资项目产出量足够大，使市场价格降低，这就使互补产品部门因投资项目产品需求增加而增加收入，而替代产品部门不得不降价以维持需求。

乘数效应是指某项目建设可以使原有闲置的资源（如劳动力、设备能力等）利用起来，产生连锁外部效果。价格失真造成的外部效果是由于投入物或产出品价格失真引起的外部效果；例如，煤价过低使煤矿工程效益转移给煤炭用户。

（3）有形外部效果的处理

有形外部效果采用市场价格法和影子价格法处理。市场价格法即用市场价格计量外部效果，并加之于项目内部效果里，适合于市场经济完善的国家。影子价格法即利用影子价格将项目内部效果和外部效果转化为项目直接效果，计算直接费用和效益，而税收补贴等直接转移支付则从经济费用和效益项目中删除。

一般地，项目经济效益与费用在使用影子价格处理时，对于项目经济效益的计算应遵循支付意愿（WTP）原则和（或）接受补偿意愿（WTA）原则，对于经济费用的计算应遵循机会成本原则。

（4）无形外部效果

难以用货币度量的效益和费用称为无形外部效果，如就业率、犯罪率、国防安全、环保等，无法用费用效益法评价。对于无形外部效果只能使用费用效果分析法，首先要计算无形效果的实物指标，如噪声指数、空气含硫量等，然后设法估计各种实物指标的价值标准，最后利用费用效果分析方法评价。

2. 影子价格的含义

狭义的影子价格是稀缺性资源的单位增减使系统收益的增减量，即在给定条件下使用它们的边际效率或单位资源的机会成本。广义的影子价格是指商品或生产要素可用量的任一边际变化对国家基本目标（如国民收入增长）的贡献值。

通常认为，资源（自然资源、劳动力、资金等）的影子价格是资源对社会目标的边际贡献，严格地说，资源的影子价格是资源可用量的任何边际变化对国家的基本社会经济目标所贡献的价值。它是由国家基本社会经济目标和资源可用量边际变化赖以产生的经济环境所决定的。

3. 使用影子价格的原因

(1) 市场价格不能反映资源的社会价值

按影子价格定义,只有在完全竞争条件下,市场价格才能反映物品稀缺状况,即影子价格。但完全竞争要求的条件极苛刻,现实并不存在,实际市场价格常因政策、垄断、信息不对称等原因而与完全竞争的市场价格相差甚远,不能正确反映甚至极大扭曲了社会经济效益与费用计量中投入产出的社会价值。

(2) 为投资项目价格定位

投资项目在决策之中尚未投产,因此根本没有市场价格,参照同类项目的价格,也并未考虑项目投产后对市场的影响。

(3) 通过影子价格能从社会效益角度分析项目优劣

根据福利经济学理论,只有完全竞争才能实现社会效益最大化,通过分析现实经济与完全竞争市场状态下的系统偏差来确定影子价格,依次纠正单纯用市场价格无法衡量的社会效益,能从整个社会效益的角度评价项目的可行性。

4. 影子价格的计算

项目投入物和产出物分为外贸货物、非外贸货物和特殊投入物。外贸货物指生产、使用将影响进出口的项目产出物或投入物。非外贸货物是指生产、使用将不影响进出口的项目产出物或投入物。特殊投入物包括劳动力和土地等。

(1) 外贸货物的影子价格

外贸货物的影子价格以实际要发生的口岸价格为基础确定,公式为:

出口产出的影子价格(出厂价)=离岸价(FOB)×影子汇率-出口费用

进口投入的影子价格(到厂价)=到岸价(CIF)×影子汇率+进口费用

(2) 非外贸货物的影子价格

在竞争性市场环境下,项目应采用市场价格作为计算项目投入或产出影子价格依据。若项目投入或产出规模很大,项目实施足以影响市场价格,导致"有项目"和"无项目"两种情况下市场价格不一致,则取二者均值作影子价格依据。

对于具有市场价的投入产出,计算影子价格时,流转税(如消费税、增值税、营业税等)应根据产品在市场中发挥的作用,分别计入或不计入影子价格。

如果项目产出效果不具有市场价格,应遵循消费者支付意愿或接受补偿意愿的原则,采用"显示偏好"的方法或利用"陈述偏好"的意愿调查方法确定影子价格。前者通过其他相关市场价格信号,间接估算产出效果的影子价格;后者分析调查对象的支付意愿或接受补偿的意愿,推断项目影响效果的影子价格。

(3) 特殊投入物——影子工资的确定

影子工资是项目使用劳动力资源而使社会付出的代价,它是劳动力机会成本与新增资源消耗之和,其中劳动力机会成本指劳动力在本项目被使用而不能在其他项目被使用要放弃的收益,新增资源消耗指劳动力在本项目新就业或由其他就业岗位转移到本项目而发生的资源消耗,这些消耗并未提高劳动力生活水平。

影子工资可通过影子工资换算系数得到,后者指影子工资与项目财务分析中的劳动力工资之间的比值。影子工资的确定应符合下列规定:

①影子工资据项目所在地劳动力就业状况、就业或转移成本测定。

②技术劳动力工资由市场供求决定,影子工资按实际支付工资计算。

③对于非技术劳动力,取影子工资换算系数 0.25～0.8,具体按当地非技术劳动力供求状况确定,较为富余的地区取低值,贫乏的地区取高值,中间状况的地区取 0.5。

(4)特殊投入物——土地影子价格的确定

项目占用的土地无论是否付费,均应计算影子价格。它是项目使用土地资源而使社会付出的代价,即土地机会成本与新增资源消耗的总和。

其中,土地机会成本按拟建项目占用土地而使国民经济为此放弃的土地"最佳替代用途"的净收益计算。土地改变用途而发生的新增资源消耗包括拆迁补偿费、农民安置补助费等,在实践中,土地平整等开发成本通常计入工程建设费用中,土地影子价格不再重复计算。

具体在确定土地影子价格时,应根据项目占用土地所处的地理位置、项目情况以及取得方式的不同分别确定:

①通过招标、拍卖和挂牌出让方式取得使用权的国有土地,其影子价格应按照财务价格计算。

②通过划拨、双方协议方式取得使用权的土地,应分析价格优惠或扭曲情况,参照公平市场交易价格,对价格进行调整。

③经济开发区优惠出让使用权的国有土地,其影子价格应参照当地土地市场交易价格类比确定。

④当难以用市场价格类比方法确定土地影子价格时,可采用收益现值法或以开发投资应得收益加土地开发成本确定。

⑤当采用收益现值法确定土地影子价格时,应以社会折现率对土地的未来收益及费用进行折现。

⑥建设项目如需占用农村土地,以土地征用费调整计算影子价格,其中,土地征收补偿费中的土地补偿费及青苗补偿费应视为土地机会成本,地上附着物补偿费和安置补助费应视为新增资源消耗,其他费,如征地管理费、耕地占用税、耕地开垦费、土地管理费、土地开发费等应视为转移支付,不列入费用。

⑦项目所占用的住宅、休闲用地等非生产性用地,市场完善的,应按市场价格估算影子价格,市场不完善的,应按支付意愿价估算影子价格。

(5)特殊投入物——其他自然资源影子价格的确定

项目投入的其他自然资源,无论在财务上是否付费,在经济费用效益分析中,都必须测算经济费用。不可再生自然资源的影子价格应按资源的机会成本计算;可再生自然资源的影子价格应按资源的再生费用计算。

(6)费用节约的项目

对于间接效益表现为费用节约的项目,应根据"有无对比"原则分析,计算节约的经济费用,计入项目相应的经济效益。

对于间接效益表现为时间节约的运输项目,经济价值应用"有无对比"分析法,根据不同人群、货物、出行目的等,区别下列情况计算时间节约价值:一是据不同人群及不同出行目的对时间的敏感程度,分析受益者为得到这种节约所愿意支付的货币量,测算出行时间节约的价值;二是据不同货物对时间的敏感程度,分析受益者为了得到这种节约所愿支付的价格,测算其时间节约的价值。

(7) 其他外部效果的影子价格

若项目产出效果表现为对人力资本、生命延续或疾病预防等方面的影响,如教育、卫生、环境改善或交通运输项目等,应据项目具体情况测算人力资本增值价值、可能减少死亡的价值,以及对健康影响的价值,将量化结果纳入项目经济费用效益分析框架中,若货币量化缺乏可靠依据,应采用非货币方法量化。

此外,项目所带来的环境和生态影响的外部效果也是经济费用效益分析要考虑的一种特殊形式的外部效果,其效益与费用(损失)应据项目时间和空间范围、具体特点、评价的深度要求及资料占有情况,采用适当评估方法与技术对环境影响的外部效果识别、量化和货币化,将其列入经济现金流。

5. 影子汇率的计算

影子汇率指能正确反映国家外汇经济价值的汇率,建设项目经济费用效益分析中,项目进口投入物和出口产出物应采用影子汇率计算进出口外汇收支价值。

影子汇率高低将影响进出口换算,影响进口设备或国产设备选择,影响产品进口替代型项目或产品出口型项目决策,及其他涉外合资合作项目决策。

影子汇率通过影子汇率换算系数得出,后者是影子汇率与外汇牌价之比。

当前,根据我国外汇收支、外汇供求、进出口结构、进出口关税、进出口增值税及出口退税补贴等情况,影子汇率换算系数为 1.08。

6. 社会折现率的计算

用项目经济费用效益分析法计算诸如经济净现值、净年值等动态经济效果指标时,采用的折现率应是社会折现率,用 i_s 表示,它是建设项目经济费用效益分析中衡量经济内部收益率的基准值,也是计算项目经济净现值的折现率。

社会折现率应根据国家的社会经济发展目标、发展战略、发展优先顺序、发展水平、宏观调控意图、社会成员的费用效益时间偏好、社会投资收益水平、资金供给状况、资金机会成本等因素综合测定。

按《参数三》要求,国家行政主管部门统一测定并发布社会折现率和影子汇率换算系数等参数,在建设项目经济费用效益分析中必须采用,影子工资换算系数和土地影子价格等可参考选用。当前测定社会折现率为 8%,若项目受益期长、远期效益大,效益实现的风险小,社会折现率可适当降低,但不低于 6%。

7. 影子参数取值要充分考虑区域经济发展的非均衡性

我国是一个经济大国,幅员辽阔,各地区经济发展水平差异很大,经济发展的非均衡性特征明显,各地区之间由于交通设施的通达性及各种人为的因素限制,市场分割状况还很严重,资源实际可以配置的范围受到各种因素限制。同一种资源在不同地区的禀赋情况、稀缺程度及经济价值相差很大。因此,同一种货物在不同地区,其影子价格差异也很大。各地区经济发展的非均衡性在经济评价的影子参数取值上应予以充分考虑。

①土地的影子价格。各地区土地的稀缺程度和机会成本差别很大,应分别根据项目所在地具体情况测算影子价格。

②影子工资。各地区劳动力市场发育程度不同,劳动力素质、创造价值能力相差很大,不同项目的劳动力影子价格也差别很大。

③社会折现率。各地区资金的机会成本不一样,应采用不同的社会折现率。

④影子汇率。我国外汇具有稀缺性和被管制性,各地区区位特征不同,外向型经济的发展水平不同,各地区创汇能力及外汇稀缺程度也不同,因此外汇对不同地区的经济价值也应有所不同。

3.3.3 经济费用效益分析的基本目标和指标体系

1. 经济费用效益分析的基本目标

经济费用效益分析的基本目标是:

①考察达到设计生产能力的正常生产年份所增加的国民收入净增值(净产值)和社会净收益(纯收入),及其与整个投资的比率,以衡量项目对国家和社会的实际贡献。

②考察项目整个寿命期内的总国民收入净增值和总社会净收益及其与总投资的比率,以衡量项目对国家和社会的总效益。

③考察回收投资的时间长短,以考察该项目的偿还能力,可用国民收入净增值或社会净收益分别计算投资回收期。

④考察客观因素对项目创造国民收入净增值和社会净收益能力的影响,用盈亏平衡分析、敏感性分析和概率分析方法检验,寻找影响项目投资效益最大的因素,采取有效措施,降低投资风险程度,提高项目收益能力。

2. 主要评价指标

如果项目经济费用和效益能够货币化,应在费用效益识别和计算基础上,编制经济费用效益流量表,计算相关评价指标,分析项目投资的经济效率。

(1) 经济净现值(ENPV)

经济净现值反映项目对国民经济所做贡献的绝对指标,指按给定社会折现率将项目计算期内各年经济净现金流量折算成投资起点的现金之和。公式如下:

$$ENPV = \sum_{t=0}^{n}(B-C)_t(1+i_s)^{-t}$$

式中:B——经济效益流量;
C——经济费用流量;
$(B-C)_t$——第 t 年的经济净效益流量;
i_s——社会折现率;
n——项目计算期。

若 $ENPV>0$,则投资净贡献超过社会折现率,可以接受方案;$ENPV=0$,则投资净贡献刚好满足社会折现率;$ENPV<0$,则投资净贡献达不到社会折现率,方案不能接受。在多方案评优时,应选择经济净现值最大的方案。

(2)经济内部收益率($EIRR$)

经济内部收益率指使项目计算期内的经济净现值累计等于零时的折现率。若其值≥社会折现率(i_s),则表明投资净贡献达到要求的水平。公式如下:

$$\sum_{t=0}^{n}(B-C)_t(1+EIRR)^{-t}=0$$

(3)经济效益费用比(R_{BC})

经济效益费用比指项目计算期内效益流量现值与费用流量现值之比,即:

$$R_{BC}=\frac{\sum_{t=1}^{n}B_t(1+i_c)^{-t}}{\sum_{t=1}^{n}C_t(1+i_c)^{-t}}$$

式中:B_t——第 t 期的经济效益;

C_t——第 t 期的经济费用。

若经济费用效益比大于1,则项目经济效益达到可以被接受的水平。

(4)其他指标

①经济外汇净现值 $ENPV(F)$。

经济外汇净现值是按经济费用效益分析中效益和费用的划分原则,采用影子价格、影子工资和社会折现率计算、分析和评价项目实施后对国家外汇收支影响的重要指标,又称总外汇净效果,不仅包括项目直接外汇净效果,也包括替代进口效果(即间接创汇净效果),后者指替代进口而节约的外汇价值。公式如下:

$$ENPV(F)=\sum_{j=0}^{n}(FI-FO)_j(1+i_s)^{-j}$$

式中: FI——外汇流入量(含取代进口而节约的外汇价值);

FO——外汇流出量;

$(FI-FO)_j$——第 j 年的外汇净流量。

用 $ENPV(F)$ 评价项目外汇效果时,若 $ENPV(F)$ 大于零,表明项目是创汇项目;若 $ENPV(F)$ 小于零,表明项目是用汇项目。如果项目产品为替代进口产品,可以按产品替代进口的净外汇效果计算 $ENPV(F)$。

②经济换汇成本(CF)。

经济换汇成本是指项目为生产出口产品而投入的国内资源价值(用影子价格计算,单位是人民币元)与直接外汇净效果(单位是美元)之比,亦即换取一美元外汇所需要的人民币金额。其公式如下:

$$CF=\frac{\sum_{j=0}^{n}DR_j(1+i_s)^{-j}}{\sum_{j=0}^{n}(FI-FO)_j(1+i_s)^{-j}}$$

式中：DR_j——项目第 j 年为生产出口品而投入的本国资源价值（含投资及经营成本）。

经济换汇成本若小于影子汇率，则项目产品出口是经济可行的，有国际竞争力；反之，产品出口是不经济的，没有国际竞争力。

3.3.4 费用效果分析

对于项目效益和费用可以货币化（有形外部效果）的项目应采用经济费用效益分析方法，对于效益难以货币化（无形外部效果）的项目，应采用费用效果分析法，对于效益和费用均难以量化的项目，应进行定性经济费用效益分析。

1. 费用效果分析的含义

费用效果分析指通过比较项目预期效果与所支付的费用，判断项目的经济合理性。当效果难于或不能货币化，或货币化效果不是项目目标的主体时，应采用费用效果分析法进行经济评价，其结论作为项目投资决策的依据之一。

费用效果分析中的费用指为实现项目预定目标所付出的财务或经济代价，采用货币计量；效果指项目结果所起到的作用、效应或效能，是项目目标的实现程度。按照项目要实现的目标，一个项目可选用一个或几个效果指标。

2. 进行费用效果分析的项目应满足的条件

费用效果分析应遵循多方案比选原则，所分析的项目应满足下列条件：

①备选方案不少于两个，且为互斥方案或可转化为互斥方案。
②备选方案应有共同目标且满足最低的效果要求。
③备选方案应能货币化，且资金用量不应突破资金限制。
④效果采用同一非货币单位衡量，多种效果时，应加权处理成单一综合指标。
⑤备选方案应具有可比的寿命周期。

3. 费用效果分析的步骤

第一步：确立项目目标。
第二步：构想和建立备选方案。
第三步：将项目目标转化为具体的可量化的效果指标。
第四步：识别费用与效果要素，并估算各个备选方案的费用与效果。
第五步：利用相关指标，综合比较、分析各个方案的优缺点。
第六步：推荐最佳方案或提出优先采用的次序。

4. 费用效果指标的计算

（1）费用

费用是项目周期内发生的全部费用，可以按现值或年值公式计算。

$$PC = \sum_{t=1}^{n}(CO)_t(P/F,i,t)$$

$$AC = \left[\sum_{t=1}^{n}(CO)_t(P/F,i,t)\right](A/P,i,n)$$

式中：PC——费用现值；

　　　AC——费用年值；

$(CO)_t$——第 t 期现金流出量；

　　n——计算期；

　　i——折现率。

当备选方案的计算期不一致时，应采用费用年值公式。

(2) 效果

选择项目效果计量单位应切实度量项目目标实现的程度，且便于计算，若项目目标不止一个，或项目效果难以直接度量，需要建立次级分解目标度量时，要用科学方法确定权重，借助层次分析法对项目效果加权处理成统一综合指标。

(3) 评价指标

费用效果分析采用效果费用比 $R_{E/C}$ 为基本指标，公式是：

$$R_{E/C}=E/C$$

式中：E——项目效果；

　　C——项目计算期费用现值或年值。

5. 费用效果分析的基本方法

费用效果分析的基本方法是最小费用法、最大效果法和增量分析法。最小费用法也称固定效果法，即在效果相同条件下，取费用最小的备选方案。最大效果法也称固定费用法，即在费用相同条件下，取效果最大的备选方案。增量分析法是当效果与费用不固定，且具有较大幅度差别时，对两个备选方案之间的费用差额和效果差额分析，分析获得增量效果所付出的增量费用是否值得。

采用费用效果增量分析时，应先确定基准指标 $[E/C]_0$ 或 $[C/E]_0$。若增加的效果能抵补增加的费用，选择费用高的方案，否则选择费用低的方案。

若项目有两个以上备选方案进行增量分析，选优步骤如下。

第一步：将方案费用由小到大排队。

第二步：从费用最小的两个方案开始比较，通过增量分析选择优势方案。

第三步：将优胜方案与紧邻下一个方案进行增量分析，选出新的优势方案。

第四步：重复第三步，直至最后一个方案，最终被选方案为最优方案。

【案例四】 岭澳核电工程

核电是世界上最清洁和可靠的能源，投资37亿美元的广东岭澳核电工程是我国第一宗自主管理和建设、设备国产化达30%的百万千瓦的压水堆核电工程，节省了3亿多美元投资，其一号机组提前48d投入运行。

参与过大亚湾核电站建设的广东核电集团以国际标准为基础，进行高起点自主创新，全面负责技术和工程管理、建筑安装、主体设计，部分设备制造实现了国产化，其中核岛和常规岛的国产化达23%，而总体国产化能力达30%，导致工程单位造价比大亚湾核电站减少一成。整个工程改进了52项技术，采用了世界上最新的工艺和设备，提高质量和整体安全性能，电站的全方位保安系统也达到国际领先水平。整个工程节省投资3亿多美元，占原预算的一成。

岭澳核电站工程全部投产后，年上网电量可达135亿 kW·h，供电量占广东省总用电量约12%,对广东省GDP拉动达1148亿元,而且减少环境污染。相比同等规模煤电站,二氧化硫年排放量减少近万吨,核电站运行期对人们的年辐射剂量小于一次肺部透视。应如何对岭澳核电站工程进行费用效果分析?

3.3.5 区域经济与宏观经济影响分析

1. 区域经济与宏观经济影响分析的含义

区域经济影响分析指从区域经济角度,分析项目对所在区域乃至更大范围的经济发展影响。宏观经济影响分析指从国民经济整体角度出发,分析项目对国家宏观经济各方面的影响。

直接影响范围限于局部区域的项目应进行区域经济影响分析,直接影响国家经济全局的项目应进行宏观经济影响分析。区域经济与宏观经济影响分析应遵循系统性、综合性、定性与定量分析相结合的原则。

2. 需要区域经济或宏观经济影响分析的项目

具备下列部分或全部特征的特大型项目应进行区域或宏观经济影响分析:
①项目投资巨大、工期超长(跨五年计划或十年规划)。
②项目实施前后对所在区域或国家的经济结构等有较大改变。
③项目导致技术进步,引发关联产业或新产业群体的发展变化。
④项目对生态与环境影响大、范围广。
⑤项目对国家经济安全影响较大。
⑥项目对区域或国家长期财政收支影响较大。
⑦项目的投入或产出对进出口影响大。
⑧其他对区域经济或宏观经济有重大影响的项目。

3. 区域经济与宏观经济影响分析的内容

区域经济与宏观经济影响分析应立足于项目的实施能够促进和保障经济有序高效运行和可持续发展,分析重点应是项目与区域发展战略和国家长远规划的关系。分析内容应包括下列直接贡献和间接贡献、有利影响与不利影响。

(1)直接贡献表现

促进经济增长,优化经济结构,提高居民收入,增加就业,减少贫困,扩大进出口,改善生态环境,增加地方或国家财政收入,保障国家经济安全等方面。

(2)间接贡献表现

促进人口合理分布和流动,促进城市化,带动相关产业,克服经济瓶颈,促进经济社会均衡发展,提高居民生活质量,合理开发、有效利用资源,促进技术进步,提高产业竞争力等方面。

(3)不利影响表现

不利影响表现为:非有效占用土地资源、污染环境、损害生态平衡、危害历史文化遗产;供求关系与生产格局失衡,引发通胀;冲击地方传统经济;产生新的相对贫困阶层及隐性失业;不利国家经济安全等。

4. 区域经济与宏观经济影响分析的指标

区域经济与宏观经济影响分析的指标体系宜由下列总量指标、结构指标、社会与环境指标和国力适应性指标构成。

①经济总量指标：反映项目对国民经济总量的贡献，包括增加值、净产值、纯收入、财政收入等指标。总量指标可用当年值、净现值总额和折现年值。

②经济结构指标：反映项目对经济结构的影响，如产业结构、就业结构等。

③社会与环境指标：包括就业效果指标、收益分配效果指标、资源合理利用指标和环境影响效果指标、贫困地区收益分配比重指标等。

④国力适应指标：表示国家的人力、物力和财力承担重大项目的能力，用项目使用的资源占全部资源比例或财政资金投入占财政收支比例表示。

5. 区域经济与宏观经济影响分析的方法

区域经济与宏观经济的影响分析可将项目总产出、总投入、资源、劳动力、进出口额等作为区域或宏观经济增量，通过建立反映项目特点的经济数学模型，分别计算"有项目"与"无项目"时的经济总量指标、经济结构指标、社会与环境指标及国力适应指标，并根据有无对比原则进行分析。

常用的经济数学模型包括经济计量模型、经济递推优化模型、全国或地区投入产出模型、系统动力学模型和动态系统计量模型等。

3.3.6 综合评价方法

1. 综合评价的概念

综合评价就是考虑到工程投资项目是一个多因素、多环节的复杂系统，在各部分、层次等子系统评价基础上，为使系统整体功能达到最优，对投资方案，从政治、经济、技术、社会、生态环境等方面进行全面综合性预测、计算、分析和评定，判断其综合效益优劣，为决策提供依据的评价方法。

2. 工作程序

（1）确定评价目标

评价的具体目标要根据方案的性质、范围、类型、条件与可行性确定，目标确定本身就是一个评价过程，要通过反复比较、权衡利弊后确定。

（2）确定评价范围

调查影响达到目标的各种因素和各种因素之间的相互制约关系，并找出主要因素。在此基础上确定相关区域和评价范围。

（3）制定评价指标和标准

从众多评价因素中，找能客观综合反映该方案整体情况的指标及其影响因素。其中，评价指标是目标的具体化，评价标准是衡量各方案指标值的尺度，根据经验和科学依据，制定可行标准，每一评价指标，都应有详细的评价标准。

（4）确定指标的权重

各个评价指标的重要程度不一，要通过加权的方法来反映客观情况。相对重要的指标给予较大权重,权重的确定是综合评价的重点。

(5)确定综合评价的判据

尽管单一判据信息量损失大而且排斥了决策者的作用,但由于避免了对评价对象各种要素的简单罗列,可以抓住主要因素,采用有效的综合评价模型。

综合评价的单一判据,多为定性与定量相结合的评价值,一是预定某一数值 M,大于 M 的方案可行。另一种不预定临界值,而以实际值排序选优。

3. 综合评价的一般方法

将各种评价结果及评价者的倾向性意见综合起来评价,这些评价意见包括:综述项目研究过程中重大方案的选择和推荐意见、综述项目实施的企业财务效果、综述项目实施方案的国民经济效果、综述不确定因素的影响程度和项目的风险性、综述项目的社会效果(定性与定量)、项目评价中存在的问题和建设。

在综合评价中应以经济定量指标为主,辅以定性指标,如以净现值、内部收益率等指标为判据对方案排序,以环境指标、社会效果指标为参考等。具体综合评价方法是评分法、层次分析法、多级过滤法等。

(1)评分法

常用加法评分法、连乘评分法、加乘混合评分法、加权评分法等。

评分法程序是:

①确定综合评分的因素项,如政治因素、经济因素、技术因素、环境因素、社会因素等。

②制定评分标准,规定每个因素项的最高分、最低分和等级,制定等级标准,选择评分方法。

③请各方面专家和有关人员根据有关资料、经验和评分标准,对各因素项评价分值。

④将每项所得分值按一定的评分法进行归纳整理,得出总评分分值。

⑤将总评分值归一或平均化处理,并与标准比较,决定方案取舍。在多方案评价时,按得分高低排序,进行选优。

评分法优点是简单易行、成本低,能将一些定性因素定量化,为了解方案全貌和比较方案优劣提供了依据。缺点是评价结果受评分人员主观经验影响。

(2)层次分析法

综合评价的评价指标重要程度不一,要加权修正,权重用层次分析法解决。

第一步:建立问题的递阶层次结构。

将问题分解为由元素组成的各部分,把这些元素按属性分成若干组,形成不同层次。同一层次元素作为准则支配下一层次某些元素,同时它又受上一层次元素支配。最上层只有一个元素,它是问题的预定目标或理想结果;中间层次一般是指标、分指标;最低一个层次包括各个方案。其图式如图3-6所示。

第二步:构造两两比较判断矩阵。

在建立递阶层次结构之后,上下层次之间元素的隶属关系就被确定,假定上一个层次元素 C_k,对应下一层次元素 $A_1, A_2, \cdots, A_n$ 采用两两比较法,判断 $A_1, A_2, \cdots, A_n$ 对 C_k 的重要性顺序,如表3-25所示。

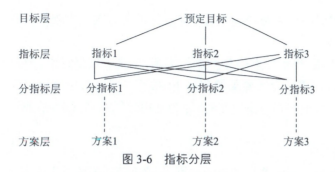

图 3-6 指标分层

相对重要性权数的确定 表 3-25

相对重要性权数	定 义
1	两个元素同等重要
3	一个元素比另一个元素稍微重要
5	一个元素比另一个元素明显重要
7	一个元素比另一个元素非常重要
9	一个元素比另一个元素极端重要
2，4，6，8	上述判断的中值

如若 i，j 比较，得到 a_{ij}，则 j 与 i 比较为 $1/a_{ij}$。

两两比较之后可以得出判别矩阵：

$$A=(a_{ij})n\times n$$

判别矩阵具有如下性质：

$$a_{ij}>0, a_{ij}=1/a_{ji}, a_{ii}=1$$

第三步：计算单一指标下元素的相对权重。

要解决在指标 C_k 下，n 个元素 $A_1,A_2,\cdots,A_n$ 排序权重的计算问题，并进行一致性检验。通过两两比较之和得判断矩阵 A，解特征根问题：

$$AW=\lambda_{\max}W$$

所得 W 经正规化后作为元素 $A_1,A_2,\cdots,A_n$ 在指标 C 下的排序权重。然后计算一致性指标 $CI=(\lambda_{\max}-n)/(n-1)$，再从平均一致性指标中查找 RI，平均随机一致性是多次重复进行随机判断矩阵特征值的计算后去算术平均数得到，当 $CR=CI/RI<0.1$ 时，判断矩阵的一致性是可以接受的。

第四步：计算各层次元素的组合权重。

第 $k-1$ 层元素相对于总目标组合排序权重：

$$a^{k-1}=(a_1^{k-1},a_2^{k-1},\cdots,a_m^{k-1})^T$$

第 k 层在 $k-1$ 层第 j 个元素作为准则下元素排序权向量为：

$$B_j^k=(b_{1j}^k,b_{2j}^k,\cdots,b_{mj}^k)^T$$

其中不受支配（即与 $k-1$ 层第 j 个元素无关）的权重为 0，令 $B^k=(b_1^k,\cdots,b_m^k)$，则第 k 层元素相对于总目标组合排序权重向量由下式给出：

$$a^k=B^ka^{k-1}$$

层次分析法的最终结果是得到相对于总目标的各方案优先顺序权重。

(3) 多级过滤法

将社会影响因素、环境生态等作为制约因素,制定一最低标准,把投资方案与各项标准相比较,层层筛选,在满足最低要求的前提下,最后以费用效益分析作为决策依据。该方法简单易行、通用性大,但在多方案比选时,因为是用最低标准筛选,故所选方案不一定是综合最优方案。

(4) 其他方法

其他方法还包括以系统分析理论为依据,用各种系统优化方法进行综合评价;或者用数学模型定量表示各因素影响大小,可将定性因素定量处理,或将定量因素与定性因素结合起来,获得对评价对象的综合评价值。

3.4 改扩建项目与并购项目的经济评价

3.4.1 改扩建项目的经济评价

1. 改扩建项目的含义和特点

(1) 改扩建项目的含义

改扩建项目指既有企业利用原有资产与资源,投资形成新生产(服务)设施,扩大或完善原有生产(服务)系统的活动,包括改建、扩建、迁建和停产复建等,目的在于增加产品供给,开发新型产品,调整产品结构,提高技术水平,降低资源消耗,节省运行费用,提高产品质量,改善劳动条件,治理生产环境等。

(2) 改扩建项目的特点

①项目是既有企业的有机组成部分,同时项目活动与企业活动在一定程度上是有区别的。

②项目的融资主体和还款主体都是既有企业。

③项目一般要利用既有企业的部分或全部资产与资源,并且不发生资产与资源的产权转移。

④建设期内既有企业生产(运营)与项目建设一般同时进行。

2. 改扩建项目的效益与费用界定

改扩建项目经济评价应正确识别与估算"无项目"、"有项目"、"现状"、"新增"、"增量"五种状态下的资产、资源、效益与费用。"无项目"与"有项目"的口径与范围要一致。避免误算漏算或重复计算,难以计量的费用效益要定性描述。

改扩建项目的效益与费用的范围指项目活动的直接影响范围。局部改扩建项目范围只包括既有企业的一部分,整体改扩建项目范围包含整个既有企业。在经济费用效益分析中,效益和费用范围是指项目活动的直接和间接影响的范围。在保证不影响分析结果的情况下应尽可能缩小项目范围。改扩建项目要处理好计算期的可比性、原有资产的利用、停减产损失和沉没成本等问题。

3. 改扩建项目分析的层次

(1) 项目层次

盈利能力分析遵循"有无对比"原则,利用"有项目"与"无项目"的效益与费用计算增量效益与增量费用,用于分析项目的增量盈利能力,并作为项目决策的主要依据之一。清偿能力分析要分析"有项目"的偿债能力,若"有项目"还款资金不足,应分析"有项目"还款资金的缺口,即既有企业应为项目额外提供的还款金额。财务生存能力分析要分析"有项目"的财务生存能力。符合简化条件时,项目层次分析可以直接用"增量"数据和相关指标进行分析。

(2) 企业层次

企业层次分析即分析既有企业以往的财务状况与今后可能的财务状况,了解企业生产与经营情况、资产负债结构、发展战略、资源利用优化的必要性、企业的信用等。特别关注企业为项目的融资能力、企业自身的资金成本或同项目有关的资金机会成本。有条件时要分析既有企业包括项目债务在内的还款能力。

改扩建项目应分析项目对既有企业的贡献,通过计算项目实施后,既有企业的营业收入、利润总额等指标的"新增"数据及相关增长率,估算项目投资活动对既有企业财务状况改善的贡献。

4. 改扩建项目的经济费用效益分析

改扩建项目经济费用效益分析采用一般项目经济费用效益分析原理,指标是增量经济净现值和经济内部收益率,关键要识别"有项目"与"无项目"的效益与费用。

进行改扩建项目的既有企业条件各异,应根据项目的目的、项目层次与企业层次财务分析的结果、经济费用效益分析的结果,结合不确定性分析和风险分析的结果,以及项目对企业的贡献等,统筹兼顾,进行多指标的投融资决策。

5. 可按一般建设项目进行经济评价的改扩建项目

符合下列条件之一的改扩建项目按一般项目经济评价方法处理:

①项目的投入和产出与既有企业的生产经营活动相对独立。
②以增加产出为目的的项目,增量产出占既有企业产出比例较小。
③利用既有企业的资产与资源量与新增量相比较小。
④效益与费用的增量流量较容易确定。
⑤其他特定情况。

3.4.2 并购项目的经济评价

1. 并购项目的含义

并购项目是指既有企业兼并或收购目标企业,获得其部分或全部产权的项目。目的是扩大经营规模,提高效率,减少竞争对手,取得管理、经营、财务协同效益,增强企业竞争能力,同时维持或改进目标企业原有的生产系统。

2. 并购项目经济评价的内容

通常,对并购项目只做财务评价,分析财务效益、资产经营效益和发展速度等。对于影响行业结构和地区发展的重大并购项目,还应做经济费用效益分析,判断并购产生的失业、垄断等后果的社会承受能力。

并购项目经济评价内容:
①分析目标企业所处行业地位、竞争对手、行业发展趋势、市场格局与前景。
②分析目标企业经营管理现状、资产负债结构、盈利能力、管理水平,并预测发展前景。
③分析既有企业管理能力与水平、财务状况、品牌商誉、市场份额、融资能力、企业现状等。
④测算并购成本。
⑤测算改组改造所需投资。
⑥预测并购收益和经营费用。
⑦构造并购后的现金流量表,依据内部收益率等指标判断并购的可行性。
⑧并购风险分析。

3. 并购项目成本与效益

（1）并购项目成本

并购成本有产权交易价格、并购后对目标企业的投资（包括改造改组、人员安置与遣散等）、咨询费、律师费、佣金等。其中,产权交易价格估算法如下:

①收益现值法。从目标企业未来收益的角度,在企业"持续经营"假定前提下,将目标企业未来预测的现金流量进行折现,计算目标企业的收益净现值,作为目标企业的内在价值。收益现值法中所采用的折现率应为目标企业的加权平均资金成本。

②账面价值调整法。从资产成本的角度,用重置成本法和资产变现法调整账面价值,用调整后的目标企业资产净值估算企业的基础价值。账面价值调整法在组织资本创造价值较大时失效,不适用于高科技企业和服务类企业。

③市场比较法。比较目标企业与类似可比上市公司或已交易的非上市公司的财务比率,将财务比率乘以目标企业的当期收益（或净资产）,计算目标企业的市场价值。

（2）并购项目效益

并购项目效益包括企业效益及并购带来的协同效益。并购给企业带来的效益包括资本经营效益、市场增加值和经济增加值;并购带来的协同效益包括财务协同效益和经营协同效应。有条件时可用有无对比法估算协同效应。

本章小结

本章由工程项目投资额的概念出发,解释了（狭义）工程投资项目估算的含义、作用,以及不同阶段投资估算的特点,分别说明了工程项目投资估算的对象——总资产、成本、收入估算的细目。在资产估算方面,提出了资产估算的主要依据、要求和步骤;用资金周转率法、生产规模估算法、系数估算法、分项估算法、指标估算法、编制概算法等方法精度不断加深地估算工程投资项目的固定资产;还提出了流动资金的含义,项目决策早期的流动资金估算法-扩大指标估算法,项目决策后期的流动资金估算法-分项详细估算法。在成本和收入估算方面,分别提出了总成本分项估算方法、经营成本分项估算方法、产品成本分项估算方法、销售收入估算方法、税金和利润估算方法等。

在工程项目评价方面,提出了投资项目评价含义和分类。阐释了财务评价含义、核心、任务和财务评价方法分类,说明了财务评价基本内容是项目盈利能力、项目清偿能力、项目生存能力及其他能力(外汇平衡能力和风险防范能力等),概述了财务评价步骤,解释了现金流量表、损益表、资金来源与运用表、资产负债表、外汇平衡表等财务报表的编制方法,详细说明了主要评价指标的特点,其中盈利能力指标是投资收益率、内部收益率、净现值、投资回收期等,偿还能力指标是固定资产借款偿还期、利息备付率、偿债备付率、债务覆盖率、资源收益覆盖率、债务承受比率、资产负债率等,说明了这些指标的转换方法。从理论上阐释了财务评价基础-资金时间价值的含义和成因,说明了资金时间价值的计算方法,即复利终值因数、年金终值因数、偿债基金因数、贴现因数、年金现值因数、资金回收因数,说明了盈利能力分析原则和步骤。在此基础上详细说明了单方案分析方法和多方案分析方法,前者包括投资利润率法、投资回收期法、净现值法、终值法、年值法、盈利指数法、内部收益率法、外部收益率法;后者包括独立型方案的现值法、盈利指数法、内部收益率法,互斥型方案的直接对比法和差额分析法,混合型方案的互斥化和增量效率排序比较法。

本章解释了经济费用效益分析概念及其必要性,分析了经济费用效益分析方法的条件和特点,比较了经济费用效益分析与财务评价的区别联系,及它们不一致的原因。阐释了经济费用效益分析的理论基础-影子价格理论,解释了外部效果含义,广义和狭义影子价格含义,说明了使用影子价格的原因,具体阐述了主要影子价格的计算方法和取值依据,在此基础上,说明了经济费用效益分析的步骤。在经济费用效益分析时,要明确经济费用效益分析的目标和主要指标体系,即经济内部收益率、经济净现值、经济费用效益比等等。对于无形外部效果主要采用费用效果分析,本章给出了费用效果分析的含义、应满足的条件、分析步骤、指标的计算以及基本分析方法。对于需要区域经济和宏观经济影响分析的大型项目,本章给出了该分析方法的含义、应用的项目范围、分析的基本内容、分析的基本指标和方法。工程项目的评价,尤其是经济费用效益分析往往是综合评价的结果,本章给出了综合评价概念,工作程序和一般方法,即评分法、层次分析法、多级过滤法,以及其他一些方法。

本章还介绍了改扩建项目含义、特点、效益和费用的界定、改扩建项目的分析层次、改扩建项目的经济费用效益分析以及可按一般建设项目进行改扩建经济评价的基本条件。本章最后介绍了并购项目的含义、经济评价的基本内容、成本和效益的计算。

习题

1. 广义和狭义的工程项目投资估算的含义是什么?工程项目投资估算的作用是什么?
2. 工程投资决策的不同阶段中工程项目投资估算各有什么不同?
3. 工程投资项目的总资产包括哪些内容?收入和成本又是如何构成的?
4. 工程投资项目资产估算的依据、要求和步骤各是什么?
5. 简述工程投资项目主要的固定资产估算方法、流动资金估算方法、成本收入的估算方法?
6. 工程投资项目评价的含义是什么?意义是什么?原则是什么?又是如何分类的?

7. 财务评价的含义是什么？核心和主要任务是什么？有哪些财务评价方法？
8. 财务评价的基本内容是什么？主要步骤有哪些？
9. 各类工程投资项目的财务报表有哪些基本内容？财务评价的主要指标有哪些？
10. 资金的时间价值的含义？实质和产生原因是什么？有哪些计算资金时间价值的公式？
11. 财务评价中盈利能力分析的原则和步骤是什么？融资后盈利能力分析的要求？
12. 主要的单方案分析方法有哪些？主要的多方案分析方法有哪些？
13. 经济费用效益分析的含义和必要性？哪些项目需要这样评价？
14. 经济费用效益分析分析方法的特点和条件是什么？
15. 财务评价和经济费用效益分析的区别和联系是什么？它们不一致的原因是什么？
16. 外部效果的含义？有形外部效果的处理方法是什么？
17. 影子价格的含义是什么？使用影子价格的原因是什么？主要的影子参数如何确定？
18. 经济费用效益分析步骤、基于财务评价的经济费用效益分析步骤和直接评价步骤？
19. 经济费用效益分析的主要目标是什么？其主要的评价指标有哪些？
20. 费用效果分析的含义？满足条件？分析步骤？指标的计算？以及主要的分析方法？
21. 区域经济与宏观经济影响分析含义？哪些项目需这样分析？主要内容、指标和方法？
22. 综合评价的概念是什么？综合评价的工作程序有哪些？主要的综合评价方法是什么？
23. 改扩建项目的含义和特点？效益与费用的界定？分析的层次？分析的方法？
24. 并购项目的含义？评价的基本内容？成本与效益的计算？
25. 计算：假定某地拟建一座2000套客房的豪华旅馆，另有一座豪华旅馆最近在该地竣工，且掌握了以下资料：它有2500套客房，有餐厅、会议室、游泳池、夜总会、网球场等设施。总造价为10250万美元，估算新建项目的总投资。
26. 计算：某工程项目的静态投资为22310万元，按照本项目实施进度计划，项目建设期分为三年，三年的投资分年使用比例为第一年20%，第二年55%，第三年25%，建设期内年平均价格变动率预测为6%，求该项目建设期的涨价预备费？
27. 计算：某学生宿舍建筑面积为20000m^2，按概算指标计算每平方米建筑面积的直接工程费为800元。因设计对象与概算指标有差异，每100m^2建筑面积发生了如下表所示的变化，则修正后的每平方米建筑面积的直接工程费为(   )元。

    A. 860.00   B. 800.60   C. 800.30   D. 799.40

28. 计算：某银行向某项目公司贷款1000万元，年利率6%，借期5年，若一次收回本利和，则银行5年后收回的款额是多少？
29. 计算：已知目前银行利率为5%，为了在5年后获得1万元款项，现在应该存入多少？
30. 计算：某公司投资某项目，项目投产后每年净收益2亿元，利率10%，若公司希望10年内连本带利收回投资，则公司在建设该项目时，最多能筹措运用的资金数额是多少？
31. 计算：某公司某项目投资10亿元，施工期5年，假设每年均完成投资额2亿元，若全部投资由银行提供(贷款年利率7%)，则工程项目投产时，公司欠银行的本利和是多少？

32. 计算：某公司借债1000万元，年利率6%，若五年内等额偿还，则每年偿还金额多少？

33. 计算：某公司准备在10年后偿付其发行的债券，预计本金和利息之和为10万元，银行利率为5%，该公司每年应储存的偿债基金的数额是多少？

34. 计算：某项目第1年投资500万元，第2年投资500万元，从第3年正常运营。正常运营期18年，每年净收110万元，行业基准收益率8%，该项目财务净现值为（　　）万元。

　　A. -7.83　　　　B. -73.35　　　　C. -79.16　　　　D. -144.68

35. 计算：某建设项目总投资1000万元，建设期3年，各年投资比例为20%，50%，30%。从第4年开始项目有收益，各年净收益为200万元，项目寿命期为10年，第10年末回收固定资产余值及流动资金100万元，基准折现率为10%，试计算该项目的财务净现值。

36. 计算：某公司的一个水库项目期初投资总额为4050万元，每年经营费用为50万元，年收益分别为：发电100万元、供水90万元、养鱼70万元、旅游40万元。已知公司筹资的最低加权平均资本成本率5%，使用寿命50年，该方案是否可取。

37. 计算：某贷款项目，贷款年利率8%，财务净现值33.82万元；贷款年利率10%时，财务净现值-16.64万元，当银行贷款年利率为（　　）时，企业财务净现值恰好为零。

　　A. 8.06%　　　　B. 8.66%　　　　C. 9.34%　　　　D. 9.49%

38. 计算：某建设项目期初一次投资170万元，当年建成投产，项目寿命期10年，年净现金流量为44万元，期末无残值，计算该项目的财务内部收益率。

参考文献

[1] 尹贻林. 工程造价计价与控制 [M]. 北京：中国计划出版社，2003.

[2] 尹贻林. 工程造价新技术 [M]. 天津：天津大学出版社，2006.

[3] 严玲，尹贻林. 工程造价导论 [M]. 天津：天津大学出版社，2004.

[4] 严玲，尹贻林. 工程计价学 [M]. 北京：机械工业出版社，2006.

[5] 全国造价工程师执业资格考试培训教材编审委员会. 工程造价案例分析 [M]. 北京：中国城市出版社，2001.

[6] 国家发展计划委员会. 工程勘察设计收费标准 [M]. 北京：建设部，2002.

[7] 龚维丽. 工程造价的确定与控制 [M]. 北京：中国计划出版社，2001.

[8] 陈建国. 工程计量及造价管理 [M]. 上海：同济大学出版社，2001.

[9] 唐连珏. 工程造价的确定与控制 [M]. 北京：中国建筑工业出版社，2001.

[10] 杜逸玲. 监理工程师手册 [M]. 太原：山西科学技术出版社，2002.

[11] 龚义寿. 水利水电工程造价管理 [M]. 北京：中国科学技术出版社，1998.

[12] 罗锐韧. 财务管理 [M]. 北京：红旗出版社，1997.

[13] 徐大图. 企业财务管理 [M]. 天津：天津大学出版社，1993.

[14] 荆新，王化成，刘俊彦. 财务管理学 [M]. 北京：人民大学出版社，1998.

[15] 王硕豪. 国际公司理财 [M]. 北京：中国建筑工业出版社，1997.

[16] A. D. F. 普赖斯. 国际工程财会 [M]. 彭娜，等，译. 北京：水利电力出版社，1995.

[17] 段樵，伍凤仪. 经济、管理与项目分析 [M]. 北京：经济管理出版社，1993.

[18] 朱康全. 技术经济学 [M]. 广州：暨南大学出版社，1996.
[19] 张仲敏，任淮秀. 投资经济学 [M]. 北京：中国人民大学出版社，1992.
[20] 胡铁林，林孝军. 技术经济学 [M]. 北京：中国展望出版社，1987.
[21] 金明律. 技术经济学 [M]. 天津：南开大学出版社，1990.
[22] 万君康，蔡希贤. 技术经济学 [M]. 武汉：华中理工大学出版社，1996.
[23] 黄渝祥，邢爱芳. 工程经济学 [M]. 上海：同济大学出版社，1995.
[24] 菲尔·荷马斯. 投资评价 [M]. 王嗣俊，等，译. 北京：机械工业出版社，1999.
[25] 赵国杰. 建设项目经济评价 [M]. 天津：天津科技翻译出版公司，1989.
[26] 尹贻林. 工程造价管理相关知识 [M]. 北京：中国计划出版社，1997.
[27] 国家发展改革委员会，建设部. 建设项目经济评价方法与参数 [M]. 3版. 北京：中国计划出版社，2006.

第4章 工程项目融资概述

本章概要

1. 融资的意义、分类和融资渠道;
2. 工程项目融资的意义、定义、基本特点、优点与缺点;
3. 项目融资的构成要素及其相互关系;
4. 项目融资参与者及它们之间的相互关系;
5. 项目融资的组织;
6. 项目融资的实施程序;
7. 项目融资成功的条件。

4.1 融资概述

4.1.1 融资的意义

1. 资金筹集与融通是推动社会发展的有效手段

工程投资项目,尤其是基础设施、大型工程项目资金需求庞大,只有通过资金的筹集和融通才能使项目得以顺利进行,也才能有力地推动社会发展。

2. 有利于加强经济核算,提高投资的效益

在资金融通过程中,投资主体既要考虑满足投资项目的用款要求,还要尽可能降低筹资成本,加强经济核算;而资金的出让方,也有多种融通渠道和方式供选择,势必要灵活调度和经营资金以谋取最大利益,双方最终在融资数量、方式、期限、利率以及还本付息条件等方面达成均衡,推动了投资效益的不断提高。

3. 可以弥补财政资金不足,保证重点建设,加快一般建设

通过政府财政、企业自筹、银行贷款、发行证券和利用外资等形式融资,改变了只靠财政资金搞建设的状况,固定资产投资额大幅上升,不仅保证了大型重点工程项目以及非生产性教科文体卫项目及时建成,而且加快了一般性项目的建设,因为谁投资、谁负责、谁受益的市场原则调动了各方积极性,便于迅速筹集社会闲散资金用于投资建设,所以项目上得多、建得快、建得好、投产早。

4. 有利于促进投资规模及投资结构的合理化

投资资金来源有财政拨款建设资金、金融机构投资贷款及资本市场发行证券。对于前两项，国家通过产业政策、投资政策和信贷政策即可控制资金供给量和供给方向，进而控制该部分资金形成的投资规模和投资结构。对于第三项，国家通过一系列金融调控政策可使资本市场资金趋于合理。例如，国家对长线项目的贴息有助于资本市场为其筹资，调整再贴现率则可以控制投资规模。

4.1.2 融资的分类

1. 按资金来源的性质

融资按照资金来源的性质可分为以下几种。

(1) 财政拨款

一类是银行管理、还本付息，另一类是实报实销、充当资本金。

(2) 银行贷款

(3) 自有资金

包括企业留利、大修理基金、折旧基金等。

(4) 资本市场发行债券或股票

(5) 其他国内自筹资金

如租赁、赊购预收等商业信用。

(6) 国际金融机构贷款

如世界银行贷款、亚洲开发银行贷款、国际银团贷款等。

(7) 政府间长期低息贷款

(8) 出口信贷

包括卖方信贷、买方信贷或混合信贷。

(9) 中外合资、中外合作企业和外国直接投资

(10) 其他

如三来一补、国际租赁等。

2. 按资金来源的方式

按资金来源的方式可分为以下几种。

(1) 银行贷款筹资

银行贷款筹资是指银行等金融机构把货币资金按一定利率条件暂借给企业或项目公司使用，约定一定期限内收回，同时收取利息的一种经济行为。

(2) 有价证券融资

有价证券融资即发行股票或债券从资本市场筹集企业或项目的长期资金。

(3) 租赁与承包筹资

(4) 利用外资

利用外资是投资者利用不属于我国组织和个人所有的资财，如资金、机器设备、原材料、零部件等硬件及专利商标、技术图纸等软件进行建设。

(5) 投资基金

投资基金是将中小投资者分散的小额资本集中起来,然后按投资组合原理再分散到有价证券、货币黄金、企业产权和工程投资中,以获取稳定的投资收益。业主在建设资金不足情况下,可以运用投资基金来开发建筑项目。

(6) 产权融资

产权融资是在直接投资、项目融资基础上发展起来的一种高级形态的直接融资方式,是因交易企业部分或全部产权而发生的融资行为。按所交易产权的流通性分为非上市公司产权融资和上市公司产权融资。

不同工程项目,融资来源也不同,例如,房地产项目可以从金融机构获得建设贷款和长期抵押贷款;工业项目因贷款担保物受到限制,所需资金大多源于企业的发展基金和项目融资;政府投资的基础建设项目因其资产不能作为贷款抵押物,所需资金来源于财政募集(财政税收、政府债券)和项目融资。

3. 按投资主体对资金的占有性质

按投资主体对资金的占有性质融资可分为自有资金和借入资金两种。

(1) 自有资金

自有资金是投资者交付的出资额,也称权益资本,包括资本金和资本溢价。资本金指新建项目设立企业时在工商行政管理部门登记的注册资金。根据投资主体的不同,资本金分为国家资本金,法人资本金,个人资本金及外商资本金等。资本金筹集可以采取国家直接投资,各方集资投资、发行股票等方式。投资者可以用现金、实物(有形资产)和无形资产等进行投资。

资本溢价指在资金筹集过程中,投资者交付的出资额超过资本金的差额。如股票溢价发行所获得的超过资本金的差额。资本溢价与赠款属于资本公积金。

(2) 借入资金

借入资金是指通过国内外银行、国际金融组织贷款、外国政府贷款、出口信贷、发行债券、补偿贸易等形式筹集的资金。按偿还时间期限,分为长期借款、流动资金借款、其他短期借款。

长期借款是还款期超 5 年的借款,来源于国外贷款、发行债券和融资租赁。国外贷款如国际金融组织贷款、出口信贷、国际商业贷款等;发行债券如企业债券、可转换债券、境外债券等。主要用于固定资产投资。如基本建设贷款、技术改造贷款、城市建设综合开发贷款、农业基础设施及农业资源开发贷款。

流动资金借款是保证生产经营正常进行而需要的周转资金,主要用途是项目投产后用于购买原材料、燃料、动力、保证必要的存货等。因此,流动资金要在投产前开始筹措,在投产第一年开始按生产负荷安排,借款年息计入财务费,项目计算期末回收全部流动资金,流动资金借款还款期较短,属于短期贷款。

其他短期借款偿还期不超过 2～3 年,主要用于企业周转资金,从商业银行和地方金融机构取得短期贷款是以库存抵押或保证为条件的。

为让投资者承担风险,国家对自有资金规定最低数额和比例,而且还规定资本金筹集到位的期限,并在生产经营期内不得抽走。允许投资者以已有的固定资产和无形资产作为投资的出资,但要经具有资质的单位评估作价,并出具验资报告,无形资产(不包括土地使用权)的出资不得超过注册资本的20%。所有这些规定都是让投资者承担必要的风险,不能搞无本经营和过度负债经营。

4. 按资金的追索性

按资金的追索性融资可分为企业融资与项目融资两种。

(1) 企业融资

企业融资指依赖一家现有企业的资产负债表及总体信用状况(通常企业涉及多种业务及资产),为企业(或项目)筹措资金。以企业融资方式为项目筹措资金属于有追索权融资,即当该项目净营运收益不能满足合同规定的报偿或偿还贷款资金时,可追索企业其他项目、业务收益及资产来偿债。

(2) 项目融资

项目融资(project financing)以项目预期现金流量为还款保证,贷款追索权仅限于项目产生的净营运收益,属于无追索权(without recourse)或有限追索权(limited recourse)融资,项目公司通常采用项目融资方式筹资。

综上所述,融资的分类如表 4-1 所示。

融 资 的 分 类　　　　　　　　　　　　表 4-1

融资分类的标准	分　　类
按资金来源性质	财政拨改贷、财政拨款、银行贷款、自有资金、股票债券发行、国际金融机构贷款、政府间贷款、出口信贷、中外合资、其他
按资金来源方式	银行贷款、有价证券、租赁承包、利用外资、投资基金、产权融资
按资金占有性质	自有资金、借入资金
按资金的追索性	企业融资、项目融资

4.1.3　融资的渠道

1. 财政渠道融资

(1) 税收

税收占财政收入很大比例,具有强制性、无偿性和固定性的特征。中央政府和地方政府每年用于固定资产的投资绝大部分来源于税收形成的财政收入。

(2) 财政信用

财政信用是由财政出面采取信用或半信用方式筹集融通建设资金的一种制度。财政信用方式所筹集的资金通过银行办理信用结算和还本付息业务。

融资工具是政府债券,如国债券、国库券、国家重点建设债券、地方政府债券等。国债券是政府为筹集资金解决财政困难及开发国内资源而在国内发行的长期政府债券。国库券是由国家财政部门发行,用来调节国库收支差额的短期政府债券。国家重点建设债券是为保证国家计划内的重点建设项目,由政府投资公司向其他企事业单位或个人发行的基本建设债券。地方政府为加快本地区投资建设,委托银行发行各类地方政府债券,如省电力债券、省化工债券等。

(3) 举借外债

财政部门代表国家从国外借入款项用于投资建设。我国本着自力更生为主,争取外援为辅的原则在平等互利基础上,适度举借外债发展本国经济。

举借外债既要避免大量举借外债引发财务危机,又要在国际形势有利的情况下适度举借外债,要求外债额度在安全线以内(即当年外债还本付息额/当年出口收汇<25%),在举借外债过程中尤其要注意可行性研究和回避外汇风险。

2. 金融市场渠道融资

(1) 货币市场

货币市场是融资期限在一年以内的金融市场,交易对象是货币及各种信用工具,如金银、外汇、商业票据、银行承兑汇票、可转让大额存单等。

货币市场供应者和需求者是企事业单位、政府部门、城乡居民及各类经济实体。金融中介有银行、投资公司、财务公司、基金、保险公司、证券公司等。

货币市场按融资交易对象分:银行短期信贷市场(包括客户信用放款市场和银行同业拆借市场)、票据贴现市场、票据市场、黄金市场、外汇市场等。

(2) 资本市场

资本市场是融资期限一年以上的金融市场,其融资主要用于固定资产投资。按交易品种分为银行中长期借贷市场、由债券和股票交易构成的证券市场(图4-1)。

图 4-1 资本市场的结构

证券市场的交易品种是中长期有价证券,主要是债券和股票。按证券市场职能分为证券发行市场(一级市场)和证券流通市场(二级市场),证券发行市场是为资金需求者提供筹资场所和为资金供给者提供投资机会的场所,证券流通市场是二手证券的交易场所。证券流通市场分为交易所交易和场外交易市场。交易所市场是高度组织化的市场,有固定交易场所和交易时间,参加交易者是具有一定资格的会员证券公司,投资者只能委托会员证券公司间接买卖,交易对象是合乎标准的上市证券,交易量集中而成交迅速,监督管制严格。场外交易市场(OTC柜台交易市场)是交易所市场的补充,交易在证券公司的店头进行,无固定场所和固定时间,投资者委托证券公司买卖,也可直接与证券公司交易,交易对象多而交易量分散,成交速度慢,由证券业行会管制,管理规则较为宽松。

证券市场参与者包括证券发行者、证券投资者和证券买卖的中介者。

证券发行者包括企业、政府和金融机构。企业为创立或扩大规模而发行证券,国家和地方政府为弥补财政赤字和进行公共投资而发行政府公债来筹集资金,金融机构为扩大经营规模,也发行金融债券来筹集资金。

证券投资者包括个人、企业、金融机构和中央银行。个人剩余资金除用于银行存款外,也可以投资证券;企业在生产经营活动中也会出现暂时剩余资金,除活期存款外,也可用于短期证券投资;金融机构为了保持存款的流动性、安全性、收益性,也会将一部分资金运用于证券投资上;中央银行则通过证券市场进行公开市场业务,是宏观调控货币供应量的重要手段。

证券市场的中介者主要是证券交易所和证券公司,证券买卖通过委托交易所的会员证券公司在交易所内完成交易。

证券市场的融资工具主要是股票和债券。股票发行应按法定程序由发起人先认购一部分,提出发行申请,经证监会核准即可委托证券中介人发行,公开在一级市场招股集资,股款收讫后,召开股东大会,通过公司章程,选举董事会、监事会,办理公司注册登记,成立股份公司。续发股票也应经股东大会讨论,通过证监会核准。公司从纯利润中扣除公积金、支付董事和经理的特别报酬,剩余部分分给股东,公司如破产清理则先还债再按比例将剩余财产分给股东。

债券由证监会核准,委托银行或证券公司发行。政府债券以财政收入为保证,有发行量、期限、利率、还款方式等要素。企业债券如公募,则由发行人制定方案,说明借款目的和还款能力,与选定的受托人商定发行计划并签订协议,受托人申请资信等级,报证监会核准发行,再安排登记代理、支付代理、认购代理;如私募,则由发行人选择金融机构为牵头人并签订协议,后者负责信用评定机构征信、向特定购买者组织认购、售券收款和还本付息等。

4.2 ▶ 工程项目融资的概念

4.2.1 工程项目融资的意义

1. 工程项目融资先行

对工程项目业主而言,发包工程是否顺利完成,关键在于能否顺利将工程建设资金及时安排到位,因为业主必须支付两类直接成本,其一,支付给总承包商用于设施建造的各项支出,约占直接成本的60%~80%;其二,土地成本、法律规定的各种费用、设计费、建设管理费、建设贷款利息、设施未被占用前的机会成本等。故在工程项目施工前,业主就应对工程项目做细致的融资规划。

对建筑承包商而言,它能否在国际建筑市场获得成功,不仅取决于技术能力、管理经验和声誉,还要看其融通资金的能力和使用资金本领;一个大型项目招标时,承包商财务状况,固定资产和流动资产情况,往往被列为最重要的资格预审条件。只有提供先进技术和有吸引力的融资条件,承包商才能赢得合同。

2. 项目融资已发展为工程融资的主要手段

(1) 项目融资的产生与发展

工程项目融资产生于20世纪30年代,到50—70年代,发达国家已在石油开发、采矿、金属冶炼、森林、发电、高速公路等建成后有充分回报的大型建设项目上广泛运用了项目融资,20世纪80年代以来,发展中国家也开始逐步以项目融资方式参与基础设施及部分重化工业建设。

我国首次使用项目融资方式是在1983年,港商胡应湘带领合和集团在深圳投资建设"沙角B火力电厂"项目,到90年代中期,项目融资已在我国得到较大发展,很多大型投资项目引进了项目融资模式,电厂项目如定渠电厂、日照电厂、深圳电厂等;交通项目如北京长城轻轨铁路、广州轻轨铁路、武汉城市铁路等;环保项目如大周污水处理厂等,积累了丰富的项目融资经验和理论成果。

(2) 项目融资日益成为工程融资的主要手段

流行的项目融资方式有延期付款、项目融资、BOT模式、交钥匙工程等。与传统融资相比,只要项目有稳定的足以还贷的收益能力,就可以采用项目融资方式筹资建设,因为它能有效解决大型基础设施建设和重化工项目投资巨大而私人资本难以单独承受风险的融资难题,成为该类项目筹资的主要方式。

3. 我国引入项目融资的意义

(1) 基础设施发展有望实现突破

基础设施产业主要涉及三个领域:公共设施,如电力、电信、自来水、排污等;公共工程,如公路、大坝;城市交通,如铁路、港口、机场。

良好的基础设施能够提高生产力、降低成本。据统计,基础设施存量增长1%,GDP也会增长1%,而且基础设施发展对于解决贫困、改善生存环境起到良好作用。我国基础设施建设的资金需求规模大,但财政用于基础设施部门的支出仅占总支出的7%,供小于求,需要采用项目融资方式吸收民间资本介入。

(2) 拓宽利用外资的渠道

我国传统利用外资的形式限于以政府和企业为融资主体,例如,对外借款、发行股票和债券及外商直接投资。项目融资则以项目为融资主体,不仅筹资量大,还可以分散风险。新颁布的《担保法》、《保险法》、《信托法》、《证券法》、《招标投标法》等法律,为项目融资提供了必要的法律保障。

4.2.2 项目融资的定义

1. 有关项目融资的各种解释

项目融资是以项目为主体而开展的一系列借贷、租赁、集资等筹资活动(表4-2)。

尽管项目融资诸定义表述不同,但都包含了两个基本内容:

第一,项目融资是以项目为主体安排的融资。

第二,项目融资中的贷款偿还来源限于项目本身,即融资项目能否获得贷款取决于项目经济强度,即项目未来可用于还贷的净现金流量和项目资产价值。

项目融资各种定义 表 4-2

序号	定义出处	定义的内容
1	P.K.Nevit:《项目融资》（第六版）	项目融资就是在向一个经济实体提供贷款时，贷款方查看该经济实体的现金流和收益，将其视为偿还债务的资金来源，并将该经济实体的资产视为这笔贷款的担保物
2	法律公司 Clifford Chance:《项目融资》	项目融资用于代表广泛的，但具有项目发起人的信贷或所涉及的有形资产。在项目融资中，提供优先债务的参与方的收益在相当大的程度上依赖于项目本身的效益，因此他们将其自身利益与项目可行性，以及潜在不利因素对项目影响的敏感性紧密联系起来
3	美国财会标准手册	项目融资是对需要大规模资金的项目采取的金融活动。借款人以项目本身拥有的资金及其收益作为还款来源，并将项目资产作为抵押条件处理。该项目事业主体的信用能力通常不被作为重要因素来考虑。因为项目主体要么是不具备其他资产的企业，要么对项目主体的所有者（母体企业）不能直接追究责任，两者必居其一
4	中国国家计委与外汇管理局:《境外进行项目融资管理办法》	项目融资是指以境内建设项目的名义在境外筹措外汇资金，并仅以项目自身预期收入和资产对外承担债务偿还责任的融资方式。具有：1.债权人对于建设项目以外的资产和收入没有追索权；2.境内机构不以建设项目以外的资产、权益和收入进行抵押、质押或偿债；3.境内机构不提供任何形式的融资担保

只有将项目融资与传统融资区分开才能正确理解项目融资的定义。假设某地产商有 A、B 项目，为扩大市场份额，决定开发 C 项目。传统融资是将借款用于 C 项目，而还贷来源于 A、B、C 项目的收益，若 C 项目失败，公司可把 A、B 项目的收益作为偿债担保，贷款方拥有完全追索权。项目融资是将借款用于 C 项目，还贷来源仅限于 C 项目的收益，若 C 项目失败，贷款方只能从 C 项目的资产和现金流中回收一部分，不能要求公司用 A、B 项目的收益还贷，为避免风险，贷款方要求公司对 C 项目的建设期担保，若建设期内 C 项目失败，贷款方可对公司资产拥有追索权，这就是贷款方的有限追索权。见图 4-2、图 4-3。

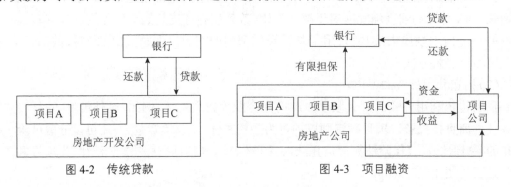

图 4-2 传统贷款　　　　　图 4-3 项目融资

2. 广义与狭义的项目融资

项目融资分为广义和狭义。广义上，凡是为了建设一个新项目或收购一个现有项目进行债务重组所进行的一切融资活动都称为项目融资；狭义上，项目融资是根据项目建成后的收益作为偿债资金来源的筹资活动，或以项目资产作抵押来取得筹资的信用，是无追索和有限追索形式的融资，用于大型基础设施项目。

本书讨论的工程项目融资是狭义的项目融资，因为：第一，项目融资无追索或有限追索的特征已被多数国家接受和认可；第二，我国尚是发展中国家，有大量建设项目亟待上马，而资金瓶颈是主要制约因素；第三，项目融资的成功需要有完备的法律和金融体系，这对我国相关制度的建设和发展有一定促进作用。

4.2.3 项目融资的基本特点

1. 项目融资的基本特点

（1）以项目为导向，项目发起方、项目公司和贷款方参与

项目融资至少有项目发起方、项目公司和贷款方参与；项目发起方与其他投资者一起组建有独立法人资格的项目公司，贷款银行为项目公司提供贷款。

项目融资以项目为主体安排融资，基础是项目经济强度，即项目现金流量和资产，而不依赖于发起方或投资者资信。贷款银行关注项目在贷款期间能产生多少现金流量用于还款，因为贷款额、融资成本及融资结构设计都与之相关。

由于以项目为导向，一些缺乏资金又难以筹资的投资者可以依靠项目经济强度，通过项目融资方式实现融资，获得更高的贷款比例。同时，贷款人关注项目经济强度，必然会关注项目建设和运营，全程监控项目谈判、建设和运营。

（2）有限追索

追索是指在借款人未按期偿还债务时，贷款人拥有要求借款人以抵押资产之外的其他资产偿还债务的权利。

有限追索（limited recourse）是指贷款人仅在某个特定时间段或在一个规定范围内对项目借款人进行追索，在此界定之外，无论出现任何债务清偿，贷款人不能对借款人除项目资产、项目现金流量以及有关方所承诺的义务之外的任何形式的资产追索。也就是说贷款人将以项目资产与收益作为贷款偿还的保证，而对项目公司之外的资产无权索取，即若项目公司无力还贷时，贷款人只能获得项目的收入与资产。

有限追索的实质是由于项目经济强度还不足以支撑一个"无追索"结构，需要项目借款人在项目特定阶段提供一定形式的信用支持。追索程度要根据项目性质、现金流量大小和可预测性，项目借款人在该行业的经验、信誉以及管理能力，借贷双方对未来风险的分担方式等多方面综合因素，通过谈判确定。就具体项目而言，由于在不同项目阶段，风险程度及表现形式会有相应变化，贷款人因此对追索的要求也随之调整。例如，在项目建设开发阶段，贷款人通常会要求项目借款人承担项目该阶段的全部或主要部分的风险；而在项目进入正常生产经营之后，贷款人可以同意将追索局限于项目资产及项目现金流量。

由于贷款人仅拥有有限追索权，故出于安全考虑，贷款银行必然对项目的谈判、建设、运营进行全过程的监控。

（3）风险分担

为实现项目融资的有限追索，对于与项目有关的各种风险要素，要以某种形式在项目投资者、与项目开发有直接或间接利益关系的其他各方和贷款人之间进行分担。一个成功的项目融资结构应该是项目融资中的任何一方都在承担它们最擅长的项目风险责任。如完工风险、信用风险、技术风险、市场风险、金融风险、生产经营风险等应按项目参与者的风险偏好系数承担。所以为使项目风险合理分担，项目融资要以复杂的贷款和担保文件作为各方行为依据。

(4) 非公司负债型融资

非公司负债型融资（off-balance finance）也称表外融资，是指项目债务不表现在项目投资者（借款人）的公司资产负债表中的融资形式。项目融资通过对投资结构和融资结构设计，可以帮助投资者（借款人）将贷款安排成非公司负债型融资。根据项目融资风险分担原则，贷款人对于项目债务追索权被限制在项目公司资产和现金流量中，项目投资者（借款人）所承担的是有限责任，有条件使融资被安排成为一种不需要进入项目投资者（借款人）资产负债表的贷款形式。

非公司负债型融资对于项目投资者的好处是：可以使投资者以有限财力从事更多投资，同时将投资风险分散和限制在更多项目之中。而在传统融资方式下，项目债务是投资者债务的一部分，出现在投资者的资产负债表中。这样一来，投资者的项目投资和其他投资之间会产生相互制约的现象。

大型工程项目建设周期和投资回收期都很长，对项目投资者而言，若把项目贷款反映在投资者的资产负债表上，会造成投资者（公司）资产负债比例失衡，超过银行所能接受的安全警戒线，且短期无法改变，这势必影响投资者筹措新资金，以及投资于其他项目的能力，采取非公司负债型融资可避免上述问题。

(5) 信用结构多样化

在项目融资中，用于支持贷款的信用结构安排是灵活多样的。成功的项目管理，可以将贷款的信用支持分配到与项目有关的各个方面。

典型做法包括：①在市场方面，可以要求对项目产品感兴趣的购买者提供一种长期购买合同作为融资的信用支持（取决于合同形式和购买者资信），例如，资源性项目的开发受国际市场需求、价格变动影响很大，能否获得一个稳定的、合乎贷款银行要求的项目产品长期销售合同成为项目融资成功的关键；②在工程建设方面，可以要求工程承包公司提供固定价格、固定工期的合同或"交钥匙"工程合同，还可以要求设计者提供工程技术保证等；③在原材料和能源供应方面，可以要求供应商保证供应的同时，设计一定的浮动价格，保证项目的最低效益。所有这些做法，都成为项目融资强有力的信用支持，可以提高项目的债务承受能力，降低融资对投资者（借款人）资信和对其他资产的依赖程度。

(6) 利用税务优势

充分利用税务优势降低融资成本，提高项目综合收益和偿债能力也是项目融资的重要特点。即在项目所在国法律允许范围内，精心设计投资结构模式，将所在国政府对投资的税务鼓励政策在项目参与方中最大限度地加以分配和利用，以此为杠杆降低融资成本，减轻项目高负债在内的现金流量压力，提高项目偿债能力和综合收益率。这个优势是项目融资与传统融资相比的一个显著优势。

在项目融资中使用的税务亏损是一种结构性亏损，不能简单等同于一般意义上的经营性亏损。这种亏损多出现在项目投资前期，是由于项目投入与产出在时间上不匹配造成的。主要原因包括固定资产折旧、债务资金的利息成本以及一些特殊的成本摊销等。因此，这种亏损也称结构性税务亏损。

对于大型工业项目，特别是对于在原材料和能源领域的直接投资，税务结构设计在投融资决策中尤为明显。这一类项目资本高度密集,项目前期的资本投入量大,在一段时间内项目结构性税务亏损必然相对可观。项目投资者如果不能在较短时间内有效地使用这种税务亏损,就是一种资源浪费。项目融资通过特殊的投资结构和融资结构设计,可以把这种税务亏损作为一种潜在收益出售给银行或其他有需求的第三方,并将现金收入用来偿还债务,以此减轻项目前期直接还本付息的压力,提高项目的可融资性,减少项目股本资金的投入。对于一些特殊项目来说,税务安排的妥当与否,甚至可以决定该项目的成败。

(7) 较高的融资成本

项目融资与传统融资相比,融资成本较高。这主要与贷款人有限追索的高风险和项目融资前期工作量浩大有关。项目融资成本包括融资前期费用和利息成本。融资前期费用包括融资顾问费、成本费、手续费、承诺费及法律费等,占贷款总额的 0.5%～2%;项目融资的利息成本高出等同条件公司贷款的 0.3%～1.5%,增加幅度与贷款银行承担的风险以及对项目借款人的追索程度密切相关。

2. 项目融资与公司融资的区别

(1) 项目不同于公司

项目表现为建设固定资产,例如,基本建设项目或更新改造项目建成后具有设计规定的功能或业务范围;而公司是指具有相当规模的资产和经营权的经济组织;项目是单一的资产或业务,而公司是多种资产或业务的组合。

(2) 项目融资和公司融资的主体不同

项目融资主体是一个项目独立成立的项目公司,通常是子公司,或由几个公司以项目为对象组成合营公司;公司融资主体是借款公司。

(3) 承担的风险不同

项目融资的担保推荐人可以利用融资使商业风险和财务风险分散,使这类风险由参与项目各方(如承包商、供应商、承办商、贷款人、政府)分担;而公司融资作为公司的基本筹资活动,筹资风险全部由公司承担。

(4) 偿债资金不同

项目融资的偿债资金限于项目资产及收益(无追索权)或从担保人处取得的有限支持(有限追索权);公司融资的贷款偿还依赖公司盈利和资信(完全追索权)。

(5) 筹资成本不同

项目融资与公司融资相比,项目融资风险具有可分散性,贷款人也要承担部分风险,因此,筹资成本要比公司融资高。

综上所述,项目融资与公司融资的区别见表 4-3。

项目融资与公司融资的区别　　表 4-3

内　容	项　目　融　资	公　司　融　资
融资对象	项目是单一的资产或业务	公司是多种资产或业务
融资主体	项目公司	借款公司
融资基础	项目未来收益和资产	借款公司资产、盈利与信誉
追索程度	有限追索或无追索	全额追索或有限追索

续上表

内 容	项目融资	公司融资
风险承担	项目参与各方	借款公司承担全部风险
会计处理	不进入项目发起人资产负债表	进入发起人资产负债表
贷款技术、周期、融资成本	相对复杂、长、较高	相对简单、较短、较低
债务比例	一般负债比率较高	自有资金占30%～40%

4.2.4 项目融资的优点和缺点

1. 项目融资的优点

（1）贷款期较长，合同条款限制较少

项目融资期限较长，达15年或更长，合同条款仅围绕项目。

（2）可分散风险

项目融资还贷依赖于项目现金流量，而项目可能遇到规划风险（项目审批和纳入国家经济发展规划）、设计与施工风险、经营维护风险、法律风险、金融与经济（利率、汇率、通胀）风险。在融资时要采取必要的风险防范措施，例如将项目与发起人其他业务分开，并将所识别的项目风险在投资人、银行、保险公司和出口信贷担保机构及多边机构等之间合理分摊，可以有效分散风险。

（3）融资结构完整

项目融资通过一系列合同或协议，使项目有能力吸引足额资金，保证项目资金的来源及收入稳定。同时项目投资有股本金和贷款，可以降低投资成本。

（4）项目融资可以提高借款人的信用地位

项目融资通过成立独立的项目公司，将有关资产与借款人的信用风险分开，使信用不足的项目发起人凭借项目融资结构筹集项目所需资金。

（5）项目融资无须政府担保

项目融资是有限追索权或无追索权的筹资方式，借款人或股东所负的偿债责任，只限于项目资本金投入，不需要政府担保。

2. 项目融资的缺点

（1）理论与经验积累不足

传统融资，如贷款、发行股票和债券等，从产生、发展到成熟已有数百年历史，但项目融资至今不过70年，发展中国家尚属起步，真正完成项目融资的公司不多，因此对项目融资的理论探索较多，解决实际问题的方法却较少。

（2）项目建设过程复杂，融资所需时间甚长

由于项目情况、所处环境、各国政策法律千差万别，因此项目结构也不相同，例如，同是电信项目，我国允许成立电信项目的中外合资公司，但外国公司不能参与经营管理，只能以提供或租赁通信设备的方式参与项目建设和经营；而匈牙利政府则以特许权形式允许外国公司参与国内电信建设和经营，并给予一定期限的垄断权。另一方面，项目结构繁多，如建设—经营—转让、租赁、特许权经营、出售或回租、收费或流量安排等等，各国都没有

专门的法规,加大了项目融资在法律上的处理难度,有的项目融资还需要评级和注册,所需时间很长。

(3) 筹资成本高

项目融资作为无追索权或有限追索权贷款,与同样条件下的企业融资相比,筹资成本要高。建设项目资金筹措的决策应合理选择资金来源和筹集方式。

4.3 项目融资的构成要素及其关系

4.3.1 项目融资的构成要素

1. 项目的经济强度

如前所述,融资项目能否获得贷款取决于项目经济强度,即项目未来用于还贷的净现金流量和项目本身的资产价值。若项目净现金流量稳定且可观,项目风险小,则项目投资者和融资方进行投融资的积极性就高,项目投融资比例就趋于合理。若项目在建成后形成的资产价值高,且升值空间大,项目风险可适当控制,则成功融资的概率就会增加。所以,项目经济强度是项目融资成功的关键。

2. 项目的投资结构

项目的投资结构,即项目的资产所有权结构,指项目投资者对项目资产权益的法律拥有形式和其他项目投资者之间的法律合作关系。

采用不同的项目投资结构,投资者对其资产的拥有形式,对项目产品、项目现金流量的控制,及投资者在项目中所承担的债务责任和所涉及的税务结构会有很大差异。这些差异会对项目融资的整体结构设计产生直接影响。因此,为满足投资者对项目投资和融资的具体要求,第一步工作就需要在项目所在国法律、法规许可范围内设计安排符合这种投资和融资要求的目标投资结构。

项目投资结构有单一项目子公司、非限制性子公司、代理公司、公司型合资、合伙制和有限合伙制、信托基金、非公司型合资等多种形式。

3. 项目的融资结构

融资结构是项目融资的核心部分,项目投资者达成投资结构的一致意见后,就要设计和选择合适的融资结构,以实现投资者在融资方面的目标要求。设计项目的融资结构是投资者所聘请的融资顾问(投资银行)承担的一项重点工作。

项目融资常用模式包括投资者直接融资、单一项目公司融资、利用"设施使用协议"型公司融资、生产贷款、杠杆租赁、产品支付、BOT模式等。融资结构设计可按投资者要求,对几种模式组合、取舍和拼装,以实现预期目标。

4. 项目的资金结构

项目资金结构决定项目股本金、准股本金和债务资金的形式、比例关系以及来源。它由投资结构和融资结构决定,并影响项目融资结构的设计。

同一项目选择不同的融资结构和资金结构,所得结果也会有很大差别。项目融资重点要解决项目债务资金问题。但在整个结构中也需要适当数量和适当形式的股本金和准股本金作为结构的信用支持。为项目融资所采用的债务形式有:商业贷款、银团贷款、商业票据、欧洲债券、政府出口信贷、租赁等。

5. 项目的信用保证结构

项目融资的安全性来自项目经济强度和项目担保。其中项目担保由项目投资者提供,也可以由与项目直接或间接相关的其他方面提供。这些担保可以是直接的财务保证,如完工担保、成本超支担保、不可预见费用担保,也可以是间接的或非财务性担保,如长期购买产品协议、技术服务协议、以某种定价公式为基础的长期供货协议等。这些担保形式的组合构成了项目的信用保证结构。

4.3.2 项目融资构成要素之间的关系

项目融资的五个基本构成要素之间的关系见图 4-4。

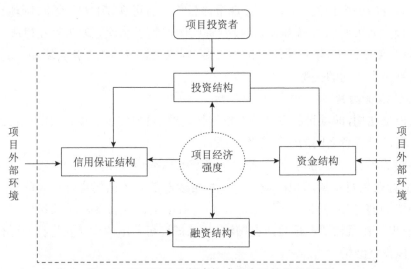

图 4-4 项目融资的基本构成要素及其相互关系

从图 4-4 可以看出,项目经济强度是项目融资的核心,决定了项目投资结构、融资结构、信用保证结构及资金结构。例如,项目经济强度与信用保证结构相辅相成,项目经济强度高,则信用保证就相对简单,条件就相对宽松。项目投资结构决定项目信用保证结构和资金结构,与项目融资结构相互作用。

实际操作中,不能把项目融资整体简单理解为独立完成各基本要素设计后的组合。要通过投资者之间,投资者和贷款银行之间,投资者和贷款银行与项目产品消费者、生产设备供应商、能源及原材料供应商、政府有关部门及税务机构之间等反复谈判,才能完成项目融资的系统设计和确定各要素间的组合关系。

该过程经过多次反复,通过对不同方案评比、选择和调整,产生最佳方案。对其中任何要素的调整,都有会影响各要素结构设计及要素间的组合关系。

4.4 项目融资的参与者

4.4.1 项目的发起人

项目发起人为项目提供股本金,是项目的实际投资者,组织项目融资,获得项目投资收益。需要项目融资的项目多是基础设施和公共项目,其发起人是政府机构或国有企业,有时也可以是投资财团或政府机构与私人公司的混合体。

4.4.2 项目公司

1. 含义

项目公司是为项目建设和生产经营而由项目发起人注册成立的独立经营并自负盈亏的经营实体,它直接参与项目投资和管理,承担债务责任和项目风险。

2. 项目公司在项目融资中的作用

项目公司在项目融资中的作用是:第一,把项目资产所有权集中于项目公司,便于管理;第二,将项目融资的债务风险和经营风险大部分限制于项目公司中,使项目融资的贷款方对项目发起人的公司无追索权或只有有限追索权;第三,便于项目公司发行新股吸收其他投资者;第四,项目公司可以实体形式拥有项目管理生产技术、管理条件和人员条件,也可以只是法律上拥有项目资产的公司,把实际项目运作委托给富有生产管理经验的管理公司负责。

3. 项目公司的职责

项目公司的职责是负责与政府机构签订特许协议;负责与承包商签订建设施工合同,接受保证金,同时接受分包商或供应商保证金的转让,与经营者签订经营协议;负责同商业银行签订贷款协议,与出口信用贷款人签订买方信贷协议,商业银行提供出口信用贷款担保,并接受项目担保;负责向担保信托方转让收入,例如,销售合同收入、道路、桥梁、隧道的过桥费等。

4. 项目公司的组织形式

(1)契约式经营

契约式合营也称合作经营,是项目公司的常见组织方式,分为法人式合作经营和非法人式合作经营。前者是指合作双方组成具有法人资格的合营实体,这个实体有独立的财产权,法律上有起诉权和被诉权,董事会是最高权力机构,并以法人的全部财产为限对其债务承担责任。后者是指合作双方不组成具有法人资格的合营实体,双方都是独立法人,以法人资格按合同规定比例承担法律责任,双方组成联合管理机构处理日常事务,也可委托一方或聘请第三方管理。

(2)股权式经营

合作双方共同组建有限责任公司,共同经营、共负盈亏、共担风险,按股份比例分配利润。以项目融资方式筹措项目资金时,公司作为借款人,将公司资产作为贷款的物权担保,以公司收益作为还贷资金来源。

4.4.3 项目借款方

项目借款方主要是项目公司,但项目承建公司、经营公司、原材料供应商以及商品买主都可能成为独立借款方参与项目,国际项目融资还要受东道国税收政策、外汇制度、担保制度和法律限制,借款方更加复杂,例如,为克服国际金融机构不向国有企业提供贷款或担保的障碍,要设立受托借款机构,银行向它们提供贷款,由它们为国有项目公司提供资金,项目建成后,根据与项目公司签订的产品承购协议,向承购商收取贷款,归还贷款本息。操作过程如图 4-5 所示。

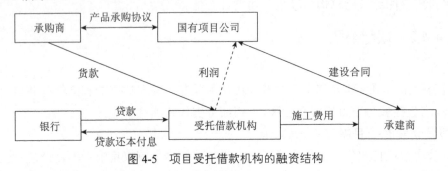

图 4-5 项目受托借款机构的融资结构

4.4.4 项目的贷款银行

贷款银行是项目融资中为项目提供资金的商业银行、非银行金融机构和政府出口信贷机构,项目贷款额根据贷款规模和风险决定,若贷款额超过 3000 万美元或风险更高,则要三家以上银行组成银团提供贷款(辛迪加贷款)。

1. 银团的组成

(1)牵头银行

牵头银行是银团贷款的组织者,由资金实力雄厚、威望较高与其他银行联系广泛且与借款人关系密切的大银行或其分支机构担任。在合同和担保文件的谈判过程中,牵头银行起领导和协调作用,并由此承担相应的权利和义务。

(2)参与银行

参与银行是参加银团并按各自承诺份额提供贷款的银行。参与银行按期发放贷款,并有权了解借款人的资信状况,按参与贷款的份额取得贷款利息。只有少数实力相当并在项目贷款上较有经验的银行才能成为参与银行。

(3)代理银行

代理银行代表银团主管项目贷款的日常事务,并根据项目融资协议保持与各方联系,对外发表公告和传递信息。代理银行在项目贷款前期合同的起草和后期贷款执行的管理工作中负有重要责任,做好这些业务需要较高的技术性知识和经验,只有对大型工程项目较熟悉的一流银行成为代理银行。

2. 开展项目贷款银团的特点

(1)贷款银行数量少、质量高

由于项目贷款数额大且风险高,要求贷款银行具有较高的工程技术水平及财务能力,以便对项目可行性研究做出正确评估。由于项目贷款还涉及国际及东道国的法律制度、合同拟定、谈判及合同监督与协调工作,能胜任的银行较少。

(2)参与银团的银行之间权利平等

项目贷款主要依靠项目资产和未来收益的现金流量作为贷款偿还保证,贷款银行只有有限追索权,因此银团各参与行都承担风险,特别是对项目同时使用几种金融手段时,尤易发生问题和冲突。为保证参与行之间权利平等,必须在合同条款中写明这些可能遇到的问题及各方的权利、等级、风险分担等条款。

4.4.5 项目的信用保证实体

1. 项目产品的购买者或项目设施的使用者

适用于项目融资的项目均为大型项目,能够提供稳定的产品来源,因此项目产品的购买者和使用者通常是长期固定的买主。他们与项目公司签订长期购买合同,保证了项目市场和现金流量,为项目贷款提供了重要的信用保证。

项目产品的购买者或项目设施的使用者可以直接参与融资谈判,确定项目产品的最小承购量和价格公式。他们的资信情况也是能否取得贷款的重要依据。

2. 项目建设的工程公司或承包公司

项目建设的工程公司或承包公司负责项目设计和建设,因此公司的技术水平、财务能力、经营业绩和资信情况都会影响贷款银行对建设期风险的判断,它们与项目公司签订固定价格的"一揽子承包合同",成为项目融资的信用保证者。

3. 项目设备供应者、能源、原材料供应商

项目设备供应者是向项目提供各种机械和运输设备的厂商,它们为项目延期付款或安排低息优惠出口信贷,故为项目融资提供了信用保证。项目能源和原材料供应者为寻求长期稳定的市场,也愿意给项目长期优惠价,以便利于项目融资。

4.4.6 项目融资顾问

1. 财务与金融顾问

项目主办人聘请投资银行、财务公司或商业银行作为项目融资的金融与财务顾问,这些部门能准确了解项目投资者的目标和具体要求,熟悉项目所在国的投资环境、法律和税务,掌握金融市场的变化动向和新的融资手段,与主要银行和金融机构有良好关系,具备丰富的谈判经验和技巧等,并能兼顾利益主体之间的利益,便于设计、分析、比较和谈判已形成被利益各方都接受的融资方案。

2. 技术顾问

项目主办人和财务金融顾问都要聘请一些技术专家,编制可行性研究报告,审核和评估项目的技术和经济指标的可行性和合理性,并监督项目进展。

3. 法律顾问

由于参与方的国际性和文件起草的复杂性,因此,大型项目融资需要资深跨国律师事务所参与,以保证融资结构的合理性,担保结构的严谨性,以及税收优惠政策及其他优惠政策

能够得以兑现。

4. 会计税务顾问

为降低资金综合成本，必须要有充分了解东道国的税收政策且经验丰富的会计税务顾问，能够充分利用项目的税收优惠条件；例如，将融资设计为非公司负债型的贷款结构，就得检查其是否符合东道国规定，是否有潜在问题和风险。

4.4.7 有关政府机构

微观方面，政府部门可以为项目开发提供土地、良好的基础设施、长期稳定的能源供应和某种形式的经营特许权，以此减少项目建设风险和经营风险；政府部门还可以为项目提供条件优惠的出口信贷和其他类型的贷款或贷款担保，这种贷款或贷款担保可以作为准股本资金进入项目，促成项目融资的完成。

宏观方面，政府可以为项目建设提供一种良好的投资环境，例如，利用批准特殊外汇政策和特殊税务结构等各种优惠政策，以此降低项目的综合债务成本，提高项目的可融资性。另外东道国政府还常常投入权益资本，或充当项目产品的最大买者或用户等。因此，政府机构在项目融资中具有不可替代的地位。

4.4.8 项目融资各参与方之间的关系

成功的项目融资是充分发挥各参与者的优势，将风险分配给最能承担并管理这类风险的参与者，它们之间的关系用图 4-6 表示。

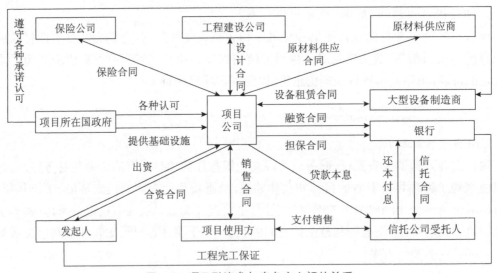

图 4-6 项目融资参与者各方之间的关系

【案例一】 菲律宾 Pagbilao 电力项目

菲律宾项目的融资参与者是项目发起方、项目公司、借款方、贷款银行。项目发起方是项目公司的股东，即国家电力公司与一些地方企业。项目公司是为了项目建设和满足市场需求而建立的自主经营、自负盈亏的经营实体，即 Pagbilao 发电有限公司，贷款银行是东京银行、花旗银行、亚洲开发银行，如图 4-7 所示。

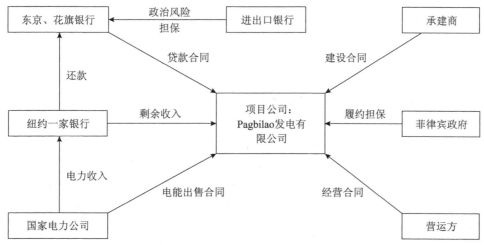

图 4-7 菲律宾 Pagbilao 电力项目融资结构

本项目中,日本三菱集团为设备供应商,国家电力公司是原材料供应商,承购商为国家电力公司,担保受托方是贷款银行要求的东道国以外的资信较高的中立机构,即美国纽约一家银行,由它开设项目公司资产与收益账户,避免了项目公司违约或转移资产。项目公司向菲律宾一家保险公司投保部分项目风险,而贷款银行向国外机构投保政治风险,进出口银行也承担了保险公司角色。东道国政府出示履约担保,支持国家电力公司的信誉与信用。

4.5 项目融资的组织

4.5.1 项目融资的组织

1. 新设项目法人融资

新设项目法人融资即项目融资,是为实施新项目,由项目发起人及其他投资人出资,建立新的独立承担民事责任的法人,承担项目投融资及运营,以项目投资所形成的资产、未来的收益或权益作为项目融资的信用基础,取得债务融资。这种融资方式易切断项目对于投资人的风险,实现了"无追索权"或"有限追索权"的借款融资。即项目投资方不对项目借款提供担保或只提供部分担保。

有限追索的项目融资是债权人只对项目公司股东或发起人追索有限责任,追索有效性表现在时间和金额两方面。时间方面:项目公司股东或发起人在项目建设期内提供担保,项目建成后担保解除,改为项目公司财产抵押;金额方面:股东只对事先约定数额的借款提供担保,或仅保证在项目建设及经营初期提供事先约定金额的追加资金支持。贷款银行对项目公司股东或发起人有限追索的程度,由项目风险、参与项目各方承担的责任及对项目的认识等诸因素决定。

无追索权的项目融资除了项目公司股东或发起人所承担的股本投资责任之外,不对新设公司提供融资担保。而完全追索的项目融资是项目公司股东或发起人对借款提供完全担保。强有力的投资股东为项目融资提供完全担保,可使项目公司取得低成本资金,还可降低项目融资风险;但项目公司股东或发起人担保额过高,会使其资信下降,而且担保要支付担保费,所以,经营良好的公司总是很谨慎地维持融资资信,减少为子公司提供担保的额度。如果项目效益好,投资风险可以有效控制,可以减少项目发起人及投资股东的担保,降低追索权。

2. 既有法人项目融资

既有项目法人融资即公司融资,是由发起人公司(既有项目法人)筹集资金用于项目建设,而不组建新的独立法人,负债由发起人公司及其合作公司承担。这类融资不依赖项目投资形成的资产以及项目未来收益和权益,而依赖既有项目法人的资信,难以实现无追索或有限追索。实力较强的公司进行中小型项目投资时,可采取公司融资形式,以公司全部资产及现金流量提供债务偿还保证。

既有公司融资投资于项目的主要形式有:

①建立单一项目子公司形式;项目规模较大时,由母公司融资,以自有资金和融资取得资金投入项目子公司。

②非子公司式投资形式;公司直接进行项目投资管理,项目投融资计划纳入公司财务计划,适用于实力强大的公司进行小规模项目投资。

③项目发起人与其他投资人以契约式合作结构投资;适于大型项目或发起人难以独自承担的项目。

4.5.2 项目融资实施程序

项目融资实施程序如表 4-4 所示。

项目融资的实施程序　　　　　　　　表 4-4

阶 段 名 称	主 要 工 作
投资决策阶段	1. 项目的行业、技术、市场分析 2. 项目可行性研究 3. 投资决策——初步确定项目合作伙伴及投资结构
融资决策阶段	1. 选择项目融资方式——决定是否采用项目融资 2. 任命项目融资顾问——明确融资的具体任务与目标
融资结构设计阶段	1. 评价项目的各种风险因素 2. 设计融资结构及抵押保证结构
融资谈判阶段	1. 项目商务合同谈判 2. 选择银行、发出项目融资建议书 3. 组织贷款银团、起草融资法律文件 4. 融资谈判
融资执行阶段	1. 签署项目融资文件 2. 执行项目投资计划 3. 贷款银团经理人监督并参与有关决策 4. 项目的风险与控制

资料来源:张极井. 项目融资. 北京:中信出版社,2004.

1. 第一阶段：投资决策阶段

任何投资项目一旦做出投资决策,就要确定项目的投资结构,要考虑的因素包括项目的产权形式、产品的分配形式、决策程序、债务责任、现金流量控制、税务结构和会计处理等内容。投资结构将影响项目融资结构和资金来源的选择,反过来,项目融资结构设计也能调整对投资结构的安排。

2. 第二阶段：融资决策阶段

项目决策者是否采用项目融资方式,取决于投资者对债务责任分担的要求形式、贷款额要求、时间要求、融资费用要求,以及诸如债务会计处理等方面要求的综合评价。如果选择项目融资方式,投资者就要选择和任命融资顾问,设计、分析和比较项目融资结构,直到做出项目融资决策。

3. 第三阶段：融资结构分析

设计项目融资结构的一个重要步骤是对项目风险的分析和评估。项目融资信用结构的基础是由项目经济强度及有关利益主体与项目的契约关系和信用保证所构成的。要求项目融资顾问和项目投资者一起对与项目有关的风险因素进行全面分析和判断,确定项目的债务承受能力和风险,设计切实可行的融资方案。

4. 第四阶段：融资谈判

在初步确定了项目融资方案后,融资顾问将有选择地向商业银行或其他一些金融机构发出参加项目融资的建议书(Information Memorandum),组织贷款银团,起草项目融资有关文件。这一阶段经过多次反复谈判,不仅会对有关法律文件做出修改,也会涉及融资结构或资金来源的调整,甚至会修改项目投资结构及相应的法律文件,以满足贷款银团的要求。该阶段中,强有力的融资顾问和法律顾问可以帮助加强项目投资者的谈判地位,保护投资者的利益,并在谈判陷入僵局时,及时灵活地找出适当的变通办法,绕过难点解决问题。

5. 第五阶段：项目融资的执行

在正式签署项目融资法律文件后,项目融资进入执行阶段。传统融资方式一旦进入贷款执行阶段,借贷双方的关系就变得简单明了,借款人只要求按照贷款协议的规定提款和偿还贷款本息。然而在项目融资中,贷款银团通过其代理银行将会经常性地监督项目进展,根据融资文件规定,参与部分项目的决策程序,管理和控制项目的贷款资金投入及部分现金流量。

贷款银团参与可以按项目进度分为三个阶段：项目建设期、试生产期和正常运行期。在建设期,贷款银团经理人将经常监督建设情况,根据资金预算和建设日程表,安排贷款提取。在试生产期,贷款银团经理人监督项目试生产情况,将实际项目生产成本数据和技术指标与融资文件的规定指标进行比较,确认项目是否达到融资文件规定的商业完工标准。在正常运行期,项目投资者所提供的完工担保将被解除,贷款偿还将主要依赖于项目现金流量,贷款银团的经理人将按照项目融资文件的规定管理全部或部分项目现金流量,以确保债务偿还。

除此外,贷款银团的经理人也会参与部分项目生产经营决策,在项目的重大决策问题上有一定的发言权。由于项目融资的债务偿还与其项目的金融环境和市场环境密切相关,所以帮助项目投资者对项目风险的控制和管理，也是贷款银团经理人在项目正常运行阶段的一项重要工作。

4.6 项目融资成功的条件

运用复杂的融资结构把各方参与者在项目中的利益结合起来，达到限制风险、增强项目债务承受能力的目的，以实现项目投资者采用其他融资模式所无法实现的目标要求，是项目融资的成功之处。然而，这种结构的复杂性和各个利益主体之间的平衡与组合，也造成组织项目融资的难度远超其他融资方式。为了使一个项目融资在设计、组织阶段以及在执行过程中获得成功，需要注意许多方面的问题。除了项目融资的客观条件要满足外，项目投资者是否熟悉项目融资原理及运作方式，是否掌握相应法律、金融财务知识，对融资的具体目标要求是否有清楚的认识，是否具备合作精神、耐心和灵活的谈判技巧等主观因素也非常重要。从项目投资者角度看，可以把促使项目融资成功的条件概括为：

1. 认真完成项目的评价和风险分析工作

项目好坏是投资决策和能否安排融资的根本，因此，项目评价和风险分析是项目融资的基础。只有好项目才能吸引银行贷款；只有对项目风险做出正确分析，才能找出限制项目风险的方法和途径，设计出风险分担的融资结构。

项目可行性研究中的风险分析与这里的风险分析既有共同处，也有差异。项目风险存在于项目各阶段，包括建设期的完工风险，运营期的经营风险、技术风险、原材料供应风险、市场风险，各种因素造成的停工停产风险以及项目的金融风险、政治风险和国家风险等。对项目风险不仅要有定性分析判断，更要做系统的定量分析，将各种风险因素对项目现金流量的影响定量化。在此基础上确定项目的最大融资能力，设计出借贷各方能接受的共担风险的融资结构。

2. 确定严谨的项目融资法律结构

项目参与者在融资结构中的地位以及他们所拥有的权利、所承担的责任和义务是通过一系列法律文件确定的。法律文件是否准确无误地反映了项目参与者在融资结构中的地位和要求，各个法律文件之间的结构关系是否严谨，是保证项目融资成功的必备条件。项目投资者和贷款银行对法律文件的关注是不同的，前者更注意有关知识产权、贸易公平和生态环境保护等方面的法律保证，后者则考虑担保履行及实施接管权利等有关法律保护结构的有效性问题。

3. 明确项目的主要投资者，及早确定项目的资金来源

项目融资通常是建立在若干个投资者组成的合资结构或由若干个参与者组成的信用保证集合体的基础上。这种做法有利于充分发挥合资方或参与方的长处，但如果不明确项目的主要投资者，将给项目管理带来很多问题。

另外，项目主要投资者的股本金投入额和投入方式，及这些投资者对融资结构中风险分担方式的要求，对贷款银行和其他项目参与者加入项目融资结构的态度有直接影响。这种态度不仅与项目风险高低、风险分担形式有关，也与项目所要求的资金额有关。项目资金的构成和来源应与融资结构设计同步，争取尽早明确一至两家贷款银行作为融资资金的主要提供者，融资结构才能稳定。

本章小结

本章先讲融资部分的必备基础知识，如融资的意义、融资的分类、融资的渠道等等，然后重点介绍了项目融资的意义、定义、特点、优点、缺点以及与公司融资的区别。

在充分理解项目融资概念的基础上，本章介绍了项目融资的构成要素及相互关系。项目融资的构成是以项目的经济强度为核心，包括项目的投资结构、项目融资结构、项目信用保证结构、项目资金结构。它们相辅相成，密不可分。

进而，本章阐述了项目融资的各个参与主体——项目发起人、项目公司、借款方、贷款银行、信用保证实体、项目融资顾问及有关政府机构等的特点和关系。

在此基础上，说明了项目融资的组织两种主要方式：新设项目法人融资及既有法人项目融资；以及项目融资实施程序的五个主要阶段：投资决策阶段、融资决策阶段、融资结构设计阶段、融资谈判阶段、融资执行阶段。

本章指出成功的项目融资需要具备的基本条件主要有：认真完成项目的评价和风险分析工作、确定严谨的项目融资法律结构、明确项目的主要投资者，及早确定项目的资金来源等。

习题

1. 融资的意义有哪些？融资有哪些分类？融资的渠道有哪些？
2. 工程项目融资的意义有哪些？如何理解项目融资的概念？
3. 项目融资的基本特点是什么？项目融资和公司融资的区别有哪些？
4. 项目融资有哪些优点？有哪些缺点？
5. 项目融资的构成要素有哪些？它们之间的相互关系如何？
6. 项目融资的参与者有哪些？它们之间的相互关系如何？
7. 项目融资有哪些组织形式？
8. 项目融资实施程序由哪几个阶段组成？每个阶段的基本工作内容是什么？
9. 要想取得项目融资的成功，需要具备哪些基本条件？

参考文献

[1] 张极井. 项目融资 [M]. 北京：中信出版社，2004.
[2] 戴大双. 项目融资 [M]. 北京：机械工业出版社，2005.
[3] 马秀岩，卢洪升. 项目融资 [M]. 大连：东北财经大学出版社，2004.
[4] 注册咨询工程师考试编写委员会. 项目决策分析与评价 [M]. 北京：中国计划出版社，2004.

[5] 徐莉．项目融资[M]．武汉：武汉大学出版社，2005．

[6] 蒋先玲．项目融资[M]．北京：中国金融出版社，2001．

[7] CLIFFORD CHANCE 法律公司．项目融资[M]．龚辉宏，译．北京：华夏出版社，1997．

[8] 王立国．工程项目融资[M]．北京：人民邮电出版社，2002．

[9] 卢有杰．项目融资[M]．北京：清华大学出版社，1998．

[10] 刘有平．项目融资理论与实务[M]．西安：西安交通大学出版社，2002．

[11] 姚璐．项目融资发展综述[J]．科技情报开发与经济，2007（17）．

[12] 毛腾飞．中国城市基础设施建设投融资模式创新研究[D]．长沙：中南大学，2006．

[13] 周玉峰．我国项目融资存在的问题及对策[J]．建筑经济，2006（8）．

[14] 吴琦．我国项目融资存在的问题及对策[J]．湖北社会科学，2006（9）．

[15] 王刚．地铁项目融资模式研究[J]．深圳大学学报（理工版），2006（3）．

[16] 雷涛．从项目融资到企业融资[J]．东方企业文化，2006（8）．

[17] 郭励弘．投融资·工程经济·创新[M]．北京：经济管理出版社，2001．

[18] 刘舒年．国际工程融资与结汇[M]．北京：中国建筑工业出版社，1997．

[19] A. D. F. 普赖斯．国际工程融资[M]．赵体清，等，译．北京：中国水利水电出版社，1995．

第5章 工程项目融资结构的设计

本章概要

1. 项目融资结构的概念、策划与评价;
2. 项目融资结构设计的基本原则;
3. 项目融资结构的基本模式;
4. 若干案例分析。

5.1 项目融资结构的概念、策划与评价

5.1.1 项目融资结构的概念

1. 项目融资结构的含义

项目融资结构是指融通资金的诸组成要素的组合和构成,如融资模式、资金来源、筹资渠道、融资成本、融资方式、融资期限、利率等的组合和构成。

2. 项目融资来源

项目融资的主要资金来源(financial sourcing)有商业银行、出口信贷机构、资本市场和多边机构,还有政策性银行贷款、外国政府贷款、国际金融组织贷款、银团贷款、企业债券、国际债券、融资租赁等,它们的特点见表5-1。

不同融资来源的特点比较　　　　　　　表5-1

融资来源	优点	局限性
国际商业银行	在项目建设阶段融资最具经验的贷款人,提款、还款及预付款条件上较灵活	贷款期限短,不愿承担政治风险,对融资结构、借贷条件控制严格
出口信贷机构	资金市场化程度高,急于进入项目融资市场,对政治、主权风险较熟悉,利率固定,贷款期长	贷款须与出口国挂钩,贷款方法各不相同,这使多方出口信贷机构贷款更加复杂,要求分担风险
国际资本市场	—	市场容量小,提还款及贷款期长,预付款缺乏灵活性
多边机构、双边机构	市场发达,具有项目评估经验,有全面的政治风险保证	耗时长,无灵活性,信贷限于资金来源国
本地银行、资本市场	充分使用同种货币,政治、主权风险小,融资成本低	因国别而异,缺乏通用性,贷款能力差

3. 项目筹资渠道

按项目融资的资金性质，项目筹资渠道有财政资金、企业自留资金、银行信贷资金、非银行金融机构资金、其他企业资金、民间资金与国外资金，见表5-2。

项目筹资渠道　　　　　　表5-2

序号	资金性质	融资渠道	备注说明
1	权益资本（称资本金或股本金）	国家财政拨款	主要对一些非经营性项目或准经营性项目
		企业利润留存	—
		其他企业民间资金	如发行股票
		外国资本直接投资	外商在三资企业中投入的资本
2	银行贷款	长期贷款	包括技术改造贷款、城市建设综合开发企业贷款、农业基础设施及农业资源开发贷款
		短期贷款	主要用于流动资金周转
		国际商业贷款	包括单个银行贷款和国际银团贷款
3	非银行金融机构贷款	外国政府贷款	如出口信贷中的买方贷款、卖方贷款
		国际金融机构贷款	国际货币基金组织、世界银行、亚洲开发行贷款
		其他筹资	金融租赁筹资（融物与融资相结合）
4	发行债券	其他企业民间资金	通常为固定利率债券或境外债券

4. 项目筹资方式

项目筹资方式包括直接投资、发行股票、银行借款、发行债券、融资租赁、BOT及资产证券化等。筹资渠道与方式的关系如表5-3所示。

项目筹资渠道与筹资方式的关系　　　　　　表5-3

筹资渠道＼筹资方式	直接投资	发行股票	银行借款	发行债券	融资租赁	BOT	资产证券化
国家财政资金	√	√					√
企业自留资金	√	√					√
银行信贷资金	√	√	√				√
非银行金融机构资金	√	√		√	√	√	√
其他企业资金	√	√		√	√	√	√
民间资金	√	√	√			√	√
国外资金	√	√		√	√	√	√

5. 项目融资成本

项目融资成本包括资金筹集成本和占用成本，要高于传统公司贷款成本。其中资金占用成本就高于公司贷款成本。而且资金来源不同，资金成本也不同。

6. 项目融资模式

项目融资模式是项目法人取得资金的具体形式，是对项目融资各要素的综合，设计项目融资模式,实际上是对项目融资要素的具体组合和构造。

项目融资模式有投资者直接融资、通过项目公司融资、利用"设施使用协议"型公司融资、生产贷款、杠杆租赁、产品支付、BOT 模式等方式。项目融资结构设计可按投资者要求,对几种模式组合、取舍和拼装,以实现预期目标。

5.1.2 项目融资结构的策划与评价

按《参数三》的要求,对可行项目应策划项目融资结构方案,研究项目投资和流动资金的来源渠道及筹措方式。项目融资方案的评价是在明确项目融资主体和资金来源的基础上,通过对融资额度、融资渠道、融资方式、融资来源的可靠性、融资结构的合理性、融资成本的高低、融资风险的大小分析,结合融资后的财务可行性分析(financial viability),比选和确定融资方案。

1. 融资组织方式的选择

研究融资结构方案,应明确项目谁发起,融资责任与风险谁承担,项目收益谁获得等问题,即研究项目的融资组织方式,判断项目融资主体。

据融资主体不同,融资分为企业融资和项目融资,企业融资的资金来源于企业内部资金(如货币资金、资产变现、资产经营权变现、直接使用非现金资产等)、新增资本金(如股东增资扩股、吸收新股东、发行新股和政府投资等)和新增债务资金,依托企业财务信用融资,适于企业改扩建项目和新建项目;项目融资是组建项目法人融资,资金来源于项目法人筹集的资本金(如股东直接投资、发行股票、政府投资等)和债务资金,并由项目法人承担融资责任和风险。

2. 融资渠道的选择

(1)项目资本金的融资渠道

资本金是指项目总投资中由权益投资者提供的非债务资金。我国经营性项目实行资本金制度,规定了经营性项目建设都要有最低比例的资本金。

资本金筹集方式:

①国家资本金投入,包括各级政府财政预算内和预算外资金,以及各种专项建设基金和国家授权投资机构投入的股本金;

②国内外各类企业对项目融资主体投入的各种资本金,包括企业自有资金投入、企业资产变现资金投入和各类实物资产投入;

③项目融资主体通过发行股票从证券市场上筹集的资金,包括企业原有股东增资扩股、吸收新股东的资金及个人入股资金。

资本金的出资形态是现金,以及经资产评估机构评估作价的实物、工业产权、非专利技术、土地使用权和资源开采权等等。

(2)项目债务资金的融资渠道

债务资金是项目总投资中除资本金外,所筹集的各种债务性质的资金。包括:

①信贷融资,主要是国内政策性银行和商业银行的贷款;世界银行、亚洲开发银行等国际金融机构贷款;外国政府贷款;出口信贷以及信托投资公司等非银行金融机构提供的

贷款；

②债券融资，是项目融资主体以自身盈利能力和信用条件为基础，通过发行债券筹集的资金，包括一般债券融资及可转换债券融资等方式；

③融资租赁（financing lease），是资产拥有者将资产租给承租人，在一定时期内使用，由承租人支付租赁费的筹资方式，一般由承租人选定设备，由出租人购置后租给承租人使用，承租人分期交付租金，租赁期满后，设备归承租人所有。

3. 资金来源可靠性分析

资金来源可靠性分析应对投入项目的各类资金在币种、数量和时间等方面的要求是否能满足项目需要进行分析。

（1）既有法人内部融资的可靠性分析

①通过调查了解既有企业资产负债结构、现金流量状况和盈利能力，分析企业的财务状况、可能筹集到并用于拟建项目的现金数额及其可靠性。

②通过调查了解既有企业资产结构现状及其与拟建项目的关联性，分析企业可能用于拟建项目的非现金资产数额及其可靠性。

（2）项目资本金的可靠性分析

①采用既有法人融资方式的项目，应分析原股东增资扩股和吸收新股东的投资额及其可靠性。

②采用新设法人融资方式的项目，应分析投资者认缴股本金额及其可靠性。

③分析这两种融资方式获得批准的可能性。

（3）项目债务资金的可靠性分析

①采用债券融资的项目，应分析其能否获得国家有关主管部门的批准。

②采用银行贷款的项目，应分析其能否取得银行贷款承诺。

③采用外国政府贷款或国际金融组织贷款的项目，应核实项目是否列入利用外资备选项目。

4. 资金结构合理性分析

资金结构合理性分析指对项目资本金和项目债务资金、项目资本金内部结构以及项目债务资金内部结构等资金比例的合理性分析。

（1）项目资本金与项目债务资金的比例要求

项目资本金和项目债务资金的比例应符合：国家法律和行政法规的规定、金融机构信贷规定及债权人有关资产负债比例的要求、满足权益投资者获得期望投资回报的要求、满足防范财务风险的要求。

（2）项目资本金结构要求

项目资本金结构应符合根据投资各方在资金、技术和市场开发方面的优势，通过协商确定各方出资比例、出资形式和出资时间。

采用企业融资方式的项目，应合理确定既有企业内部融资和新增资本金在项目融资中所占的比例，分析企业内部融资及新增资本金的可能性与合理性。

国内投资项目应分析控股股东的合法性和合理性,外商投资项目应分析外方出资比例的合法性与合理性。

(3)项目债务资金结构要求

项目债务资金结构要求根据债权人提供债务资金的条件(包括利率、宽限期、偿还期及担保方式等)合理确定各类借款和债券的比例。还应合理搭配短中长期债务比例、合理安排债务资金的偿还顺序、合理确定内债与外债的比例、合理选择外汇币种、合理确定利率结构等。

5. 资金成本分析

资金成本分析应通过计算权益资金成本、债务资金成本及加权平均资金成本,分析项目使用各种资金所实际付出的代价及其合理性,为优化融资方案提供依据。具体计算与分析应符合下列要求。

①权益资金成本采用资本资产定价模型、税务债务成本加风险溢价法和股利增长模型等计算。

②债务资金成本应分析各种可能的债务资金利率水平、利率计算方式(固定利率、浮动利率)、计息(单利、复利)和付息方式,以及宽限期和偿还期,计算债务资金的综合利率,并进行不同方案比选。

③在计算各种债务资金成本和权益资金成本的基础上,再计算整个融资方案的加权平均资金成本。

④为减少融资风险损失,对融资方案实施中可能存在的资金供应风险、利率风险和汇率风险等风险因素分析评价,并提出防范风险的对策。

6. 融资财务杠杆结构分析

根据融资主体的资产负债结构及信用状况等因素,分析各种可能的融资渠道和融资方式,并根据项目盈利能力及整个融资主体的财务状况,分析应采用的财务杠杆水平,进行财务杠杆分析,选择资产负债结构比例及融资方案。

这首先应按项目所需总投资和分年需要量,分析能否筹集到足额资金。采用企业融资的项目要分析企业财务状况、资产负债结构、扩股融资和吸收新股东的金额及其保证程度。采用项目融资的项目要分析投资者认缴资本金的可靠性。

其次要分析融资结构,主要分析资本金与债务资金的比例,股本结构比例,债务结构比例,本币外币结构等。其中,资本金与债务资金的比例,应分析资本金比例是否符合现行政策法规的要求,能否满足贷款银行的要求;股本结构比例,主要分析股东各方控股的比例结构,中外合资项目应分析中外各方出资比例的合理性;债务结构分析,要分析各种负债融资方式的融资金额比例的合理性。本币外币结构主要针对利用外资项目,应分析本币外币融资的合理性。

在融资结构分析中,重点是进行财务杠杆分析,核心是确定资本金比例的合理取值区间。一般是首先根据项目盈利水平、银行贷款还款条件,反推出在保证能够满足还款要求前提下的最低资本金比例,并将该比例和国家法规规定的最低资本金比例之较高者,作为该项目融资方案所采用的最低资本金比例,以此为依据安排融资方案。如果条件允许,还可以根据资本—资产定价模型等工具,进一步测算能保证融资主体企业价值最大化和股东权益最大化的最佳资本结构。

7. 财务计划及财务可持续性评价

根据融资方案计算融资成本,编制财务计划现金流量表。该表除包含项目投资现金流量预测结果外,还应包括建设期及生产运营期借款还本付息、股利分配、税收支付等引起的项目融资主体财务计划现金流量,进行财务可持续性分析。

需强调,项目投资财务评价编制的是折现现金流量表(discounted cash flow table),便于计算项目 NPV、IRR 等评价指标,剔除了"折旧"、"融资方案"、"税收"等人为因素,引入了"经营成本"概念,以评价项目盈利能力。但融资方案财务评价编制的是财务计划现金流量表(financial planning cash flow table),要考虑融资主体的折旧政策、融资方案、税收政策、还本付息计划、股利支付计划等因素,编制一个能反映融资主体今后要发生的财务计划现金流量,目的是反映融资主体真实的现金流量计划,分析其财务可持续性及现金支付风险。

财务计划现金流量表也可以编制一些辅助报表,如资金来源与运用表,用以反映项目计算期各年资金平衡和余缺;借款偿还计划表,用以反映项目计算期内各年借款的使用、还本付息计划及偿债资金来源筹措计划;股利分配计划表,用以反映项目计算期各年利润总额、所得税支付、净利润及利润分配计划;外汇流量表,用以考察项目计算期各年外汇余缺,重点分析资本项目下的外汇平衡。

编制财务计划现金流量表,要分析债务资金的融资成本及还本付息计划。债务资金融资成本由资金筹集费和占用费组成。筹集费指资金筹集过程中支付的一次性费用,如承诺费、手续费、担保费、代理费等;占用费指使用资金发生的经常性费用,如利息,应分析各种可能负债融资方式的付息条件、利率水平、利率调整方式、计息和付息方式,并计算债务资金的综合利率,比选不同方案。

在财务计划现金流量分析中,要重视税务筹划和税收分析。税收分析是计算营业税、增值税、所得税等与项目投资有关的税费;税收筹划包括合理避税、不同折旧政策和融资方式对企业税负的影响、改扩建项目对企业税负的影响、固定资产运用和资产清理等对税收的影响等。

8. 权益投资盈利能力评价

融资方案的财务评价,应分析在既定融资方案下,股东所能获得的投资回报,分析重点是在项目 EBIT 预测的基础上,根据财务计划现金流量的编制结果,计算财务费用和所得税等,测算税后现金流量,评价权益投资的盈利能力。

权益投资财务分析应编制资本金财务现金流量表及投资者现金流量表。前者应分析资本金的融资成本,由筹集费和占用费组成,占用费指为资本金支付的股息红利,按资本金用于其他机会可能获得的正常收益或参照净资产利润率计算;后者考虑投资者的项目分红、项目资产处置收益及各种间接收益和对项目的代价。财务分析采用所得税后内部收益率判别,标准是股东最低期望收益率。

5.2 项目融资结构设计的原则

5.2.1 有限追索原则

追索是指在借款人未按期偿债时,贷款人要求借款人用抵押资产以外的其他资产偿还债务的活动。有限追索是指贷款人仅在某个特定时间阶段或在一个规定范围内对项目借款人进行追索,在此界定之外,贷款人不能对借款人追索除项目资产、项目现金流量以及有关方承诺义务之外的任何形式的资产用于偿债。

实现有限追索融资,是项目融资结构设计的基本原则。追索形式和追索程度,既取决于贷款银行对项目风险的评价以及项目融资结构设计,也取决于项目所处行业的风险系数、投资规模、投资结构、项目开发阶段、项目经济强度、市场安排以及投资者的组成、财务状况、生产技术管理、市场销售能力等多方面因素。条件相同的项目,若上述因素有差异,则追索形式或程度也要相应变化。

要限制融资对投资者的追索责任,就要考虑二个问题:一是项目经济强度必须足以支持债务偿还;二是必须能找到强有力的来自投资者以外的信用支持;三是融资结构设计要做适当的技术性处理,如提供必要的担保等。

5.2.2 项目风险分担原则

保证投资者不承担项目全部风险责任,也是项目融资结构设计的基本原则。为此,项目风险要在投资者、贷款银行及其他与项目利益有关的第三方之间合理地分担,以实现对投资者的最低债务追索。项目风险可以通过融资结构设计得到分散。例如项目投资者要承担项目建设期和试生产期的风险,但项目达产后,只要承诺购买项目产品,就只承担市场风险,而贷款银行要承担部分经营风险。

因为,即使投资者或项目以外的第三方产品购买者以长期协议形式购买了全部项目产品,但对贷款银行而言,也存在产品价格过低导致项目现金流量不足和项目产品购买者不愿意或无力继续执行产品销售协议带来的经营风险。

项目风险分担同样要考虑投资结构的支持。例如,项目主要投资者通过引入一些小股东(投资者)的方式保证部分项目产品的销售,则风险可被分担。

5.2.3 成本降低原则

项目融资涉及投资额大、资本密集度高、运作周期长,因此项目融资结构设计应考虑运用经济手段降低融资成本。例如,多数国家税法有税务减免规定,短则3～5年,长则10年。同时,许多国家还推出一系列投资鼓励政策,多与税前税后规定与项目纳税基础相联系,因此,投资者完全可以利用税务减免手段降低融资成本。此外,完善项目投资结构可以增强项目经济强度、降低项目风险,从而减少债务资金成本;合理选择融资渠道和优化融资结构也可降低融资成本。

5.2.4 完全融资原则

项目融资过程中,股本资金的注入方式比传统公司融资要灵活得多。股本资金的注入可以考虑以担保存款、信用证担保等非传统形式来完成,这可看成是对传统资金注入方式的替代。为此,要在设计项目融资结构的过程中,充分考虑最大限度地控制项目现金流量,保证现金流量不仅满足正常债务的融资要求,还要满足股本资金的融资要求,项目现金流量的充足程度是贯彻该原则的基础。

5.2.5 近期融资与远期融资相结合的原则

项目融资多是 7～10 年期的中期贷款,甚至 20 年期的长期贷款。但投资者因不熟悉东道国及其投资领域,对项目风险和未来发展把握不足,或出于对财务和税务等方面的特殊考虑,更愿意接受短期融资安排,一旦影响项目融资的各种决定因素朝对有利投资者的方向变化,投资者就希望重新安排融资结构,放松或取消银行对投资者的限制,降低融资成本。基于此,在设计项目融资结构时,投资者要明确选择项目融资方式的目的,尽可能把近期融资与远期融资结合起来。

5.2.6 表外融资原则

项目融资要实现表外融资,即非公司负债型融资。例如,可以把贷款或贷款担保设计成"商业交易"形式,这既实现了融资安排,也达成了不把贷款或贷款担保列入投资者资产负债表的目的。因为,商业交易是不必进入资产负债表的。再如"BOT"模式,政府以"特许权合约"为手段利用私人资本兴建基础设施,既达到了改善基础设施状况的目的;也有效减少了政府的直接对外债务。

5.2.7 融资结构最优化原则

1. 融资方式种类结构优化

融资有多种方式,各有优点和不足,筹资人必须适当选择,如股权与债务的适当组合等,以确立最佳融资模式,使资金来源多元化和资本结构优化。

2. 融资成本优化

筹资人在选择何种融资方式时,要熟悉各类金融市场的性质和业务活动,以获得更多资金来源。同一市场应和多家融资机构洽谈,以增加选择余地。要贯彻择优原则,努力降低融资成本。

3. 融资期限结构优化

①要控制短期债务,短期债务应主要用于融通贸易支付或短期调剂,并严格限制其用途,若把短期融资用于长期债务还本付息,会使债务结构恶化,因此,短期债务应控制在总债务的 20% 以内。

②债务融资偿还期与筹资人投资回收期衔接。

③均衡分开债务的还本付息时间,错开偿债高峰。

4. 融资利率结构优化

当市场利率水平较低且有升势时,应争取固定利率融资;当市场利率较高且有跌势时,应考虑浮动利率签约。长期筹资以固定利率融资更为有利。

5. 货币币种结构优化

融入资金的币种应与筹资项目未来收入的币种相吻合,应提高融入软币的比重,降低融入硬币的比重,以获得软币币值降低的利益而回避硬币币值上升的风险。币种选择不能单纯以融资谈判时的货币市场行情为依据,而应研究国际金融市场汇率变化趋势,权衡不同货币的汇率与利率变化造成的影响。

6. 筹资方式可转换性

筹集资金时应充分考虑筹集方式相互转换的能力,选择转换能力较强的筹资方式。短期筹资的筹资期限短、转换能力强,面临风险时,可及时采用其他筹资方式。长期筹资要考虑发行可转换优先股和可转换债券。要采取多元化、分散化的筹资方式和筹资渠道,增强筹资转换能力,降低风险。

5.3 项目融资结构的多种模式

5.3.1 投资者直接融资

1. 投资者直接融资的含义

投资者直接融资是指项目投资者直接安排项目融资,并承担融资安排中相应的责任和义务,是结构最简单的项目融资模式,又分为集中形式和分散形式。

2. 适用的范围

投资者直接融资模式在投资者直接拥有项目资产并直接控制项目现金流量的非公司型合资结构中较常用,当投资者资信及其财务结构良好时,采用投资者直接融资方式还可以获得较低成本的贷款。

3. 投资者直接融资模式的优点

①投资者可根据投资战略的需要,在多种融资模式、多种资金来源方案之间选择与合并,灵活安排融资结构及融资方式,确定合适的债务比例等。

②投资者可直接拥有资产并控制项目现金流量,充分利用项目的税收减免等条件,降低融资成本。

③投资者可根据项目经济强度和本身资金状况灵活安排债务比例。

④投资者可以灵活运用自己的商业信誉,获得优惠的贷款条件。

4. 投资者直接融资模式的缺点

①如果组成合资结构的投资者在信誉、财务状况、市场销售和生产管理能力等方面不一致,就会增加项目资产及现金流量作为融资担保抵押的难度,从而在融资追索程度和范围上

显得比较复杂。

②在安排融资时,要划清投资者在项目中所承担的融资责任和投资者其他业务之间的界限,这在操作上更为复杂,需要项目投资者成立专门公司进行融资。

③安排成有限追索融资的难度较大。

5. 投资者直接融资的操作思路

(1)思路之一:由投资者面对同一贷款银行和市场直接安排融资

①投资者根据合资协议组成非公司型合资结构,按投资比例组建项目管理公司,依项目管理协议负责项目建设与经营,据销售代理协议负责项目销售。

②发起人根据合资协议按比例投入自有资金,并单独与贷款银行签署融资协议。项目管理公司在建设期与工程公司签订工程建设合同,监督项目建设,支付项目建设费用;在生产经营期间,负责项目生产管理与产品销售。

③项目销售收入先进入贷款银行的监控账户,以支付项目生产费用、资本再投入、偿还到期债务,最终按融资协议将盈余资金返还发起人,参见图5-1。

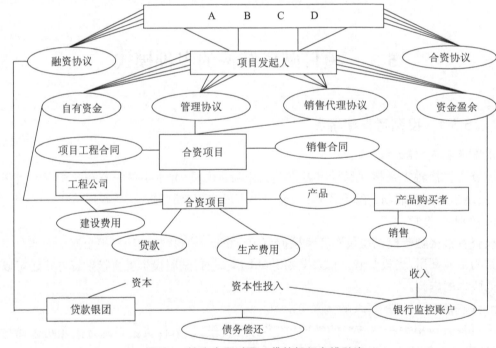

图 5-1 投资者面对同一贷款银行安排融资

(2)思路之二:由投资者各自独立地安排融资和承担市场销售责任

①项目发起人按合资协议投资项目,任命项目管理公司负责项目建设与生产管理。

②项目发起人按投资比例,直接支付项目建设和生产费用,根据自己的财务状况自行安排融资。

③项目管理公司据投资比例,按"或付或取"合同以规定价格向项目发起人销售项目产品,销售收入根据与贷款银行之间的现金流量管理协议进入贷款银行的监控账户,按资金使用的优先序列分配,参见图5-2。

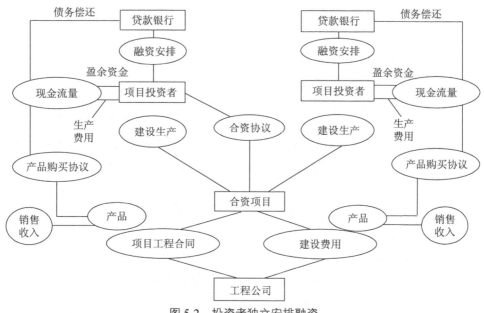

图 5-2 投资者独立安排融资

5.3.2 项目公司融资模式

项目公司融资模式是指投资者通过建立单一项目子公司或合资项目公司,从商业金融渠道安排融资的一种模式,融资的抵押是项目公司经营权、财产及其他可得到的任何合同的权利,其担保是项目投资人的资金缺额担保、完工担保、客户承诺的无论提货均须付款担保等。

1. 单一项目子公司形式

在非公司型合资结构、合伙制结构,甚至公司型合资结构中,项目投资者经常通过建立单一项目子公司作为投资载体,以该公司的名义与其他投资者组成合资结构安排融资,即所谓单一项目子公司的融资形式,参见图 5-3。

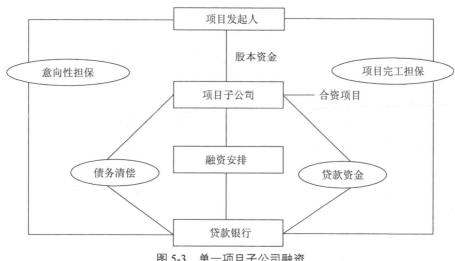

图 5-3 单一项目子公司融资

该融资形式的特点是项目子公司代表投资者承担项目的全部或主要经济责任,但由于该公司是投资者为一个具体项目专门组建的,缺乏必要的信用和经营经历,有时也缺乏资金,所以需要投资者提供一定的信用支持和保证。如由投资者为项目子公司提供完工担保和产品购买担保等。

采用单一项目子公司形式安排融资,对投资者的积极影响体现在:第一,该模式易划清项目的债务责任,贷款银行的追索权也只能涉及项目子公司的资产和现金流量,其母公司除提供必要担保外,不承担任何直接责任,融资结构较投资者直接安排融资相对简单清晰;第二,该项目融资有条件也有可能被安排成非公司负债型融资,有利于减少投资者的债务危机。

该模式缺点是:因各国税法对公司之间税务合并的规定,有可能影响到对公司经营成本的合理控制。

2. 合资项目公司形式

合资项目公司是通过项目公司安排融资的形式,指投资者共同投资组建项目公司,再以该公司名义拥有、经营项目和安排项目融资,参见图5-4。

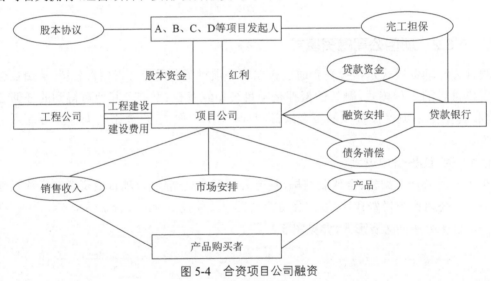

图5-4 合资项目公司融资

采用这种模式时,项目融资由项目公司直接安排,涉及债务的信用保证来自于项目公司现金流量、项目资产以及投资者提供的担保和商业协议。对于具有较好经济强度的项目,该模式甚至可以被安排成对投资者无追索的形式。

具体操作时,首先由项目投资者根据股东协议组建单一目的项目公司,并注入股本资金;然后项目公司法人签署一切与项目建设、生产和市场有关的合同,建设经营并拥有项目;最后有项目公司安排有限追索的项目融资。

但因项目公司融资前还没有形成项目资产,也无经营经历,原则上要求投资者提供一定的信用担保,承担一定的项目责任,如提供项目建设期的完工担保。

项目公司融资模式的优点是:

①项目公司统一负责项目建设、生产及市场安排,并使用项目资产和现金流量为项目融

资抵押和提供信用保证,在融资结构上易被贷款银行接受,在法律结构上也较简便;

②项目投资者不直接安排融资,只通过间接的信用保证形式支持项目公司融资,如完工担保、"无论提货与否均需付款"或"提货与付款"协议等,使投资者的债务责任较直接融资更清晰明确,也较易实现有限追索的项目融资和非公司负债型融资要求;

③该模式更充分地利用了项目大股东在管理、技术、市场和资信等方面的优势,便于项目获得优惠贷款条件,也避免了投资者之间为安排融资而出现的无序竞争。

该模式的缺点是:在某些方面,如税务结构安排和债务形式选择等方面缺乏灵活性,难以满足不同投资者对融资的各种要求。

5.3.3 "设施使用协议"融资模式

1. "设施使用协议"融资模式的含义

"设施使用协议"融资模式是以一个工业设施或者服务性设施的使用协议为主体安排的融资形式。"设施使用协议"专指某种工业设施或服务性设施的提供者和该设施的使用者之间达成的"无论提货与否均需付款"的协议。

2. 应用范围

"设施使用协议"融资模式主要用于如石油、天然气管道、发电设施、某种专门产品的运输系统以及港口、铁路设施等项目。源起于20世纪80年代以来,国际原材料价格一直维持在较低水平,导致以原料生产为代表的工业项目尝试"设施使用协议"融资模式,取得了良好的效果。

3. 使用的条件

利用设施使用协议安排项目融资,关键在于项目设施的使用者能否提供一个无条件的具有"无论提货与否均需付款"性质的承诺,即项目设施的使用者在融资期间必须定期向设施的提供者支付一定数量的项目设备使用费,以支付项目生产成本和债务还本付息。这种无条件承诺的合约权益将转让给提供贷款的银行,并与项目投资者的完工担保共同构成了项目信用保证结构的主要组成部分。

4. 操作程序

在生产型工业项目中,"设施使用协议"又称委托加工协议,操作程序是:项目产品的购买者提供或组织生产所需要的原材料,通过项目的生产设施将其加工成最终产品,再由购买者支付加工费后将产品取走。以委托加工协议为基础的项目融资在结构上与以"设施使用协议"为基础的项目融资安排是基本一致的。

5. 设施使用协议融资模式的特点

(1)选择投资结构比较灵活

这种融资模式可以根据项目性质、项目投资者、设施使用者的类型、融资与税务方面的要求,灵活采用公司型合资结构、非公司型合资结构、合伙制结构或信托基金结构等相应的投资结构。

(2)适用于基础设施项目

使用这种融资模式时,项目投资者可以利用与项目利益有关的第三方——项目设施使用者的信用来安排融资,分散风险,节约初始资金投入,特别适用于资本密集、收益较低但且相对稳定的基础设施项目。

(3)必须有"无论提货与否均需付款"性质的设施使用协议

这是"设施使用协议"融资模式中不可缺少的重要组成部分,要综合考虑项目生产成本、资本再投入费用、融资成本、投资者收益等几个方面的资金回收。

(4)在税务结构处理上比较谨慎

虽然国际上有些项目将拥有设施使用协议的公司利润水平安排在损益平衡点上,以达到转移利润的目的,但有些国家的税务制度在这方面有一定的规制要求。

5.3.4 杠杆租赁融资模式

1. 杠杆租赁的含义

金融租赁(financial lease)分为直接租赁和杠杆租赁,直接租赁是出租人购置设备的出资比例为100%,杠杆租赁(leverage lease)是购置设备的出资比例中有一小部分(20%～40%)由出租人承担,大部分由银行等金融机构补足。

杠杆租赁融资模式是指在项目投资者的要求和安排下,由资产出租人融资购买项目资产,再租赁给承租人的融资形式。资产出租人和贷款银行的收入主要来自于租赁项目的税务好处、租赁费用、项目资产以及对项目现金流量的控制。

该模式中,提供租赁的出租人是专业租赁公司、设备制造商、项目发起人以及与项目发展有利益关系的第三方。

2. 杠杆租赁融资的优势分析

在发达国家,很多大型工业项目采用杠杆租赁。因为杠杆租赁的设备技术水平先进、资金占用量大,所以能享受诸如投资减免、加速折旧、低息贷款等多种优惠,使出租人和承租人都得到好处,从而获得一般租赁所不能获得的更多的经济效益。

对项目发起人及项目公司来说,杠杆租赁融资方式具有以下好处:

(1)项目公司拥有对项目的控制权

根据杠杆租赁协议,作为承租人的项目公司拥有租赁资产的使用、经营、维护和维修权等。所租赁的资产甚至被看成由项目发起人所有、由银行融资的资产。

(2)可实现百分之百的融资要求

一般项目融资中,项目发起人要提供一定比例的股本资金,以增强贷款人提供有限追索性贷款的信心。但杠杆租赁融资模式中,金融租赁公司的部分股本金加上银行贷款,就可以全部解决项目所需的资金或设备,实现百分之百融资。

(3)较低的融资成本,债务偿还较为灵活

杠杆租赁充分利用了项目的税务好处,如税前偿还租金等可作为股本参加者的收益,在一定程度上降低了投资者的融资成本和投资成本,所以,杠杆租赁融资的成本低于银行贷款的成本。因为许多国家中,金融租赁可享受政府的融资优惠和信用保险,如果租赁的设备为新技术、新设备,政府还会对租赁公司提供低息贷款,如果租赁公司的业务符合政府产业政策要求,政府可以提供40%～60%的融资等。同时,当承租人无法交租时,由政府开办的保险公司向租赁公司赔偿50%租金,以分担风险和损失。金融租赁公司可以将这些优惠以较低的租金分配一些给项目承租人,即项目公司。

(4)可享受税前偿租的好处

杠杆租赁融资中,项目公司支付的租金被当作是费用支出,可以直接计入项目成本,不需要纳税。因此,融资项目的税务结构及税务减免数量和有效性是关键。杠杆租赁模式的税务减免包括设备折旧提取、贷款利息偿还和其他一些费用项目开支上的减免,要求在设计融资结构时了解和掌握东道国关于杠杆租赁的使用范围和税务减免的具体规定和限制,获得更多的减免数量和幅度。

(5)融资应用范围比较广泛

杠杆租赁融资模式既可以为大型项目进行融资安排,也可以为项目的一部分建设工程安排融资。这种灵活性进一步增强了应用范围的广泛性。

3. 杠杆租赁融资模式的复杂性

(1)杠杆租赁模式属结构性融资模式

前几种融资模式的设计侧重于资金的安排、流向、有限追索的形式及其程度,以及风险分担方面,并将项目税务结构等问题放在项目投资结构中加以解决。但杠杆租赁融资模式不同,在结构设计时,除考虑项目经济强度,特别是现金流量外,还要重点考虑项目税务结构。故杠杆租赁融资模式也称结构性融资模式。

(2)杠杆租赁模式的参与者较多

杠杆租赁模式至少需要有资产出租者、提供资金的银行和其他金融机构,资产承租者(投资者),投资银行(融资顾问)等参与。

杠杆租赁的资产抵押以及其他形式的信用保证在股本参加者与债务参加者之间的分配和优先顺序问题要比一般项目融资模式更复杂。再加上税务、资产管理与转让等方面的问题,造成组织这种融资模式所花费的时间相对较长,法律结构及文件的确定也相对复杂一些,但其特别适应大型项目的融资安排。

(3)杠杆租赁模式的项目融资结构管理更加复杂

一般项目融资结构的运作包括项目建设和经营阶段,但杠杆租赁项目融资结构的运作包括项目投资组建、租赁、建设、经营、中止租赁协议阶段。

杠杆租赁融资结构与其他项目融资结构在运作上的区别体现在:一是在投资者确定组建一个项目投资后,就要将项目资产及其投资者在投资结构中的全部权益转让给由股本参加者组织起来的杠杆租赁融资结构,然后再从资产出租人手中将项目资产转租回来;二是在融资期限届满或由于其他原因中止租赁协议时,项目投资者的一个相关公司需要以事先商定的价格将项目资产购买回去。

(4)杠杆租赁模式重新安排融资的灵活性较小

受上述复杂因素影响,杠杆租赁融资模式一经确定,重新安排融资的灵活性以及可供选择的重新融资余地变得很小,这会给投资者带来一定的局限。

4. 杠杆租赁融资模式的运作

①项目发起人设立一个单一目的的项目公司,项目公司签订项目资产购置和建造合同,

购买开发建设所需的厂房和设备,并在合同中说明这些资产的所有权都将转移给金融租赁公司,然后再从其手中将这些资产转租回来,参见图 5-5。

图 5-5　杠杆租赁模式中的项目公司

注:定购合同或收购合同中声明转让给合伙制金融租赁公司。

②由愿意参与该项目融资的两个或两个以上的专业租赁公司、银行及其他金融机构等,以特殊合伙制形式组成金融租赁公司,参见图 5-6。职责是:

第一,提供项目建设费用或项目收购价格的 20%～40% 作为股本资金投入;

第二,安排债务资金购买项目及资产;

第三,将项目及资产出租给项目公司,使合伙制结构能享受到融资租赁的税务好处,在还本付息和支付管理费后,获得股本收益。

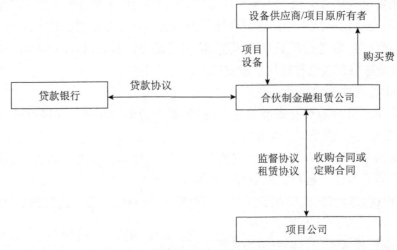

图 5-6　杠杆租赁中的金融租赁公司

注:项目的开发建设由项目公司代表租赁公司进行监督管理。

③由金融租赁公司从贷款银行筹集购买租赁资产的无追索权形式的债务资金,通常是 60%～80% 的购置资金,同时也将其与项目公司签订的租赁协议和转让过来的资产抵押给贷款银行,以使贷款银行优先享有租赁费。

④合伙制金融租赁公司根据项目公司转让过来的资产购置合同购买相应的厂房和设备,然后把它们出租给项目公司。

⑤在项目开发建设阶段,根据租赁协议,项目公司从金融租赁公司手中取得项目资产使用权,并代表租赁公司监督项目开发建设,参见图 5-7。在这一阶段,项目公司开始向租赁公司支付租金,租金在数额上应等于租赁公司购置项目资产的贷款部分所需支付的利息。同时,在大多数情况下,项目公司也需要为杠杆租赁提供项目完工担保、长期市场销售保证及其形式的信用担保等。

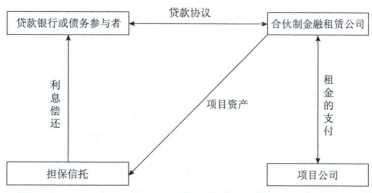

图 5-7 杠杆租赁中的项目开发阶段

注：1. 这里的租金应等于租赁公司向银行贷款所需支付的利息额。
　　2. 项目发起方提供的完工担保，租赁资产的所有权，租赁协议的收取租金权等作为担保资产由担保信托管保，并主动用项目公司支付的租金偿还贷款银行的利息。

⑥项目进入生产经营阶段时，项目公司生产出产品，并根据产品承购协议将产品出售给项目发起方或用户，参见图 5-8。这时，项目公司要向租赁公司补缴建设期内未付清的租金。租赁公司以其所收租金通过担保信托支付贷款本息。

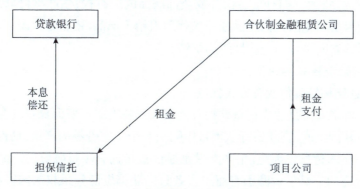

图 5-8 杠杆租赁中的生产经营阶段

注：在第一期租赁合同中，项目公司要向租赁公司补缴在建设期内没有付清的租金，由此，金融租赁公司的成本将全部回收，并有一定回报。然后，项目公司再与金融租赁公司签订第二期租赁合同，按该租赁合同，项目公司只需支付较少的租金。

⑦为了监督项目公司履行租赁合同，通常由租赁公司的经理人监督或直接管理项目公司现金流量，以保证项目现金流量按以下顺序分配和使用：生产费用、项目资本性开支、租赁公司经理人的管理费、相当于贷款银行利息和租赁公司股本收益的租金支付，作为项目发起人投资收益的盈余资金。

⑧当租赁公司的成本全部收回，并且获得了相应的回报后，杠杆租赁便进入了第二阶段，参见图 5-9。这一阶段中，项目公司只需交纳很少的租金。在租赁期满时，项目发起人的一个相关公司可以将项目资产以事先商定的价格购买回去，或者由项目公司以代理人的身份代理租赁公司把资产以其可以接受的价格卖掉，售价大部分会当作代销手续费由租赁公司返还给项目公司。

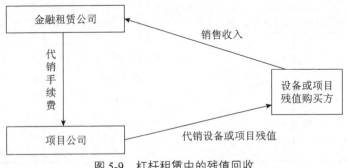

图 5-9 杠杆租赁中的残值回收

注：一般由项目发起方或其相关公司购买设备或项目的残值，项目公司本身不能直接购买设备。

5.3.5 "生产支付"融资模式

1. "生产支付"融资模式的含义

"生产支付"（product payment）融资模式是项目融资的早期形式，起源于 20 世纪 50 年代美国石油天然气、矿产品等资源类开发项目的无追索权或有限追索权融资模式。该模式直接以项目生产的产品及销售收益的所有权作为担保品和还本付息。

在贷款清偿前，贷款方拥有项目部分或全部产品的所有权，生产支付只是产权转移，贷款方通常要求项目公司重新购回产品或充当代理人销售产品，销售方式既可以市场出售，也可以由项目公司签署购买合同一次性统购统销。

2. 生产支付融资模式的特点

（1）信用保证结构较其他融资方式独特

生产支付的融资安排是建立在贷款银行购买某一特定矿产资源储量的全部或部分未来销售收入的权益基础上的，贷款银行从项目中购买一个特定份额的产量，这部分产量的收益用于项目融资的还本付息。因此，生产支付是通过直接拥有项目融资的产品和销售收入来实现融资信用保证的。对于资源国有而投资者只能获得资源开采权的国家和地区，生产支付的信用保证主要通过购买项目未来生产的现金流量，加上自主开采权和项目资产的抵押来实现。生产支付融资适用于资源储藏量已探明并且项目生产的现金流量能够准确计算的项目。

（2）融资容易被安排成为无追索或有限追索的形式

由于所购买的资源储量及其销售收益被作为生产支付融资的主要偿债资金来源，而融资资金数量决定于生产支付所购买的那一部分资源储量的预期收益在一定利率条件下的贴现值，所以贷款偿还非常可靠，融资容易被安排成无追索或有限追索的形式。在生产支付融资模式中，如何计算所购买的资源储量的现值是安排生产支付融资的关键性问题，也是操作较复杂的问题，需要考虑资源总量、资源价格、生产计划、通胀率、汇率、利率及资源税等一系列相关因素。

（3）融资期限短于项目的经济生命期

（4）贷款银行只为项目建设和资本费用提供融资

贷款银行只为项目建设和资本费用提供融资，而不承担项目生产费用的贷款，并且要求项目投资者提供最低产量、最低产品质量标准等方面的担保。

（5）融资中介机构在生产支付融资中发挥重要的作用

建立专设公司，专门负责从项目公司中购买一定比例的项目产量。

3. 操作过程

在具体操作中，参见图 5-10、图 5-11，由贷款银行或项目投资者建立一个融资中介机构（专设公司），并从项目公司购买一定比例项目资源的生产量，如石油、天然气、矿藏储量等作为融资基础；然后由贷款银行为融资中介机构安排用以购买这部分项目资源生产量的资金，融资中介机构再根据生产支付协议将资金注入项目公司作为项目建设和投资资金。项目公司承诺按一定的公式（购买价格加利息）来安排生产支付，同时，以项目固定资产抵押和完工担保作为项目融资的信用保证。在项目进入生产期后，根据销售代理协议，项目公司作为融资中介机构代理销售产品，销售收入将直接划入融资中介机构用来偿还债务。

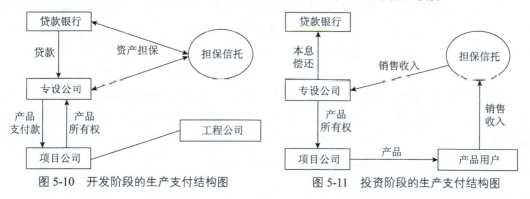

图 5-10　开发阶段的生产支付结构图　　图 5-11　投资阶段的生产支付结构图

生产支付融资也可以不使用中介机构而直接安排融资，如此则融资的信用保证结构将会变得较复杂，增加项目运作难度；另外，中介机构可以帮助贷款银行将一些由于直接拥有资源或产品而引起的责任和义务限制在中介机构内。

生产支付项目融资的另一个方式是生产贷款，它广泛应用于矿产资源项目的资金安排中。生产贷款与项目融资中使用的其他贷款形式没有大的区别，有时甚至可以更灵活地安排成提供给投资者的银行信贷额度，投资者可以根据项目资金的实际需求在额度范围内安排用款和还款。生产贷款的金额是一定比例的项目资源价值，并以项目融资的开采收入作为偿还该部分贷款的首要来源。

生产贷款的特点表现在：一是债务偿还安排灵活；生产贷款可根据项目预期生产水平设计融资还款计划，以适应项目经营在现金流量上的要求，因而生产贷款是一种根据项目在融资期间债务偿还能力设计的有限追索融资。二是设计贷款协议灵活；生产贷款协议可以把债务还款计划表确定在一个具有上下限的范围内浮动，实际债务偿还根据生产情况在这个范围之内调整。

作为一种自我摊销的融资方式，生产支付通过购买一定项目资源安排融资，较少受常规债务比例或租赁比例限制，增强了融资灵活性。但生产支付融资会受到项目资源储量和经济生命期等因素限制。另外，项目投资者和经营者素质、资信、技术水平和生产管理能力也是生产支付融资设计时不容忽视的重要方面。

5.3.6 BOT 融资模式

1. BOT 融资模式的概念与实质

（1）BOT 融资模式的概念

BOT 融资模式（Build-Operate-Transfer）即建设—运营—移交，也称"公共工程特许权"方式，是常见的基础设施项目融资模式。是指由国内外财团或投资人作为项目发起人，从一个国家的政府或所属机构获得某项基础设施建设和运营的特许权，然后由其独立或联合其他方组建项目公司，由项目公司负责项目融资、设计、建造、运营和维护，在整个特许期，项目公司通过项目运营收取适当费用，获得现金流量偿还项目融资的债务、回收经营和维护成本，并获取合理利润，特许期满（15～30 年）后，项目公司根据协议，将整个项目无偿或极少的名义价格转交给所在国政府。

近年来，BOT 模式在世界各国得到蓬勃发展，无论发达国家还是发展中国家，都非常看好 BOT 模式，它被当作一种各国通用的融资模式广泛运用于大型建设项目，特别是在基础设施领域，向世人展示了良好绩效。20 世纪末，亚洲地区每年基建项目的标的高达 1.3 万亿美元，其中很多项目采用了 BOT 模式，如泰国曼谷二期高速公路、巴基斯坦 Hah River 电厂、马来西亚南北高速公路等，我国自 1988 年第一个 BOT 基础设施项目——广东沙角 B 电厂建设以来，BOT 模式就在我国基础设施和公共事业领域显示出巨大优势，应用范围涵盖交通、电厂、供水及污水垃圾处理等领域，通过 BOT 模式，我国已将大量国际资本运用于国内基础设施建设中，对发展经济起到了积极促进作用。

（2）BOT 融资模式的实质

BOT 融资模式的实质是债权与股权混合的产权融资模式，是由项目有关单位（承建商、经营商及用户）组成财团成立的股份组织，对项目设计、咨询、供货和施工实行总承包。项目竣工后，在特许权期限内经营，向用户收费，以此回收投资、偿还债务、赚取利润，期满后将项目移交政府。适用于基础设施建设项目，包括道路、桥梁、轻轨、隧道、铁道、地铁、水利、发电厂和水厂等。

【案例一】 泉州刺桐大桥建设项目

1994 年泉州市政府决定建造泉州刺桐大桥，在资金短缺，引进外资失败的情况下，由 15 家泉州民营企业组成的泉州市名流实业有限公司与泉州市政府签订了刺桐大桥特许权经营协议。

协议规定：名流实业股份有限公司与市政府授权投资的机构按 60：40 的比例出资，由名流公司按要求组建并经市政府批准成立"泉州刺桐大桥投资开发有限责任公司"，全权负责大桥项目前期准备、施工建设、经营管理的全过程。经营期限 30 年（含建设期），大桥运营后的收入所得，也按双方投资比例进行分配。期满后，全部设施无偿交给市政府。工程自 1995 年 5 月 18 日开始施工，提前一年半竣工。大桥建成通车后，已取得了良好的经济效益和社会效益。据全国 12 家商业银行的负责人考察后估计，刺桐大桥的市值已达 15 亿元。

2. BOT 融资模式的主要衍生形式

（1）BOOT（Build-Own-Operate-Transfer）形式

BOOT 模式即建造—拥有—经营—转让，在内容和形式上与 BOT 没有不同，仅在项目财产权属关系上强调项目设施建成后归项目公司所有。

(2) BTO (Build-Transfer-Own)形式

BTO模式即建造—转让—经营,与一般BOT模式不同在于"经营(Operate)"和"转让(Transfer)"发生了次序上的变化,即在项目设施建成后,由政府先行偿还所投入的全部建设费并取得项目设施所有权,然后按事先约定由项目公司租赁经营一定年限。例如,国际惠民环保技术有限公司获得的香港新界东南区一个垃圾填埋场项目,就是采用BTO模式,即建设、转让后再经营的。

(3) BOO (Build-Own-Operate)形式

BOO模式即建设—拥有(所有)—经营。也就是说项目招商人(政府机构)提供长期经营协议,通过招标,出让在经营协议中规定的资产经营权利,运营商(即建造商及投资人)则通过投标获得建造、拥有、经营该资产的权利。

在这一模式中,项目公司实际上成为建设、经营某个特定基础设施而不转让项目设施财产权的私人公司。其在项目财产所有权上与一般私人公司相同,但在经营权取得和经营方式上与BOT模式相似,即项目主办人获得政府特许授权,在事先约定经营方式的基础上,从事基础设施项目投资建设和经营的。例如,近年来活跃于香港资本市场的沪杭甬高速公路公司和沪宁高速公路公司对其名下道路设施就采用了类似BOO的投资经营方式。

(4) ROT (Renovate-Operate-Transfer)形式

ROT模式即重整—经营—转让。在这一模式中,重整是指在获得政府特许授予专营权基础上,对过时、陈旧的项目设施、设备进行改造更新;在此基础上由投资者经营若干年后再转让给政府。ROT模式适用于已经建成,但陈旧过时的基础设施改造项目的一个变体,差别在于"建设"变化为"重整"。

(5) POT (Purchase-Operate-Transfer)形式

POT模式即购买—经营—转让。购买,即政府出售已建成的、基本完好的基础设施并授予特许专营权,由投资者购买基础设施项目的股权和特许专营权。其与一般BOT的差别在于"建设"变为"购买"。上海黄浦江两桥一隧(打浦路隧道、南浦大桥和杨浦大桥)项目就采用了POT模式。

(6) BOOST (Build-Own-Operate-Subsidy-Transfer)形式

BOOST模式即建设—拥有—经营—补贴—转让。开发商在项目建成后,在授权期内,既直接拥有项目资产,又经营管理项目,但由于风险高或经济效益不佳,须由政府提供一定的补贴,授权期满后将项目资产转让给政府。

(7) BLT (Build-Lease-Transfer)形式

BLT模式即建设—租赁—转让。发展商在项目建成后将项目以一定租金出租给政府或其他运营商经营,以租赁收入分期付款给发展商,授权期满后,将项目资产转让给政府,这一方式与融资租赁非常相似,但客体由大宗设备换成了基础设施。

(8) TOT (Transfer-Operate-Transfer)形式

TOT模式即"移交—经营—移交"方式,是指委托方(政府)与代理方(外商或私人企业)签订协议,规定委托方将已建成投产运营的基础设施项目在一定期限内移交给代理方经营,委托方凭借所移交的基础设施项目的未来若干年的收益（现金流量），一次性地从被委托方融到一笔资金，再将这笔资金用于新的基础设施项目建设，经营期满后，代理方再将项目移交给委托方。

例如，1994年，山东交通投资开发公司与天津天瑞公司（外商独资公司）达成协议，将烟台至威海全封闭四车道一级汽车专用公路的经营权出让给天瑞公司30年，天瑞公司一次性付出12亿元人民币，山东交通投资开发公司将所得12亿元资金再投资于公路建设，加快了基础设施建设资金的周转。

TOT方式的优势是盘活资金；引进先进的经营管理方法；操作性强，不涉及产权让渡；不存在外商对基础设施的长期控制问题，不会威胁国家安全。劣势是没有改变基础设施建设的政府垄断，不利于建设阶段引进竞争机制等。

(9) TBT形式

TBT以BOT为主，但与TOT结合的融资模式，TOT是为了促成BOT。

(10) PFI形式

PFI是指由私营企业进行项目建设与运营，从政府方或接受服务方收费，以回收成本。与BOT相比，PFI的主体集中于国内民间资本，用于收益性较高的基础设施建设和公益项目，也不要政府担保最低收益。政府只提出项目的具体功能目标，而不作具体说明，合同期满后，项目运营权的处理方式也较灵活。

(11) BT形式

BT（Build-Transfer）即建设—转让形式，是由业主通过公开招标的方式确定建设方，由建设方负责项目资金筹措和工程建设，项目竣工验收合格后，由业主向建设方支付回购价款的融资模式。与传统投资建设方式相比，BT模式可缓解项目业主在项目建设期间的资金压力、降低工程实施难度、降低业主的投资建设风险、降低工程造价和提高投资建设效率等特点。

(12) BOS形式

BOS形式即Build-Operate-Sale，过程是建设—经营—出售。

从BOT及其衍生模式看，BOT融资模式的核心在于项目公司获得对基础设施项目的特许专营权，以及确定特许专营权的具体内容。既能解决财政资金不敷项目需求的困难，又能保证项目公司在经营期间的获益权和国家对基础设施的最终所有权。政府通过项目特许权授予，赋予私营机构在一定期限内建设、运营并获取项目收益的权利，期满后项目设施移交政府。同时，作为项目发起人的私营机构除投入自有资金外，大部分建设资金通过银行贷款等渠道融资，借款人还款来源仅限于项目收益，并以项目设施及其收益设定浮动抵押作为债务担保。

3. BOT项目融资的参与人

(1) 项目的最终所有者（项目发起人）

项目发起人是项目所在国政府、政府机构或政府指定的公司。BOT融资结构的吸引力在于：

①减少项目建设初始投入。发电站、高速公路、铁路等公共基础设施建设，资金占用量

大,投资回收期长,利用该模式可以将有限的资金投入到更多领域。

②吸引外资,引进新技术,改善和提高项目管理水平。

在BOT特许经营期间,项目发起人在法律上不拥有项目,也不经营项目,而是通过给予项目某些特许经营权和一定数额的从属性贷款或贷款担保作为项目建设、开发及融资安排的支持。在特许经营期满后,项目发起人通常无偿或以极低价格获得项目所有权和经营权。由于特许权协议在BOT融资模式中占据关键性地位,所以BOT模式也称为"特许权融资"(concession finance)。

(2)项目经营者

项目经营者是BOT融资模式的主体,它从项目所在国政府获得建设和经营项目的特许权,负责组织项目建设和生产经营,提供项目开发所要的股本金和技术,安排融资,承担项目风险,并从项目投资和经营中获得利润。项目经营者是专门组织起来的项目公司。项目公司以具有专业技术能力的经营公司和工程承包公司为主体,有时也吸引项目产品或服务的购买者和一些金融性投资者参加。

项目所在国政府也对项目经营者有以下的选择标准和要求:

①项目经营者有资金、管理和技术能力,能提供符合要求的服务。

②项目经营要符合环境保护标准和安全标准。

③项目产品或服务的收费要合理。

④项目经营要保证做好设备的维修和保养工作,保证在特许权协议终止时,项目发起人接收的是一个运行正常、保养良好的项目。

(3)项目贷款银行

BOT模式中的贷款银行组成较为复杂。除商业银行贷款外,政府出口信贷机构和世界银行或地区性开发银行的政策性贷款也扮演重要角色。贷款条件取决于项目经济强度、项目经营者的经营管理能力和资金状况,但在很大程度上要依赖于项目发起人与所在国政府为项目提供的支持和特许权协议的具体内容。

BOT融资模式的参与方相互之间的关系见图5-12。

4. BOT模式的操作程序

①准备阶段。选定BOT项目,通过资格预审与招标,选定项目承办人。

②实施阶段。实施阶段包括建设与运营两个阶段。在建设阶段,项目公司通过顾问咨询机构,对项目组织设计与施工,安排进度计划与资金运营,控制工程质量与成本,监督工程承包商,并保证财团按计划投入资金,确保工程案按计划投入资金,确保工程按预算、按时完工;在项目运营阶段,项目公司的主要任务是要求运营公司尽可能边建设边经营,争取早投入早收益。

③移交阶段。移交阶段即在特许经营期满,项目公司把项目移交给东道国政府。项目移交包括资产评估、利润分红、债务清偿、纠纷仲裁等。

5. BOT融资模式的主要优缺点

(1)BOT融资模式的优点

①获得资金贷款。

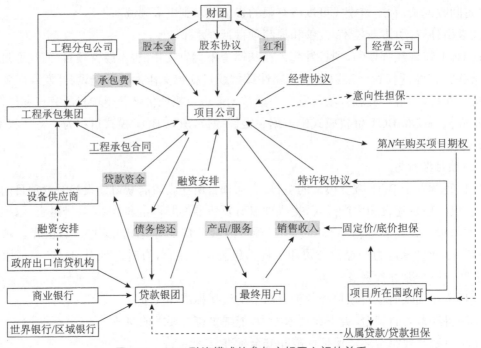

图 5-12 BOT 融资模式的参与方相互之间的关系

②实现表外融资,负债义务由政府转移到项目发起人。
③减少政府财政负担,弥补财政资金短缺。
④民间资本参与基础设施建设,打破了政府垄断。
⑤有利于分散、转移和降低风险。如建设风险、技术风险、市场风险、政策风险及一些不可预测风险等在政府与项目其他参与者之间重新分配。
⑥政府与项目其他参与者共担风险,各尽职责,使项目成功运作。
⑦专业化项目管理公司参与基础设施建设,较政府直接参与经验管理,更能提高服务质量和运营效率。
⑧可以提前满足社会和公众需求。
⑨BOT 项目常由外国公司承包,带来了先进技术和管理经验,既给本国承包商带来发展机会,也促进了国际经济的融合。

(2) BOT 融资模式的缺点

BOT 融资模式也有缺点,以经营权转让为例,对于项目发起人来说,只能一次性获得一定资金,可能导致巨大损失;债务未实质性转移;融资成本高,耗时长;某些项目(如公路),长期交给外方经营,可能带来诸多问题等。

对 BOT 融资项目来说,可能对造成税收的大量流失及设施的掠夺性使用,对于后者则要在特许权协议中规定移交资产的规格和性能要求指标。

总之,BOT 中市场机制和政府干预相结合,具有项目导向性、有限追索权、表外融资(即非公司负债型融资)、较高的债务比例以及风险分散和风险隔离的优点,但项目参与方多,前期工作时间长,融资成本高的缺点也不容忽视。

【案例二】 某 BOT 项目

现有一个 BOT 项目，投资者为某外商投资企业，特许经营期 30 年，投资额 5000 万美元，设备使用年限 50 年，年付现成本 700 万美元，特许折旧年限 20 年，特许付现成本 750 万美元，每年销售收入 1000 万美元，所得税率 33%，则：第 1 年至第 20 年税前净利润＝销售收入－付现成本－折旧＝1000－750－5000/20＝0。

即前 20 年项目不盈利，不用缴纳税收，根据税法，从赢利第 1 年至第 5 年内免征所得税，即从第 21 年至第 25 年内免征所得税，从第 26 年至第 30 年减半征 15% 征税，该项目公司共缴所得税(1000－750)×15%＝37.5 万美元。

该投资商若从第 26 年至第 30 年起每年将所得 250 万美元再投资于中国境内的基础设施项目（经营期 5 年即可），每年可回收 37.5 万美元的退税款。该外商 30 年特许经营期内没有税收支出，但中方却流失了巨额税收。

5.3.7 ABS 融资模式

1. ABS 融资的定义

ABS（Asset-Backed Securitization）融资模式即资产证券化。广义的证券化是指以高效、成本低的资本市场取代低效、成本高的金融中介，以直接融资取代间接融资。狭义的资产证券化发端于 20 世纪 70 年代美国的一项重大金融创新，诸多金融专家对它的定义有所不同。

定义一：James A. Rosenthal 和 Juan M.Ocampo 在《信贷证券化》一书中认为"贷款和应收账款被包装成一款资产，并以证券的形式出售"。

定义二：Christine A.Pavel 在《证券化》一书中认为"款经组合后重新打包成证券并出售给投资者，从而将资产从贷款发起人的资产负债表中剔除"。

定义三：Robert Rohm 认为证券化是"使从前不能直接兑现的资产转换为大宗的，可以公开买卖的证券的过程"。

定义四：马秀岩和卢洪升在《项目融资》一书中认为"ABS 是指以目标项目所拥有的资产为基础，以该项目资产的未来收益为保证，通过在国际资本市场发行高档债券等金融产品来筹集资金的一种项目证券融资方式"。

综上所述，ABS 即资产支持证券化，是将原始权益人（卖方）缺乏流动性的具有未来现金流的应收账款等资产汇集起来，通过结构性重组和信用增级，转为可以在资本市场出售和流通的证券，据以融资的过程。

这些应收账款如私人资产抵押贷款、汽车销售抵押贷款、个人消费抵押贷款、学生贷款、人寿/健康保险单、信用卡/转账卡应收款、计算机/办公设备/飞机租赁、房产抵押贷款、工商业抵押贷款等被分类整理成一批批资产组合，出售给特殊目的公司（SPV），即资产的买方，SPV 将资产通过金融担保、保险及超额抵押等方式取得较高的信用评级，然后以债券方式发售给资本市场的投资者。

从项目融资的角度看，ABS 融资模式是指以目标项目所属的全部或部分资产为基础，以该项目资产可以带来的稳定预期收益为保证，经过信用评级和增级，在资本市场上发行债券来筹集资金的融资模式。是将流动性差但有稳定可预见的现金净流量的资产，通过相关法律和融资结构安排,对资产中的风险和收益要素分离重组,转变成可以在金融市场上出售的证券,用以融通资金的过程。

2. ABS融资模式的发展

ABS融资模式的起源可追溯到1968年美国以若干住房抵押贷款组合为基础发行的抵押贷款债券,到1990年,美国3万多亿美元没有偿还的住宅抵押贷款已有一半以上实现了证券化。1983年出现了抵押保证债券,是针对投资者对金融工具有不同期限的要求设计的,1985年出现了汽车贷款抵押证券;1988年出现了信用卡贷款抵押证券;1998年学生贷款抵押证券也相继问世。到1993年,美国抵押证券总量已达到5000亿美元。资产证券化已遍及应收账款、租金、版权专利费、信用卡应收账款、汽车贷款、消费品分期付款等领域。

美国资产证券化的成功也吸引了欧洲、亚洲等地区纷纷开展此项业务,并得到长足发展。进入90年代,日本、韩国、马来西亚等国家和地区资产证券化快速发展,品种越来越多,形式越来越多样化。特别是亚洲金融危机后,各国商业银行呆坏账数额剧增,企业融资能力降低等,引起了亚洲各国政府对资产证券化的高度重视和积极参与,推动了亚洲资产证券化的发展。

我国早在90年代初就进行了资产证券化尝试。1992年,海南省三亚市开发建设总公司通过发行地产投资债券融资开发丹州小区,就具备了资产证券化的某些基本特征。1996年珠海市的建设高速公路案例是资产证券化在我国较为成功的尝试,这次融资的程序及操作与国外资产证券化已相差无几。1997年5月,重庆市政府与亚洲担保豪升ABS(中国)有限公司签订的资产证券化合作协议,被认为是我国开展资产证券化的重大突破。

进入21世纪,我国经济发展迅速,经济建设巨大的资金需求和大量基础设施建设项目使传统招商引资和现有融资渠道都不能满足需求,亟待开拓新的融资渠道。这种背景下,国内外金融中介机构纷纷看好我国的ABS项目融资市场。与此同时,我国已初步具备了ABS融资的法律环境。《中华人民共和国票据法》《中华人民共和国信托法》《中华人民共和国保险法》《中华人民共和国证券法》等法律的出台,标志开展ABS融资模式是必然的发展方向。随着我国金融市场不断完善及其与国外资本市场的融合,ABS融资方式通过信用担保和信用增级计划进入国际高档级证券投资市场成为可能。

3. ABS项目融资的基本要素

ABS项目融资的基本要素是标准化合约、资产价值的正确评估、拟证券化资产的历史统计数据、使用的法律标准、中介机构、可靠的信用增级措施、用以跟踪现金流量和交易数据的计算机模型。

4. ABS融资模式对标底资产的要求

①资产所形成的现金流可以同其他资产所形成的现金流相分离,即该资产权益相对独立,出售时不易与其他资产权益相混淆。

②被证券化的资产必须达到一定量。如果规模较小,就需要找到与其性质相类似的资产,共同组成一个可证券化的资产池。

③资产具有可重组性,便于打包资产在期限、风险、收益水平等上接近。

④资产持有者要具备提高拟发行资产证券信用的能力。

5. ABS 项目融资的当事人

(1) 原始权益人（或发起人）

原始权益人（或发起人）是拥有权益资产的原始人，是创造应收款的实体和基础资产的卖方，能够根据融资需要选择适于证券化的基础资产组成资产池，再将其销售给 SPV，由后者发行资产支撑证券。

(2) 特设载体 SPV（Special Purpose Vehicle）

SPV 是为证券化交易而专门成立的具有独立法律主体的证券发行机构。独立性表现在：一是 SPV 完全独立于发起人、服务商等；二是 SPV 的业务范围仅限于资产证券化的范围；三是保证 SPV 以平等、专业的身份参与资产证券化，使其成为发起人与投资者之间的中介，证券化交易结构的中心。其形式如下：

①信托型 SPV。以信托形式建立的 SPV 称为特殊目的的信托（SPT，Special Purpose Trust），通常是经核准有资格经营信托业务的银行、信托公司等。

②公司型 SPV。便于把一个或一组发起人的基础资产加以证券化，资产池的规模较大，但交易频率有限且难以摆脱双重征税。常用于多宗销售，且形式多样。

③有限合伙型 SPV。可避免双重征税，但风险隔离不足。

(3) 投资银行

投资银行为证券公募发行或私募发行进行有效促销，以确保证券发行成功。

(4) 服务机构

服务机构的职能是对这些资产项目及其所产生的现金流量进行监理和保管，即负责收取这些资产到期的本息，并催收过期欠账，确保资金及时足额到位，并定期向受托管理人和投资者提供有关特定资产组合的财务报告。

(5) 受托机构

受托机构是面向投资者、担任资金管理和偿付职能的证券化中介机构。受托人的作用是担任证券应用协议条款的管理者，它从服务商、担保人和其他第三方收取应收款本息的偿付资金，并再按协议规定将其偿付给证券的投资者。

(6) 信用增级（enhancement）机构

在多数证券化过程中，除以基础资产权益作担保外，还要信用增级机构提供额外信用支撑，提高证券资信等级，以提高定价和上市能力，降低发行成本。在国际高档资本市场上，经过增级的证券化项目资信级别甚至高于国家主权级。

信用增级由发起人或第三方提供。分为内部信用增级和外部信用增级，前者由发行人提供直接追索权和超额担保；后者由第三方提供保险和设立基金等。

(7) 信用评级机构

信用评级机构如穆迪、标准普尔等，帮助发行人确定信用增级方式和规模，建立明确的信用标准，其严格的评级程序和标准为投资者提供了最佳保护。

6. ABS 融资的运行程序

ABS 融资的运行程序见图 5-13。

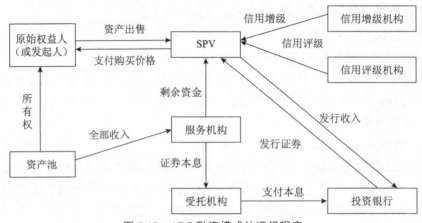

图 5-13　ABS 融资模式的运行程序

(1) 确定资产证券化目标,并组成资产池

① 企业通过交易向消费者提供信用,生成金融资产。

② 企业根据需求确定资产证券化目标;然后,对所拥有的能产生未来现金收入流的金融资产进行清理、估算和考核,根据证券化目标确定资产数量。

③ 将资产汇集形成一个资产池。

(2) 组建特别项目的公司 SPV,实现资产转让

资产转让是指资产证券化的发起人将资产池资产出售并过户给特设机构的过程。即使发起人遭到破产清算,该资产池也不列入清算范围。

(3) 信用增级

对资产池组合资产以金融担保、破产隔离、划分证券等级等手段增进信用。

(4) 发行评级

证券发行人应该聘请专业评级机构进行信用评级。

(5) 债券发行,到期还本付息

证券发行人根据融资成本、目标及市场需求选择证券的种类发行。发起人亲自或授权对已出售的资产实施资产管理,按期兑付证券本息,证券到期后,向聘用的各类机构支付专业服务费,如有剩余,全部退还给原始权益人。

【案例三】 某高速公路项目 ABS 融资模式的运行流程

第一阶段:构建高速公路项目资产池

原始权益人通过发起程序,在项目预算基础上,根据资本金及其资金需求,结合公路项目收入现金流预测,确定资产证券化目标及公路项目的收费权益。

第二阶段:组建 SPV

由独立的第三方机构(该机构通常是获得国际权威资信评价机构给予较高信用等级的信托投资公司、信用担保公司、投资保险公司等)或公路项目管理部门组建 SPV,将原始权益人债券化的公路项目未来收益权转让给 SPV。

第三阶段:信用增级阶段

为了吸引投资者,降低融资成本,在国际高等级债券市场上的筹集所需高速公路项目资

金,一般要对高速公路项目未来收益资产进行信用增级。

第四阶段:信用评级阶段

发起人进行内部信用增级后,请有关信用评级机构进行内部评级,若评级结果不理想,则要再对内部信用增级;若评价结果满意,发起人会对外部信用增级,最后请资深国际评级机构对其信用评级。评级机构根据发起人与发行人的有关信息、SPV资产债务履行情况以及信用增级等因素评级,并公布评级结果。

第五阶段:债券宣传和发行阶段

投资银行据原始权益人资金使用要求及信用评级结果,确定债券类型、票面利率、期限,并予以公布。然后由投资银行直接或以其为主承销商组织证券承销财团,根据原始权益人的公路项目建设进度及资金使用计划分期发行债券。

第六阶段:债券发行获得收入阶段

投资银行将发行债券所募资金扣除发行费、手续费等费用后,分期分批划拨到原始权益人的账户,满足公路项目建设资金的需求。

第七阶段:高速公路项目收费收入阶段

公路项目投入运营后,由公路项目管理公司根据协议,将收入打入指定账户。银行用之于有关投资者的还本付息,多余资金转入原始权益人指定账户。

第八阶段:按期还本付息和各种费用阶段

证券到期或到付息日时,由商业银行将积累的资金拨入付款账户,对有关投资者还本付息,同时向有关部门支付各种费用。等债务还清后,商业银行将余下的资金划入原始权益人指定账户,种合同协议关系到此结束。

7. ABS资产证券化融资模式的分类

(1)抵押贷款证券化

抵押贷款证券化(MBS,Mortgage-Backed Securitization)是以抵押贷款为支持的证券化品种,主要程序见图5-14。

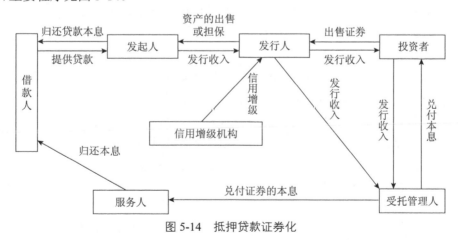

图5-14 抵押贷款证券化

(2)资产支持证券化

资产支持证券化(ABS,Asset-Backed Securitization)是除抵押贷款以外的其他资产为支持的证券化品种(图 5-15)。

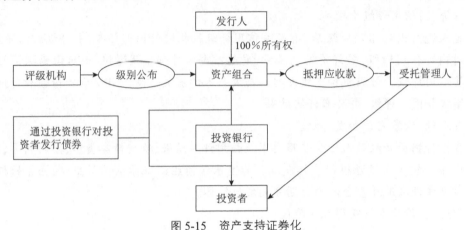

图 5-15 资产支持证券化

8. ABS 融资模式的特点

①证券出售是以支持证券的资产的未来现金流入作保障的,所以资产负债表中的资产被改组成了市场化的投资品,提高了公司资产的质量。

②清偿债券本息的资金仅限于项目资产的未来现金收入,而不是企业资产状况和信用等级,又由于担保公司介入,提高投资者投资的安全性。

③不以发起人的信用保障投资者的回报,而是有现存和未来可预见现金流量支撑回报,所以避免了企业资产质量的限制。

④通过证券市场,尤其是国际高端证券市场发行债券筹集资金,可以降低筹资成本、提高证券的安全性与流动性,特别适合大规模地筹集资金。

⑤利用了 SPV 增加信用等级的措施,从而能够进入国际高端证券市场,发行那些易于销售、转让以及贴现能力强的高档债券。

⑥通过证券市场向不同类型的投资者发行债券,很好地分散了投资风险。

⑦该方式操作流程规范,利于培养东道国在项目融资方面的专门人才。

9. ABS 融资模式与 BOT 融资模式的异同

(1) ABS 与 BOT 的共同点

①两模式的资金偿还均以项目投产后的收益及项目资产为还款来源,即将归还贷款的资金来源限定在所融资项目的收益和资产范围内的融资模式。

②两模式均可直接融入民间资本甚至外资,参与大型基础项目建设。

③两模式均是表外融资,隔离了发起人与项目债务及项目风险的关系。

④两模式均允许项目发起人高比例负债,并享受更多税收优惠。

(2) ABS 与 BOT 的不同点

①融资机构的设计不同。

②适用范围差异。BOT 方式适用对象有限,某些关系国计民生的重要项目虽有稳定的预期现金流,但不适于 BOT,而 ABS 较 BOT 适用范围更广。

③运作繁简和融资成本差异。BOT 方式操作复杂,难度大,涉及单位多,不易实施,并

且融资成本高。ABS 方式运作简单,风险分散,融资成本低。

④经营权差异。BOT 模式中,项目参与者获得项目经营权,外资参与方还带来了先进技术和管理经验,但 ABS 模式中,证券购买者不参与项目经营。

⑤投资风险不同。BOT 项目的投资者有限,每个投资者要承担较高风险。而 ABS 债券经过"信用增级",有较高的资信等级,分散了投资风险。

10. ABS 融资的使用范围

ABS 融资主要应用于:

①居民住宅抵押贷款。

②私人资产抵押贷款、汽车销售贷款、其他个人消费贷款、学生贷款。

③商业房地产抵押贷款、各类工商企业贷款。

④信用卡及转账卡的应收款。

⑤计算机租赁、办公设备租赁、汽车租赁、飞机租赁。

⑥人寿、健康保险单。

⑦航空公司机票、公园门票、俱乐部会费、公用事业费等收入。

⑧石油/天然气储备、矿藏储备、林地。

⑨各类有价证券。

5.3.8 PPP 融资模式

1. PPP 融资模式的概念

PPP 融资模式(Public-Private-Partnership)也称 3P 融资模式,即政府与私营企业合作的项目融资模式,广义的概念是指政府与私营企业合作项目的过程中,让私营企业所掌握的资源参与提供公共产品和服务,以协议方式明确各自承担的责任和融资风险,最大限度地发挥各方优势,在实现政府职能的同时也为私营企业带来利益。

狭义的概念是指政府与私营企业为建设基础设施、提供公共产品和服务等特殊目的而共同组建机构(SPV),该机构获得项目一定期限的运营特许权,合作各方共同设计开发,共同承担风险,全过程合作,在运营期内收回投资或获得合理收益,特许权期满后再把项目移交给政府的融资模式。

2. PPP 融资模式的特征

(1)伙伴关系

PPP 融资模式中,公共部门与民营部门是伙伴关系,共同目标是以最少的资源,实现最多最好的产品或服务的供给,各自达成利益追求。

(2)利益共享

PPP 融资模式不允许民营部门在项目执行过程中获得超额利润。因为 PPP 项目具有公益性质,不以利润最大化为目的,所以共享利益是指在公共部门获得满意的社会效益的同时,民营部门取得相对稳定的长期投资回报。

(3)风险共担

PPP 融资模式中,公共部门与民营部门共担风险是指两方依据各自优势尽可能大地承担自己最善于应对的风险,而回避自己不擅应对的风险。

该特征是其区别于公共部门与民营部门其他交易形式的显著标志。例如,政府采购过程中,双方都尽可能小地承担风险。但PPP中,公共部门却尽可能大地承担自己有优势方面的伴生风险,而让对方承担的风险尽可能小。例如,在隧道、桥梁、干道建设项目的运营中,如果因一般时间内车流量不够而导致民营部门达不到基本预期收益,公共部门可以对其提供现金流量补贴,降低民营部门的经营风险。与此同时,民营部门会按其相对优势承担较多的甚至全部的具体管理职责,而这个领域,正是政府"官僚主义低效风险"的易发领域。

如果每种风险都能由最善于应对该风险的合作方承担,就能使基础设施建设项目的成本最小化。PPP管理模式中,更多是考虑双方风险的最优应对、最佳分担,而将整体风险最小化。事实证明,这种追求整个项目风险最小化的管理模式,要比公私双方各自追求风险最小化,更能化解准公共产品供给领域的风险。

3. PPP融资模式的优势

①PPP融资是以项目为主体的融资活动,主要根据项目预期收益、资产以及政府扶持措施的力度而不是项目投资人或发起人的资信来安排融资。项目经营的直接收益和通过政府扶持所转化的效益是偿还贷款的资金来源,项目公司的资产和政府给予的有限承诺是贷款的安全保障。

②由私营企业负责项目融资,可缓解政府资金压力,增加项目资本金,降低资产负债率,不但能节省政府投资,还可以减轻政府风险。

③更早地确定哪些项目可以进行项目融资,使私营企业在项目前期就参与进来,有利于项目的确认、设计、可行性研究、立项工作等前期工作,有利于降低私营企业的投资风险,减轻政府初期建设的投资负担和风险。

④政府对项目中后期建设管理运营过程参与更深,不仅有利于项目满足社会效益,也保证私营企业有利可图,并使私营企业规避自己不擅应对的风险。

⑤政府公共部门与私营企业以特许权协议为基础全程合作,信息更加对称,有利于保障各方利益,较它们单独行动,获得对双方更有利的效果。

⑥摆脱了政府行政干预与限制,转变了政府管理职能,充分发挥了民营资本在资源整合和经营管理上的优势,将更有效率的管理方法与技术引入到项目建设中,缩短项目建设周期、降低项目运作成本,提高基础设施和服务的效率。

⑦政府给予私人投资者相应的扶持政策,如税收优惠、贷款担保、沿线土地优先开发权等。通过实施这些政策可提高私营资本投资基础设施的积极性。

⑧突破了引入私营企业参与公共基础设施项目种种限制,应用范围广泛。

PPP融资模式在国内外的基础设施建设与公用事业发展中得到了广泛应用,显示了巨大优势,我国在经历了二十世纪八九十年代的第一次应用高潮后,现在又进入了新一轮高潮。正如麦肯锡公司北京首席执行官Evan Guo所说:"中国有巨大的PPP投资前景,许多外国资本都想进入,随着政策环境的变好,投资理念的转变,中国将成为全球最活跃的PPP市场。"

4. PPP融资模式的投资结构

PPP融资模式的投资结构以有限责任为主,由一个发展商(developer)或主办人(promoter)牵头,再选择若干伙伴组成联合体参加投标,中标后组建项目公司。

股东数目在2～4人之间,成员选择应遵循的原则是:

①考虑成员对联合体或项目公司的贡献。

②考虑各成员的互补性和战略协同性。

③有利于风险合理分担和控制。

④吸纳项目所在地企业。

⑤应考虑成员诚信和企业文化等因素。

5. PPP融资模式的资金结构

PPP融资模式的资金结构指项目公司的资本金构成、贷款来源以及比例等。资本金与贷款额之比(即本贷比)以2∶8或3∶7为佳。资本金组成既要保证主办人控制权,又要防止因为控股超过50%而导致的财务报表合并,以主办人相对控股为宜,项目贷款的资金来源有银行贷款、出口信贷、债券、基金等。

【案例四】 伦敦地铁建设PPP融资

伦敦地铁自1863年开通,其后100多年一直由政府建设和运营。由于长期投资不足导致地铁系统产生许多不稳定因素。1998年,政府决定采用公私合作(PPP)方式来保证伦敦地铁网络在未来30年有足够的投资。伦敦地铁公司(以下简称LuL公司)通过招标选定了由3家基础设施公司(分别为SSL、BCV和JNP公司,以下简称PPP公司)组成的联合体,签署了关于提供基础设施的服务协议,负责线路在未来30年的维护、更新和重建等长期投资计划的实施。经过4年多的论证和试行,分别正式于2002年和2003年签约,LuL公司将地铁系统的维护和基础设施供应以30年特许经营权的方式转给了PPP公司。根据PPP方案,政府拥有对地铁线路规划、票价和综合服务措施的决定权,由LuL公司继续运营,获取票务收入,全面负责对乘客的服务和系统的安全,PPP公司的回报由按合同定期支付和业绩支付两部分组成。伦敦地铁PPP模式在其结构中内嵌了一个定期审核机制,使签约各方在PPP框架内每7.5年重新约定合约条款。为了确保合约重新审核的独立性和权威性,伦敦地铁PPP模式设计了专门的仲裁机制,以帮助合作各方建立信任关系,保证合约的有效执行。

【案例五】 美国匹兹堡市都市开发PPP融资

美国在都市开发再生领域的PPP模式应用有许多成功实例。其中,宾夕法尼亚州的匹兹堡开发就是最典型的成功实例之一。匹兹堡是美国钢铁冶炼发源地,机械制造及玻璃加工业也相当发达,是一个典型的重工业城市。但到了20世纪70年代,空气和水质污染问题十分严重,再加上受到日本等国家的产品输入冲击,大量工厂关闭停产。城市再生成为市政府迫切需要解决的问题,随之而来的大量资金需求又是单纯依靠政府力量无法解决的。因此,匹兹堡市政府成立了城市改造公司(以下简称URAP)。以URAP为主体,市政府和私营企业配合开始了匹兹堡市再生发展的历程。在资金投入方面,采取了10%的联邦政府补助金、20%～30%的州和市补助金、URAP发行债券、当地银行贷款和企业投资等多渠道相结合的筹资方式。URAP完全按照企业运营的方式管理,政府与私营企业作为一个利益共同体,按投资比例参与匹兹堡市再生后的利益分成。完成城市再生改造的匹兹堡重新焕发生机,城市的经济状况和环境均大为改善,再次成为一个令人向往的国际性城市。在这起案例中,城市中心的未利用土地和利用效率低的土地再开发与整个城市的经济发展结合在一起,政府恰到好处地发挥了协调指导作用,并通过减少风险大大激发了社会各方参与投资的积极性。

【案例六】 北京地铁四号线 PPP 融资

北京地铁四号线是我国首个采用 PPP 融资模式建设并获得成功的基础设施项目。2005 年 2 月 7 日,北京首都创业集团有限公司(简称"首创集团")、香港地铁有限公司(简称"香港地铁")和北京市基础设施投资有限公司与北京市政府草签《北京地铁四号线特许经营协议》,首创集团、香港地铁联合体获得四号线为期 30 年的特许经营权。作为国内第一条实现特许经营的轨道交通线。北京地铁四号线一举吸纳 46 亿元社会投资。在 PPP 模式下,北京地铁的融资、运营和管理分而治之,其优势主要体现在:引进了香港地铁的先进经验;引进市场竞争机制;分散部分投资风险;由政府定价,承担票价风险;投资方承担客流量风险。香港地铁的进入,不仅带来了社会投资,减轻了政府财政负担,更重要的是打破了北京地铁多年来垄断经营格局,通过在公共事业领域建立适度竞争的市场机制,为市民提供更好的服务,引进全新管理和运营模式,使地铁运营能够盈利。

5.3.9 私募股权融资模式

1. 私募股权融资的概念

私募股权融资方式是通过电话、面谈等方式向市场的特定投资者汇集资金,并与融资者签订股权投资协议或分包协议而形成投资关系的一种融资方式。

2003 年中国人民银行总行"121 号"等一系列文件出台,标志政府对银行贷款趋于严格管控,贷款期限、付款周期、贷款额度、担保方式等方面都有诸多限制,越来越多的企业和专家把目光转向私募股权融资方式,它不仅可以从国内个人和机构投资者那里获得资金,还拓宽了海外融资渠道。

2. 私募股权融资的运作

私募股权融资通过私募股权投资基金进行,该基金由一个有良好业绩和声誉的基金经理人,作为普通合伙人,设计投资计划,游说一些大的投资者共同组建而成。该基金投资于具体项目,使投资者获得项目股权,待项目运营成功,并转为上市公司后,投资者可以变卖股权退出。

3. 私募股权融资的优点

(1)面向特定的投资人募集,融资面广泛

私募股权融资面向金融市场的各类参与者,如个人、风险基金、杠杆收购基金、战略投资者、养老基金、保险公司等,融资面广泛。

(2)利于项目融资和上市

项目发起人借助私募股权投资基金,可以弥补自有资金不足,使项目前期运营达到上市条件,投资者只关心项目上市后获得资本增值,无意获得项目控制权,项目转为上市公司后,投资者即退出。

(3) 由专业知识的基金管理人管理,收益率更高

(4) 避免信息披露,操作简便快捷

私募股权融资在资金募集上具有较高的时效性,避免履行信息披露等注册义务,发行的不确定性较低,易掌握资金来源。同时,私募融资具有与银行贷款相似的优势。双方已投资银行为中介,由发行人直接与特定对象洽谈,因此发行条件可以配合双方需求加以特别设计,使其契约内容、条件更具弹性。

(5) 投资期长,有利于项目运营

股权私募融资不仅有投资期长、增加资本金等好处,还带来管理、技术、市场和其他高附加值服务。因为投资者一般是大型知名企业或著名金融机构,他们掌握有专业知识、管理经验、产业人脉和商业网络,有助于项目运营。

4. 私募股权融资的缺点

(1) 融资成本较高

项目只有上市,投资者才能获得高回报,若不能上市,仅靠项目未来现金流获利,则因流动性差而被视作长期投资,为弥补投资者的流动性风险和损失,发行人必须给予额外流动性溢价,这提高了融资成本,增加了违约风险。

(2) 风险退出机制不健全

私募股权融资中的投资者从投资初始就要考虑退出机制,但不同于信托基金,我国私募融资退出方式单一,场外市场发展滞后,导致投资者只能寻求 IPO 一条路径,加大了投资风险和融资难度。

(3) 相关法律法规不完善

私募股权融资在我国刚出现十几年,相关配套的法律法规还处于起步阶段。现有的《中华人民共和国公司法》、《中华人民共和国信托法》只对私募融资方式有基本的框架约束,但司法层面上一旦出现纠纷。法律的缺失加上成功判例的缺乏会导致投资者与融资者间的矛盾冲突难以解决,此外融资者和投资者的行为规范也缺乏约束。

【案例七】 万科公司的私募股权融资

2005 年 12 月 20 日,万科与中信资本投资有限公司签订了合作协议,共同筹组成立"中信资本•万科中国房地产开发基金"。以投资于万科及万科关联公司开发的房地产项目。在此前的 2005 年 3 月 3 日,万科与浙江地产界的龙头企业——南都集团正式签署了股权转让协议,以总计 18.5785 亿元价格受让南都集团通过上海中桥基建(集团)股份有限公司持有的上海南都置地有限公司 70% 的权益、江苏南都建屋有限公司的 49% 权益以及浙江南都房地产集团有限公司 20% 的权益。万科通过建立私募股权融资基金,加上本身雄厚的财力,成功收购了南都的股份,完成了长三角地区的战略布局,确立了房地产界的龙头地位;而南都集团受到 2004 年房地产整顿影响,资金短缺,面临流动性风险,在万科注入资金流的帮助下渡过了难关。万科通过此次合作,新增项目储备超过了 219 万 m^2。当时 18.5785 亿元的巨资收购价格虽然创下了国内房地产企业最大宗的企业并购案例的记录。但其成本显然低于以市场价购买土地,可以说实现了双赢。

5.4 案例分析

5.4.1 马来西亚南北高速公路的 BOT 融资模式

1. 项目背景

马来西亚南北高速公路项目全长 900km，最初由马来西亚政府所属公路管理局负责建设，但在公路建成 400km 后，由于财政困难，政府无法继续项目建设，只得采取其他融资方式，在众多方案中，政府选择了 BOT 融资模式。

经过历时两年的谈判，马来西亚联合工程公司（UEM）在 1989 年完成了高速公路项目的资金安排，使项目得以重新开工，BOT 融资模式在马来西亚高速公路项目中的运用，被国际金融界认为是 BOT 模式的一个成功范例。

2. 项目融资结构

从 1987 年初开始，经过为期两年的项目建设、经营、融资安排的谈判，马来西亚政府与 UEM 签署了有关建设和经营南北高速公路的特许权合约。UEM 为此成立了南北高速公路项目有限公司，具体 BOT 融资由三部分组成：

（1）政府特许权合约

马来西亚政府是南北高速公路项目的真正发起人和特许权合约结束后的拥有者。政府通过提供一项为期 30 年的南北高速公路建设经营特许权合约，不仅使得该项目由于财政困难未能动工的 512km 得以按原计划建设并投入使用，而且通过项目建设和运营带动了周边经济发展。政府特许权合约是整个 BOT 融资的关键，该合约主要内容包括以下几方面：

①南北高速公路项目公司负责承建 512km 的高速公路，负责经营和维护高速公路，并有权根据双方商定的收费方式对公众收取公路使用费。

②南北高速公路项目公司负责安排项目建设所需资金。政府也为项目提供了 6000 万美元从属性备用贷款以对项目融资信用支持，该贷款在 11 年内分期提取，利率 8%，并有 15 年还款宽限期，最后还款期在特许权协议结束之时。

③政府将原已建好的 400km 高速公路经营权益在特许权期间转让给南北高速公路项目公司。但项目公司必须根据合约对其公路设施加以改进。

④政府向项目公司提供最低公路收费的收入担保，即若公路流量不足以致公路使用费收入低于合约规定水平，政府负责向项目公司支付其差额部分。

特许权合约不仅是 BOT 融资的核心，也是项目贷款信用保证结构的核心。

（2）项目投资者和经营者

在总造价 21 亿美元的项目中，南北高速公路项目公司作为项目经营者和投资者除股本金投入外，还要组织项目建设，获得贷款银行融资，并在 30 年内经营和管理高速公路。马来西亚联合工程公司作为工程总承包，负责组织由 40 多家工程公司组成的工程承包集团，在 7 年内完成 512km 的项目建设。

(3)项目的国际贷款银团

英国投资银行——摩根格兰福（Morgan Grenfell）作为项目融资顾问，为项目组织了为期 15 年总额 9.21 亿美元的有限追索贷款，占项目建设费的 44.5%，其中 5.81 亿美元来自马来西亚银行和其他金融机构，3.4 亿美元来自国际银团。

项目贷款是有限追索的，贷款银团被要求承担项目的完工风险和市场风险。但由于政府特许权合约提供了项目最低收入担保，所以贷款银团只承担项目完工风险，项目延期将在很大程度上影响项目收益，因为公路项目可以分段建设、分段使用，减少了完工风险对整个项目的影响。项目建设所要的其他资金将由项目投资者在 7 年的建设期内以股本金形式投入。

其融资结构见图 5-16。

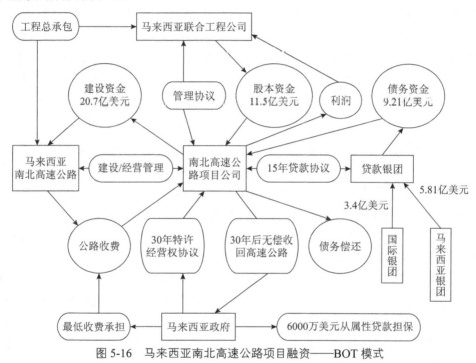

图 5-16　马来西亚南北高速公路项目融资——BOT 模式

3. 融资结构评析

（1）BOT 模式的利益相关者

从政府角度看，采用 BOT 模式使南北高速公路按原计划建成并使用，促进了经济发展，节省了政府资金，30 年特许权合约结束后还可无条件收回公路。

从项目投资者和经营者角度看，BOT 模式收入可观。马来西亚联合工程公司获得两方面利益：

①根据预测分析，在 30 年特许权期间，南北高速公路项目公司可以获得大约两亿美元的净利润。

②作为工程总承包商，在 7 年的建设期内，从承包工程中可以获得大约 1.5 亿美元净税前利润。

(2) 对 BOT 融资模式中的风险问题分析

采用 BOT 模式的基础设施项目,在项目风险方面与工矿业项目有所不同,具有一定特殊性。这些特殊性对 BOT 项目模式的应用具有相当的影响。

① 基础设施项目建设期比一般项目长得多。如果采用净现值方法计算项目投资,则会由于建设期过长而导致项目净现值大幅减少,尽管类似高速公路项目,可以分段建设,分段使用。然而基础设施项目的固定资产寿命比一般工业项目要长得多,经营成本和维修成本按单位使用量计算也比工业项目低,从而经营期的资金要求量也较低。因此,项目建设期风险较高,而项目经营期风险较低。

② 对于公路项目建设,有关风险因素的表现形式和对项目的影响程度与其他采用 BOT 融资模式的基础设施项目也有所不同。首先,公路项目的完工风险要低于其他采用 BOT 融资模式的基础设施项目,如桥梁、隧道、发电厂等,这是因为公路项目可以分段建设、分段使用、分段获益。如果项目的一段工程出现延期,或由于某种原因无法建设,虽然对整个项目的投资收益造成影响,但不像桥梁、隧道等项目那样颗粒无收。正因为如此,在马来西亚南北高速公路的 BOT 项目融资中,贷款银行同意承担项目完工风险。其次,公路项目的市场风险表现不同。对于电厂、电力输送系统、污水处理系统等基础设施项目,政府特许权协议一般是承担百分之百的市场责任,即负责按规定价购买项目生产的全部产品。这样,项目融资的贷款银行不承担任何市场需求方面的风险,项目产品价格也根据一定的公式(与产品的数量、生产、成本、通货膨胀指数等要素挂钩)确定。然而,公路、桥梁等项目的收益由使用者数量以及支付一定的使用费构成,所以面临较大的不确定性因素。项目使用费价格的确定不仅仅是与政府谈判的问题,也必须考虑到公众的承受能力和心理因素。如果处理不好,类似收费加价这样的经济问题就会演变成政治问题。因此,在公路建设项目中,政府在特许权合约中关于最低收益承担的条款,成为 BOT 融资模式中非常关键的条件。

③ 项目所在国金融机构的参与对于促成大型 BOT 融资结构起重要作用。BOT 融资结构中,政府特许权合约起关键作用,从项目贷款银团的角度考虑,项目的政治风险就变得十分重要,包括政府违约、外汇管制等问题。项目所在国银行和金融机构,被认为对于本国政治风险的分析判断比外国银行要准确得多。如果能吸引若干本国的主要金融机构参与,可以起到事半功倍的作用,在马来西亚南北高速公路的项目融资安排中,这点被国际金融界认为是十分成功的。

5.4.2 港珠澳大桥放弃 BOT 融资模式

投资逾 700 亿元的港珠澳大桥(HongKong-Zhuhai-Macau Bridge)项目放弃 BOT 模式,而选择政府全额出资方式,其中原因值得探究。

1. 项目概况

港珠澳大桥起于香港大屿山石湾,经大澳,跨珠江口,经海底隧道,后分成 Y 字形,一端终于珠海拱北,一端终于澳门,大桥全长 29.6km,建成通车后,由香港开车至珠海及澳门,将从 4～5h 缩到约 20min,有助于吸引香港投资者到珠江三角洲西岸投资,并促进港珠澳三地旅游业。工程中关键部分是兴建约 7000m 海底隧道,整个大桥融资 727 亿元人民币。

2008年2月28日,粤港澳三地就融资方案达成共识,大桥主体建造工程将以公开招标方式,引入私人投资者以BOT模式兴建和营运,并提供50年专营权。资金不足部分由粤港澳三地政府按效益费用比相等原则,公平分摊补贴金额,其中内地占35.1%、香港占50.2%、澳门占4.7%。

然而,时隔仅半年,2008年8月5日,三方决定放弃BOT模式,改为政府全额出资本金,其余由贷款解决。据新融资方案,整个大桥预计投资727亿元,其中主体工程造价378亿元人民币,政府资本金占42%,中央政府与广东省共担70亿元人民币,香港67.5亿元人民币,澳门19.8亿元人民币,其余58%由三家组成的项目机构通过贷款方式获得。

2. 放弃BOT融资模式的原因

(1) 政府财政充裕,且政府融资成本低于BOT

中国推行BOT融资模式始于改革开放之初,当时中国面临经济发展与基础设施建设滞后和建设资金短缺的双重矛盾。对于政府来说,BOT项目的无追索投资不需要政府担保,可以解决政府资金短缺问题,减少基础设施建设项目对政府财政预算的影响,并减少政府借债和还本付息负担。当时中国高速发展的经济亟须BOT,同时也具备推行BOT的基本条件。所有这些,都成为中国决定借鉴国际经验积极推行BOT的动因。而对于港珠澳大桥项目,三地政府财政充裕,贷款金额也不多,所以不需要将大桥交由私人投资者兴建。

另一方面,政府出资兴建港珠澳大桥的融资成本低于BOT模式。一是BOT模式的投资方不仅要求投资回报率最大化,而且要求高于同期的长期贷款(债券)利率,二是政府举债的信用较高,长期融资成本要低于私人资本。

(2) 采用BOT模式,在特许权年限内,政府没有项目控制权

BOT模式是将基础设施项目在特许期限内全权交由承包商建设运营,所以在特许权规定的期限内,政府将失去对项目所有权及经营权的控制。

港珠澳大桥若采用BOT模式,必以50年专营权转移给财团为代价,这就牵涉到将来财团经营是否规范以及三地政府对财团是否有效监管的问题。

私人投资者有制定收费价格的权力,而政府无法控制收费。由于大桥收费与交通流量相关,若收费太贵,则流量减少,违背了港珠澳大桥的公益性质。

典型个案是香港三个连接港岛与九龙的过海隧道项目。红磡中区海底隧道(以下简称红隧)是20世纪60年代由政府全资兴建,运营至今,收费最低而流量最大。而东区海底隧道(以下简称东隧)和西区海底隧道(以下简称西隧)是政府通过BOT模式,由私人投资兴建。经营东隧的新香港隧道有限公司分别于1995年和2003年就政府否决其加价两度递交申请仲裁,理由是实际收入未达专营协议允许的专营期回报率及最低净收入。仲裁人于1997年和2005年做出的仲裁决定认为加价合理。而批出专营权较晚的西隧,虽然政府在专营条例中采用了收费调整机制,如规定最低和最高回报,设立隧道费基金等,政府无须再就加价问题与专营商对簿仲裁机构,然而,这些机制并没有挡住专营商不断加价的步伐,西隧已五次加价,两条隧道不断加价,引发民众不满,许多司机绕道而行或改乘其他交通工具,也不使用隧道,造成其他道路堵塞严重,而西隧和东隧车流严重不足,只达到设计流量的三成,与政府增开隧道疏导交通的初衷相违背。而政府拥有专营权的红隧,收费较低,许多司

机排队使用红隧过海,红隧日均行车量逾 12 万辆次,远超 7.8 万辆次的设计流量,周末及假日,甚至凌晨仍见车龙。

所以政府出资建设港珠澳大桥的优势就在于能够从社会及经济效益考虑,对大桥收费水平具有更大的控制权。

(3) 投资回报率不确定,成本回收期过长

采用 BOT 模式,由公营机构转移过来的风险将在私营机构较高的融资费用中得到反映。一般情况下,私营机构借款费用高于政府融资成本;同时,私人投资者在承担投资风险的同时,要求有较高回报率(高于公营机构要求的回报)。由于投资 BOT 项目存在更多的不确定性风险,若没有充分回报,投资商就不会投资。因此,私人投资者实施 BOT 项目能得多少回报是个重要的问题。

对比 20 年前刚刚提出港珠澳大桥设想时,现在珠海已发展为成熟的国际物流港口,大桥只是多提供一个陆路货运选择,建成后以客运为主、货运为辅,同时,国际物流业高速增长的 20 年行将结束,未来 5～10 年将迈入平稳增长期。而港珠澳大桥的投资主要是通过收取"过桥费"收回,通车量不足将对大桥投资回报率产生巨大威胁。通货膨胀不断加剧,大桥建造成本也水涨船高,材料单价每增长 10%,大桥总投资将增加 4%。2008 年 6 月在珠海举行的港珠澳大桥项目可行性研究报告初审结果显示,大桥建设费用将从 3 月的预算建设成本 422 亿元涨到 700 亿元。本来 400 多亿元的建造成本就已经让投资商担心效益回报,而 700 亿元的巨大投资更令各大财团望而却步。另一方面,大桥的投资回收期过长,导致风险增大。由于该项目投资巨大,在国家规定的 25 年经营期内,项目财务分析并不理想,估计难以回本,因此有可能需要将收费期延长至 50 年。过长的成本回收期会给投资者带来庞大的资金压力和巨大的投资风险。如果政府的财政补贴和分担风险的承诺不具有吸引力,财团将更加不愿意投资。

5.4.3 法国迪士尼乐园融资——杠杆租赁融资模式

筹建于 20 世纪 80 年代后期,位于巴黎市郊的法国迪士尼乐园不同于传统项目融资,即资源型和能源型工业项目、大型基础设施项目等,其项目边界及项目经济强度的确定要比工业和基础设施项目更复杂,要求融资结构必须创新。

法国迪士尼乐园项目融资是一个非常成功的结构,不仅体现在发起人——美国迪士尼公司只用了很少的自有资金完成了复杂工程的投融资,如项目首期工程投资 149 亿法郎,迪士尼公司只出资 21.04 亿法郎,而且表现在该公司对项目的完全控制权上,因为贷款银行总是要求对项目具有一定的控制能力。

1. 法国迪士尼乐园项目的投资结构

1987 年 3 月,美国迪士尼公司与法国政府签署了一项原则协议,在法国巴黎郊区兴建法国迪士尼乐园。

法国东方汇理银行被任命为项目融资的财务顾问,负责项目的投资结构和融资结构的设计和组织工作。美国迪士尼公司对结构设计提出了三个目标:第一,融资结构必须保证可以筹集到项目所需资金;第二,项目的资金成本必须低于市场平均成本;第三,项目发起人必

须获得高于市场平均水平的经营自主权。法国东方汇理银行认为第一个目标要求不难实现,但第二个和第三个目标要求,对项目融资结构设计构成重大挑战。

首先,欧洲迪士尼乐园项目是极复杂的工程,开发时间达20年,在一个$20km^2$的土地上不仅要建设迪士尼乐园,还要开发饭店、办公楼、小区式公寓住宅、高尔夫球场、度假村等设施。与传统项目融资结构不同,它没有清楚的项目边界界定,并且与项目开发有关的各种参数、变量也相对广义。因此要实现低于市场平均成本的项目融资,无论从融资结构的复杂性,还是从成本控制角度,难度都很大。其次,由于在迪士尼公司与法国政府签署的原则协议中,规定欧洲迪士尼项目的多数股权必须掌握在欧洲共同体居民手中,这限制了迪士尼公司的股本金投入比例,也增加了实现获得高于市场平均水平的经营自主权目标的难度。

法国东方汇理银行通过建立项目现金流量模型,以20年期的法国迪士尼乐园及其周边相关的房地产项目开发作为输入变量,以项目税收、利息成本、投资者收益等为输出变量,对项目开发作了详细现金流量分析和风险分析,在大量方案筛选、比较的基础上,最后确定建议迪士尼公司使用的项目投资结构。

法国迪士尼项目的投资结构由法国迪士尼财务公司(Euro Disneyland SNC)和法国迪士尼经营公司(Euro Disneyland SCA)组成。

法国迪士尼财务公司的设计是为了有效利用项目税务优势。法国迪士尼项目与所有利用项目融资方式安排资金的大型工程项目一样,由于初期巨额投资所带来的高额利息成本,以及由于资产折旧、投资优惠等所形成的税务亏损无法短期在项目内部被有效消化掉;更进一步,由于这些高额折旧和利息成本的存在,项目也无法在早期形成会计利润,也就无法形成对外部投资者的吸引力。

为有效利用税务亏损,降低项目综合资金成本,在法国迪士尼项目的投资结构中,部分使用了类似杠杆租赁融资结构的税务租赁模式。法国迪士尼财务公司所使用的结构近似于普通合伙制结构,此结构中的投资者(合伙人)能够直接分享其投资比例的项目税务亏损(或利润),并与其他来源的收入合并纳税。

在项目融资结构中,法国迪士尼财务公司将拥有迪士尼乐园资产,并以20年期的杠杆租赁协议,将其资产租赁给法国迪士尼经营公司。根据预测,在项目头10年中,由于利息成本和资产折旧等原因,项目将产生高额税务亏损,这些税务亏损将由合伙人分享。在租赁协议中止时,法国迪士尼经营公司将从法国迪士尼财务公司以账面价值(完全折旧后的价值)把项目购买回来。

2. 案例分析

(1)优势分析

该融资方案首先解决了投资需要的巨大资金缺口,同时使迪士尼公司对资产拥有绝对控制权。使用这种杠杆租赁的方法可以有效吸收项目前期巨额税务亏损,所以这部分资金具有低成本特性,这可以降低大规模固定资产投入而带来的亏损。同时支付租金的形式也使法国迪士尼项目有效利用了税务杠杆优势。

(2)存在的不足

如果没有对各方信用进行良好的评估和提供相应的担保,该融资租赁方式必以失败告终。同时,如果经济不稳定,则长期存在很大风险。如果投资者对短期现金流和潜在经营损失存在过多疑虑也不会对项目给予强大的支持。

5.4.4 莞深高速公路案例——ABS融资模式

1. 案例介绍

2005年12月23日,中国证监会批准东莞控股通过广发证券发起成立莞深高速公路收费收益权专项资产管理计划,募集资金5.8亿元,用于收购莞深高速三期东城段和莞深高速龙林支线所需的部分资金。这是继中国联通CDMA网络租赁费收益计划之后的第二个券商主导的证券化产品,受到市场广泛关注。

该项目要素包括:广发证券以设立专项资产管理计划的形式,向投资者募资5.8亿元,用于购买6亿元东莞控股莞深高速(一、二期)在18个月内产生的公路收费现金流。管理计划存续期18个月,每半年归还给该计划2亿元,合计6亿元;每半年内将莞深高速一、二期的每天收入逐日划入莞深收益计划指定账户中,直到每半年划足2亿,银行为上述的划款提供不可撤销的连带责任担保。

2. 主要参与方

原始权益人是东莞发展控股股份有限公司,管理人是广发证券股份有限公司,受托管理人及担保银行是中国工商银行,推广机构是广发证券股份有限公司及广发华福证券有限责任公司,信用评级机构是大公国际资信评估有限公司(图5-17)。

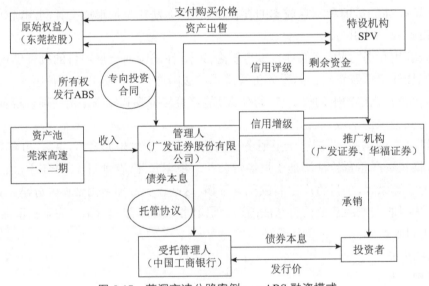

图5-17 莞深高速公路案例——ABS融资模式

3. 简要运作过程

管理人(广发证券股份有限公司)和原始权益人(东莞控股)就莞深高速(一、二期)公路收费收益权专项投资签订《专项投资合同》,由管理人管理和运用专项计划资产。然后,管理人与托管人(中国工商银行)就专项计划签订《莞深高速公路收费收益权专项资产管理计划资产托管协议》并对该协议修订补充,专项计划推广期内,管理人在托管人处开立用以接收、存放参与投资者交付的参与专项计划份额投资资金的银行账户。由广发证券成立 SPV（特定目的项目）。

4. 案例评价

（1）该融资模式对原始权益人的利益

①开辟融资新渠道，改善企业财务状况。

目前我国企业尤其是中小企业融资困难，但它们拥有大量的商业票据、商业应收款、设备租赁合同及商业房地产租约等，因此可以将这些资产作为基础资产，通过证券化直接向资本市场融资，以解资金缺乏的燃眉之急。如本案例中像东莞控股这类以基础设施建设为主业的公司，其最大特点是资本金欠缺，若要去银行贷款，必须要有 30% 的自有资金，而发行股票或贷款所募集的资金均不能作为自有资金，而该公司以高速公路的收益权为基础资产募集资金，就可以把整个公司的资金和财务盘活。所以对于有较大比例应收账款的公司而言，通过资产证券化，可以把应收账款变成现金，现金增多，应收账款的周转率提高，则资产使用效率就得以提高，财务报表状况也得到改善，是一项非常有效的企业理财措施。

②审批简便高效、运作成本较低。

从东莞控股的报批情况看，它冠以"专项资产管理计划"的名义，符合证监会提出的"鼓励研究开发专项理财产品"的意见。因而证监会态度积极，批复及时，比起发行公司债券或股票来说，更易通过审批关。

ABS 发行基础是金融资产产生的稳定现金流，而不是金融资产本身，因此对 ABS 信用评级时，评级机构主要考虑现金流的质量和交易结构的安全性，而与原始权益人的信用等级无关（本案中大公国际给予专项计划 AAA 的信用级）。据东莞控股公告，实施莞深收益计划，18 个月 5.8 亿元融资代价为 2000 万元，折合年利率约 2.3%，远低于银行同期贷款利率 5.76%，成本优势十分突出。

③降低融资风险。

原始权益人自身的风险与项目收益的风险相隔离，即使其遭到破产清算，转让给 SPV 的资产也不受牵连。同时，清偿追索权仅限于融资项目的资产和收益，不能追索项目原始权益人的其他资产，降低了原始权益人的资产运作风险。

④非公司负债型融资。

ABS 融资不反映在项目原始权益人的资产负债表上，使企业以有限财产从事更多的投资。尤其在从事超过自身资产规模的项目投资或同时进行几个大项目开发时，优势就会充分体现。在 ABS 交易中，原始权益人与 SPV 之间是真实的买卖交易，即使预期现金流无法弥补投资者，原始权益人也不受追索。

（2）该融资模式对证券公司的利益

在资产证券化的整个业务流程中，证券公司可以是财务顾问、主承销商和交易商，这给证券公司带来不小的收益。而且，证券公司作为证券发行者，不是发行后就结束业务，而是要继续跟进项目的后续运转，项目发行所融资金可以在一定时限内交给证券公司处置，成为其利益收入的一部分。在本案中，广发证券股份有限公司作为管理人，东莞控股给予的专项计划存续期管理费就达 174 万元。管理费在存续期内共支付三次,每六个月支付一次,每次支付 58 万元,由托管人复核后,于每个权益登记日从专项计划资产中优先支付给管理人。

(3) 该融资模式对投资人的风险分析及利益分析

① ABS 融资模式对投资人的风险。

其一,信用风险:专项计划投资的目标资产为莞深高速(一、二期)公路收费权中特定十八个月的收益权,因此,莞深高速收费收益的正常产生将直接影响专项计划的收益。若收费权不能如期产生 5.8 亿元收入,将影响投资收益。

其二,市场风险:广东省境内高速公路建设出现变化,如莞深高速通车量下降、收费标准下降或在莞深高速(一、二期)100km 范围内另建新的高速公路,则可能影响莞深高速的收费收益水平,导致未来实际发生的现金流不能达到预计目标,专项计划份额持有人将有无法到期收到投资收益的风险。

其三,经营风险:东莞控股在经营管理莞深高速公路过程中,可能发生因其知识、管理水平有缺陷、经营不力,导致莞深高速(一、二期)经营不善、现金流收入下降,预期收益可能有所下降,进而影响专项计划收益水平。

其四,运用风险:管理人运用专项计划资产投资的货币市场基金、银行协定存款投资品种、期限不合适,或因金融市场利率波动会导致投资产品价格和收益率的变动,将对专项计划收益产生影响。

其五,担保银行破产风险:《担保合同》约定,中国工商银行为专项计划专用账户按期从东莞控股收益账户收到合计六亿元(分三个阶段履行)提供连带保证担保,当专项计划专用账户未能按期足额收到约定款项时,由担保银行履行保证责任补足未收到款项。因此,担保银行的经营状况及偿债能力将直接影响专项计划的收益。若担保银行在专项计划存续期内及保证期间因破产、被解散及其他各种原因不能如期履约,将对专项计划收益产生影响。

其六,法律风险:专项计划是证券市场创新产品,与其相关的法律制度还不明确,如果有关法律、法规发生变化,可能会对专项计划产生影响。

其七,政策风险:国家宏观经济政策、行业政策、金融政策发生变化,影响企业经营收益;或者未来出现高速公路车辆通行费下调政策,可能使得未来实际发生的现金流收入不能达到预计的目标,从而影响专项计划收益。

其八,税收风险:专项计划的税收政策尚未明确,如果相关税收管理条例发生变化,专项计划份额持有人可能面临缴纳额外税负的风险。

② 利益分析。

莞深高速(一、二期)2002 年度、2003 年度、2004 年度和 2005 年 1~6 月的车辆通行费收入现金流量情况如表 5-4 所示。

现 金 流 量 表　　　　表 5-4

年度	2002 年度	2003 年度	2004 年度	2005 年 1~6 月	合计
金额(万元)	22080.32	28003.12	41084.48	21621.54	112809.46

北京兴华会计师事务所有限责任公司对于上表现金流量出具了《关于东莞发展控股股份有限公司所属莞深高速公路一、二期项目现金流量情况的专项核查报告》(2005)京会兴核字第99号。2004年车流量大幅增加的原因主要有如下几个，第一，东莞经济持续稳定增长，2004年东莞经济增长速度进一步加快；第二，东莞城镇居民人均可支配收入大幅增加；第三，东莞四条主干道扩建改造的路网建设工程使部分车辆改走莞深高速，进一步增加了车流量。

东莞控股根据北京兴华会计师事务所有限责任公司专项核查的莞深高速公路一、二期2002年度、2003年度、2004年度及2005年1～6月的车辆通行费收入现金流量情况，结合自身经营计划编制了莞深高速2005年7～12月、2006年度和2007年度车辆通行费收入现金流量预测。该现金流量预测是以东莞控股对预测期间的经营条件、经营环境、金融与税收政策和市场状况等方面的合理假设为前提，充分考虑未来经济发展、交通布局及区位优势等因素的综合测算。

莞深高速(一、二期)车辆通行费收入现金流量情况预测表如表5-5所示。

现金流量预测表　　　　表5-5

年度	2005年度(1-6)	2005年度(7～12)	2006年度	2007年度
金额(万元)	21621.54（实际）	26550.22	48171.76	56487.30

由以上数据看出，项目的资金来源无忧。

工商银行为专项计划专用账户按期从东莞控股收益账户收到5.8亿元（分三个阶段履行）提供无条件的不可撤销的连带保证担保，若专项计划专项账户中未收够预定金额，由工商银行补足。担保银行系国内四大银行之一，在专项计划存续期内及保证期间不可能出现破产、被解散、被接管等经营风险。

专项计划资产与东莞控股的固有资产、破产风险、经营状况相隔离，经银行担保后，大公国际评级公司对专项计划份额的信用评级达AAA级。

管理人在托管人处设立专项计划专用账户，专项计划资金及投资所产生的收益均存入专项计划专用账户，并由托管人监督使用，以防止专项计划资金及专项计划资产被挪用或不当使用的风险。

我国改革开放政策及与社会主义市场经济相关的法律与政策在专项计划期(十八个月)内不会发生重大变化；专项计划资金将投入交通基础设施，基础设施属国家重点支持和鼓励投资的行业，即使将来政策有所变化，但根据法律效力的溯及力原则和合同的意思自治原则，专项计划的约定都受到合法保护。

由以上分析可以看出，前项所列风险均可降至最低。

对于投资人来说投资价值相当可观：首先，在不考虑现金增值管理收益和运行费用情况下，投资成本为5.8亿元本金及0.2%的认购费，总计58116万元，在随后三个投资期间将收到等额2亿元回报，每个投资期（6个月）内部收益率（IRR）1.6123%，折合年收益率3.2246%。

其次，假如出现最坏情况，东莞控股违约，不提供现金流，由工商银行履行担保责任，每期末提供 2 亿元现金,考虑到每期 74.67 万元的运行成本,则每个投资期(6 个月)实际收到现金流 19925.33 万元,内部收益率(IRR)为 1.4215%,折合年收益率为 2.8430%。该专项计划现金流的一个特点是现金流入是持续的,而收入的分配在特定的时点,如果对从计划一开始便持续稳定流入的现金进行积极的增值管理,该计划的总体受益将得到提升。

最后,该专项计划产品官方预期收益率在 3%~3.5% 左右,即使标的物出现最坏情况,保底收益也达 2.84%。同时该产品通过证券交易所大宗交易系统的技术平台提供流动性安排,具有较好的流动性。相比短期固定收益品种,该专项计划产品收益高、风险低并具有一定的流动性,适合机构和个人投资者投资。

综上所述,企业实行资产证券化,对上述三个主体均有益,而且也大大拓展了有资质的评级机构的业务,ABS 融资模式完全能实现市场主体多赢。

5.4.5 北海油田产品支付融资模式

据专家勘探估计,属于英国领海范围内的北海油田储油量为 30~40 亿吨,约 220~340 亿桶。英国政府为了控制石油开发与生产,专门成立了开发北海油田的承办单位-英国国家石油公司。由于开发费用太大,并且开采技术复杂,因此,英国国家石油公司联合私营石油公司共同开发。国家石油公司为保证北海油田的石油产品能在本国供应市场,同意按国际市场价格购买开采出的 51% 的石油产品。英国国家石油公司既是项目发起人,又是项目产品购买者。

具体的项目融资过程和内容:

①英国石化公司组建两个完全控股的独立实体,即英国石油开发公司和英国石化贸易公司。

②英国石化公司成立一个壳公司,即北海油田项目公司,由它专门负责北海油田的项目融资安排。

③英国石化开发公司转让由英国政府授予的石油开采许可证给北海油田项目公司,由后者将其转让给贷款银行,贷款银行与北海油田项目公司签订产品支付条件下的贷款协议。

④银行将贷款资金支付给北海油田项目公司,由后者以产品支付预付款形式支付给英国石化公司作为石油开采费。

⑤英国石油开发公司开采出石油,并经英石油贸易公司负责销售。

⑥由英国石油贸易公司将石油销售收入支付给北海石油项目公司,由后者偿还银行的债务资金。

⑦商业银行提供贷款时,要求以所有借款人的权益作担保,包括合资经营协议的权益和销售合同的权益等。

⑧英国石化开发公司保证以合理的价格开采出石油。

⑨由于不能在未开采出来的石油上设置担保权益,所以,银行要求将石油开采许可证作抵押转让给银行,贷款银行承担了石油储量不足的风险,见图 5-18。

第5章 工程项目融资结构的设计

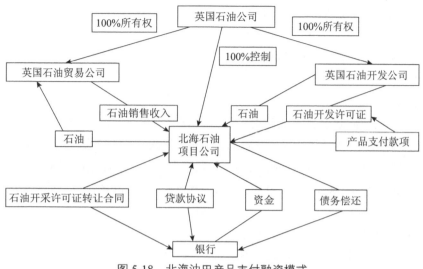

图 5-18 北海油田产品支付融资模式

5.4.6 非营利性医院 PPP 项目融资模式

1. 项目背景

在我国,非营利性医院占 90% 以上,北京一千多家医院中,营利性医院仅 20 多家。随着医改深入,各地有大量公立医院需要新建、改建与扩建,仅靠政府财政投入难以得到保证,非营利性医院引入社会资本成为关注的焦点。非营利性医院 PPP 总体框架见图 5-19。

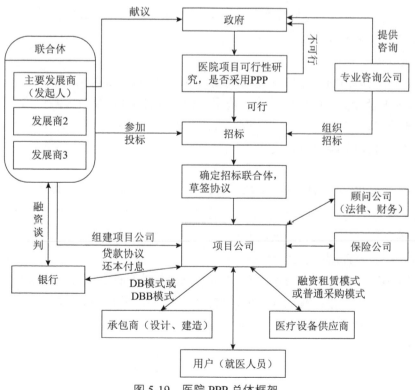

图 5-19 医院 PPP 总体框架

对医院项目,尤其是新建项目,PPP 是指政府通过招投标方式将医院项目授权给具有自有资本且能获得贷款的企业,由其负责项目的融资、设计、建造、运营和维护,并在若干年(通常为 20～30 年)后将项目无偿移交给政府的方式。

2. PPP 融资模式的运作

(1)准备阶段

准备阶段由企业向政府建议或政府主管部门发起项目,据国务院《关于投资体制改革的决定》的文件精神,医院建设属政府投资项目,实行审批制,PPP 模式涉及政企合作,主管部门更应严格审批。因此应在项目建议书或可行性研究报告中评估医院 PPP 项目的技术和经济可行性、市场需求、风险分担、融资方案等,尤其要考虑 PPP 方案是否比传统方案更能提高效率。

(2)招标、谈判阶段

医院 PPP 项目获批后进入招标谈判阶段。PPP 项目招投标牵涉法律、金融、工程、管理、运营等领域,要委托经验丰富、技术力量雄厚的招标代理机构操作。

根据招投标法规定,非营利性医院建设应公开招标或邀请议标,投标前要经资格预审。医院 PPP 不仅要建设医院工程,更要提供高效的医疗服务,所以在制定招标文件和评标标准时,要充分考虑政府对医院项目的功能要求和社会目标,如项目总体规划、主要技术经济指标、建设及运营需求达到的标准、政府承诺、融资要求、基本的风险分配要求及一些不可谈判的基本要求等。

招标结束后,通常评出前 2～3 名,政府依次与之谈判特许经营协议。谈判完成后草签特许经营协议,待发展商凭借特许经营协议向银行等金融机构完成融资后,正式生效,中间的融资宽限期一般 3～6 个月。

(3)融资阶段

融资是中标发展商的工作任务,包括融资结构设计、与金融机构谈判。要在分析项目相关因素的基础上设计恰当的融资结构。确定融资初步方案后,要向金融机构发出融资意向书,组织谈判小组,起草协议文件。政府与发展商的谈判与融资谈判交替进行,聘请专业咨询公司、法律顾问、财务顾问极为关键。

(4)实施阶段

实施阶段包括设计、建造、运营及移交等。设计和施工要选具有医院设计和建设经验的企业,采用工程总承包或 EPC 模式,以减少管理界面并可优化设计。医院的设计方案由项目公司和政府部门共同协商。发展商要在保证质量前提下,尽快完成工程建设与使用,实现收益最大化,这与特许经营期的设计有关。

项目公司应有一家三甲医院作股东,由其参与设计要求的制定并负责医院运营,或签订运营协议委托给一家三甲医院运营。运营收益用以支付运营成本、资金占用成本、还本付息等(图 5-20)。特许经营期满,项目无偿移交给政府。

3. 投资结构

项目公司由投资企业、三甲医院、国有资产运营公司联合组成。若医院规模大,医院建设要求高,还应找一家具有工程总承包能力的工程建设公司。

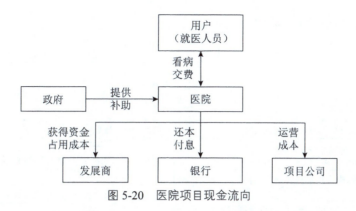

图 5-20　医院项目现金流向

4. 资金结构

医院 PPP 项目的资金结构主要是银行贷款和融资租赁。银行贷款针对项目建设,融资租赁针对大型医院设备。融资应遵循成本效益、时效性、风险收益均衡原则。项目建设期资金风险最高,应有备用资本金和备用贷款额度。

5. 担保结构

医院 PPP 项目的担保有:政府安慰函、补贴保证、税收优惠保证等;项目公司提供的抵押、质押担保、完工担保,其中完工担保也可以向承包商转移一部分;承包商和医疗设备供应商也可能提供部分担保,结构如图 5-21 所示。

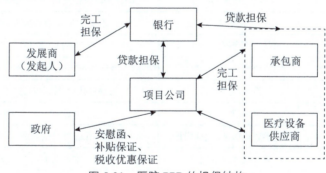

图 5-21　医院 PPP 的担保结构

6. 合同体系

PPP 的合同体系是合理分担风险、保证项目成功的重要条件。医院 PPP 涉及的合同体系(图 5-22)包括:

①政府与项目公司之间的特许经营协议,包括特许经营权范围、项目建设、融资、运营与维护、收费及调价、服务质量、移交等内容;

②项目公司与承包商之间的工程建设合同;

③项目公司与银行之间的贷款合同;

④其他,如股东的出资合同,与法律、财务顾问签订的咨询合同等。

7. 项目干系人

让项目干系人(stakeholder)满意是 PPP 的重要原则和目标。医院 PPP 涉及的项目干系人(stakeholder)有政府、发展商、项目公司、银行、承包商、就医人员、咨询公司、顾问公司等。

它们的角色和主要目标利益如下(表5-6)。

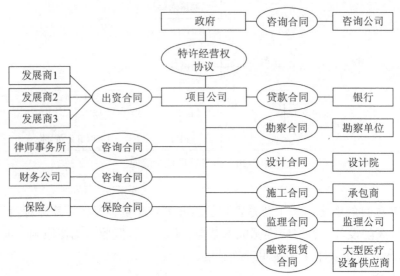

图 5-22　医院 PPP 合同体系

医院 PPP 主要项目干系人　　　　　　　　表 5-6

项目干系人	角色内容	主要目标利益
政府	授权、批准和担保	保证项目成功,不用出钱就能建好医院
发展商	提供资本金、融资、经营	保证项目成功,获取收益(资金占用成本)
项目公司	专为项目而成立的公司	保证项目获得成功
银行	发放贷款、监督资金使用	保证项目的成功和资金的安全,获取利息
承包商	设计、建造医院	根据甲方要求完成工程,获取收益
医疗设备供应商	提供医疗设备	满足甲方要求,获取收益
咨询公司	提供咨询服务、代理招标	保证项目获得成功,获取收益
顾问公司	提供法律、财务咨询	维护雇主利益,获取收益
保险商	提供保险	保证项目获得成功,获取收益
就医人员	看病、使用医疗资源	满足自己的需求,交纳费用

本章小结

项目融资结构设计是项目融资的重要内容,项目融资结构设计的基本原则包括:有限追索原则;项目风险分担原则;成本降低原则;完全融资原则;近期融资与远期融资相结合原则;表外融资原则;融资结构最优化原则等。主要的项目融资模式有:直接融资模式、项目公司融资模式、设施使用协议、杠杆租赁融资模式、产品支付融资模式、ABS 融资模式、BOT 融资模式、PPP 融资模式、私募股权融资模式等。每一种融资模式都有特点的结构特征、基本类别、适用范围和优缺点,并对环境有相应的要求,这就要求在遵循项目融资结构设计原则的基础上,将不同的融资模式结合起来设计适应内部与外部环境的项目融资结构,使融资工作能够顺利进行。本章通过案例分析具体说明了这些融资模式的应用。

习题

1. 什么是项目融资结构？融资结构包括哪些主要内容？
2. 项目融资结构如何策划和评价？
3. 融资结构设计的基本原则是什么？
4. 什么是投资者直接融资模式？该融资模式有什么特点？
5. 项目公司融资模式可以分为哪两种类型？并说明该种融资模式的优缺点。
6. "设施使用协议"融资模式的适用范围是什么？
7. 杠杆租赁融资模式的特点是什么？
8. "生产支付"融资模式的特点是什么？
9. BOT 融资模式的参与方主要有哪些？相互之间的关系是什么？
10. ABS 融资模式的基本要素有哪些？该融资模式的参与者有哪些？
11. PPP 融资模式的概念、特征、优势、投资结构与资金结构？
12. 私募股权融资模式的概念、运作、优点和缺点？

参考文献

[1] 曹富国. 私人融资基础设施项目的联合国立法及适用与局限性 [J]. 河北法学，2007(1).

[2] 谢传胜. 把项目融资 BOT 引入电网建设 [J]. 中国电力，2006(12).

[3] 舒畅. 项目融资及 BOT 方式初探 [J]. 中国总会计师，2006(12).

[4] 潘兰兰. 项目融资中的 BOT 模式 [J]. 商场现代化，2006(35).

[5] 朱立韬. 新型项目融资模式 PPP 与 BOT、TOT 模式的比较研究 [J]. 金融经济，2006(35).

[6] 赵振宇. BOT 与 ABS 项目融资模式比较及实施初探 [J]. 建筑经济，2006(12).

[7] 朱立韬. 新型项目融资模式 PPP 与 BOT、TOT 模式的比较研究 [J]. 金融经济，2006(24).

[8] 夏瑛. 基础设施项目贷款证券化——商业银行介入基础设施融资新途径 [J]. 新金融，2006(12).

[9] 谢传胜. 把项目融资 BOT 引入电网建设 [J]. 中国电力，2006(12).

[10] 张极井. 项目融资 [M]. 北京：中信出版社，2004.

[11] 戴大双. 项目融资 [M]. 北京：机械工业出版社，2005.

[12] 马秀岩，卢洪升. 项目融资 [M]. 大连：东北财经大学出版社，2004.

[13] 注册咨询工程师考试编写委员会. 项目决策分析与评价 [M]. 北京：中国计划出版社，2004.

[14] 徐莉. 项目融资 [M]. 武汉：武汉大学出版社，2005.

[15] 蒋先玲. 项目融资 [M]. 北京：中国金融出版社，2001.

[16] CLIFFORD CHANCE 法律公司. 项目融资 [M]. 龚辉宏译. 北京：华夏出版社，1997.

[17] 王立国. 工程项目融资 [M]. 北京：人民邮电出版社，2002.

[18] 卢有杰. 项目融资 [M]. 北京：清华大学出版社，1998.

[19] 刘舒年. 国际工程融资与结汇 [M]. 北京：中国建筑工业出版社，1997.

[20] A. D. F. 普赖斯. 国际工程融资 [M]. 赵体清，等，译. 北京：中国水利水电出版社，1995.

[21] 国家发展改革委员会，建设部. 建设项目经济评价方法与参数 [M]. 3 版. 北京：中国计划出版社，2006.

[22] 温阳,戴大双,陈炳泉,等.港珠澳大桥项目融资模式的启示[J].项目管理技术,2008(12):37-39.

[23] 梁梅.高速公路项目资产证券化(ABS)融资模式构建研究[J].内蒙古科技与经济,2010(11):3-5.

[24] 郭俞君.我国房地产企业传统与新型融资方式对比[J].财经界,2014(5):89-91.

[25] 钟璐.BOT融资模式和ABS融资模式分析[J].科技与管理,2007,9(1):80-83.

[26] 陈柳钦.公共基础设施PPP融资模式研究[J].南方金融,2008(12):21-24.

[27] 万容.构建中国房地产业的新型融资方式——房地产投资信托基金探析[J].经济问题,2010(3):105-109.

[28] 程哲,王守清.非营利性医院PPP项目融资的框架结构设计[J].中国卫生事业管理,2011,28(7):557-559.

[29] 亓霞,柯永建,王守清,等.基于案例的中国PPP项目的主要风险因素分析[J].中国软科学,2009(5):107-113.

第6章 工程项目融资担保结构

本章概要

1. 项目融资担保的地位与作用；
2. 项目融资担保的定义与分类；
3. 项目融资担保人；
4. 项目融资担保范围；
5. 项目融资担保类型；
6. 项目融资担保的步骤；
7. 项目融资担保的形式。

6.1 项目融资担保结构的概念

6.1.1 担保在项目融资中的地位和作用

对于银行和其他债权人而言，项目融资的安全性来自两方面：一方面来自项目经济强度；另一方面来自项目之外的各种直接担保或间接的担保（guarantee）。国际上成功的项目融资大部分都采取了担保。

项目担保（project guarantee）是项目融资结构的生命线。如前所述，项目融资的根本特征体现在项目风险分担上，而项目担保是实现风险分担的关键。尽管被融资项目的经济强度（即项目现金流量和项目资产）是保障项目融资成功的必要条件，但许多项目的风险超出了项目可承受的范围，并且无法控制，而银行贷款的一个前提是尽可能少地承担风险，对于超出项目承受能力的风险因素必然要求项目投资者或与项目有关的第三方提供附加的债权担保。

项目担保所起的作用有：

①采用项目担保形式，投资者避免承担全部和直接项目债务责任，而把责任限制于项目发展的有限阶段或有限金额内，便于安排有限追索的融资结构。

②采用项目担保形式，投资者将一定的项目风险转移给第三方。通过组织一些对项目发展和利益有关，但又不愿意直接参与项目投资或项目经营的机构为项目融资提供一定的担保，或利用商业担保人提供的担保，在一定条件下可以转移项目的许多风险因素。

6.1.2 项目融资担保的含义及分类

1. 项目融资担保的含义

担保指以确保债务清偿或经济合同履行为目的的保证行为,是债务人对债权人提供履行债务的特殊保证,是保证债权实现的法律手段。项目融资担保指借款方或第三方以自己的信用或资产向贷款或租赁机构做出偿还保证。

2. 项目融资担保的分类

(1) 物的担保

物的担保也称物权担保,是指借款人或担保人以自己的有形资产或权益资产为履行债务设定的担保物权,如抵押权、留置权等。

贷款人在对项目资产设定担保物权后,当借款人发生违约事件时,贷款人有权出售担保物及其与之相关的权益,从出售所得中优先于其他债权人得到补偿。在项目融资中,贷款银行以物的担保形式,把项目资产与借款人其他资产分割开来,在必要时行使对项目资产的管理权。一旦借款人违约,享有担保权益的贷款银行就可以占有项目资产,或为贷款银行的利益而经营项目资产,或将项目资产出售以清偿贷款银行的债务。项目融资物的担保有以下形式:

①抵押(mortgage):为提供担保而把资产所有权转移于债权人(抵押权人),但附有一项明示或默示条件,即该项资产所有权应在债务人还债后重新转移给债务人。据担保法规定,抵押人所有或依法有权处分的房屋和机器、交通运输工具与其他财产、抵押人依法有权处分的土地使用权、抵押人依法承包并经发包方同意抵押的荒地使用权以及依法可抵押的其他财产均可作为抵押物。

②担保(charge):不需要资产和权益占有的转移或所有权的转移,而是债权人或债务人之间的一项协议。据此协议,债权人有权使用该项担保条件下资产的收入来清偿债务人对其的责任,并享有优先的请求权。

担保分为固定担保(fixed charge)和浮动担保(floating charge),固定担保是与提供担保人(chargor)的某一特指资产相关联的担保,提供担保人在没有解除担保或得到担保收益人(chargee)同意前,不能出售或以其他形式处置该资产。浮动担保正常情况下处于"沉睡"状态,直到违约事件发生,促使担保收益人行使担保权益时,置于浮动担保下的资产才被担保收益人控制,此前提供担保人可以自主运用该资产。例如,项目贷款银行对项目公司账户的控制。

(2) 人的担保

人的担保是在贷款银行认为项目自身物的担保不够充分时,要求借款人提供的一种人的担保,是担保人在法律协议形式上承诺向债权人承担一定的义务。

6.1.3 项目担保人

1. 项目投资者作为担保人

项目投资者和主办人为项目公司提供直接或非直接担保,前者直接承担一定数额债务,后者还要加上其他形式的担保(图6-1)。

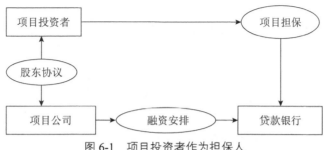

图 6-1 项目投资者作为担保人

在多数项目融资结构中,项目投资者通过建立项目公司来经营项目和安排项目融资,但由于项目公司在资金、经营历史等各方面不足以支持融资,贷款银行会要求借款人提供来自项目公司之外的担保或贷款银行可接受的担保人作为附加的债权保证。由项目投资者提供的"项目完工担保"、"无论提货与否均需付款协议"和"提货与付款协议"等均属于这种性质的项目担保。

如果项目投资者提供直接项目担保,则该担保要作为债务形式表现在项目投资者的资产负债表中,至少要以或有债务形式体现在资产负债表的注释中。如果项目投资者提供非直接项目担保,则担保的财务责任就披上了"正常商业交易"的外衣,不再影响项目投资者本身的资产负债表。

运用项目投资者提供的非直接的和以预防不可预见因素为主体的项目担保,加上来自其他方面的担保,也可形成贷款银行所接受的信用保证结构。

2. 与项目利益有关的第三方参与者作为担保人

与项目利益有关的第三方参与者是指在项目投资者之外寻找其他与项目开发者有直接或间接利益关系的机构为项目提供担保,包括政府机构、商业机构(如承包商、供应商)国际金融机构等(图6-2)。它们不同程度上分担了项目部分风险,为项目融资设计一个强有力的信用保证结构创造了有利条件。

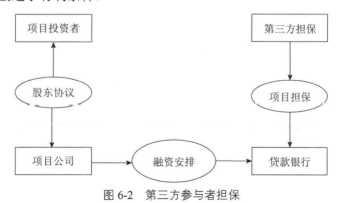

图 6-2 第三方参与者担保

(1)政府机构

政府机构主要为大型工程项目,如道路、铁路、机场、医院等项目提供担保。政府的介入可以减少政治风险和经济政策风险,增强投资者的信心,而且政府通过提供贷款担保或项目产品购买方等形式担保,可以避免政府的直接股份参与,还可以达到参与项目投资,促进项目开发的目的。

(2)与项目开发有直接利益关系的商业机构

这些商业机构是工程公司、项目设备或主要原材料的供应商、项目产品(设施)的用户等,它们通过为项目担保而换取的商业利益如:获得项目建设合同、获得项目设备的供应安装合同、担保人自身产品长期稳定的销售、担保人获得长期稳定的原材料和能源供应、担保人对项目设施的长期使用权等。

(3)世界银行、地区开发银行等国际性金融机构

寻求这类机构对发展中国家的一些重要项目提供贷款担保,有利于减少项目的政治风险和商业风险、增强商业银行对项目融资的信心。

3. 商业担保人

商业担保人提供担保并收取担保服务费,主要有银行、保险公司和其他一些专营商业担保的金融机构。它们通过分散经营降低风险,担保类型如下:

(1)担保项目投资者在项目或项目融资中所必须承担的义务

这类担保人多为商业银行、投资公司和一些专业金融机构,所提供的担保是银行信用证或银行担保。其作用是:其一,担保一个资金不足或资产不足的项目公司对其贷款所承担义务;其二,担保项目公司在项目中对其他投资者所承担的义务;其三,在提供担保人和担保受益人之间起中介作用(图 6-3)。

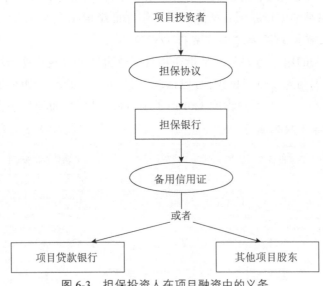

图 6-3　担保投资人在项目融资中的义务

(2)为了防止项目意外事件的发生

这种担保人是各种类型的保险公司。保险对象是项目资产保险、政治保险。

6.1.4　担保范围

贷款银行最关心的风险因素是项目的主要担保范围,它们是:

1. 商业风险

商业风险是项目融资的主要风险,贷款银行要求项目投资者或与项目有直接利益关系的第三方提供不同程度的担保,尤其是以下三方面的担保:

(1) 项目完工

一个项目能否在规定的预算内和规定的时间内建成投产,达到"商业完工"标准,是组织项目融资的基础。因此,项目完工担保是项目融资结构中的最主要担保条件。一般由项目投资者提供完工担保,即项目投资者承诺在项目延期、成本超支、完工后达不到规定的技术标准等问题出现后,为项目提供资金支持。

对投资环境好、技术成熟的项目融资,贷款银行还能从工程公司、技术设备供应公司等方面寻求担保,如采用固定价格的"交钥匙"合同、由工程公司或技术设备公司提供项目履约担保等,减少对项目投资者在完工担保方面的要求。

(2) 生产成本控制

项目经济强度在很大程度上取决于控制生产成本,而生产成本与原材料、能源或电力等的价格有直接关系。如果项目公司与原材料、能源和电力的供应商签订长期供应合同,确定供应量、期限和价格,或通过结合项目所在地的通货膨胀指数综合确定生产成本的变化幅度,就能有效控制生产成本。

(3) 产品市场

项目产品销售和价格是项目成败的另一重要环节,实现降低市场风险的担保手段主要包括"无论提货与否均需付款"协议和"提货与付款"协议。

2. 政治风险

在政治环境不稳定的国家开展项目投资,有很高的政治风险,需要第三方提供担保,通常由项目所在国政府和中央银行担任,有时还要世界银行、地区开发行以及一些工业国家的出口信贷和海外投资机构等提供担保。此外,还可以是政治风险保险、双方国家之间签订互相促进和保护投资的协定等担保形式。

近年来,商业担保公司也逐渐参与政治风险保险,主要原因有:第一,有些项目不具备政府出口信贷或政府保险机构提供政治风险担保的条件;第二,风险过高,超过政府机构政治风险担保的限额;第三,项目投资者不满意政府政治风险担保的条件,而商业担保公司可以提供更灵活更具有竞争性的条件。

3. 或有风险

或有风险也称不可预见风险,例如地震、火灾等。避免这类风险主要也是采用商业保险的方法解决。

4. 金融风险

金融风险表现为汇率风险和利率风险,可以使用金融衍生工具,诸如套期保值、期货等来分散。但在外汇管制较严格或金融市场不完善的国家或地区,贷款银行会要求东道国政府或国家银行签订远期外汇兑换合同,锁定一个双方都接受的汇率,或签订合同规定在一定范围内各方分摊相应的汇率风险。

6.1.5 项目担保的类型

1. 直接担保

（1）有限金额的担保

项目融资中经常使用的资金缺额担保和第一损失担保是典型的有限金额直接担保,是在完成融资结构时事先规定了最大担保金额。有限金额直接担保的一种重要用途是支付项目成本超支,这种担保一般是由项目投资者提供。

对于担保金额,一般以该类项目的一般情况作为依据。贷款银行为了便于风险控制,更倾向于接受只有时间限制而没有金额限制的完工担保。

（2）限制时间的担保

项目在建设和试生产阶段的完工担保是在有限时间内无限经济责任的直接担保,即项目投资者或工程承包公司对贷款银行承担完全追索的经济责任。

2. 间接担保

间接担保是指项目担保人不以直接财务担保形式为项目提供财务支持,多以商业合作和政府特许权协议形式出现。商业合作如"无论提货与否均需付款"合同、"提货与付款"合同、"供货或付款"合同等。保证了项目的稳定收入,也保证了贷款银行的基础利益,政府特许权形式则应用于 BOT 项目。

3. 或有担保

或有担保是为不可抗力或不可预测因素造成项目损失的风险而提供的担保。按风险性质划分为 3 个类型,表 6-1 列出了它们的担保参与方。

或有担保的三个类型及相应的担保的参与方　　　　表 6-1

风险类型	举例	提供担保的参与方
不可抗力因素引起的风险	地震、火灾、地下矿井塌方	商业保险公司
政治风险	国家动乱	东道国政府、保险公司
环境风险	完工风险、市场风险等	承建商、设施使用者等

4. 意向性担保

意向性担保表现为担保人有可能对项目提供一定支持的意愿。

支持信（或安慰函）是最常见的意向性担保形式,由政府或项目公司的控股公司写给贷款银团或银行表示对项目公司或项目融资的支持文件,该文件表示将尽一切努力保证项目公司经营和履行经济责任、不会没收项目资产或将项目资产国有化。安慰函不具法律约束力,但违反诺言会影响担保人的资信,因此贷款方愿意接受资信良好的担保人出具的安慰函。

交叉担保也是一种意向性担保形式,即当项目投资者违约时,不论这种违约是因为项目建设、经营、销售还是无法还本付息,都会产生连锁效应,此时,贷款人有权加速取得投资者在项目中的资产或出售该资产用以收回贷款。

6.1.6 项目担保的步骤

项目担保步骤如图 6-4 所示。

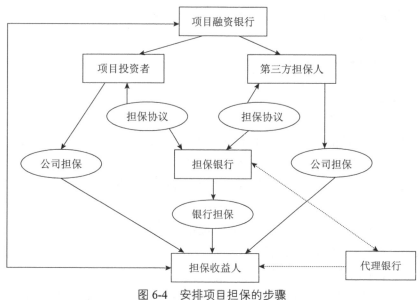

图 6-4 安排项目担保的步骤

第一阶段:贷款银行向项目投资者或第三方担保人提出项目担保要求;

第二阶段:项目投资者或第三方担保人考虑提供公司担保,如果公司不被接受,则考虑提供银行担保;

第三阶段:在银行提供担保情况下,项目担保成为担保银行与担保受益人之间的一种合约关系;

第四阶段:若项目所在国与提供担保的银行不在同一国,担保受益人会要求担保银行安排当地银行作代理人承担担保义务,并承诺偿付代理人全部费用。

6.2 项目融资担保的多种形式

6.2.1 商业银行对项目信用担保和物权担保的控制

商业银行在建议信用保证防范体系时对资产抵押和信用保证的权利有以下几项。

1. 对项目现金流量的控制权

项目贷款偿还源于项目现金流量,商业银行在某种程度上要控制项目资金使用,如贷款资金使用批准、专门银行账户、账户资金用途及使用优先序列等。

2. 对项目决策程序的控制权

贷款银行要求在一定程度上介入项目管理,对投资者的项目决策权加以控制,目的在于保证融资项目不会做出任何有损于贷款银行利益的决定。

3. 对项目资产处置的控制权

贷款银行要求限制借款人处置项目资产的权力,防止出现任何未经银行同意的资产处置,由于风险因素的内在相关性,贷款银行会认真分析评价风险,要求投资者建立合理的项目融资信用保证结构。

6.2.2 项目信用担保

1. 项目完工担保

(1) 项目完工担保的含义

由于在项目建设期和试生产期,商业银行承受的风险最大,不能把项目建设结束作为项目完工标志,而要引入商业完工概念,项目能否按期建成投产并按照设计指标进行生产经营,是以项目现金流量为融资基础的项目融资的核心。因此项目商业完工担保成为项目融资结构的最主要担保条件。

完工担保是在一定时间范围内,担保人对贷款银行承担全面追索的经济责任,要尽一切方法促使项目达到"商业完工"标准。

(2) 项目完工担保的提供者和担保内容

项目完工担保的提供者是项目投资者、承建项目的工程公司或有关保险公司。其中,由直接投资者作为项目完工担保者最常见。项目完工担保主要包括完工担保责任、项目投资者履行完工担保义务方式和措施等基本内容。

项目完工担保所针对的项目完工风险包括:由于工程或技术上的原因造成的项目拖期或成本超支;由于工业纠纷或其他外部因素造成的项目拖期或成本超支;由于上述任何原因造成的项目停建甚至最终放弃。

(3) 商业银行基于完工担保不同提供者的要求

其一,由直接投资者作为项目完工担保人是最常用也是最容易被商业银行所接受的方式。商业银行在谈判项目完工担保协议时,必须定义项目的"商业完工",以及明确审订项目投资者对项目完工所承担的种种担保义务。为避免商业银行因与项目投资者分散在不同国家的情况,使得双方不便于采取法律行动,商业银行也需要在完工担保协议中规定具体的保证担保人履行担保义务的措施。如开立备用信用证的方式作为商业银行支付第一期贷款的先决条件。

其二,由工程承包合同及其背后的金融机构提供的项目完工担保,是包括在工程承包合同中的一种附加条件。这种完工担保常以银行或其他金融机构的无条件信用证形式出现。投资者常通过在工程合同中引入若干种完工担保条件转移一部分完工风险给予工程承包合同,如投标押金、工程合同履约担保、预付款担保,留置资金担保、项目运行担保等。银行对这些保护性作法常持肯定态度。

2. 资金缺额担保

资金缺额担保,也称现金流量缺额担保,是一种在担保金额上有所限制的直接担保方式,主要用于支持已进入正常生产阶段的项目能产生足够的现金流量。当项目达到商业完工后,虽然已经通过运营标准的检验,但由于项目在运营期可能遇到各种风险,并不能保证其在生产经营阶段百分之百成功。尤其是项目在最初运营阶段,没有经营历史也没有相应的资金积累,抗意外风险的能力要比经营多年的公司企业脆弱得多,从其他途径获得新资金注入的可能性也小得多。贷款人往往要求发起人提供一定的资金。但发起人并不承担无限的资金支持义务,一般都对担保的绝对数额或比例做出限制。

一般来说,发起人提供资金的方式有两种:一是增加对项目公司的股权投资,二是由发起人向项目公司提供从属贷款。实践中更多采用后者,从属贷款是指发起人向贷款人承诺,在贷款人的债权得到完全清偿前,不请求清偿。根据从属贷款协议,贷款人将处于优先债权人地位,而做出不请求受偿承诺的发起人则处于从属债权人的地位。显然,从属贷款协议具有担保性质。

基于不同考虑,商业银行从不同的角度来要求提供资金缺额担保。

(1) 以保证项目正常运行为出发点的资金缺额担保

该种形式的担保是为了保证项目不至于因资金短缺而造成停工违约,通过保证项目的正常运转,使项目可按照预先计划偿还全部银行贷款。对于新建项目,商业银行人多要求项目投资者提供一个固定金额的资金缺额担保,在指定银行的担保存款或备用担保信用证金额便是该担保形式之一。

商业银行常采用的资金缺额担保的另一种形式是在资金管理中建立留置基金,并对项目投资者使用该基金加以严格限制和规定。

资金缺额担保的第三种形式是由投资方提供对项目最小净现金流量的担保,保证项目有一个最低净收益,作为商业银行减少其可能承担风险的一种措施。这种资金缺额担保责任是随着贷款的偿还而逐步降低的。

(2) 以降低商业银行损失为出发点的资金缺额担保

商业银行考虑的重点是在项目出售、重组或项目违约情况下,如何保护贷款人利益的方面,其担保责任在整个贷款期间保持固定不变。

3. "无论提货与否均需付款"协议和"提货与付款"协议的项目担保

(1) 含义

"无论提货与否均需付款"协议和"提货与付款"协议既有共性又有区别,并且是国际项目融资所特有的项目担保形式,是项目融资结构中,项目产品(或服务)的长期市场销售合约的统称,这类合约形式几乎在所有类型的项目融资中都广泛应用,成为项目融资结构不可缺少的组成部分。这类协议是一种间接担保形式,因为在法律上体现的是项目产品与卖方之间的长期销售合同关系。

"无论提货与否均需付款"(take-or-pay for it)又称"无货亦付款合同","或取或付合同",表现的是项目公司与项目产品购买者之间的长期无条件销售合同关系(对于工业项目,即类似矿山、油田、炼油厂、发电厂等有实体产品被生产出来的项目,类似输油管道、码头、高速公路等没有实体产品的项目,这种合同则是购买项目设施所提供的服务的协议)。它与传统贸易合同或服务合同的本质区别是项目产品购买者为项目公司提供的一种财务担保。

"提货与付款合同"(take-and-pay agreement)是指买方在取得货物后,即在项目产品交付或劳务实际提供后,才支付某一最低数量的金额给卖方。

两者主要区别为:首先,"提货与付款合同"承担的不是无条件付款责任,而只是承担在取得符合合同的产品约定条件下,才履行协议确定的付款义务;第二,在合同产品价格的规定上,"提货与付款合同"没有最低限价规定,一旦出现产品价格长期过低的情况时,就有导致现金流量不足以支付项目的生产费用和偿还到期债务的可能;第三,两者对产品质量条款有所不同。对于"无论提货与否均需付款",由于是无条件的,对于项目公司所提供的产品没有拒绝的理由,因此,质量条款的意义不大;而对于"提货与付款合同"来说,合格产品是其付款的基本条件之一,如果不符合质量约定,则购买者可以拒绝付款。

因此"提货与付款合同"提供的资金缺额担保要相对轻些,商业银行因此有时还要求提供附加的资金缺额担保作为补充。

例如,在某一个项目融资中,贷款银行提出的担保条件是:第一,项目投资者要与项目公司签署一个项目产品长期购买协议,按照市场价格购买该项目全部产品(如果项目产品能够生产出来并运到工厂围墙外某一指定仓库的话);第二,项目投资者需要向项目公司提供一个最小净现金流量担保,保证在任何年度内只要生产出一吨产品,投资者就必须保证项目公司具有协议规定的净现金流量水平。第一条实质上是一个提货与付款协议,结合第二条来看,则会发现,两者结合构成了一个绝对付款合同,即保证了在任何产量条件下,项目投资者都需要按正常生产水平付款,并且符合该种合同的基本原则,即保证项目公司在融资期间具有足够偿还贷款和维持正常生产的现金流量。而如果一个经济强度较高的项目,并且其项目经理具有良好的管理能力和管理记录,即使只有提货与付款合同作为一种间接担保,也可以构成贷款银行所能接受的项目信用保证结构。

在实践中,协议双方根据项目性质及双方在项目中的地位,这两类协议进行变通,成为各具特色的合同。如在生产服务型项目中"无论提货与否均需付款"协议被称为运输量协议,服务使用协议名称也不尽相同,该种协议有时称为委托加工协议或服务成本收费等,但其基本原则是一致的。

(2)特点

①项目产品销售合同必须是长期合同,合同期限不短于项目融资的贷款期限。采用此类合同所收货款应足以满足项目还债。

②项目产品销售合同责任者的义务是无条件的,且不可撤销,实质是项目产品购买者为项目所提供了一种财务担保,项目公司凭之进行融资。

③项目产品销售合同实现了购买方、贷款人和项目公司多赢。购买方既可以获得价格和质量稳定的产品和服务,也因为商业交易不体现在资产负债表中,而不必承担额外的财务负担。贷款银行因购买者提供的担保,在降低风险的同时,还能获得稳定的现金流收回贷款。项目公司是绝对付款合同的最大受益者,可以通过第三方间接担保顺利建立项目,并且可以减少直接担保的负担。

(3)内容

①合同期限要与项目融资的贷款期限一致。

②合同中购买量不低于项目达到设计生产指标时的产量,购买量的确定有两种方式:一是在合同期限内采用固定总量条件下,这部分固定量产品的收入将足以支付生产成本和偿还债务,对于剩余产品,项目公司可以另行出售;二是包括100%的项目公司产品,而不论其生产数量在贷款期间是否发生变化。最低购买量和价格的确定就为贷款人获得稳定的现金

流,提供了法律条件。

③合同产品的质量规定,一般采用工业部通常使用的本国标准或国际标准,因为这种产品最终要在本国市场或国际市场上具有竞争力。

④交货地点与交货期,通常的交货地点是在刚刚跨越项目所属范围的那一点上,交货期的原则是要求根据协议所得收入具有稳定的周期性。

⑤价格的确定和调整,第一种形式是完全按国际市场价制订价格公式,并随国际市场价的变化而变化,该定价适合于具有统一国际市场定价标准的产品,如铜,石油,铝等。该形式以公认的定价方式可以减少合同履行中的争议;第二种形式是采用固定价格的定价公式,其基本意义在于保证项目公司具有足够的现金流支付生产成本和偿还贷款;第三种形式是采用实际生产成本加固定投资收益的定价公式,这种形式中的成本是变化的,而收益是固定的。

第二种和第三种的形式是贷款银行比较乐意接受的,因为它们大大降低了银行所承担的市场风险,但是银行也不会忽视通货膨胀因素,一般会有相应的价格调整机制来降低其风险。至于第一种形式,以公平市场价为基础的间接担保并不能够完全满足贷款银行对项目市场风险的最低要求,这时贷款银行就可能要求间接担保人提供对项目价格的市场支持,即在商业合同中设定最低价格条款,当实际价格低于最低价格时,项目担保人就需要支付其差额。这种类型的项目担保实质上是一种直接担保和间接担保的"集成"。

⑥生产中断和对不可抗事件的处理。项目公司应拒绝使用含义广泛的不可抗事件条款,明确规定生产中断的期限以及执行合同的影响力。

⑦合同权益的转让。由于此类合同是项目融资结构中的一种重用担保措施,所以贷款银行对于合同权益的可转让性以及有效连续性均要求有明确的规定和严格的限制。一是合同权益要求能够以抵押、担保等法律形式转让给贷款银行或贷款银行指定的受益人;二是合同权益由于合同双方发生变化而出现的转让要求需要贷款银行的事先批准;三是在合同权益转让时,贷款银行对合同权益的优先请求要不受到任何挑战,具有有效连续性。另外一种做法是:销售货款并不是直接给项目公司,而是寄存在作为第三方的信托账户上,先偿还完贷款人的债务后,剩下的再还给项目公司。合同权利转让条款直接关系到贷款人能否取得货款,因此,实践中贷款人受让项目公司的权利起着很重要的担保作用。

⑧合同的买方,可以是项目的发起人,也可以是其他与项目有关的第三方担保人,卖方则是项目公司。但是,在项目产品的购买者中,应至少有一个是项目发起人。出于对购买方的保护,项目文件经常给予购买方一定的权利来防范项目失败的风险,如"无论提货与否均需付款"合同可能规定,如果项目公司没能维持令人满意的生产水平,购买方有权接管项目。

⑨合同争议解决条款和法律适用条款。在国际项目融资合同中,一般会选择中立和有约束的仲裁委员会,在适用规则上,一般考虑联合国国际贸易法委员会(UNCITRAL)。当然,使用的仲裁规则由参与方谈判确定。东道国政府一般愿意接受UNCITRAL规则,但很多亚洲项目使用伦敦国际仲裁法院(LCIA),国际商会(ICC)或投资争端国际仲裁中心(ICSID)的仲裁规则。

4. 其他形式的信用担保

上述信用担保是主要方法,但不能囊括一切风险。银行在处理风险时常常也会用其他方法和手段,如履约担保,政府担保,"交钥匙"工程合同等。

(1)履约担保

履约担保是担保公司承诺一旦该项担保的受保人履行了合同义务后,保证人将保证购销合同中有关货款支付、货物供应等结算条款或违约金支付条款得到执行,从而有效避免或降低供需双方的交易风险,维护债权人的合法权益。

在项目融资担保中,履约担保主要包括工程合同履约担保、工程招投标履约担保、技术转让合同履约担保、质量保证金担保、产品质量担保等。其中开展最广泛的是工程合同履约担保,履约担保金额不得低于合同价款的10%。

(2)政府担保

基础设施建设和资源类开发项目的融资担保中,政府担保是非常重要的,一方面为项目开发提供土地、提供优惠的出口信贷等,另一方面还可以充当这些项目的最大买方,促进项目融资的成功实现。

(3)"交钥匙"工程合同

交钥匙工程指跨国公司为东道国建设工程项目,直到设计、建造、设备安装、试车及初步操作顺利运转全部完成后,再将该项目所有权和管理权的"钥匙"依合同完整"交"给对方,由对方开始经营。因而,交钥匙工程也可以看成是一种特殊形式的管理合同。与"实报实销"合同类型相比,在项目完工风险较大时,贷款银行无疑对"交钥匙"工程合同的固定工期、固定价格更为偏好。

6.2.3 项目物权担保

1. 含义和作用

项目物权担保是指项目公司或第三方以自身资产为履行贷款债务提供担保。国内常用而国际鲜见,因为贷款方不易控制跨国担保物,另外,贷款方看重项目本身,而非项目目前的资产。其作用是约束项目有关参与方认真履行合同。

2. 主要形式

(1)不动产物权担保

不动产指土地、建筑物等难以移动的财产。在项目融资担保中,项目公司一般以项目资产作为不动产担保,除非贷款银行有要求,否则不会将项目发起方的其他不动产作为物权担保。一旦出现项目失败或借款方违约,贷款方会接管项目公司,或拍卖项目资产,或重新经营。

(2)动产物权担保

动产物权担保是指项目公司以自己或第三方的动产作为履约保证,如股份、特许权等。由于处理动产物权担保比不动产物权担保方便,使用范围较广。

动产分为有形和无形动产。而在项目动产物权担保中,无形动产担保较有形动产更加优越,体现在:第一,有形动产的价值会因项目失败而价值受到影响;第二,无形动产涉及多个项目参与方,其权力以合同为基础而衍生出追溯性。因此,项目融资中的许多信用担保,又可以作为无形动产担保出现。例如,"无论提货与否均需付款"合同是一种信用担保,但当合同作为无形动产由贷款方掌握时,贷款方就享受到了该合同的权利,因此,合同又称为无形动产担保。

(3)浮动设押

前两者是固定的物权担保,即资产是确定的,当借款方违约时,贷款方一般只能从这些担保物受偿。浮动设押的担保方式,是以借款方所拥有的某一类现在或将来的资产为最终还款保证。它不以特定的动产或不动产作为担保标的,只有在某件事情发生后才能确定受偿资产,因而得名。

3. 其他形式

(1)准担保交易

准担保交易在法律上被排除在担保之列,但是,其效果类似物权担保。如融资租赁、出售和租回、出租和购回、所有权保留等。

①融资租赁是卖方将设备出售给一家金融公司或租赁公司,并立即得到设备的货款,然后金融公司或租赁公司再将设备租给买方。这种融资租赁,实际上是商业信用,买方以定期交租方式得到融资,而设备则起担保物的作用。

②出售和租回,借款方将资产卖给金融公司,再按与资产使用寿命相应的租期回租。价款起贷款作用,交租即分期还款,而设备是该模式的担保物。

③出售和购回,是借款方将资产卖给金融公司获得价款,然后将事先约定的条件和时间购回。购回实际上就是还款,而资产也起了担保作用。

④所有权保留,即卖方将资产卖给债务人,条件是债务人只有在偿付负债后才能获得资产所有权,因此,资产成为担保物。

(2)东道国政府支持

东道国可以通过代理机构进行权益投资,或成为项目的最大买主或用户。政府的支持是间接的,但对项目成功至关重要。例如,资源开发和收费交通项目均须有政府的特许。

对于采用 BOT 模式进行基础设施项目融资来说,政府将参与项目的规划、融资、建设和运营的各个阶段,而且在运营期满后也要交由政府部门接管项目,因此,东道国政府的支持更是必不可少。

6.3 案例分析:A 贸易公司煤矿项目的融资担保

A 贸易公司是一家经营原材料为主的国际贸易公司。为保证稳定的货源,该公司经广泛调查研究,决定对其煤矿产品的主要来源—某煤矿项目进行投资,该投资占其资产20%,并取得该项目20%的煤炭产品。该煤炭项目由两个矿体组成,采用非公司型合资结构,如图6-5所示。

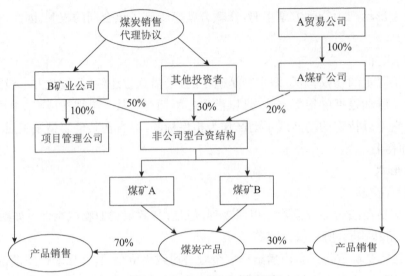

图 6-5 煤炭项目的合资结构图

项目的建设及生产管理均由占股 50% 的当地一家最大的矿业公司 B 负责。A 贸易公司考虑到项目投资额大，为了减少风险，决定采用有限追索的项目融资模式。图 6-6 为该项目融资的结构及资金流程简图。

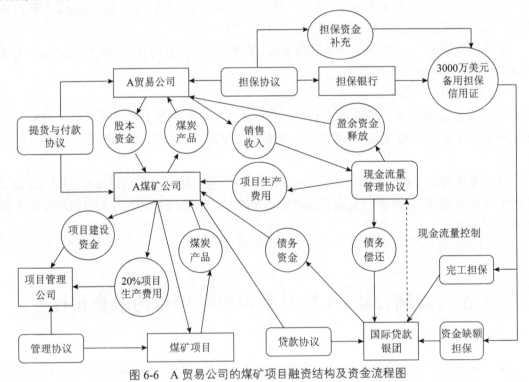

图 6-6 A 贸易公司的煤矿项目融资结构及资金流程图

注：在项目完工担保期间，如果信用证资金被动用，担保人需要将其补足到 3000 万美元。

第一，A 贸易公司在该国成立了一个项目子公司 A 煤炭公司，作为独立法人负责项目融资和管理。A 贸易公司向 A 煤炭公司投入项目所需建设资金的 20% 作为股本金，并组织国际银团提供项目建设所需资金的剩余部分。

第二，A 煤矿公司是新建项目公司，无资产和经营记录，因此 A 贸易公司根据贷款银团要求，分别在项目不同阶段向贷款银团提供完工担保和资金缺额担保，以及与 A 煤矿公司签署 20 年期"提货与付款"长期购货协议。

项目完工担保是以 A 贸易公司在贷款银团指定银行开出一张额度 3000 万美元的多次提款备用担保信用证形式提供，贷款银团根据项目建设需要，从信用证中提取资金支付项目成本超支以及其他未预见费用，来保证项目按期完工。

"提货与付款"协议是项目生产阶段的主要现金流量来源。A 贸易公司按国际市场价从 A 煤矿公司购买项目产品。从贷款银行角度看，"提货与付款"协议保证了项目产品的销售市场，也就保证了项目现金流量；从 A 贸易公司角度看，由于投资初始目的是为获得产品，因此该协议并不增加更多的义务和责任。

正因为"提货与付款"协议没有规定产品最低限价，一旦产品价格长期过低，就有造成现金流量不足以支付项目生产费用和偿还到期债务的可能，所以贷款银团要求 A 贸易公司提供一份资金缺额担保，由指定银行开出一张 3000 万美元的备用信用证担保（实际上是在项目达到商业完工要求时由项目完工担保的备用担保信用证直接转过来的）。信用证额度是贷款银团以项目最坏假设条件下的资金缺额作为基础，由借贷双方谈判确定的，并且根据实际未偿还债务的递减加以调整，同时，作为信用保证结构的组成部分，贷款银团通过现金流量管理协议控制项目资金。A 贸易公司既可以将项目风险限制在可预见的范围内，即最大风险不超过备用担保信用证担保额度 3000 万美元，也保证了其煤炭的货源供应。

本章小结

本章主要介绍了担保的概念和种类、担保的作用。担保包括人的担保和物的担保。项目担保人主要包括项目投资者、第三方保证、商业担保人。项目融资中的风险很多，项目担保方式可以承担的风险有商业风险、政治风险、金融风险等。

根据项目担保在项目融资中承担的经济责任形式，项目担保可分为四种类型：直接担保、间接担保或有担保意向性担保。需要提出的是，无论是哪种形式的项目担保，其担保所承担的经济责任都是有限的，这是项目融资结构与传统公司融资结构的一个重要区别。

项目融资的主要担保形式有项目完工担保、资金缺额担保、"无论提货与否均需付款"和"提货与付款"协议为基础的项目担保。

习题

1. 简述项目融资担保的定义与分类。
2. 商业担保人的主要类型是什么？
3. 简述项目担保的范围与类型。
4. 简述项目担保的主要步骤。
5. 简述项目融资担保的形式。

6. 试分析资金缺额担保的主要目的，并分析设置该项担保的积极作用。

参考文献

[1] 陈卓雄. 商业银行如何以担保方式防范项目融资风险 [J]. 湖南经济管理干部学报，2001（4）.

[2] 马秀岩，卢洪升. 项目融资 [M]. 大连：东北财经大学出版社，2004.

[3] 张极井. 项目融资 [M]. 北京：中信出版社，2004.

[4] 陈力菲，刘静晶. 论国际项目融资担保的法律问题 [J]. 湖北经济学院学报（社科版），2006（2）.

[5] 谭祝君. 我国融资担保问题研究 [J]. 四川大学硕士学位论文，2007.

[6] 戴大双. 项目融资 [M]. 北京：机械工业出版社，2005.

[7] 注册咨询工程师考试编写委员会. 项目决策分析与评价 [M]. 北京：中国计划出版社，2004.

[8] 徐莉. 项目融资 [M]. 武汉：武汉大学出版社，2005.

[9] 蒋先玲. 项目融资 [M]. 北京：中国金融出版社，2001.

[10] CLIFFORD CHANCE 法律公司. 项目融资 [M]. 龚辉宏，译. 北京：华夏出版社，1997.

[11] 王立国. 工程项目融资 [M]. 北京：人民邮电出版社，2002.

[12] 卢有杰. 项目融资 [M]. 北京：清华大学出版社，1998.

[13] 刘舒年. 国际工程融资与结汇 [M]. 北京：中国建筑工业出版社，1997.

[14] A. D. F. 普赖斯. 国际工程融资 [M]. 赵体清，等，译. 北京：中国水利水电出版社，1995.

第7章 工程项目投资与融资的风险

本章概要

1. 风险管理理论概述;
2. 工程项目投融资风险的含义、分类及其管理;
3. 工程项目投融资风险的分析方法;
4. 工程项目投资业主风险管理;
5. 工程项目融资风险管理。

7.1 工程项目投资与融资风险概述

7.1.1 风险管理理论概述

1. 风险的含义、特征和成本

(1) 风险的含义

Robert Charette 定义风险(risk)为:"首先,风险关系到未来发生的事情,其次,风险会发生变化,第三,风险导致选择,而选择将带来不确定性。"

风险的定义有主观和客观两种说法:"主观说"的风险是指在一定条件下和一定时期内,由于随机原因而无法对有关参数及未来情况正确估计,引起与预期效果偏离的消极后果发生的可能性。"客观说"的风险是指在一定条件下和一定时期内,可能发生的各种结果间的变动差异。

在占有大量数据资料及大数定律适用的场合,可以运用统计方法确定概率及其分布,并据以衡量风险,此即客观风险。但在信息不足或大数定律不适用的场合,只能借助主观估计确定概率分布,此即主观风险。

(2) 风险的特征

① 以损失大小描述风险程度。

风险程度一般用损失大小表示。估计某事件可能造成的损失越大,则该事件的风险就越大。因而风险程度预示着预期的风险事故损失的大小。

② 风险损失的潜在性(potential)。

风险损失是风险因素在潜伏期积蓄到一定程度后才爆发出来的。例如,工程施工中的土建结构塌方,导致这种风险损失发生的因素早已存在,可能是建材质量不合格或材质型号与设计要求不符,可能是设计单位的结构设计不合理,也可能是承包商的施工工艺不当或现场管理有漏洞等。

③风险的不确定性(uncertainty)。

风险损失及其发生的可能性具有不确定性。表现为:一是预期回报无法确定,例如,写字楼能否收回投资,收回多少,本身就不确定;二是损失程度无法确定,例如,采用新方案施工又无历史资料可鉴时,施工风险较大,因为无法估计未来可能发生什么样的意想不到的风险事故,造成什么样的损失;三是发生损失的可能性无法确定。例如,工程建设中的自然环境、设计、材料质量、施工和管理人员素质、施工技术水平和现场管理水平等因素对工程建设的每一个环节都可能造成工程结构损坏和人员伤亡的风险,无法准确确定事故发生的概率。

④风险具有相对性。

一般来说,投资收益大,则投资者愿承担的风险就大;投入大,则投资者愿承担的风险就小;风险主体的地位高、拥有资源多则愿承担的风险就大。

⑤风险具有可变性。

表现为风险性质和后果的变化,或出现新风险。例如,科技进步和管理技能提高能提高预测和抵御风险的能力,但可能因回避某些风险却产生新的风险。

(3)风险的成本

风险成本是风险事故造成的损失或减少的收益,以及为防止发生风险事故采取预防措施而支付的费用。包括:

①风险损失的有形成本。即风险事故造成的财物损毁、人员伤亡的直接损失,以及直接损失以外的它物损失、责任损失和收益的减少。

②风险损失的无形成本。即风险所具有的不确定性使风险主体在风险事件发生前后付出的代价,表现为:一是风险损失减少了机会;即项目活动主体事先为风险准备而占用的大量资金和其他资源,失去了其他获利机会;二是风险阻碍了生产率提高;如新技术、新产业因为高风险而难以推广;三是风险造成的资源分配不当;人们愿意将资源投入到风险小的部门,使应发展的部门没有发展。

③风险预防与控制费用。

2. 风险管理

(1)风险管理的含义

美国学者格林和提斯切曼在《风险与保险》一书中,认为"风险管理乃为管理阶层处理企业可能面临的待定风险的一种方法和技术"。该定义将风险管理的范围集中于处置企业所面临的静态或纯粹风险,范围狭小,且把动态或投机风险排除在外,未能揭示风险管理的实质和核心。

美国学者色宾在《风险管理:教材与案例》一书中,认为风险管理是指"通过降低意外事故所致之财务损失,以保障企业(或个人)的财产与权利的过程"。该定义强调风险管理只是一种过程,但没有揭示风险管理的实质。

英国特许保险协会认为,风险管理是计划、安排、控制各种业务活动和资源,以消除不确定性事件的不利影响。该定义未涉及风险管理的本质和全貌。

1998年美国当代风险管理与保险学权威斯凯博教授在《国际风险与保险》一书中认为风险管理是指各个经济单位通过对风险识别、估测、评价和处理,以最小成本获得最大安全保障的一种管理活动。我国理论界也作了类似定义:风险管理是指确定和度量风险,并有目的地通过制定、选择风险处理方案和应对措施,有组织地协调和控制等管理活动,以防止和减少风险损失的发生。

(2)风险管理的组成

①风险分析。

风险分析是在风险主体(如工程项目)处于风险状态时,利用已知的不完全、不完整或不准确的信息,运用定性与定量相结合的科学方法、措施和手段预测未来可能发生的风险、风险因素未来发生的可能性、风险主体和风险客体及其状况,辨识和评估风险因素及其对风险主体造成的经济损失程度,做出消除风险对风险主体威胁方法的风险决策和评价的行为。据此,风险分析应包括风险识别、风险估计、风险决策(即风险应对)和风险评价。

风险分析不仅是对风险主体、风险客体和转化条件等构成要素的分析,而且应包括产生、发展和消亡的全过程系统分析。所以,风险分析是贯穿于整个风险主体的开发和运行过程的连续行为。

②风险管理工具。

风险管理工具是规避、降低和分散风险,减少风险主体损失的管理工具,最优管理工具组合能对风险实施有效控制和妥善处理风险损失后果,期望达到在较少损害风险主体利益的情况下,以最少的成本获得最大安全保障的目标。

3. 风险识别

(1)风险识别的含义

风险识别是从系统观点出发,对项目全面考察综合分析,厘清项目活动所产生的风险及其风险内容,探究各种潜在风险因素,并比较、分类各种风险,确定各因素之间的相关性与独立性,判断其产生的可能性及其对项目的影响程度,按其重要性排队或赋予权重,风险识别要在项目执行过程中定期反复执行。

风险识别的基本依据是客观世界的因果关联性和可认识性,具体识别时要考虑项目的制约因素和假定以及项目的成果说明。风险识别的主要方法是通过调查、分解、讨论等提出所有可能存在的风险因素,然后分析和筛选出那些影响微弱、作用不大的因素,研究主要因素之间的关系。

(2)风险识别的步骤

风险识别首先要弄清项目的组成、各变量的性质和相互关系、项目与环境间的关系等。然后在此基础上利用系统的步骤和方法查明对项目可能形成风险的诸事项,在该过程中还要调查、了解并研究对项目以及项目所需资源形成潜在威胁的各种因素的作用范围。据此,风险识别分为三步:第一步是收集资料;第二步是风险形势估计;第三步是根据直接或间接症状将潜在风险识别出来。

(3)收集资料

收集的相关资料包括:

①项目产品或服务说明书。

②项目的前提、假设和制约因素。项目建议书、可行性研究报告、设计或其他文件都是在若干假设、前提和预测的基础上做出的,所以隐藏着风险。另外法律、法规和规章等因素也是项目的制约因素。

③可与本项目类比的先例

(4)风险形势估计

风险形势的估计就是要明确项目的目标、战术、战略以及实现项目目标的手段和资源,以确定项目及其环境的变数,还要明确项目的前提和假设。

(5)风险识别技术

①敏感性分析是初步识别风险因素的重要手段。

②专家调查法是以专家为索取信息的重要对象,各领域专家运用专业理论与丰富经验,找出各种潜在风险并对其后果做出分析与估计,优点是在缺乏足够统计数据和原始资料的情况下做出定量估计,缺点是易受心理因素影响。

③专家个人判断法是征求专家个人意见,使其最大限度发挥判断能力。

④头脑风暴法采用专家小组会议的形式进行,参加人数一般5～6人,大家在没有任何压力的前提下就某具体问题发表意见,该法适于探讨问题较单纯,目标较明确、单一的情况。若牵涉问题太多,应先分析和分解,再采用此法。

⑤德尔菲法以匿名方式通过几轮函询征求专家们的意见,再汇总整理每轮意见,作为参考发给专家,供其分析判断,提出新论证,直到意见一致为止。

⑥事故树分析法不仅能识别导致事故发生的风险因素,还能算出风险事故发生的概率。该法利用图解形式,将大事故分解为小事故,或对各种引起事故的原因分析,图形节点表示事件,连线表示事件间的关系,如同树枝越分越多。事故树分析实质是对引起风险的各种因素分层次辨识。优点是形象直观地分析事故原因,缺点是对大系统分析易有遗漏和错误,如图7-1所示某隧道项目失败的事故树。

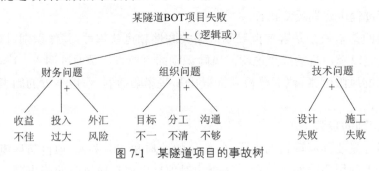

图7-1 某隧道项目的事故树

注:+表示逻辑或,即只要分枝事件有一个发生,该事件就会发生。

⑦幕景分析法是采用图表或曲线等形式描述影响项目的某种因素变化时,整个项目情况的变化及其后果。描述方法一类是对未来某种状态的描述;另一类是对一个发展过程的描述,即未来若干年某种连续变化的变化链。幕景分析法提醒决策者注意决策风险和后果,也可监视风险范围,便于研究某些关键性因素对未来过程的影响,当存在各种矛盾结果时,

便于决策者在几个幕景中选择。

⑧筛选—监测—诊断技术。筛选是依据某种程序将有潜在危险的影响因素分类和选择；监测是对某种险情及后果进行监测、记录和分析显示；诊断是根据症状或后果与可能的起因等关系进行评价和判断，找出起因并进行仔细检查。

具体循环顺序是监测—仔细检查—筛选—症候鉴别—诊断—疑因估计—监测。

⑨核对表。将自己或其他组织干过的相关项目曾经经历过的风险事件及其来源罗列开来，写成一张核对表，通过过去与现在项目的对照识别潜在风险。

⑩项目工作分解结构法是将项目分成各个单元，弄清楚各个单元的性质、它们之间的关系、项目同环境之间的关系等，然后识别风险。

其他分析方法如常识、经验和判断等等。

(6) 风险识别的结果

风险识别后，要把识别结果整理出来，写成书面文件，这些成果包括：

①风险来源表。

风险来源就是对项目有积极或消极影响的风险事件，风险来源表中要尽量列出所有风险，不管风险事件发生的频率和可能性、收益或损失、持续时间长短等等，都要列出，对于每种风险来源都要文字说明该来源产生的风险事件的可能后果、预期发生时间和次数估计。例如，不明确的费用估算、项目管理成员的轮换更迭、不完善的合同文件、难以琢磨的合作伙伴等。

②风险的主体、客体及其环境因素。

一是明确风险主体，它是风险分析直接保护的对象。在明确风险主体之后，要了解风险主体当前状况，以便于剖析风险因素。风险主体总体性能优良，它的风险就小一些；风险主体总体性能差，它的风险就大一些。

二是明确风险客体。只有明确了客体，才有可能透彻了解风险因素。

三是明确风险主体和客体的环境因素。环境因素是风险主、客体之外的因素包括政治、经济、自然、科学和文化环境等，常常会对风险因素产生很大影响，诱发风险事故产生。其他条件相同，如果环境恶劣，风险主体不能适应环境，则风险客体诱发风险主体产生风险事故的风险就大，反之亦然。

四是分析风险环境因素与风险主体、客体可能产生损害的各种联系方式。这些包括联系内容、联系时间、联系地点、联系条件等。

③风险的分类或分组。

风险识别后，应将风险分组或分类，这一是便于将来重点对那些危害大、突发性强、发生频繁、先兆明显的风险因素进行监视，对那些危害小、发生概率低的因素作一般观察；二是便于风险分析的其余步骤。例如，项目风险可分类为建设开发阶段风险，试生产风险、生产经营风险等。

④风险症状。

风险症状就是风险事件的各种外在表现。例如，项目管理班子的情绪低落，很可能预示着项目进度要拖延。

4. 风险估计

(1) 风险估计的含义

风险估计也称风险量化,即弄清风险发生的概率、风险概率分布情况以及估算风险后果。它以风险识别的结果和项目关系人的风险承受能力为依据。

风险估计分为主观估计和客观估计,客观估计是以历史数据和资料为依据,主观估计靠个人经验和判断,是估计者根据合理的判断和当时能搜集到的有限信息,以及过去长期的经验所估计的结果。

(2) 风险估计所使用的概率类型

风险估计的对象及其组成部分都是随机变量,服从某种概率分布,其数学期望和方差是风险估计的重要统计数据。风险概率的主要类型有:

① 主观概率。

主观概率是在一定条件下,根据长期积累的经验,对未来风险事件发生可能性大小的主观相信程度的度量。没有统计资料检验其正确性,与决策者的智慧、经验、胆识、个性密切相关,用于不确定性风险决策。

② 客观概率。

客观概率是根据资料统计分析某个事件出现的概率,分为先验概率(根据事件的历史资料)和后验概率(根据历史及现实资料),用于风险性决策。可以用样本分布直方图反映客观概率,纵坐标表示概率,横坐标表示风险事件发生的程度,根据该图拟合样本的概率分布、期望值和标准差等。例如在确定了样本分布与正态分布类似后,就可以计算样本方差和数学期望,确定分布的密度函数。

(3) 风险事件后果估计

风险后果就是风险事件可能带来的有形或无形价值损失,例如,因成本估计过低而造成的10万元损失就是有形的,而因损失使项目破产则是无形的。

风险事件的后果估计可以从三方面衡量:其一,损失性质:指损失是属于政治性的、经济性的、还是技术性的;其二,损失范围:指严重程度、变化幅度和分布情况,严重程度和变化幅度分别用损失的数学期望和方差表示,而分布情况是指各项目参与者的损失差异;其三,损失的时间分布:指风险事件是突发的(马上就能感受到的)还是随时间推移逐渐致损。

(4) 风险的收益与损失的效用

风险收益与损失就是风险事件的预期价值,是风险事件概率和风险后果价值的乘积。可以转换为决策者对于风险收益与损失的态度,即效用,后者指一件有形或无形的东西使个人欲望得到满足或失去的程度,个人给予这个东西的评价。效用函数即效用值 $u(x)$,是收益或损失大小 x 的函数,一般规定,决策者最愿意接受的收益对应效用为 1,最不愿意接受的损失对应效用为 0。

以横坐标表示收益或损失的大小、纵坐标表示效用函数值,可到效用曲线。据效用曲线可以将决策者分为保守型、中间型、冒险型三种类型。保守型决策者对待风险损失的态度特别敏感,损失稍微增加一点,则效用损失很大,对收益所抱的态度迟钝,收益增加很多,效用只增一点。冒险型相反,中间型居中。例如,盈利丰厚的公司,更愿冒险,愿意花费50万元提出一份10亿元的合同建议,而勉强维持经营的公司则不会,同样15%可能性的超支估算,对于甲单位可能是高风险,而对于乙单位可能就是低风险。

效用还可用无差异曲线表示,若投资者认为增加的预期收益率恰能补偿增加的风险(即方差),则项目 i 与 j 的满意度无差异。任意给定若干项目,根据投资者对风险的态度,按预期收益率 $E(R)$ 对风险 $\delta(R)$ 补偿的要求,可以得到一系列满意度相同的项目组合。这条曲线为该投资者的无差异曲线(indifference curve),该投资者所有无差异曲线形成无差异曲线族(图7-2)。

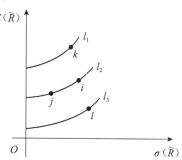

图7-2 投资者的无差异曲线族

无差异曲线正斜率而且下凸的,即项目投资者都偏好收益而厌恶风险。图7-3a)、b)、c)分别展示了高风险厌恶者、中等风险厌恶者、轻微风险厌恶者的无差异曲线族。越陡的无差异曲线族,表明投资者越厌恶风险。

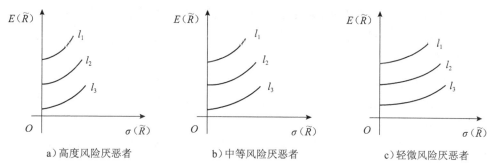

a) 高度风险厌恶者　　　　b) 中等风险厌恶者　　　　c) 轻微风险厌恶者

图7-3 不同风险偏好项目投资者的无差异曲线族

5. 风险决策

(1) 风险决策的含义

风险决策是根据几种不同自然状态可能发生的概率进行决策,采取具体的应对措施。投资者通过估计各种方案存在的风险程度,以及在承担风险中所付出的代价与所得收益之间做出慎重的权衡,以便采取应对措施。

风险决策是风险估计的成果,风险决策清单就是列出可能发生的风险以及应采取的措施,并把已决定接受或不予考虑的风险来源和风险事件记载下来。

(2) 风险决策的特点

① 具有决策者期望达到的一个或一个以上明确的决策目标。

② 存在着不以投资者主观意志为转移的两种以上的自然状态。

③ 根据不同自然状态,决策者可主动选择的两个以上的行动方案。

④ 不同行动方案在不同状态下的损益值可以具体计算出来。

⑤ 决策者可以根据有关资料事先估计各种自然状态出现的概率。

根据风险决策特点,在决策时至少应该考虑四个因素:决策方案、自然状态、各自然状态出现的概率及各方案在各自然状态下的损益值。

6. 风险管理工具

（1）主要的风险管理工具

①回避。当风险估计的结果表明风险太大时，就应该主动地放弃项目，或设法消除造成损失的根源。

②控制，分为减轻、自留和分散。减轻即降低风险出现的可能性，例如，利用成熟技术将减少产品无法生产出来的可能性。自留即主动承担风险事件的后果，如在风险事件发生时实施经济计划，或被动地接受。分散即设法让项目各有关甚至无关的单位或个人共同承担风险，例如要求承包单位提交履约保证书等。风险控制可以降低风险发生的可能性和风险发生后的损失程度。

③转移。即将风险转移到项目以外的某些实体上，如向保险公司投保。

（2）落实风险管理工具

落实风险管理工具，一是要制定风险管理计划，应包括在项目各阶段用于管理风险的各种措施；二是将风险管理工具落实到项目管理过程中；三是制定应急计划，风险事件的发生往往出乎意料或后果比预期严重，因此制定应急计划可以防患于未然；四是在项目计划中为减轻费用或进度风险而做出后备措施；五是合同协议，即为减轻或避免损失而签订保险、服务或其他必要的协议。

（3）风险各阶段管理

风险各阶段管理即在风险渐进过程中，设法分析、观察和预测，并采取相应措施对风险及其后果管理和控制。

①在潜在风险阶段，可以通过预先采取措施对风险的进程和后果进行控制和管理，也称为风险规避方法。

②在风险发生阶段，可以采取风险转化与化解的方法对风险及其后果进行控制和管理，也称为风险化解方法。

③在风险造成后果阶段的管理，可以采取消减风险后果的措施去降低由于风险的发生和发展造成的损失。

7. 风险评价

（1）含义

风险评价是风险分析的结论，是按一定的项目风险判别标准，找到影响项目成败的关键性风险因素，并判断哪些风险是可接受风险、哪些做法会使项目遭受风险、这样的做法是否能接受、是否有别的做法可以避免。

风险评价方法分两类，一类属于规范决策方法，能给出方案选择的规则并选出最佳方案；一类则检验各种风险因素对指标的影响，例如，统计量法就属此类，它是先计算出目标概率分布的统计量，再参考其他技术评价方法得出最后结论，常用统计量包括均值、方差、变异系数等。

（2）风险评价的目的

①对项目组的风险进行比较评价，确定它的先后次序。

②要从项目整体出发弄清各风险事件之间确切的因果关系。

③考虑各种不同风险间相互转化的条件,研究如何化威胁为机会。
④量化已识别风险发生的概率和后果,减少概率和后果估计的不确定性。

(3) 风险评价的步骤

第一步:确定风险评价基准

风险评价基准就是项目主体针对每一种风险后果确定的可接受水平。单个风险和整体风险都要确定评价基准,风险的可接受水平或相对或绝对。

第二步:综合个别风险,确定项目整体风险水平。

第三步:单个风险与单个评价基准、整体风险水平与整体风险评价基准对比,看一看项目风险是否在可接受的范围之内,进而确定项目是否进行。

(4) 风险评价标准

项目风险大小的评价标准,应根据风险因素发生的可能性及其造成的损失确定,一般采用评价指标的概率分布、期望值、标准差作为判别标准,也可以采用综合风险等级作为判别标准。

采用概率分布等作为判别标准:项目净现值≥0(或内部收益率≥基准收益率)的累计概率值越大,风险越小,标准差越小,风险越小。

采用综合风险等级作为判别标准:根据风险因素发生的可能性及其造成损失的程度建立等级矩阵,将综合风险分为 K、M、T、R、I 级(表 7-1)。

综合风险等级分类表　　　　　　　　　　　　　表 7-1

综合风险等级		风险影响的程度			
		严重	较大	适度	轻微
风险的可能性	高	K	M	R	R
	较高	M	M	R	R
	适度	T	T	R	I
	低	T	T	TR	I

7.1.2 工程项目的投资与融资风险

1. 工程项目投融资风险的概念

投融资风险是指投资和融资在获得预期收益过程中存在时间、通胀和未来支付的不确定性而导致预期收益与实际后果之间发生差异的可能。

工程项目投融资风险是指在项目投融资过程中,由于项目所处环境和条件的不确定性、项目投融资当事人主观上不能准确预见或控制的因素影响,使项目最终结果与项目预期收益产生背离,并给投资融资当事人带来损失的可能性。

2. 工程项目投融资风险产生的原因

工程项目的实现过程是一次性复杂并涉及许多关系的过程,存在大量不确定性事件,工程项目投融资风险主要是由于这些不确定性事件造成的,而不确定性事件是由于信息不完备造成的,即使通过努力也无法完全消除,其原因是:

①有限理性:人们只能通过对项目的各种描述数据和信息去了解项目、认识项目并预见

项目未来发展和变化,但由于他们认识事物深度和广度的能力有限,所以不能确切预见项目未来,从而形成项目风险。

②信息滞后:由于数据加工处理需要时间,任何一个事物的信息会比该事物本身滞后,形成信息的滞后性,所以完全确定性的事件是不存在的,工程项目更是如此,这是造成工程项目风险的根本原因。

3. 工程项目投融资风险的特点

①不确定性:项目投融资风险具有不确定性,而项目的一次性使其不确定性要比其他经济活动大得多,所以项目投融资风险的可预测性就差得多。

②相对性:人们承受风险的能力不同,认识的深度和广度不同,项目的收益大小不同,投入资源的多少不同,项目主体的地位高低以及拥有资源的多少不同等,造成项目投融资风险的大小和后果也不同。

③渐进性:当项目的外部条件逐步发生变化时,项目投融资风险的大小和性质也会发生变化。

④阶段性:项目投融资风险因潜在风险阶段、风险发生阶段和造成后果阶段的不同而不同。

⑤复杂性:对于项目各组成部分之间的复杂关系,任何人都不可能了如指掌,这就决定了项目投融资风险也具有复杂性。

⑥非线性:项目各部分非线性相关,项目投融资风险也有非线性特点。

⑦动态性:项目内外部条件或渐变或突变,项目投融资风险的性质和后果都会随之发生变化,所以,项目投融资风险具有动态性。

4. 项目投融资风险分析与评价的意义

首先,通过对工程项目投资方案的风险与收益衡量,可以估计预期收益,评价项目是否可行,并能确定项目的最优方案。

其次,有助于提高投资决策的可靠性,提高投资项目的风险防范能力。

5. 项目投融资风险分析和评价与可行性研究的区别

(1) 项目投融资风险分析与可行性研究的区别

项目可行性研究与项目投融资风险分析的出发点不同,对项目风险分析的详细程度不同。项目可行性研究是从项目投资者角度分析其是否在项目周期内获得预期效益。项目投融资风险分析是在可行性研究的基础上,按项目投融资的特点和要求,详细分类研究项目风险,为减少或分散投融资风险提供具体依据。

项目投资者常误认为项目技术可行即投融资可行,但实际上两者相差较大。例如,项目融资中的贷款银行不是项目投资者,不能从项目投资中获得红利,它们更关心项目的偿债能力,重点分析项目出现坏的前景的可能性。

(2) 项目投融资风险评价与可行性研究的区别

项目投融资风险评价就是根据一定标准判定项目风险对于投融资影响的经济强度,这包括设定判定标准、判断各种风险因素对项目投融资的影响程度。

所以,尽管项目投融资风险评价与可行性研究都涉及净现金流量模型分析,但后者侧重投资风险评价,关心项目风险对投资者收益的影响程度,而非前者关心的项目风险对投资者收益、偿债能力、投融资结构设计的影响。

7.1.3 工程项目投资与融资风险的管理

工程项目的投融资风险管理是在工程项目投融资风险分析基础上合理地使用多种管理方法和技术手段对项目活动涉及的风险有效控制,采取主动行动,创造条件,尽量扩大风险事件的有利结果,妥善地处理风险事故造成的不利后果,以保证用最小成本安全可靠地实现项目目标。

1. 按照项目的阶段划分风险及相应的风险管理

根据项目发展的时间顺序,项目风险分为:项目决策阶段风险、项目建设开发阶段风险、项目试生产阶段风险、项目生产经营阶段风险,在每一阶段中的项目风险都有不同特点,要采取相应的风险管理。

(1)项目决策阶段风险

项目决策阶段的风险是项目建设前的项目规划、可行性研究与项目评价、工程设计和审批阶段出现的风险,该风险一般由项目投资者承担。

项目决策阶段风险的表现:

①在投资项目评价中采用的各种数据与实际值发生偏差,使项目未能按成本预算/预测/估计/标价完成的风险,这些数据包括项目总投资、建设期、年销售收入、年经营成本、设备残值、资本利率、税率、物价、工艺技术、生产能力、政府政策变化等,造成风险的原因,主观上是由于原始统计误差、统计样本点的不足、预测模型不适当的简化等,客观上是由于环境因素变化影响项目实施效果,例如,不可预见的社会变革、技术进步引起的新旧产品及工艺的替代、经济政策变化、未预料到的人工费和材料价上涨、未能产生预期收益、未能在业主预算范围内完成项目、未预料的索赔等。

②项目未能在规定时间内完成总体规划、详细规划,或未能按有关法规获得批准的风险。

相应的风险管理是:在可行性研究阶段,有许多未知的不确定因素,项目变动的灵活性最大,要采取定性和定量方法进行风险分析,把风险处理考虑到项目计划中,并让投资者知道实现项目目标的可能性。在项目审批阶段,投资者通过风险分析了解项目风险,检查是否采取了所有可能步骤减少和控制这些风险。

(2)项目建设开发阶段风险

项目建设开发阶段风险的表现:

①由于不可控或不可预见因素造成购买工程用地、设备和支付工程款的风险,以及建设延期利息支付和建设成本超预算的风险。

②因为工程、设计和技术方面的缺陷及不可预见因素,使项目达不到设计规定的技术经济标准的风险;或因土地、建筑材料、原材料、燃料、运输、劳动和管理人员、可靠承包商的可获得性,及现场操作事故、未预料的不利地质条件、异常恶劣气候等不可抗力等导致项目延误甚至停工放弃的风险。

项目建设开发阶段的风险是工程投资融的最大风险(图7-4),该风险造成项目建设成本超额、贷款利息增加、现金流量不能按计划获得。根据已有统计资料,各国均有大量项目不能按规定时间或预算建成投产。

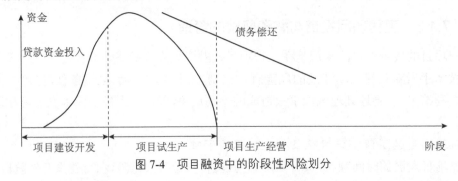

图 7-4 项目融资中的阶段性风险划分

相应的风险管理是在招投标阶段,承包商可以通过风险分析明确承包中的所有风险,有助于确定应付风险的预备费数额,或核查项目受风险威胁的程度,招标后,项目投资者通过风险分析可以查明承包商是否已认识到项目可能遇到的风险,是否能按合同要求如期完成项目。

在项目实施阶段,既需要提供有力的信用保证,也需要定期风险分析,切实进行风险管理可以增加项目按照预算和进度计划完成的可能性。利用不同形式的工程建设合同可以影响项目建设期的风险变化,有可能将部分项目建设开发阶段风险转移给工程承包合同。这类合同的一个极端形式是固定价格固定工期的"交钥匙"合同,项目建设的控制权和建设开发阶段风险全部由工程承包公司承担;另一个极端形式是"实报实销"合同,项目建设的控制权和建设开发阶段风险全部由项目投资者承担;实际运作中,在两个极端之间选择合理的合同形式。

(3) 项目试生产阶段风险

项目试生产阶段的风险是项目试生产不能达到运营的技术经济标准的风险,包括未能在规定期限达到或维持标准、未能达到质量、功能、使用、安全及环境保护的技术标准,未能在一定期限内达到预期最低现金流量水平等等。例如,若不能按原成本计划生产质量合格的产品,意味着现金流量分析和预测是错的,项目不能产生足额现金流量以支付费用、偿还债务和保证投资收益。

此阶段风险管理要引入"商业完工"概念,即要求项目产品的产量、质量、原材料、能源消耗定额、时间下限及其他一些技术经济指标达到融资文件的具体规定时,贷款银行才认定为正式完工。项目公司常采用不同形式的项目建设承包合同,如"交钥匙"合同等对完工风险管理。贷款银行则要项目公司提供无条件完工担保合同、债务承购保证、技术(商业)完工标准保证、完成保证基金、最佳努力承诺、甚至聘请项目管理代表、项目监理监督项目建设等等。

(4) 项目生产经营阶段风险

项目生产经营阶段的风险直接关系到项目能否按预定计划正常运转,是否具备足额现金流量支付生产费用和偿还债务,并为项目投资者提供理想收益。

项目的生产经营阶段是项目投融资风险阶段的分水岭。从融资角度看,贷款银行的项目风险随债务偿还逐步降低,融资结构基本上依赖项目现金流量和资产,成为一种"无追索"结构。从投资角度看,投资风险主要表现为因技术、资源储量、能源、原材料供应、经营管理、市场、政治、法律、环境及其他一些不可预见的因素等产生的风险,如技术风险、资源风险、能源与原材料供应风险、经营管理风险、市场风险、政治风险、法律风险、环境风险等等。

2. 按照项目风险的表现形式划分及相应的风险管理

(1) 信用风险

工程项目资金大部分是通过融资获得的,融资要涉及多个出资方,如果任何一方不能履行协定的付款义务,就有可能导致项目延期或中途放弃。有限追索的项目融资是依靠有效的信用保证结构支撑的,组成信用保证结构的项目参与者是否愿意且能够按合同规定在资金需要时履行所承担的对融资的信用保证责任,就构成项目融资所面临的信用风险。

即使对借款人、项目发起人有一定的追索权,贷款人也会评估项目参与方的信用、业绩和管理技术,而项目发起人也会同样关心项目参与方的可靠性和信用,所以,信用风险贯穿于工程项目投资的各个阶段。

常用的信用风险评价指标有:借款人和担保人是否有担保或现金缺额补偿协议;承包商是否有一定的担保来保证因未能履约造成的损失;项目发起人是否提供了股权资本或其他形式的支持;在项目生产经营阶段,产品购买者、原材料供应者以及其他参与者的资信状况、技术和资金能力,项目参与者(项目投资者、工程公司、产品购买者、原材料供应者等)以往的表现和管理水平等等。

(2) 完工风险

项目完工风险是指项目竣工延期甚至停工、项目建设成本超支、项目完工后达不到设计规定的技术经济指标。

对贷款银行和投资者来说,完工风险意味着利息支出的增加、贷款偿还期的延长和市场机会的错过。贷款银行会要求投资者利用不同形式的项目建设承包合同、完工担保合同或商业完工标准来应对完工风险,并按商业完工标准检验项目是否达到完工条件,而不把项目建设结束作为完工标志。所以完工风险通常要求由项目投资者全部或大部分承担下来。

(3) 生产风险

项目生产风险是在试生产阶段和生产经营阶段存在的技术、资源储量、能源和原材料供应、生产经营、劳动力状况等风险因素的总称,是项目投融资的另一个主要风险。直接关系到项目能否按预定计划正常运转,是否具有足够的现金流量支付生产费用和偿还债务。贷款银行愿意更多地依靠项目现金流量作为偿还债务的主要来源,即贷款银行与项目投资者共同分担了一部分生产风险。

项目生产风险的主要表现形式有以下几种。

①技术风险。银行原则上只愿意为采用市场成熟生产技术或有较强技术保证的先进生产技术的项目安排有限追索性质的项目融资。因为这样能够降低技术风险,而操作工艺低劣或无技术保证的新工艺则会提高技术风险。

②资源风险。足够的资源覆盖率(即可采资源总储量/计划开采资源量)和最低资源储量担保也能降低资源风险,尤其对资源消耗型项目,贷款银行要求项目可供开采的已证实资源总储量与项目融资期间内所计划采掘或消耗的资源量之比应在 2 以上。

③能源和原材料供应风险。长期能源和原材料供应协议或将能源和原材料供应价格与

项目产出品价格直接挂钩（即能源和原材料价格指数化）都能够减少能源和原材料供应风险。

④经营管理风险。用来评价项目投资者对所开发项目的经营管理能力，表现在：第一，项目经营者在同一领域的工作经验和资信；第二，如果项目经理是项目最大投资者之一（40%以上），对于项目有很大帮助；第三，项目经理所建立的强有力的项目管理系统，有助于对所开发项目的有效工期控制、质量控制、成本控制、生产效率提升和建立激励机制控制等等，这些都能降低经营管理风险。

（4）市场风险

市场风险是因项目产品销售量和价格的不确定性引起的风险，包括价格风险、竞争风险和需求风险，这三种风险相互联系，相互影响。比如，工程项目所需的原材料价格上涨，在所筹资金一定的情况下，项目质量和数量很难维持在之前所计划的水平，另一方面由成本推动的项目产品价格上涨会抑制市场需求，不利于最终市场价值的实现，即资金难以回笼，这样贷款将无法按期偿还。

降低项目的市场风险要求项目必须具有长期的产品销售协议，协议买方或是项目投资者，或是对项目产品有兴趣且具有一定资信的第三方，它们承担了间接的财务保证义务，例如"无论提货与否均需付款"和"提货与付款"合同。

长期产品销售协议的期限要求与融资期限一致。销售量也要求是该时期项目所生产的大部分产品，销售价格根据产品性质分为浮动定价和固定定价。

浮动定价主要用于国际市场价格透明的国际大宗交易商品，例如，有色金属、贵金属、石油、铁矿砂、煤炭等。价格公式以市场公认价格为基础，按项目具体情况加以调整，价格公式在合同期间保持不变。贷款银行对其市场风险的估价较为清楚，但会为产品价格设最低限，当市场价格低于最低限时，合同买方才被要求以最低价格购买产品，此安排将一部分市场风险转移给了贷款银行。

固定价格是在谈判长期销售协议时确定的，并在整个协议期间按某一项事先规定的价格指数或几个价格指数，加以调整的定价方式。主要用于以国内市场为依托的项目，如发电站、以发电站为市场的煤矿、港口码头、石油天然气运输管道、公路、桥梁等。这些项目产品的定价主要参照国家或项目所在地区的通货膨胀指数、工业部门价格指数、劳动工资指数等。

此外，政府部门的信用支持也可降低市场风险。

（5）金融风险

因市场利率、汇率和金融管制的变化引起的项目收益风险称为金融风险。主要包括利率风险和汇率风险。

利率风险是由于利率变动直接或间接造成项目价值降低或收益受到损失的风险。如果采用浮动利率，一旦利率上升，资金占用成本就会提高；如果采用固定利率，一旦利率下降，项目机会成本就会提高。

汇率风险表现为：东道国货币的自由兑换、经营收益的自由汇出以及汇率波动所造成的货币贬值问题。汇率风险是项目融资各方都关心的问题。

金融风险的根源是筹资难，我国多数建筑企业，盈利能力有限，内部自留资金比率不高，而债券发行又受制于国家所限定的规模，如《企业债券管理条例》规定："企业债券利率不得高于同期限储蓄存款利率的 40%",导致企业无法根据环境和自身需要决定融资行为。另一方面,由于我国证券市场发展不完善,市场容量有限,股票发行也严重受阻。建筑企业的融资途径过窄,中长期贷款受到抑制,利率及汇率波幅过大,加大了金融风险。

金融风险的管理包括利率、汇率风险管理。例如,汇率风险管理措施有:将货币通过经营管理和适当的协议分散给其他参与方、与项目所在国中央银行达成自由兑换的承诺协议、利用掉期交易对冲(即用项目的现金流量交换与项目无关的另一种现金流量)、利用期货交易套期保值、利用期权交易回避风险等。

(6)政治风险

当项目运作很大程度上依赖于政府特许经营权、税收政策、价格政策、外汇政策等因素时,就会产生政治风险。项目政治风险表现在:项目所在国政治环境变化导致项目失败,项目信用结构改变,项目债务偿还能力改变等。

项目政治风险分为:

①国家风险,即项目所在国政府由于某种政治原因或外资政策原因,对项目实行征用、没收,或对项目产品实行禁运、联合抵制、中止债务偿还的潜在可能性;

②国家政治法律稳定性风险,即项目所在国的外汇政策、法律制度、税收制度、劳资关系、环境保护、资源主权等与项目有关的敏感性问题的立法是否健全,管理是否完善、是否经常变动等。

通过政治风险保险,如商业保险、政府保险,或寻求东道国政府、央行、出口信贷机构、税务部门等有关政府机构书面保证等可降低国家风险。聘请律师、与东道国政府签署相互担保协议,如进口限制协议、开发协议等可防范法律风险。

(7)环境保护风险

随着人类环保意识增强,环境保护方面的立法也越来越严。环保立法的发展趋势迫使项目投资者及经营者为适应环保要求而改善项目生产环境,甚至迫使项目无法继续生存。对于项目融资的贷款银行,环境保护风险不仅表现在由于增加生产成本或资本投入而造成项目经济强度降低甚至丧失,而且表现在一旦项目投资者无法偿还债务,贷款银行取得项目所有权和经营权后也同样承担环境保护压力和责任,甚至还要承担由于环保而导致项目价值降低的风险。

由于环境保护问题所造成的项目成本增加,首先,表现在对所造成的环境污染罚款以及为改善环保被迫进行的资本投入。其次,还要考虑为满足更严格的环境保护要求所增加的环境评价费用、保护费用以及其他一些成本。在项目融资中,环境保护风险通常要求项目投资者或借款人承担,因为投资者对项目技术条件和生产条件的了解比贷款银行更充分,并且环境保护问题也通常被列为贷款银行对项目进行经常性监督的一项重要内容。

事前熟悉相关环保法规、考虑未来环保管制、拟定环保计划、充分估计并监督环境保护风险的变化等能够降低环境保护风险。

3. 按照项目经济评价涉及的风险因素来源划分及其管理

(1)项目经济评价中的风险因素

按项目经济评价,影响项目实现预期经济目标的风险因素源于法律法规及政策、市场供需、资源开发与利用、技术可靠性、工程方案、融资方案、组织管理、环境与社会、外部配套条件等。影响项目效益的风险因素归纳如下所列。

①项目收益风险：产出品数量（服务量）与预测（财务与经济）价格；

②建设风险：建筑安装工程量、设备选型与数量、土地征用和拆迁安置费、人工、材料价格、机械使用费及取费标准等；

③融资风险：资金来源、供应量与供应时间等；

④建设工期风险：工期延长；

⑤运营成本费用风险：投入的各种原料、材料、燃料、动力的需求量与预测价格、劳动力工资、各种管理费取费标准等；

⑥政策风险：税率、利率、汇率及通货膨胀率等。

（2）项目经济评价中的风险管理措施

①风险管理原则具有针对性、可行性、经济性，贯穿于经济评价全过程。

②措施：多方案比选；研究潜在风险因素；对投资估算与财务（经济）分析，应留有余地；对建设或经营期潜在风险采取回避、转移、分担和自担措施。

③结合综合风险因素等级的分析结果，提出下列风险管理方案。

K级：风险很强，出现这类风险就要放弃项目；

M级：风险强，修正拟议中的方案，通过改变设计或采取补偿措施等；

T级：风险较强，设定指标临界值，达到临界就变更设计或采取补偿措施；

R级：风险适度，适当采取措施后不影响项目；

I级：风险弱，可忽略。

4. 按照项目投入要素划分

（1）人员风险

包括人员来源的可靠性，技术熟练程度，流动性；生产效率；劳动保护立法与实施；管理素质、技术水平、市场销售能力；质量控制；对市场信息的敏感性与反应灵活程度；公司内部政策，工作关系协调等。

例如，选择优秀的设计、施工、监理队伍可以根据项目的特点，合理安排工期，以保证工程进度和工程质量，减少工程设计风险和工程施工风险。

（2）时间风险

包括生产计划及执行；决策程序与时间；原材料运输与供应；购买项目土地与设备延期的可能性；建设延期的可能性；达到设计水平的时间；生产效率等。

（3）资金风险

包括产品销售价格及变化；汇率变化；通胀因素；项目产品购买者与项目设备使用者的信用；年度项目资本开支预算；现金流量；保险；原材料及人工成本；融资成本及变化；税收即可利用的税务优惠；管理费用和项目生产运行成本；土地价值；项目破产以及破产有关的法律规定等。

（4）技术风险

包括综合项目技术评价；设备可靠性及生产效率；产品设计或生产标准等。

（5）其他风险

包括产品需求、产品替代可能性、市场竞争能力；投资环境；环境保护立法；项目法律结构与融资结构；知识产权；自然环境；其他不可抗拒因素等。

5. 按项目风险的可控制性划分及其风险管理

（1）项目的核心风险

项目的核心风险是指与项目建设和生产经营管理直接有关的风险，包括完工风险、生产风险、技术风险和部分市场风险等。这类风险是项目投资者在项目建设或生产经营过程中无法避免而且必须承担的风险，同时也是投资者能够控制和管理的风险，因此，项目的核心风险又称可控制风险。

（2）项目的环境风险

项目的环境风险是指项目生产经营由于受到超出企业控制范围的经济环境变化影响而受到损失的风险，包括项目金融风险、部分市场风险、政治风险等。企业无法控制这类风险，甚至无法准确预测，也被称为项目不可控制风险。

对贷款银行来说，项目核心风险会以各种合同契约形式转移给项目投资者或其他参与者；而项目环境风险则由贷款银行和项目投资者共同管理和控制。

6. 按照影响项目的范围划分及其风险管理

（1）系统性风险

系统性风险是指项目预期收益对整体项目市场要素变化的敏感程度，它不能通过增加不同类型的项目投资数目而排除，因为造成这种风险的要素将会影响到整体项目市场的运动。例如，政府的经济政策调整、经济衰退、长期资本市场利率激增等。前述的项目环境风险属于项目系统性风险范畴。

（2）非系统性风险

非系统性风险是针对某项目的特有风险。例如，某项目运营所需要的特殊原材料无法进口而使项目停产。风险管理措施：一是进行风险合理分配，明确由最能控制风险的一方承担风险；二是根据项目的不同情况采取不同的合同形式，如总包合同、单价合同、成本加酬金合同等；此外通过多样化、分散化的项目投资战略也可以避免或降低风险。前述的项目核心风险属于非系统性风险范畴。

7. 根据工程项目风险的预警特性分类

（1）无预警信息项目风险

无预警信息风险是没有任何预警信息而突发的风险，很难提前识别和跟踪，只能在风险发生时采取事中控制，并采取事后控制削减风险后果。

（2）有预警信息项目风险

多数工程项目风险是有预警信息风险，表现为风险的渐进性和阶段性，渐进性是这类风险是随环境、条件变化和自身规律逐渐形成的。

8. 按照参与者划分

按项目参与者分为业主风险、银行风险、承包商风险、咨询工程师风险等。

承包商风险包括决策失误风险和履约风险，前者包括拟建工程信息失误或失真、参与不成熟的项目投标、投标报价失误等引起的风险,履约风险包括合同条款遗漏、条款描述不准确或不平等、工期延误或成本失控、施工失误索赔、合同管理/物资管理/财务管理失误等引起的风险。

咨询工程师风险包括职业责任风险、来自业主的风险、来自承包商的风险。其中,职业责任风险包括勘察或设计错误或不完善、投资估算或概算不准确、自身能力不足以处理工程施工中各种繁杂事务等引起的风险;来自业主的风险是业主过分追求高标准、低投资,决策不严肃而将可行性研究变成可批性研究,业主投资能力不足、管理乏力又盲目干预咨询工程师工作等引起的风险;来自承包商的风险是承包商低价承包项目或承包商无力履约而弄虚作假等引起的风险。

项目风险的分类见表7-2。

项目风险的分类　　　　　　　　　　　　　表7-2

项目风险划分方法	项目风险分类
按照阶段划分	项目决策阶段风险、项目建设开发阶段风险、项目试生产阶段风险、项目生产经营阶段风险
按照表现形式划分	信用风险、完工风险、生产风险、市场风险、金融风险、政治风险、环境保护风险
按照投入要素划分	人员风险、时间风险、资金风险、技术风险、其他风险
按照可控性划分	项目核心风险、项目环境风险
按照影响范围划分	系统性风险、非系统性风险
按照预警特性划分	无预警信息风险、有预警信息风险
按照参与者划分	投资业主风险、贷款银行风险、承包商的风险、咨询工程师风险等

7.1.4　案例分析:中国PPP项目失败案例的风险因素与风险管理

选取自20世纪80年代以来在中国实施的PPP项目中16个失败的案例,表7-3显示这些项目及其出现的问题。这些项目涉及高速公路、桥梁、隧道、供水、污水处理和电厂等领域,基本涵盖了我国实行PPP模式的主流领域。

16个PPP项目失败的案例情况　　　　　　　　表7-3

案例编号	项目名称	出现的问题
1	江苏某污水处理厂	2002—2003年谈判延误、融资失败
2	长春汇津污水处理	2005年政府回购
3	上海大场水厂	2004年政府回购
4	北京第十水厂	Anglian从该项目退出
5	湖南某电厂	没收保函,项目彻底失败
6	天津双港垃圾焚烧发电厂	政府所承诺补贴数量没有明确定义
7	青岛威立雅污水处理项目	重新谈判
8	杭州湾跨海大桥	出现竞争性项目
9	鑫远闽江四桥	2004年走上仲裁
10	山东中华发电项目	2002年开始收费降低,收益减少

续上表

案例编号	项目名称	出现的问题
11	廉江中法供水厂	1999年开始闲置至今,谈判无果
12	福建泉州刺桐大桥	出现竞争性项目,运营困难
13	汤逊湖污水处理厂	2004年整体移交
14	延安东路隧道	2002年政府回购
15	沈阳第九水厂	2002年变更合同
16	北京京通公路	运营初期收益不足

1. PPP项目失败的风险

表7-3表明16个失败案例的原因,表7-4表明每个项目的风险组合。

(1) 法律变更风险

主要指由于采纳、颁布、修订、重新诠释法律或规定而导致项目合法性、市场需求、产品服务收费、合同协议的有效性等因素发生变化,从而对项目正常建设和运营带来损害,甚至直接导致项目中止和失败的风险。PPP项目涉及的法律法规较多,加之我国PPP项目还在起步阶段,相应的法律法规不健全,极易出现法律变更风险。例如,江苏某污水处理厂采用BOT融资模式,原计划于2002年开工,但因2002年9月国务院办公厅颁布《关于妥善处理现有保证外方投资固定回报项目有关问题的通知》,项目公司被迫与政府重新谈判投资回报率。上海的大场水厂和延安东路隧道也遇到同样问题,均被政府回购。

(2) 审批延误风险

主要指由于项目审批程序过于复杂,花费时间过长和成本过高,并且批准后,对项目的性质和规模进行必要的商业调整非常困难,给项目正常运作带来威胁。比如某些行业一直成本价格倒挂,外资或民营资本进入后,都要提价以实现预期收益。但我国《价格法》和《政府价格决策听证办法》规定,公用事业价格等政府指导价、政府定价都要通过听证会,在征求消费者、经营者和有关方面的意见后,才能提价,这一复杂过程很容易因公众阻力造成审批延误。例如,城市供水业涨价虽势在必行,但各地提价均出现审批延误问题。例如,2003年南京水价上涨方案听证会未获通过;上海人大代表也提出反对水价上涨提案,造成上海水价改革措施无法落实,很多外资水务公司撤出中国市场,诸如泰晤士水务出售了大场水厂股份,Anglian从北京第十水厂项目中撤出。

(3) 政府决策失误/冗长风险

主要指由于政府决策程序不规范、官僚作风、缺乏PPP运作经验和能力、前期准备不足和信息不对称等造成项目决策失误和过程冗长。例如青岛威立雅污水处理项目由于当地政府对PPP的理解和认识有限,政府对项目态度的频繁转变导致项目合同谈判时间很长。而且污水处理价格是在政府对市场价格和成本结构不了解的情况下签订的,价格较高,后来政府了解后又重新要求谈判降低价格。此项目中,项目公司利用政府知识缺陷和错误决策签订了不平等协议,从而引起后续谈判拖延,面临政府决策冗长的困境。相类似的,在大场水厂、北京第十水厂和廉江中法供水厂项目中也存在同样问题。

(4) 政府反对风险

主要指由于各种原因导致公众利益得不到保护或受损,从而引起政府甚至公众反对项目建设所造成的风险。例如大场水厂和北京第十水厂的水价问题,由于关系到公众利益而遭到阻力,政府为维护社会稳定也反对涨价。

(5) 政府信用风险

主要指政府不履行或拒绝履行合同约定的责任和义务而给项目带来直接或间接的损失。例如,在长春汇津污水处理厂项目中,汇津公司与长春市排水公司于 2000 年 3 月签署《合作企业合同》,设立长春汇津污水处理有限公司,同年长春市政府制定《长春汇津污水处理专营管理办法》。2000 年底,项目投产后合作运行正常。然而,从 2002 年年中开始,排水公司开始拖欠合作公司污水处理费,长春市政府于 2003 年 2 月 28 日废止了该管理办法,2003 年 3 月起,排水公司开始停止向合作企业支付任何污水处理费。经过近两年的法律纠纷,2005 年 8 月最终以长春市政府回购而结束。

再如在廉江中法供水厂项目中,双方签订 30 年期《合作经营廉江中法供水有限公司合同》,合同中有几个关键问题:一是水量问题。合同约定廉江自来水公司在水厂投产的第一年每日购水量不少于 6 万 m^3 且不断递增。而当年廉江市水消耗量约 2 万 m^3,巨大的量差使合同履行失去了现实可能性。二是水价问题。合同规定起始水价 1.25 元人民币,水价随物价指数、银行汇率提高而递增,而廉江市每立方米水均价 1.20 元,自 1999 年 5 月 1 日执行至今未变。脱离实际的合同使廉江市政府和自来水公司不可能履行合同义务,该水厂被迫闲置,谈判结果至今未有定论。此外,江苏某污水处理厂、长春汇津污水处理和湖南某电厂等项目都遇到了政府信用风险问题。

(6) 不可抗力风险

主要指合同一方无法控制,在签订合同前无法合理防范,情况发生时,又无法回避或克服,如自然灾害或事故、战争、禁运等。例如,湖南某电厂于 20 世纪 90 年代中期由原国家计委批准立项,西方某跨国能源投资公司为中标人,湖南省政府与该公司签订了特许权协议,项目前期进展良好。但此时某些西方大国(包括中标公司所在国)轰炸我驻南联盟大使馆,国际政治形势突变,使得投标人遇到融资困境。项目公司未能在延长的融资期限内完成融资任务,省政府按特许权协议规定收回了项目,并没收了中标人的投标保函,之后也没有再重新招标,导致了项目彻底失败。在江苏某污水处理厂项目关于投资回报率的重新谈判中,也因遇到"非典"而中断了项目公司和政府的谈判。

(7) 融资风险

主要指由于融资结构不合理、金融市场不健全、融资的可及性等因素引起的风险,主要表现形式是资金筹措困难。PPP 项要求选定中标者后,政府与中标者先草签特许权协议,中标者凭草签协议在规定的融资期限内完成融资,特许权协议才正式生效。若在给定融资期内未能完成融资,将被取消资格并没收投标保证金。在湖南某电厂的项目中,发展商因没能完成融资而被没收了投标保函。

(8) 市场收益不足风险

主要指项目运营后的收益不能回收投资或达到预定收益。例如,天津双港垃圾焚烧发电厂项目中,市政府提供了许多激励措施,承诺若因规定原因导致项目收益不足将提供补贴,但没有定义补贴量,项目公司承担了收益不足风险。另外京通高速公路因相邻辅路不收费,导致较长时间内车流量不足,也出现了项目收益不足风险,杭州湾跨海大桥和福建泉州刺桐大桥项目也有类似问题。

(9) 项目唯一性风险

主要指政府或其他投资人新建或改建其他项目,导致对该项目形成实质性商业竞争而产生的风险。项目唯一性风险会带来市场需求变化风险、市场收益风险、信用风险等一系列后续风险。例如,杭州湾跨海大桥项目开工未满两年,相隔仅 50km 左右的绍兴市上虞沽渚的绍兴杭州湾大桥已在加紧准备中,其中原因是当地政府对桥的高资金回报率不满,致使项目面临唯一性风险和收益不足风险。再如鑫远闽江四桥项目,福州市政府承诺 9 年内从南面进出福州市的车辆全部通过收费站,如果因特殊情况不能保证收费时,政府出资回购经营权,并保证每年 18% 的补偿。但 2004 年 5 月 16 日,福州市二环路三期正式通车,大批车辆绕过闽江四桥收费站,公司收入急剧下降,而政府又不兑现回购经营权的承诺,只得仲裁解决,投资者遭遇了项目唯一性风险及其后续的市场收益不足风险和政府信用风险。福建泉州刺桐大桥、京通高速公路项目情况也遭遇此类风险。

(10) 配套设备服务提供风险

主要指项目相关的基础设施不到位引发的风险。例如,2001 年凯迪公司以 BOT 方式承建汤逊湖污水处理厂项目,建设期两年,经营期 20 年,期满后无偿移交给武汉高科(代表市国资委持有国有资产的产权)。但一期工程建成后,配套管网建设、排污费收取等问题不能解决,导致该厂被迫移交武汉市水务集团。

(11) 市场需求变化风险

主要指排除唯一性风险以外,由于宏观经济、社会环境、人口变化、法律法规调整等因素使市场预测与需求出现差异而产生的风险。例如,山东中华发电项目 1997 年启动,2004 年建成,期间电力体制改革严重影响了长期购电协议。第一是电价问题,1998 年根据原国家计委签署的谅解备忘录,中华发电在已建成的石横一期、二期电厂获准 0.41 元/(kW·h) 上网;而在 2002 年 10 月,菏泽电厂新机组投入运营时,山东省物价局批复价格是 0.32 元/(kW·h),不能满足项目正常运营;第二是合同规定的"最低购电量"也受到威胁,2003 年开始,山东省计委将中华发电与山东电力集团间的最低购电量 5500h 减为 5100h。在杭州湾跨海大桥、闽江四桥、刺桐大桥和京通高速等项目中也存在这一风险。

(12) 收费变更风险

主要指由于 PPP 产品或服务收费价格过高、过低或收费调整无弹性导致项目收益不如预期而产生的风险。例如,因电力体制改革和需求变化,山东中华发电项目电价从 0.41 元/(kW·h) 降为 0.32 元/(kW·h),使项目公司收益受到严重威胁。

(13) 腐败风险

主要指政府官员采用不合法的影响力索取非法财物,导致项目公司关系维持成本增加,也加大了政府违约风险。例如,香港汇津公司投资兴建沈阳第九水厂 BOT 项目,通过贿赂官员,约定投资回报率第 2~4 年达 18.50%;第 5~14 年更高达 21%;第 15~20 年

11%,为此沈阳自来水总公司要支付第九水厂水价 2.50 元/t,远高于正常水价 1.40 元/t。到 2000 年,自来水总公司已亏损 2 亿多元,且多年无法获得政府财政补贴,自来水总公司要求更改合同,经多轮艰苦谈判,最后决定由自来水总公司买回汇津公司第九水厂 50%股权,投资回报率降至 14%。变动后自来水总公司将少付两个多亿,业内誉之为"沈阳水务黑幕"。

综上所述,导致 PPP 项目失败的主要风险因素总结如表 7-4 所列。

导致 16 个 PPP 项目失败的主要风险因素   表 7-4

风险因素	1	2	3	4	5	6	7	8	9	10	11	12	13	14	15	16
法律变更	✓		✓											✓		
审批延误				✓												
决策失误/冗长					✓		✓				✓					
政府反对					✓											
政府信用	✓	✓				✓			✓	✓				✓		
不可抗力	✓				✓											
融资						✓										
市场收益不足						✓	✓					✓				✓
项目唯一性							✓	✓				✓				✓
配套设备服务提供													✓			
市场需求变化								✓	✓							✓
收费变更										✓						
腐败															✓	

2. PPP 项目风险的管理措施

①公共部门与民营机构都要进行充分的市场调查,做好市场预测工作。民营机构不要将政府承诺当作市场实际需求,如果政府承诺偏离实际需求将会产生信用风险。公共部门也要进行市场调查,不要盲目接受民营部门的市场预测。

②政府应加强学习 PPP 知识,做好有关 PPP 的法律规制与政策支持工作,创造良好的投融资环境,并建立完善科学的决策机制,必要时聘请专业咨询机构提供决策支持,弥补对专业知识的欠缺。政府部门采用建立收费调价机制、退出接管机制等手段保证公共服务质量和特殊情况下对基础设施的控制权;对于与公众利益密切相关的问题应公示,使公众享有知情权和参与决策权;另外在合同签订中应注意不能提供固定回报率之类的承诺或担保。

③民营机构不要抱投机心理,试图利用政府部门缺乏专业知识的弱点签订不平等合同,显失公平的合同在执行中易造成政府信用风险。另外更不可利用少数官员腐败,行贿以牟利,当这些领导换届或被法办后,项目会面临失败风险。民营部门应维持与政府的良好关系,保持项目与企业的良好形象,获得公众认可,或采用与政府合作、寻求担保或投保政治险等方法应对政治风险。

④应建立公平合理的风险分担机制。对于政治风险、法律变更和配套设施服务方面的风险,政府部门控制力强于民营机构,应由政府部门承担。融资风险、市场风险等,项目公司

更有控制力,应由项目公司承担。各方均对不可抗力风险无控制力,应设计有关机制(如调价、可变特许期、缓冲基金等)共同共担。

7.2 工程项目投融资风险分析方法

项目经济评价所采用的数据大部分来自预测与估算,具有一定程度的不确定性,为分析不确定性因素变化对评价指标的影响,估计项目可能承担的风险,应进行不确定性分析与经济风险分析,提出项目风险的预警、预报和相应的对策,为投资决策服务。项目经济评价所采用的不确定性分析主要采用盈亏平衡分析和敏感性分析方法,在此基础上运用概率树分析和蒙特卡罗模拟分析法,确定各变量(如收益、投资、工期、产量等)的变化区间及概率分布,计算项目内部收益率、净现值等评价指标的概率分布、期望值及标准差,并根据计算结果进行风险评估,在定量分析有困难时,可对风险采用定性分析。

但项目投融资风险分析涉及更多风险分析方法,应据项目具体情况,选用一种或几种方法组合使用。按项目投融资风险变化的情况,风险分析方法如表 7-5 所示。

主要的风险分析方法 表 7-5

风 险 变 化 情 况	风 险 分 析 方 法
变化有一定范围	专家调查法、层次分析法、盈亏平衡分析法、敏感性分析法
变化遵循统计规律	概率分析法,CAPM 分析法,蒙特卡洛分析法,投资膨胀分析法
变化无规律无范围	准则分析法、专家评分分析法、风险当量分析法

7.2.1 盈亏平衡分析

1. 盈亏平衡分析的概念

(1)含义

盈亏平衡分析又称量本利分析,是指通过计算项目达产年的盈亏平衡点(BEP),分析项目成本与收入的平衡关系,判断项目对产品数量变化的适应力和抗风险力。其关键是找到盈亏平衡点(BEP),即项目利润为 0 的状态。

(2)原理

收入减去成本就是利润,经营成本是固定成本与变动成本之和,固定成本是固定资产折旧费、管理费和财务费等费用,不随产品数量而变化,变动成本是原材料、动力、燃料、工资等费用,随产品数量增加而增加。所以,只要单位产品售价高于单位产品变动成本,就意味着厂商每卖掉一单位商品所获得的边际利润(即单位产品售价与单位产品变动成本的差,也叫边际贡献)可以用来填补一部分固定成本,当厂商所卖商品达到某一界限时,其所得边际利润之和刚好抵偿固定成本,此即盈亏平衡点,超过该点后,每卖一份商品就获得一份利润。

2. 线性盈亏平衡分析

(1) 概念

若量本利呈线性关系,则盈亏平衡分析就是线性盈亏平衡分析。条件是能卖掉全部产品、单位产品变动成本不变、只生产单一产品或可换算成单一产品。

(2) 方法

如果 F 代表固定成本,V 代表单位变动成本,P 代表产品销售单价,X 代表产品销售量,则

销售收入:
$$Y_1 = P \times X$$

总成本:
$$Y_2 = F + V \times X$$

图解如图 7-5 所示。

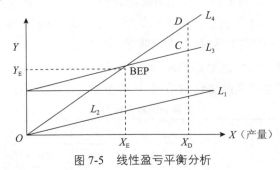

图 7-5 线性盈亏平衡分析

图中:X_D——项目设计生产能力;
L_1——固定成本线:$OA = F$;
L_2——变动成本线:$L_2 = V \times X$;
L_3——总成本线:$Y_2 = F + V \times X$;
L_4——总收入线:$Y_1 = P \times X$;
BEP——盈亏平衡点。

BEP 对应的产量就是盈亏平衡点产量 BEP_X 是 $X_E = F/(P-V)$,其中,$P-V$ 是单位产品的边际贡献。BEP 所对应的销售收入 BEP_Y 是 $X_E \times P = F/(1-V/P)$,其中,$1-V/P$ 是边际贡献率。BEP 对应的生产能力利用率 BEP_L 是 $X_E/X_D = [F/(P-V)] \times 1/X_D$。达到设计能力时,盈亏平衡销价 BEP_D 是 $V + F/X_D$;盈亏平衡单位可变成本 BEP_V 是 $P - F/X_D$。

按《参数三》,盈亏平衡点可采用生产能力利用率或产量表示,公式是:

$$BEP_{生产能力利用率} = \frac{年固定成本}{年营业收入 - 年可变成本 - 年营业税金及附加} \times 100\%$$

$$BEP_{产量} = \frac{年固定成本}{单位产品价格 - 单位产品可变成本 - 单位产品营业税金及附加} \times 100\%$$

采用增值税时,公式中的分母还应扣除增值税。

【例 7-1】 某项目设计生产能力 8200 台,每台销售价 350 元,单件产品变动成本 150

元,年固定成本 285000 元,每台产品销售税金 50 元,则该项目盈亏平衡点多少台?

【解】 根据盈亏平衡点的公式

产量盈亏平衡点＝285000/（350－150－50）＝1900 台

（3）应用

①判断投资的可能性。

根据盈亏分析,可以知道投资至少要达到的生产能力、保本点的产量以及市场可能达到的销量是否在保本点之上。据此可以判断方案的可行性。

②预测利润预测。

根据盈亏平衡计算公式,当目标利润 P_r 为约束条件时,可求为达此目标利润而必须达到的目标销售额。

$$目标销售额＝(F+P_r)/(1-V/P)$$

③价格决策。

在已知产量、总成本的情况下,确定产品的保本价格:

$$P=(X\times V+F)/X$$

④指导成本管理。

在单价、固定成本及销售量固定的情况下,可控制变动成本。

保本点的单位变动成本:

$$V=(X\times P-F)/X$$

目标利润下的单位变动成本:

$$V=(X\times P-F-P_r)/X$$

3.非线性盈亏分析

现实情况中,总成本和销售收入在很多情况下与产量呈现非线性关系。

（1）原因

①销售收入线并非一条直线。

因为产品寿命周期的各个阶段市场需求要经历上升、饱和、下降过程,使其销售收入出现非线性变化。所以销售收入也是先增长,后停滞,再下降的线。

②总成本线并非一条直线。

因为产品变动成本会因正常生产时,批量采购原材料获得优惠价而阶段性下降,也因增加支付工人加班工资而阶段性上升。

同时,生产期内为提高产量或提高设备利用率而采用新工艺或新技术,固定成本也会因此而发生变化。

所以总成本线是一个先快速上升,后慢速上升,再快速上升的线。可以假定销售收入与总成本和产量之间的关系是二次曲线关系。

销售收入 L_4:

$$Y_1=f(X)=a_1X+a_2X^2$$

总成本线 L_3:

$$Y_2=F+b_1X+b_2X^2$$

盈亏平衡点 X 应满足：
$$Y_1 = Y_2$$

（2）分类

无论何种分类都有两个盈亏平衡点：

第一类：总成本线 L_3 呈现非线性变化，销售收入 L_4 为线性变化（图7-6）。

第二类：销售收入 L_4 非线性变化，总成本 L_3 线性变化（图7-7）。

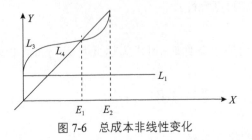

图7-6　总成本非线性变化　　　　图7-7　销售收入非线性变化

第三类：销售收入和总成本均呈现非线性变化

4. 优劣平衡点分析

假设两个互斥方案的总成本受公共变量 X 的影响，且每个方案的总成本都能表示为该公共变量的函数，则该变量的某个数值将使两个方案的成本相等，此值就是两个方案的优劣平衡点，然后依据该公共变量的实际变化值确定最优方案。根据是否考虑时间价值，可以分为静态和动态优劣平衡点分析。

（1）静态优劣平衡点分析

【**例7-2**】　建某工厂有两套方案，甲方案是从国外引进，固定成本800万元，单位变动成本10元，乙方案采用国产自动化设备，固定成本500万元，单位变动成本12元，如果市场销量为80万件，求最优方案。

【**解**】　公共变量设为销售量，甲方案的总成本是 $800+10X$，乙方案为 $500+12X$，两方案成本相等时，销量为150万件，超过150万件时，乙方案的成本就超过甲方案，由于现实销量为80万件，故而选择乙方案。

（2）动态优劣平衡点分析

要点是将初始投资折现为每年的固定成本，然后按静态优劣平衡点分析。

5. 盈亏平衡分析与经营风险的度量

盈亏平衡点给出了项目盈亏界限，只有在盈利区内的项目才可行。但项目在实施过程中会受很多不确定性因素影响，随时会超过分界线进入亏损区。因此，盈亏平衡产量与项目正常生产能力相差越大，项目盈利可能性就越大，经营安全性越好、风险也越小，抗风险能力越强。为此以经营安全度反映项目抗风险能力。

$$A = \mathrm{ABS}(Q - Q_E)/Q_E = \mathrm{ABS}(R - R_E)/R_E = \mathrm{ABS}(C - C_E)/C_E$$

式中：A——经营安全度；

Q_E、R_E、C_E——盈亏平衡点产量、销售收入、生产成本。

A 越大，表明企业生产经营离盈亏平衡点越远，发生亏损的可能性越小。

6. 对盈亏平衡分析的评价:
(1)优点

①此法计算简单并可以直接粗略地对高敏感度的产量、售价、成本、利润等因素分析,以了解项目可能承担的风险程度。

②确定项目合理生产规模。

③帮助项目规划者对由于设备不同引起生产能力不同的方案,以及工艺流程不同的方案进行投资选择。

(2)缺点

盈亏平衡分析的缺点是建立在生产量等于销售量的假设上,用某一正常年份的数据,但建设项目周期较长,所以用 BEP 分析方法很难得出全面的结论。

7.2.2 敏感性分析

1. 概念、度量方法和分析目的

(1)敏感性分析的概念

敏感性分析是通过分析项目不确定性因素发生增减变化时,对财务(经济)评价指标的影响,并计算敏感性系数和临界点,找出敏感因素,采取措施限制敏感因素的变动范围,以达到降低风险目的的分析方法。敏感性分析的计算结果应采用敏感性分析表和敏感性分析图表示。

例如,敏感性分析方法在项目融资风险分析中是为了验证项目在不同假设条件下满足债务偿还计划的能力。如果在任何合理假设的方案中,项目净现值总是大于项目债务水平,则说明该项目具有偿还债务的能力。

(2)敏感性分析的指标

首先,当主要变量因素发生微小变动,经济评价指标(如净现值等)就发生很大幅度变动时,则认为该因素是敏感的,反之,变量因素发生很大变动时,经济评价指标才会有所变动,则认为该因素是不敏感的。

各变量因素的敏感程度用敏感度系数 S_{AF} 表示:

$$S_{AF}=\frac{\Delta A/A}{\Delta F/F}$$

式中:$\Delta F/F$——不确定性因素 F 的变化率;

$\Delta A/A$——当 F 发生 ΔF 变化时,评价指标 A 相应的变化率。

显然,敏感度系数越大,该因素越敏感。

其次,临界点(转换值)指标是指不确定性因素的变化使项目由可行变为不可行的临界值,一般采用不确定性因素相对基本方案的变化率或其对应的具体数值表示。临界点可通过敏感性分析图得到近似值,也可采用试算法求解。

(3)敏感性分析的主要目的

①确定影响工程项目经济效益的敏感因素,分析与敏感因素有关的估算数据产生的不确定性根源,采取有效措施,防患于未然。

②对各变量因素的灵敏度排序。通过敏感度排序,可以对灵敏度大的因素,重点监督、防范,即找出防范风险的重点。

③选择风险较小的方案。对各种方案的灵敏度比较,选择灵敏度最小,即风险最小的方案投资。

④及时修正和替代原方案。分析变量因素最有利与最不利变动对项目效益变动范围的影响,使决策者既了解项目风险程度,采取有效控制措施,也有利于当变量因素发生不利变动而影响方案最优化时,及时修正和替代原方案。

2. 敏感性分析的步骤

(1)确定分析指标

根据项目特点选定具体经济评价指标。例如净现值、内部收益率、年值、投资回收期等都可以是敏感性分析指标。如果是注重短期收益的项目,投资回收期是个重要指标;如果是注重长期收益的项目,净现值与内部收益率能更好地反映投资效果;如果侧重于融资风险分析,则内部收益率和净现值指标最重要。敏感性分析指标应与方案的经济评价指标一致,不宜另外设立敏感性的分析指标(图7-8)。

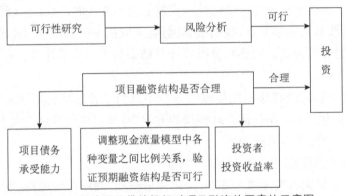

图7-8 影响项目贷款银行对项目融资的因素的示意图

(2)选择不确定性因素的原则

在可能变动的范围内,敏感性因素变动强烈影响方案的经济效果指标,而该因素数据的准确性把握不大。作为进行敏感性分析的因素有:项目总投资、项目寿命期、经营成本、产品价格、产销量、项目建设期以及达产期、产出能力、资产残值、基准贴现率、汇率、投资、税收政策、项目寿命期等。

(3)设定不确定因素可能变动的范围

例如,在项目投融资中,一些变量敏感性取值问题,遵循以下原则:产量变化应不超过10%～15%;价格以略低于目前产品的实际价格作为初始价格,考虑到通货膨胀,投资成本的超支应在10%～30%范围内取值;生产成本的取值可以采用比基础方案生产成本高出5%～10%,或采用比基础方案通货膨胀率为高的生产成本增长速度;利率取值参考金融市场的可测利率;汇率以当前汇率作为基础,再据各种权威预测对加以调整;如果投资者承担了一些特殊的合同义务,如工程延期或不能按期交付产品而要支付罚款,就需要将工程延期内容单列出来进行分析测算;一般不需要对税率变化做敏感性分析,但若以税务结构作为一个重要组成部分的融资结构,有时需要对各种可能的税收政策变化影响加以分析。

(4)计算敏感度

计算各不确定因素发生不同幅度变动所导致方案经济效果指标的变动结果,建立起一一对应的数量关系,并用图或表来表示。

过程是:按预先指定变化范围,先改变一个变量因素,其他变量不变,计算该变量变化时经济指标的变化,计算其灵敏度,然后再选另一个变量,计算其灵敏度,则灵敏度最大的变量就是最敏感因素,反之是最不敏感因素。然后绘制变化率与经济指标的坐标图,与横坐标交角最大的曲线为最敏感因素的变化线。

(5)确定敏感因素,判断项目风险情况

①相对测定法。设定要分析的因素均从确定性经济分析中所采用的数值开始变动,且假设各因素变动的幅度相同,然后计算在同一变动幅度下各因素的变动对经济效果指标的影响程度,据此判断方案经济效果对各因素变动的敏感度。

②绝对测定法。绝对测定法就是设定各因素均向对方案不利的方向变动,并取其可能出现的对方案最不利的数值(临界值),据此计算方案的经济效果指标,看其是否可达到使方案无法被接受的程度。如果某因素可能出现的最不利的数值能使方案变得不可接受,这表明该因素为方案的敏感性因素。其中,如果某个因素变化小就使经济效果超过临界点,这个因素就是强敏感因素。

(6)做出敏感性分析结论

说明各敏感因素对于项目经济效果的影响程度,据此判断其风险性。在进行敏感性分析时,需要注意项目中的一些变量是相互影响或相互依存的。如某一个产品在一个相当长的时间里,保持过低的价格将不可避免地导致与该种产品生产有关的投资成本或生产成本停止上涨或下降。

通常,项目投资者在可行性研究中会对项目风险进行分析,贷款银行在接受风险分析结果的基础上,如果融资结构合理,才可能对项目发放贷款。

3. 单因素敏感性分析

(1)含义

单因素敏感性分析是每次只变动一个因素,而其他因素保持不变,并将该因素向好和向坏的方向变动,然后求出导致项目由可行变为不可行的临界值,找出影响项目经济效果最大的关键因素。通常项目经济评价只进行单因素敏感性分析。

(2)主要因素

一般说来,方案的预测值都可归纳为资金流量的时间序列,即投资额 C,收益 R_1,R_2,…,R_n,n 为寿命周期,从该序列的明细中选出影响度较大的因素。

假设这些因素可能是:

①投资额与工期。在建设期较长的投资计划中,由于材料价格和工资上涨等原因,投资额很可能与预测值产生差距。工期延误的不确定性将直接影响投资成本的大小,甚至可能被要求支付罚款,也是敏感性因素的组成部分。

②销售收入。销售收入可分解为销售价和销售量,其中价格受经济环境影响而变动较

大,一般采用略低于当前产品市场价格作为初始价格,再按预期通货膨胀率逐年递增作为基础价格,并重点对最近几年价格变动做敏感性分析。

③生产成本。生产成本由每个要素(如材料、人工费、管理费)的单价×必要量决定。实际生产成本超过基础方案的可能性来自通货膨胀或生产费用被低估,通常采用比通胀率高并高于基础方案的成本5%～10%进行敏感性分析。

④设备使用年限与生产水平。如果设备使用年限比预定的短,设备费用年值将会上升,从而影响利润。若采用成熟技术,生产水平变化范围不大,一般变动在10%～15%。

⑤基准收益率。若侧重于借款利率则变动较小,若侧重于机会成本则变动较大,再引入物价变动因素,使用实际利润率时则变动更大。

⑥投资成本的波动很大程度上取决于项目合同的法律性质,不同类型合同所承担的经济责任和风险不同,同时也要考虑不可预见与费用占投资预算的比例,一般投资成本超支假设在10%～30%之间。

⑦利率、汇率变动。利率变化与项目贷款种类直接关联,汇率变化对投资成本(如进口设备)、生产成本(如原料等)和销售收入、债务偿还有关。

(3)方法

第一步:以不确定因素变化率为横坐标,以某评价指标为纵坐标作图。

第二步:由每种不确定因素变化可以得到某评价指标随之变化的曲线。

第三步:每条曲线与基准收益率交点所对应的横坐标是不确定因素变化的临界值,是该因素允许的最大幅度变动。不确定因素超过该变动,项目就不可行。

第四步:将这个幅度与估计可能发生的变化幅度比较,若前者大于后者,则表明项目经济效益对该因素不敏感,项目承担的风险不大。

4. 多因素敏感性分析

单因素分析适合最敏感因素的分析,忽视了多因素共同作用,因此假定同时变动的因素互相独立,各因素发生变化的概率相等。方法是计算评价指标与敏感因素的函数关系,然后看各因素变动对评价指标影响的区间,画出可行区间范围,就可以发现各敏感因素中的最强敏感因素,以及敏感因素的适应范围。

【例7-3】 某投资项目的设计生产能力为年产10万台,经济参数估算值为:初始投资额为1200万元,预计产品价格为40元/台,年经营成本170万元,运营年限为10年,运营期末残值为100万元,基准收益率12%,现值系数如表7-6所示。

现 值 系 数 表 表7-6

N	1	3	7	10
(P/A, 12%, 10)	0.8929	2.4018	4.5638	5.6502
(P/F, 12%, 10)	0.8929	0.7118	0.4523	0.3220

问题:

1.以财务净现值为分析对象,就项目的投资额、产品价格、年经营成本等因素进行敏感性分析。

2. 运用多因素敏感性分析法,针对影响项目投资效果较大的两个因素进行双因素敏感性分析,估计该投资项目盈亏的概率值,判断其风险性。

问题1

【解】(1)根据净现值公式,计算初始条件下的项目净现值:
$NPV_0 = -1200 + (40 \times 10 - 170)(P/A, 12\%, 10) + 100(P/F, 12\%, 10) = 131.75$

(2)分别对投资额、单位产品价格和年经营成本在初始值的基础上按照10%、20%变动浮动,并逐一计算出其对应的净现值,得到表7-7。

表7-7 单因素敏感性分析表

因素＼幅度	-20%	-10%	0	+10%	+20%	平均1%
投资额	371.75	251.75	131.75	11.75	-108.25	9.11%
产品价	-320.27	-94.26	131.75	357.75	583.76	17.15%
年成本	323.85	227.80	131.75	35.69	-60.36	7.29%

由表7-7可知,在变化率相同的情况下,单位产品的价格变动对净现值影响最大,其次是投资额、年经营成本。

问题2

【解】对产品价格和投资额两个敏感性因素进行多因素敏感分析,设 x 为投资变化百分率,y 为单位产品变化百分率,那么项目必须满足:

$NPV = -1200(1+x) + [40(1+y) \times 10 - 170](P/A, 12\%, 10) + 100(P/F, 12\%, 10)$
$\quad = 131.75 - 1200x + 2260.08y \geq 0$

即
$$y \geq 0.531x - 0.058$$

若投资额不发生变化,即:$x=0$,则只要 $y \geq -5.8\%$,就有 $NPV \geq 0$
若产品价不发生变化,即 $y=0$,则只要 $x \leq 10.94\%$,就有 $NPV \geq 0$

将上述不等式的计算绘成图形(图7-9),就得到双因素敏感性分析图,图中净现值 $NPV=0$ 的临界线上方为盈利区,临界线下方为亏损区。

临界线斜率
$$k = 5.8/10.94 = 0.53$$

图7-9 多因素敏感正方形

各正方形内净现值小于零的面积占整个正方形面积的比例反映了影响因素在此范围内变动的风险大小。

(1)计算因素在10%范围内变动时的风险
令 $x=10\%$, $NPV=0$,则 $y = 0.531 \times 10\% - 0.058 = -0.0049 = -0.49\%$
因为 $(10\% - 0.49\%)/b = k$
所以 $b = 9.51\%/0.53 = 17.94\%$
10%变动范围内正方形临界线以下面积 $= 1/2 \times 17.94\% \times (10\% - 0.49\%) = 0.85\%$

10%变动范围内正方形面积＝20%×20%＝4%
所以亏损的可能性＝0.85%/4%＝21.3%，盈利概率为1－21.3%＝78.67%
也就是说投资额和产品价在10%变动范围内时，亏损的概率为21.3%
（2）计算因素在20%范围内变动时的风险
令$x=20\%$，$NPV=0$，则$y=0.531\times20\%-0.058=4.82\%$
令$x=-20\%$，$NPV=0$，则$y=0.531\times(-20\%)-0.058=-16.42\%$
20%变动范围内正方形临界线以下的面积＝1/2×[（20%＋4.82%）＋（20%－16.42%）]×40%＝5.68%
20%变动范围内正方形面积＝40%×40%＝16%
所以亏损的可能性＝5.68%/16%＝35.5%，盈利概率为1－35.5%＝64.5%
也就是说投资额和产品价在20%变动范围内时，亏损的概率为35.5%。
投资的风险较大。

5. 评价

（1）优点

运用较简单方法找到影响项目经济效益的关键因素，使评价人员注意这些因素，必要时对某些最敏感因素重新预测和估算，并重新评价，以减少投资风险。

（2）缺点

①敏感性分析假定被分析的各个经济参数是互相独立的，但实际上，各敏感性因素之间存在较大的相关性。

②参数的选择受评价人员主观意愿的影响，由于评价人水平、经验等因素，必然给敏感性分析注入某些不科学的因素，是分析结果与实际不符。

③敏感性分析未考虑不确定性因素未来变化的概率，影响了结论准确性。

7.2.3 概率分析

1. 概念

概率分析是将各因素发生某种变动引起的结果变动的概率凭统计资料或凭感觉、凭经验主观地假设，然后对该概率进行分析。

2. 概率未知情况下的分析

如果不确定因素变化既无范围，又不遵循统计规律，只能采取一定的准则进行分析决策时，这类决策就是非确定型决策。

（1）非确定型决策的特点

①决策者期望达到明确的目标。这个目标影响着决策者对决策准则的选择，也反映出决策者对待决策事件的主观倾向、个人偏好等。

②决策者对未来事件有一定程度的了解，即可以预测未来事件可能出现的各种自然状态，且不以决策者的主观意志为转移。

③决策者虽对未来事件的各种自然状态有一定了解，但没有足够信息和资料供决策者判断各自然状态可能发生的概率，因此决策的主观性较大。

④根据各种不同自然状态,具有可供决策者选择的两个以上方案。

(2)准则分析法

非确定型决策使用主观概率及准则分析法决策,主观概率可由决策者的经验和智慧等估计,准则分析法是指决策者依据主观概率估计和所持的决策准则评价分析若干可供选择的方案。具体决策准则如下:

①悲观法。悲观法又称瓦尔德法或小中取大法。该方法认为,对未来出现的情况估计不应过于乐观,要作最不利的打算。具体做法是:先从每个方案的几种净现值中选取一个最小值,再从这些最小值中选取一个最大值,以其所代表方案作为最优方案。这种方法过于保守,对有利的情况不予考虑,容易错过投资获利良机。

②乐观法。乐观法又称逆瓦尔德法或大中取大法,该方法对于客观情况抱乐观态度,认为今后出现的是最有利状态。具体做法:先从每个方案的几种净现值中选取一个最大值,再从这些最大值中选取一个最大值,以其所代表的方案作为最优方案。这种方法对不利的情况不加考虑,往往要承担很大风险。

③折中法。乐观法又称赫维兹法或称乐观系数法,是在最悲观估计和最乐观估计之间找到一种折中方法,取折中值最大的方案为最优方案。折中净现值公式如下:

$$GNPV_{ij} = \alpha(\max NPV_{ij}) + (1-\alpha)(\min NPV_{ij})$$

式中 $GNPV_{ij}$ 为折中净现值;α 为乐观系数;$\max(GNPV_{ij})$ 代表最优方案。

这种方法关键在于乐观系数取值,但此值带有明显的主观因素,科学性差。

④均概率法。均概率法又称拉普拉斯法,该方法认为各种自然状态出现的概率相同,计算各方案净现值的期望值,然后取期望值最大的方案为最优方案。

⑤最小最大后悔值法。最小最大后悔值法也称萨维奇法或后悔值大中取小法,后悔值是指当某种自然状态出现时,决策者所选择的方案净现值与最优方案净现值的差。该方法先计算每个方案在各种自然状态下的后悔值,选出各方案最大后悔值,再从最大后悔值中选择最小值,此值所代表的方案即为最优方案。

⑥三点估计法。许多项目要确切估计投资周期内的现金流量值及其概率分布较困难,因此采用三点估计法,即估算现金流量的最乐观值 a,最可能值 b,最悲观值 c,则加权平均期望值为 $(a+4b+c)/6$,以此期望值作为新现金流计算净现值进行分析。

⑦综合方法。即上述五法分别选出最佳方案,则最优方案是入选最佳方案最多的方案。

3. 概率已知情况下的分析

(1)风险—收益分析法

风险—收益分析法也称期望值法,某一方案净现值的期望值是用该方案各状态概率与各状态净现值乘积求和,并计算方案收益值的标准差(即风险),决策者根据对风险和收益的偏爱,选取收益期望值大而风险小的方案,公式如下。

预期净现值公式:

$$ENPV = \sum_{i=1}^{n} p_i NPV_i$$

式中,p_i 表示状态 i 的概率;NPV_i 表示状态 i 的净现值。

预期收益率公式：

$$ER=\sum_{i=1}^{n}p_iR_i$$

式中，ER表示预期收益率，R_i表示状态i的收益率

风险度量采用收益率标准差（σ）或方差（σ^2），代表收益率偏离均值的程度。

$$\sigma^2(R)=\sum_{i=1}^{n}p_i(R_i-ER)^2$$

显然方差σ^2越大，投资风险也就越大。

【例7-4】 某项投资完成后或遭遇经济繁荣、经济一般和经济萧条,概率为20%、50%和30%,净现值1200万元、1000万元和800万元,求预期净现值？

【解】 预期净现值=20%×1200+50%×1000+30%×800=980万元

【例7-5】 某项目存在A,B两大投资方案,收益率与概率如表7-8所示。

AB两方案的收益率与概率　　　　表7-8

方案	收益率	概率	方案	收益率	概率
A方案	20%	0.1	B方案	20%	0.2
	30%	0.8		40%	0.6
	40%	0.1		60%	0.2

比较期望收益率与风险

【解】 A期望收益率=20%×0.1+30%×0.8+40%×0.1=30%

A的方差=0.1(20-30)²+0.8(30-30)²+0.1(40-30)²=20

σ=4.5

同理 B的期望收益率=40

B的方差=160

σ=12.8

因此B的风险要比A的风险大2倍多一点。

（2）最大期望收益值法

最大期望收益值法是以决策矩阵表为基础,计算不同方案的期望收益值,选择期望收益值最大的方案为最优方案。各方案的期望值等于该方案各种自然状态发生的概率与相应状态下的损益值乘积的代数和。

用公式表示为：

$$E_i=P_jB_{ij}$$

式中：E_i——第i方案的期望值；

B_{ij}——第i方案在j状态下的损益值,i=1,2,…,n；

P_j——第j状态下可能发生的概率值,j=1,2,…,m。

决策时着重考虑：决策方案、自然状态、各状态下的概率、各方案在各状态下的损益值,列表格形成决策矩阵表（表7-9）。

两方案不同状态下的概率与损益 表7-9

损益 \ 方案 \ 状态 概率	S_1 P_1	S_2 P_2	损益值
A_1	B_{11}	B_{12}	E_1
A_2	B_{21}	B_{22}	E_2

最大期望收益值法的分析过程:先确定不同状态的概率,后编制决策矩阵表以确定不同状态下,各方案的可能损益值,再计算各方案期望收益值,最后决策。

(3)最小期望损失值法

最小期望损失值法与最大期望收益值法相同,损失值或是经营损失或是机会损失,前者是方案实际损失,后者是执行方案而丧失其他投资机会的损失。

(4)决策树法

决策树法即概率树法,是用树型决策网络描述选优裁劣的决策过程。该法对复杂问题的决策分析较为适用。分析过程如下所列。

第一步:画决策树。

细致分析决策条件,确定若干可选方案,及各方案发生的各种自然状态。如遇多级决策,要确定是几级决策,逐级展开方案枝、状态节点和概率枝。

决策树是用树枝图反映投资项目的面貌以及评价过程,其画法如图7-10所示。

其中□表示决策结点,引出的枝条 A_1、A_2、A_3 分别为方案枝。

○代表状态结点,从状态结点引出的枝条为状态枝,Q_j 表示不同的状态枝,其旁边的括号为该状态发生的概率。不同状态枝产生不同的净现值 NPV_{ij}。

由决策树很容易计算各方案的收益期望值和标准差,根据收益期望值和标准差就可以判断最佳方案。

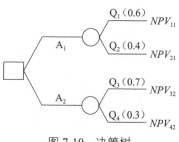

图7-10 决策树

第二步:计算期望值。

期望值的计算由右向左依次进行。先将每种状态的收益值分别乘以各自概率枝上的概率,再乘以决策期限,最后将各概率枝上的值相加,标于状态结点上。

第三步:剪枝决策。

比较各方案的期望值,凡是期望值小的方案枝全部裁掉,最终只剩下一条贯穿始终的方案枝,其期望值最大,此方案即为最优决策。

【例7-6】 某项目各方案期望值决策树如图7-11所示。

说明乐观进度和保守进度计划,哪个更好。

【解】 风险事件的期望价值=风险结果价值×该风险事件出现的概率

决策期望值=由此决策而发生的所有风险事件期望价值之和

乐观进度计划的期望值=20000-16000=4000

保守进度计划的期望值=7000-6000=1000

所以乐观进度计划较保守进度计划更好。

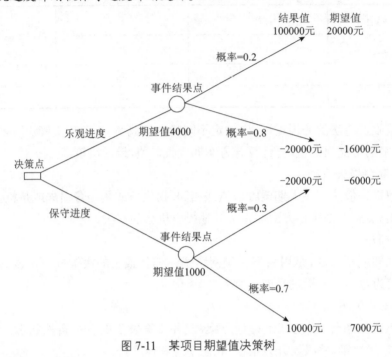

图 7-11　某项目期望值决策树

第四步：多级决策。

第一到三步可看成是一个单级决策，即决策树只有一次决策过程，多级决策是决策素有多次决策过程，其决策步骤与单级决策不同的只是需要多次决策，而将每次决策看成是一个单级决策，多级决策从右向左逐次修枝，将每一单级决策的决策点所确定的期望值，作为下一阶段决策的状态点，再以单级决策的方式继续进行，直到最后一个决策点。然后从未被修剪掉的方案枝中选出最优方案。

【例 7-7】 某承包商经研究决定参与某工程投标，经估价，该工程估算成本为 1500 万元，其中材料费占 60%，拟议高中低三个报价方案的利润率分别为 10%、7%、4%，根据过去类似工程的投标经验，相应的中标概率分别为 0.3、0.6、0.9。编制投标文件的费用为 5 万元，该工程业主在招标文件中明确规定采用固定总价合同，据估计，在施工过程中材料费可能平均上涨 3%，其发生的概率为 0.4。问该承包商应按照那个方案投标，相应的报价是多少？

【解】（1）计算各投标方案的利润

投高标材料不涨价时的利润：$1500 \times 10\% = 150$ 万元

投高标材料涨价时的利润：$150 - 1500 \times 60\% \times 3\% = 123$ 万元

投中标材料不涨价时的利润：$1500 \times 7\% = 105$ 万元

投中标材料涨价时的利润：$105 - 1500 \times 60\% \times 3\% = 78$ 万元

投低标材料不涨价时的利润：$1500 \times 4\% = 60$ 万元

投低标材料涨价时的利润：$60 - 1500 \times 60\% \times 3\% = 33$ 万元

（2）这是一个多级决策树，决策树最后出现 9 个节点，即

高方案—中标—材料费不涨:期望值为 150 万元

高方案—中标—材料费上涨:期望值为 123 万元

高方案—不中标:期望值-5 万元

中方案—中标—材料费不涨:期望值为 105 万元

中方案—中标—材料费上涨:期望值为 78 万元

中方案—不中标:期望值-5 万元

低方案—中标—材料费不涨:期望值为 60 万元

低方案—中标—材料费上涨:期望值为 33 万元

低方案—不中标:期望值-5 万元

那么高方案—中标的期望值=150×0.6+123×0.4=139.2 万元

高方案的期望值=139.2×0.3-5×0.7=38.26 万元

中方案—中标的期望值=105×0.6+78×0.4=94.2 万元

中方案的期望值=94.2×0.6-5×0.4=54.52 万元

低方案—中标的期望值=60×0.6+33×0.4=49.2 万元

低方案的期望值=49.2×0.9-5×0.1=43.78 万元

可见中方案期望值最大,应该投中标,相应的报价=1500×(1+7%)=1605 万元。

7.2.4 CAPM 分析法

项目投资融资者在建立和使用现金流量模型对项目价值及风险做定量分析与评价时,首先要选择和确定能够正确反映项目风险的贴现率(discount rate),并使用该贴现率计算项目投资收益率和净现值,进而评价投资决策。资本定价模型(CAPM,Capital Asset Price Model)是在项目投融资中被广泛接受和使用的一种确定项目风险贴现率的方法。

1. CAPM 模型的假设

①资本市场是充分竞争和有效的市场,投资者在资本市场可以不用考虑交易成本和其他制约因素(如借贷限制、资产转让限制等)的影响。

②资本市场的所有投资者都追求最大投资收益,并对同一资产有相同的价值预期,高风险投资有高收益预期,低风险投资有低收益预期。

③资本市场的所有投资者均有机会充分运用多样化、分散化战略化解投资的非系统性风险,故只考虑系统性风险及承担该风险应得到的收益问题。

④资本市场的所有投资者对某一特定资产在相同时间和区域做出投资决策。以便保证投资者用同一尺度评价项目风险。

根据 CAPM 模型,投资者只考虑项目环境风险,如政治风险、经济衰退等超出自身范围的市场客观环境风险。而不考虑项目核心风险,如完工风险、经营风险等由项目实体自行控制管理的风险。

2. 模型表达

(1)项目投资收益率的计算

某一具体项目的投资收益率(风险贴现率):

$$R_i = R_f + 风险收益率 = R_f + \beta_i(R_m - R_f)$$

式中：R_i——在给定风险水平 β_i 条件下，项目 i 的合理预期投资收益率，即项目 i 带有风险校正系数的贴现率（风险校正贴现率）。

R_f——无风险收益率，即在资本市场上可以获得的风险极低的投资机会的收益率，它是与项目预计寿命相近的政府债券收益率。

β_i——项目 i 的风险校正系数，即项目对资本市场的系统风险变化的敏感程度，假设该值在同一时间区间保持不变。

目前通用的方法是根据资本市场上已有的同一种工业部门内相近似公司的系统性风险的 β 值作为该投资项目的风险校正系数。β 值越高，表示该工业部门在经济波动时，风险性越大。即，当市场宏观环境发生变化时，那些 β 值高的公司对变化更加敏感。理论上，可以按照统计学原理对该工业部门类似公司的股票价格与资本市场整体运动趋势之间的相对应关系的历史数据（至少 60 个月以上）加以统计回归做出相关曲线来完成，相关曲线的斜率就是该公司的风险校正系数。也可以利用权威部门定期公布的所有上市公司的 β 值以及各工业部门的平均 β 值作为参考。

需要注意的是，CAPM 模型中的风险校正系数 β_i 不是指资产 β_a 值（Asset β），而是指股本资金 β_e 值（Equity β）。这是因为资产 β_a 值反映的是该工业部门的生产经营风险。而股本资金 β_e 值（Equity β）反映公司在不同的股本/债务资金结构中的融资风险，债务比例越高，则风险越高。

资产 β_a 值和股本资金 β_e 值之间的关系为：

$$\beta_e = \beta_a[1 + D(1-t)/E]$$

R_m 为资本市场的平均投资收益率或均衡投资收益率，一般认为它是与项目生命期相同的股票市场价格指数的平均收益率，但由于 R_m 的估值是过去某一阶段的平均收益率，而 R_f 反映对未来的预期，可能会出现 $(R_m - R_f) < 0$ 的情况，因此，采用一个较长时间内的 $(R_m - R_f)$ 的平均值替代对 R_m 单独估值。

该公式假设风险投资收益率（R_i）、资本市场平均投资收益率（R_m）、无投资风险收益率（R_f）及风险校正系数（β_i）在项目的寿命期内保持不变。

(2) 项目风险评价步骤

第一步：建立项目现金流量模型。现金流量模型反映项目各有关变量间的相应关系以及这些变量变化对系统输出量（项目净现值）的影响。这些变量包括项目投资费用、项目建设时间表；项目产品种类、数量、价格、销售收入以及其他市场因素；项目直接生产成本，包括人工、原材料、能源、运输费用等；项目非现金成本，包括折旧、摊销等；其他项目成本，如管理费用、技术专利费用、市场营销费用等；流动资金需求量与周转时间；公司所得税和其他税收，如资源税、营业税、进出口税等；通货膨胀因素；融资成本，包括汇率、利率、金融租赁成本等；不可预见因素及费用；项目经济生命期。如图 7-12 所示。

第二步：根据所要投资项目的性质和规模，在资本市场上寻找相同或类似性质的公司资料，确定项目的风险校正系数 β_a。

第三步：确定投资者股本权益的风险校正系数 β_e。

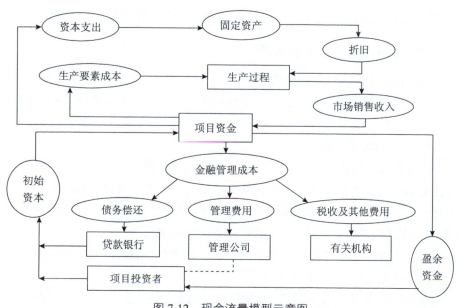

图 7-12 现金流量模型示意图

$$B_e = \beta_a \left[1 + \frac{D}{E}(1-t) \right]$$

式中：D——项目债务市值；

E——项目的股本资金市值；

t——所得税。

第四步：计算项目资本的投资收益率

$$R_e = R_f + \beta_e (R_m - R_f)$$

第五步：估算项目的债务资金成本，可以根据项目的经济强度、资信和融资结构估算债务资金的利息率 R_d。

第六步：按加权平均计算项目的综合资本成本，项目税后加权平均资本成本公式。

$$R = R_e E/(E+D) + R_d (1-t) D/(E+D)$$

第七步：将 R 代入净现值公式中计算。

$$NPV = \sum_{t=1}^{n} \frac{C_t}{(1+R)^t} - I$$

式中：C_t——第 t 年的项目净现金流量；

I——项目的初始投资。

若 $NPV \geq 0$，说明投资者在项目生命期可获得不低于合理预期收益率的收益，反之，$NPV < 0$，说明项目投资者不能在项目生命期获得合理预期收益率。

第八步：建立最优融资结构模型。在一系列债务资金的假设条件下，为了满足投资者和贷款银行对相应风险的要求，通过调整投资者所必须获得的最低投资收益率（大于或等于风险校正贴现率）、融资的可能性及债务资金成本、股本资金的形式及成本等变量之间的比例关系，可以取得比较理想的能被借贷双方接受的融资结构模型。要强调的是，所谓股本资金需求量并非指投资者注入多少项目资金，而是可以以多种形式出现，既可以表现为实际资本投入,也可以表现在项目融资期间投资者所承担的财务责任和提供的信用支持。

7.2.5 资本结构决策分析法

投资项目,尤其是并购项目的风险分析,除了融资风险分析、经营风险分析、政策风险分析和市场风险分析等等外,还要分析资本结构的合理性,并充分考虑并购项目的不可预见成本。

1. 影响资本结构决策的因素

①长期生存能力。防止利用财务杠杆危及企业长期生存。

②借款余地。企业债务水平应保持在略低于正常水平的限度,以利创收。

③资产结构。资产容易出借或抵押的,更倾向于多利用债务,反之,则少利用债务。另外,如果资产具有较高的营业风险,那么借款能力会相对较低。

④增长率。企业增长率越高相应需要的外部资金就越多,而从保险角度出发,增长快的企业总是倾向于先利用债务,后利用股票。

⑤盈利能力。企业盈利能力越强,内部积累能力也越强,就不太需要利用债务筹资,其负债率也偏低。

⑥保值系数。利用债务的实际可能性,取决于自身能力和状态、债权人态度及评价机构对借债企业的资信评价。盈利能力越强、越有抵押品,则债务筹资可能性越强,评价标准是保值系数,如盈利利息比率越大则还款能力越强。

2. 三种估价方法

假设前提:项目流量就是项目的永续年金

(1) APV 法

APV 法又叫调整的净现值法,公式如下:

APV=未利用财务杠杆的净现值 NPV+利用财务杠杆对净现值的附带影响 NPVF

其中 NPVF 包括:利用财务杠杆企业的债务利息免费补贴、发行债券的费用、财务危机成本等。若 APV>0,则项目就可行。

(2) FIE 法

FIE 法又称流量归权益法,是通过求归入利用财务杠杆的企业股东项目现金流量现值,从而确定项目净现值和判断项目优劣的方法

步骤是先计算归入股东的项目年现金流量 C_L,再计算利用财务杠杆的权益资本机会成本 r_L,然后用永续年金现值法,计算归入股东的项目资本权益现值 ($S_L = C_L/r_L$),最后计算项目净现值 $NPV = (S_L + B) -$ 初始投资。如果 $NPV > 0$,项目可取。

(3) WACC 法

WACC 即加权平均资本投资机会成本,用之贴现未利用财务杠杆企业项目的现金流量,求出其使用债务时的现值和净现值,从而判断项目优劣。步骤是先求项目年现金流量 C_U,再求 WACC,最后求 NPV。公式如下:

$$WACC = r_L \times [S_L/(S_L + B)] + r_B[B/(S_L + B)](1-T)$$

式中: r_L——利用财务杠杆企业权益资本机会成本;

r_B——债务利率,当不考虑税收时,就是债务资本机会成本;

$r_B(1-T)$——考虑税收的债务机会成本;

$S_L/(S_L+B)$——权益占总市场价值的比重;

$B/(S_L+B)$——债务占总市场价值的比重。

净现值:
$$NPV = C_U/WACC - 最初投资$$

7.2.6 蒙特卡洛方法

1. 概念

蒙特卡洛方法又称统计实验法或随机模拟法,是一种仿真模型法,用来模拟财务决策中的各种取值,即用数学方法在电脑上模拟概率过程,再统计处理。

具体方法是:假定变量 $Y=F(X_1, X_2, X_3, \cdots, X_n)$,其中,$X_1, X_2, X_3 \cdots X_n$ 的不同取值及各取值发生的概率分布已知,再由电脑根据取值的概率分布随机为各因素取值,计算出该取值下的 Y(如净现值),模型每运行一次,就算一次 Y,如此重复多次,可得大量 Y 值,据此可确定 Y 的概率分布和数值特征。

2. 分析步骤

(1) 一般步骤

第一步:确定输入变量及其概率分布(未来事件常用主观概率估计)。

第二步:按各输入变量的概率分布随机抽取各输入变量值。

第三步:建立数学模型,按照研究目的编制程序,计算各输入变量。

第四步:确定模拟次数以满足预定的精度要求,逐渐积累较大样本量,以模拟输出函数的概率分布。

通过上述计算过程,产生数值样本,对它们进行统计处理。一般情况下,净现值分布受最有控制作用的基本变量的概率分布控制。

(2) 财务风险评价的步骤

第一步:为每个风险源建立一个与之同概率分布的随机数发生器,这样对一组风险源就建立起了一组随机数发生器,然后对其他各变量建立变量间的相互关系模型,其中包括确定型的函数关系模型,也包括随机型的相关概率模型。

第二步:以这组随机数发生器产生的一组随机数作为风险变量的模拟取值,并根据变量间的相互关系模型计算其他各中间变量的值,并计算得到项目的输入现金流、输出现金流和净现金流。

第三步:在这组现金流的基础上,进行项目财务评价,计算出财务评价的各项指标结果,并保存这些结果,至此完成一次随机模拟过程。

第四步:重复上述过程,得到若干组的项目财务评价结果。

第五步:对以上得到的若干组的项目财务评价结果,进行统计分析,得到财务评价各项指标的概率分布情况和相应的均值、方差等特征,从而了解风险因素对财务评价综合影响的结果。

3. 评价

（1）优点

①用该方法得到的结果是一个净现值的完整概率分布，决策者据此能够找到某些特殊问题的答案。

②决策者通过回答计算机提出的一系列问题，有助于理解项目现金流量出现的各种可能结果的概率。

③该方法不仅能计算净现值的期望值，也能计算净现值的标准偏差，因而能进行更详细的风险—收益比较分析。

④通过仿真法可以具体考察不同变量之间的相互关系。

（2）缺点

①收集相关信息并把数据输入仿真模型的过程要花费大量时间，且费用较高。

②每个变量的概率分布不易获得，尤其对于新的一次性项目。

③由于变量之间多重相关，使证明、构建合适模型的过程变得更为复杂。

7.2.7 投资膨胀分析法

1. 工程投资膨胀及其表现形式

（1）工程投资膨胀的产生

工程投资估算是对未来事件的预测，但由于未来受多种不确定因素影响，因而承担着一定风险。大型建设项目规模大、投资多、工期长，施工过程中的自然状态和经济条件都存在不同程度的不确定性，集中表现为投资膨胀。

（2）投资膨胀主要表现在预备费上

预备费是指项目在决策阶段难以预料施工过程中可能发生的、规定范围内的工程和费用，以及工程建设期内发生的差价。

预备费包括基本预备费和涨价预备费。基本预备费是指工程建设过程中初步设计范围内的设计变动增加的投资、国家政策变动增加的投资等；应根据工程规模、施工年限、地质条件和不同设计阶段，按投资合计数的百分率计算。可行性研究阶段一般取10%，初步设计阶段一般取5%～6%。

涨价预备费是指工程建设过程中，因材料、设备价格上涨和人工费标准、费用标准调整而导致投资增加的预留费用；应根据施工年限和上述各项费用的分年度投资（不含基本预备费）和国家规定的物价指数计算。

例如，某项目的静态投资为3750万元，按进度计划，项目建设期为两年，两年的投资分年使用，第一年为40%，第二年为60%，建设期内平均价格变动率预测为6%，则该项目建设期的涨价预备费为368.1万元。

2. 工程投资膨胀的风险分析

（1）基本内容

为对工程投资膨胀定量估计：

①要弄清工程项目成本组成，包括总成本、分项成本、子项成本等，粗细程度视估计精

度、计算条件和掌握的资料而定。

②找出影响各组成成本的风险因素,为尽可能不遗漏工程中的各种不确定因素,通常采用分级分类的方法寻求这些风险因素。

③估计每一风险因素对投资的不同影响,找出投资膨胀的主要风险源。

④给出不同风险组合叠加后,定量估计工程各个阶段的投资膨胀,最终给出全部工程建设要承担多大的投资风险。

(2)具体步骤

第一阶段:确定基础成本项目集。

建立能给出便于合理分析和尽量少的基础项目的组合集,将总成本分解成一个基础成本集合。办法是先将总成本分解为工程的主要项目成本,称为一级成本项目,并分为两类,一类是指不能再分解的基础成本项目,另一类是指不同种类且具有不同风险特点的成本元素集合,这些成本元素称为二级成本项目,如此可以继续分解,直到能较准确地确定其风险影响为止。

第二阶段:确定各成本项目的风险概率分布曲线。

辨识每个基础成本项目的风险,找出风险因素集合,继而估计每一风险因素的投资风险概率分布曲线,以横坐标表示风险因素影响基础成本项目所产生的投资风险,纵坐标表示对应投资风险出现的累计概率,则可以通过专家调查法取得数据后,整理成累计概率分布得到。

这些风险因素在实际中出现与否具有随机性,根据这一特点,采用并联连接关系把它们连接起来。如某个基础成本项目 s 有 i 个风险因素 $r_1,r_2\cdots r_i$ 存在,每个风险因素的投资风险曲线为 $v_1,v_2,\cdots,v_i$,则可将这 i 个风险因素用并联概率分布叠加模型(或称并联响应模型)叠加起来,这种方法称为概率乘法。

实际计算中,概率乘法由一系列两个概率分布连乘组成,在坐标图上画中间乘积变量的分布曲线,可以看出单个风险因素对基础成本项目的影响程度,如图7-13所示,a 代表因素 r_1 对工程某个基本成本项目 s 的投资风险曲线,b 代表风险因素 r_1,r_2 联合影响 s 的投资风险曲线,c 代表 b 与风险因素 r_3 的投资风险曲线的叠加,该图中 a,b 空隙较 b,c 空隙大,说明风险因素 r_2 对基础成本项目投资的影响较 r_3 大,如此叠加下去,可以找到基础成本项目影响最大的风险因素。

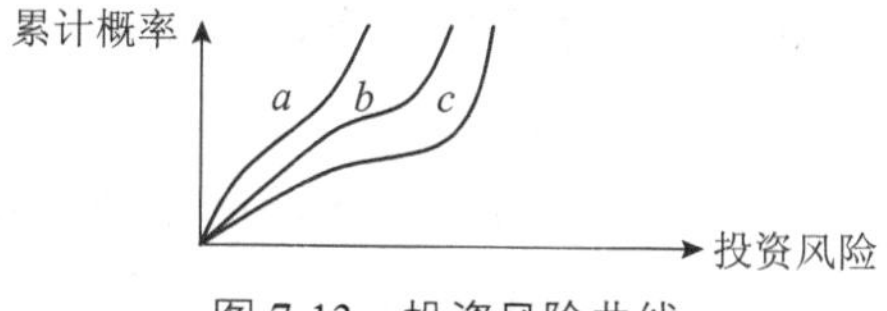

图7-13 投资风险曲线

第三阶段:确定总成本的风险概率分布曲线。

组合基础成本项目的投资风险,确定总成本的风险概率分布曲线,基础成本项目变化串联连接组成了总成本的投资变化,这些基础成本项目在实际投资中必然出现,不会漏掉一个,串联概率叠加模型(或称串联响应模型)正反映了这一特点;计算这种概率分布叠加的方法称为概率加法。

总投资风险概率分布是由一系列变量概率分布叠加组成。两个变量相加,其和再加另一个变量,继续叠加下去,把各不同个数变量和的概率分布曲线画出,找出投资风险最大的成本项目。如图 7-14 所示,项目 s_1 与 s_1+s_2 的投资风险曲线空隙大于 s_1+s_2 与 $s_1+s_2+s_3$ 的空隙,所以 s_1 的投资风险比 s_2 大。

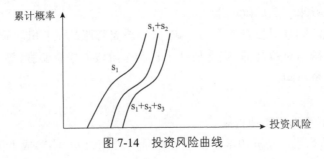

图 7-14 投资风险曲线

7.2.8 其他方法

1. 多方案不确定性分析或风险分析法

在多方案比较中,应分析不确定性因素和风险因素对方案比选的影响,判别其对比较结果的影响程度,必要时,应进行不确定性分析或风险分析,以保证比选结构的有效性。多方案比选时应遵循效益与风险权衡原则,采用以下方法:

①折现率调整法。调高折现率使备选方案净现值变为零,折现率变动幅度小的方案风险大,折现率变动幅度大的方案风险小。

②标准差法。对备选方案进行概率分析,计算评价指标的期望值和标准差,在期望值满足要求的前提下,比较其标准差,标准差较高者,风险相对较大。

③累计概率法。计算备选方案净现值大于或等于零的累计概率,估计方案承受风险的程度,方案的净现值大于或等于零的累计概率值越接近于 1,说明方案的风险越小;反之,方案的风险大。

2. 调查与专家评分法

(1)概念

调查和专家评分法先是将工程项目风险列出,设计风险调查表,再利用专家经验,对各风险因素的重要性进行评估,最后综合成整个项目风险。

(2)具体步骤

第一步:确定每个风险因素的权重,以表征其对项目过程的影响程度。

第二步:确定每个风险因素的等级值,例如,按照较小、稍大、中等、较大、很大五个等级,分别以 0.2,0.4,0.6,0.8,1.0 打分。

第三步:将每个风险因素权重与等级值相乘,求出该风险因素的得分,再将各风险因素得分求和,得出整个风险过程的总分,总分越高则风险越大。

为规范这种方法,可根据专家对所评价项目的了解程度、知识领域等,对专家评分的权威性确定一个权重值,最后的风险值是各专家评定的风险总分与相应权重值的乘积之和,再除以全部专家权重值之和(即加权平均值)。

(3)评价

该方法用于项目决策前期,这个时期缺乏具体的数据资料,主要依据专家经验和决策者意向,得出的结论只是大致的程度值,是进一步分析的参考。

3. 风险当量法

在财务分析中,通过将贴现率调整为带有风险报酬的贴现率,然后分析财务内部收益率、净现值、年值等。这虽然考虑了风险因素,但较保守,缺点是仅参考同行业平均风险报酬率,难以准确估量风险报酬率,也没有详细辨识分析每个项目的风险,更没有考虑在整个项目寿命周期内,风险随时间的变化。

为克服以上缺点,可采用风险当量法调整净现金流量。方法是,先用当量系数 a_t 把含有风险的净现金流量化为等价的无风险净现金流量,然后再计算净现值或内部收益率,一次决定项目的可取程度。

风险当量系数是指无风险净现金流量占有风险净现金流量的比例,即:

$$NCF_t' = a_t NCF_t$$

式中:NCF_t ——第 t 年有风险的净现金流量;

NCF_t' ——经过当量因子 a_t 调整后的无风险净现金流量;

a_t ——第 t 年的风险调整因子,与风险呈反比关系,取值在 0～1 之间。

a_t 即决策者根据自己的知识、经验判断有风险的净现金流量为多少时,相当于一定量的无风险净现金流量。它因项目不同、时期不同而不同。

具体要根据不同类型的投资和每年现金流量的方差系数,对每年现金流量乘以不同因子,其乘积等价于这年具有风险的现金流量。再依据经调整的无风险净现金流量计算净现值或内部收益率,基准收益率采用无风险贴现率。

7.3 ▶ 工程项目投资业主风险管理

7.3.1 工程项目投资的业主风险辨识

1. 工程业主风险的含义

工程项目投资业主是工程项目的主要投资者或建设单位,拥有项目控制权,所有与项目关系密切的因素都会影响投资目标的实现,构成了工程项目投资业主的风险(以下称工程业主风险),工程项目投资业主要面对来自承包商及咨询工程师等合作者的风险,以及面对来自自然、政治、经济、商务等的风险。

2. 工程业主风险的特征

①多样性:如政治、经济、法律、自然、合同、合作者风险等。

②存在于项目全周期:如可行性研究中调查片面、市场分析错误,技术设计中图纸错误,专业不协调,施工过程中物价上涨、资金短缺、方案不完善等。

③全局性:一个活动受风险影响,会影响与之相关的许多活动。

④规律性:具有可预测性、可控性,能够防范。

3. 工程业主风险的分类

工程业主风险的分类如表 7-10 所示。

工程业主风险的分类　　　　　　　　表 7-10

风险项	风险类别	风险特点
政治经济风险	政治环境风险	政治形势
	投资环境风险	投资软硬环境
	通胀风险	工程造价上涨
	资金筹措风险	金融机构不支持
自然风险	自然条件及环境恶劣	工程施工困难
	现场条件恶劣	工程地质条件差
	地理环境恶劣	地理位置和周围环境差
人为风险	法规不健全、投资体制落后	投资体制和建设法规不合理
	主管部门人为设障	主管部门专制政策
	投资方向与决策失误	投资方向、产业选择、投资计划等失误
	合同条款不严谨	合同条款不严谨和合同漏洞被索赔
	业主执行人员道德风险	业主执行人员无责任心、职业道德等
	承包商缺乏合作，履约不力	承包商掩盖真相，推卸责任，使业主让步
	材料和设备供应商的风险	包工不包料的工程，材料供应迟或不合格
	来自咨询工程师的风险	咨询工程师无足够技能或接受承包商贿款
	来自工程延误风险	工程延误多时，加大开支，造成效益损失
特殊风险	某些不可抗力风险	FIDIC 工程条款中规定的某些风险只能由业主承担，如战争、暴乱等

4. 工程业主风险的辨识过程

工程业主风险的辨识步骤是：第一步，确定工程业主风险的各种不确定性因素；第二步，建立现实风险和潜在风险的初步清单；第三步，确定各种风险事件并推测其结果，比如收益与损失、人身伤害、自然灾害、节约与超支，重点是资金的财务结果；第四步，对风险分类，并建立风险目录摘要。

5. 风险衡量

工程业主风险衡量的方法是不同风险事件的概率及其后果，以潜在的损失额说明风险事件的后果，这些后果是工程项目投资业主每个风险的每种潜在损失额、每个风险的潜在损失总额、所有风险的潜在总损失额。

7.3.2 工程项目投资的业主风险的分析与评估

1. 含义

工程业主风险的分析和评估是应用各种风险分析技术，对工程项目中影响项目目标实现的各种不确定性进行定性和定量的分析和处理，以确定风险对项目目标影响的大小，并判断风险的重要程度。目的是弄清工程业主风险发生的根源和情况，使业主采取相应对策，削弱风险不良影响，降低风险发生的可能。

2. 工程风险的分析步骤

在风险评价数据的收集过程中,应以客观统计数据为基础,这些数据来自于业主关于类似项目的历史纪录,如果业主投资的是较陌生的项目,则应通过专家咨询及调查的方法,获得富有经验的专业性评价。

对风险模型的分析是以已收集的风险数据为基础,对风险发生的可能性及其危害予以量化,这种量化指标常以概率表示。工程风险分析步骤如图 7-15 所示。

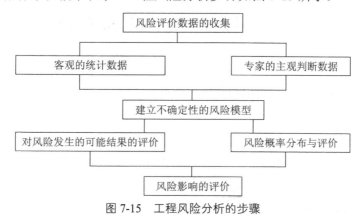

图 7-15　工程风险分析的步骤

7.3.3　工程项目投资的业主风险控制

1. 风险回避

风险回避就是中止风险根源,但回避风险尽管避免或降低了损失,同时也失去了获利的机会。对于高风险、高利润的项目不宜采用这种方法。

2. 控制损失

工程业主风险损失的控制以预防为主,防控结合。例如,业主发现设计落后的情况下应立即改变设计方案,在承包商无力履约的情况下应立即变更承包商,业主要求银行出具保函等,都是为了减少或预防损失。

业主应认真研究所面临的风险,弄清风险发生的根源,建立损失报表,风险损失分析除考虑损失的直接和间接成本外,还应考虑损失的隐蔽成本。

3. 风险分散

工程业主风险的分散就是增加风险单位,以减轻总体风险给业主造成的压力和隐蔽损失,以达到共同分担风险的目的。

4. 风险转移

风险转移就是业主将一些无法承担却无法拒绝、控制或分散的应由自身承担的风险全部或部分转移给他人,以达到转移风险和风险损失的目的。

工程保险和工程保证担保是转移工程投资风险的方法。国外工程风险保险通常有建筑工程一切险、安装工程一切险、雇主责任险和人身意外伤害险、十年责任险、职业责任险、机动车辆险等险种。工程保证担保由被保证人(业主或承包商等)申请并交付保证费,保证人承担被保证人违约或失误的风险,主要是提供信用保障,只有在被保证人所有资产都付与保证人,仍然无法还清保证人代为履约所支付的全部费用时,保证人才蒙受损失,被保证人正常履行合同后,工程保证费应如期返还,故保证费相当于手续费,相对较低。

5. 风险自留

工程业主在编制投资计划时会列出不可预见费,此即风险自留手段。

7.4 工程项目融资风险管理

7.4.1 项目融资风险管理概述

1. 项目融资的风险管理定义

项目融资的风险管理是指有目的地通过计划、组织、协调和控制等管理活动防止项目融资风险损失的发生、减少损失发生的可能性及削弱损失的影响程度,同时采取各种方法促使有利后果出现和扩大,以获取最大利益的过程。

项目融资的风险管理包括:

①分析,即识别项目存在的风险及风险因素的发展趋势、评估风险对项目的影响,决定是否对风险做出反应,要求在可行性研究报告的基础上,按项目融资的特点和要求,对项目风险作详细分类研究;

②寻找并取舍解决风险的各种可能方案,即根据风险分析的结果,设计出项目融资结构,提出风险分担的合理方案,确保最有能力控制某项风险的一方控制该项风险;

③运用可风险管理工具,即回避、控制和转移,制定和实施成本较低且最实际的风险管理计划,使整体风险损失减少到最小。

2. 项目融资风险管理的过程

第一步:正确判断项目可能产生的风险。

①风险识别和预测。风险识别即找出项目融资的各种潜在风险及其可能发生的各种损失;风险预测即判断未来时间内最有可能发生的风险行为。

②风险估量。风险估量即项目投资者度量和评估风险影响的程度和大小,风险估量应注意风险后果的相对性、综合性和时间性。

③风险预测误差的判断。即充分认识市场行为预测偏差所带来的风险,判断是否准备和有能力承受这种风险。

第二步:风险管理的实施。

项目的核心风险主要由项目投资者承担,贷款银行更关注项目的环境风险,对项目的环境风险,主要的风险管理措施有:

①利率风险管理。采用利率掉期和期权等方式转移风险。

②能源、原材料或最终产品价格的风险管理。要求项目投资者提供信用担保或通过期货等金融衍生工具转移风险。

③货币、汇率风险管理。通过汇率掉期或远期购买等衍生工具转移风险。

此外,贷款银行还要求项目投资者利用风险管理工具的不同组合在时间上和税务上改善项目现金流量。

7.4.2 项目融资风险管理的策略

为减少和降低项目融资的各种风险因素,国际上参与项目融资的贷款银行在实践中逐渐建立了一系列方法和技巧,核心是通过各种类型的契约将与项目有关的各参与方利益结合起来共担风险。贷款银行的一般处理方法见表7-11。

银行处理项目融资风险的一些方法　　表7-11

风险类别	解决方法
资金风险	足够的股本资金投入 股本资金认购协议(规定在项目资金不足时项目股本注入资金的数额和条件) 现金流量缺额保证协议 流动资金维持协议 成本超支基金 项目融资备用贷款
完工风险	完工担保 履约担保 成本超支基金 工程公司的履约保证金 "交钥匙"工程合同
生产/供应风险	履约担保 现金流量缺额保证协议 流动资金维持协议 项目管理协议 "生产或付款"协议 劳工协议 项目保险 长期原材料/能源供应合同
市场/销售风险	长期销售协议("无论提货与否均需付款"和"提货与付款"等类型合同) 现金流量缺额保证协议
金融风险	各类有关利率、汇率的保值措施(如利率、汇率的期权、远期合同等)
政治风险	政府担保 直接政府介入 政治风险保险

7.4.3 案例分析:北京地铁4号线PPP项目的风险分担

1. 项目概况

北京地铁4号线是我国首个采用PPP模式建设城市轨道交通的项目。该项目于2004年8月开工,2009年9月开通运行,投资额约107亿元。该项目将北京地铁4号线的全部建设内容按投资建设责任主体划分为A、B两部分:A部分主要为土建工程建设,由项目主办方进行投资建设;B 部分主要为机电、设备安装等工程,由项目承办方进行投资建设。北京地铁 4 号线 PPP 项目主办方与承办方组织关系如图 7-16 所示。其中 B 部分是 PPP 模式的核心之所在。

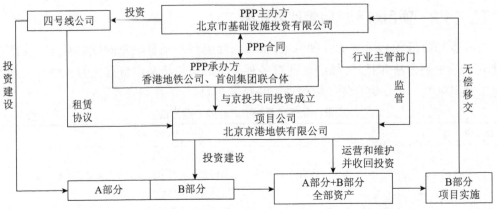

图 7-16 北京地铁 4 号线 PPP 项目主办方与承办方的组织架构

2. 各阶段运作

①项目投融资阶段。项目主办方对投融资资金的监管拥有绝对权利。

②项目勘察、设计阶段。北京地铁 4 号线 PPP 项目的勘察与初步设计均已在 A 部分完成,承办方可看成完全拥有 B 部分的设计权。

③项目招标阶段。北京地铁 4 号线 PPP 项目中,项目承办方行使 B 部分业主的职责,因此拥有该阶段的全部权力。

④项目施工阶段。因承办方要负责项目建设,所以具有较大权力。

⑤项目运营及移交阶段。北京地铁 4 号线 PPP 项目中的承办方为特许经营期内的运营公司,因此拥有项目运营权。

3. 风险分担情况

①投融资风险。作为项目投资人,项目承办方必须保证融资资金按时足额到位,因此承办方理应承担该风险。

②项目勘察、设计风险。此处风险分担完全匹配于项目控制权的配置,北京地铁 4 号线 PPP 项目,承办方独立拥有项目设计权,故独自承担该项风险。

③协调风险。PPP 项目主办方多为政府或政府授权部门,应承担与政府协调不力的风险;而承办方拥有项目建设管理权,应承担与承包商协调不力的风险。

④采购风险。承办方独自拥有设备采购权,因此该项风险也由其独自承担。

⑤项目施工风险。对于征地拆迁造成延误的风险具有一定的特殊性,多由主办方承担;但在北京地铁 4 号线 PPP 项目中,A 部分延误势必造成 B 部分延误,因此承办方和主办方应一起承担该项风险。同时,由于承办方为 B 部分业主,对于项目施工中诸如工程进度延误、工程费用增加、工程质量事故及责任风险、监理工作失误、工程变更等风险,承办方也要一并承担。

北京地铁 4 号线采用的是强 PPP 模式,承办方拥有的项目控制权几乎涵盖了项目建设阶段,为此承办方也承担了与之匹配的较大风险;项目主办方拥有较弱的项目控制权,并承担与之对应的较小风险。

4. PPP项目风险分担模式的分类

影响项目控制权配置和风险分担结果主要有:①项目特点及需求不同。北京地铁4号线PPP项目,为便于项目承办方日后在特许经营期内的运营,项目主办方将B部分的设计、施工等项目控制权均划分给承办方所有;②项目主、承办方项目管理能力的强弱。若主办方拥有丰富的建设管理能力和经验,势必会更多地参与到项目的设计和建设过程中,以便于发挥自身优势。

根据主办方拥有项目控制权及与之匹配风险的大小,可归纳出PPP项目的3种风险分担模式——强PPP、标准PPP和弱PPP模式。

强PPP模式下,项目所有权配置是:

①项目主办方拥有投融资和建设管理的监督权、竣工验收及项目回收权,负有与之对应的项目可研、立项申请、招标、验收、回购、付款等职责;同时承担项目法律、不可抗力、地质条件、项目可行性、项目对投资者的吸引及环保等方面的风险,承担较少的建设阶段风险。

②项目承办方拥有融资权、投资权,负责组建项目公司,进行建设期业主方项目管理,获得建设阶段的大部分控制权,承担建设阶段的大部分风险。当项目承办方拥有较强的财政实力以及设计施工管理等方面专业能力时,适宜采用该模式。由于项目承办方拥有几乎涵盖设计阶段和施工建设阶段的控制权,因此,主办方能否选择符合条件的承办方将直接影响该模式的运行效果。

相应地,标准PPP模式介于强、弱PPP模式之间,项目主办方和承办方之间的控制权配置相对均衡,各自承担的风险也较明确。项目所有权的配置是:

①PPP主办方履行项目所有权人的职责,拥有选择项目投资人、审批工程变更、制定设计标准等权力。

②PPP承办方负责对项目进行投资,独立选择施工承包商和材料供应商,对建设过程进行全面管理并承担相应风险。

弱PPP模式是项目主办方拥有绝对的项目控制权,并承担与之对应的较大风险。主办方不仅对项目前期、工程设计进行管理和控制,还参与项目建设施工管理,但PPP承办方的权力较小。项目所有权配置是:

①PPP主办方履行项目所有权人的职责,拥有选择项目投资人、审批项目变更、控制设计质量、监督项目实施过程等权力。

②PPP承办方负责对项目进行投资,与主办方共同监督、管理施工承包商的选择和工程施工。

③PPP项目公司是项目管理单位,全面负责PPP项目的组织实施。该模式适用于项目主办方具有较强专业技术水平及项目管理能力的PPP项目。PPP主办方要对项目施工进行全过程监督,对PPP项目的关键节点进行管理和控制,以保障项目目标的实现。而如何有效履行PPP主办方强控制的监管职责是弱PPP模式有效运行的关键问题。

本章小结

本章介绍了风险的含义、特征、成本,以及风险管理、风险识别、风险估计、风险决策和风险评价等风险管理基本理论,在此基础上,解释了工程项目投融资风险的概念、产生原因、特点,以及工程投融资风险分析与评价和项目可行性研究的差异,分别按照项目发展阶段、风险表现形式、风险投入要素、风险可控性、风险影响范围、风险预警特性、项目参与者等划分工程投融资风险的不同分类,说明了不同风险的基本风险管理方法。

本章具体研究了项目投融资风险分析的基本方法,即如果风险变化在一定范围内,采用盈亏平衡分析法、敏感性分析法等;如果风险变化遵循一定规律,采用概率分析法、CAPM 分析法、蒙特卡洛分析法,投资膨胀分析法等;如果风险变化没有规律,则采用准则分析法、专家评分分析法、风险当量分析法等。

本章还重点说明了工程投资业主和工程融资风险管理的基本内容,即它们的基本含义、风险辨识分析和评估等风险管理步骤以及相关控制风险的应对策略。

习题

1. 风险的含义、特征和成本是什么?
2. 风险管理的含义和基本组成是什么?
3. 风险识别的含义和基本步骤是什么?
4. 风险估计的含义、使用的概率类型、风险估计的度量是什么?
5. 风险决策的含义和特点是什么?
6. 主要的风险管理工具有哪些?不同阶段的风险管理内容?
7. 项目投融资风险的概念?产生的原因?特点?
8. 项目投融资风险与可行性研究的区别?
9. 按照项目发展阶段,不同阶段会面临哪些投融资风险?应该如何管理?
10. 按照项目表现形式,有哪些投融资风险,应该如何管理?
11. 按照项目投入要素,有哪些投融资风险,应该如何管理?
12. 按照项目风险的可控性,有哪些投融资风险,应该如何管理?
13. 按照项目影响范围,有哪些投融资风险,应该如何管理?
14. 按照项目风险的预警特性,有哪些投融资风险,应该如何管理?
15. 按照项目的参与者,有哪些投融资风险,应该如何管理?
16. 如何进行盈亏平衡分析?如何进行敏感性分析?如何进行概率分析?
17. 如何进行 CAPM 分析?如何进行资本结构决策分析?
18. 如何进行蒙特卡洛分析?如何进行投资膨胀分析?
19. 如何进行专家调查分析?如何进行风险当量分析?
20. 工程投资业主风险的含义、特征、分类、辨识过程和风险衡量是什么?
21. 工程投资业主风险分析和评估的含义、分析步骤和风险控制方法是什么?
22. 工程项目融资风险管理的含义、基本过程和应对策略是什么?

23. 某新建项目正常年份的设计生产能力为 100 万件,年固定成本为 580 万元,每件产品销售价预计 60 元,销售税金及附加税率为 6%,单位产品的可变成本估算额 40 元。

问题:(1)对项目进行盈余平衡分析,计算项目的产量盈亏平衡点和单价盈亏平衡点。

(2)在市场销售良好情况下,正常生产年份的最大可能盈利额多少?

(3)在市场销售不良情况下,企业欲保证能获年利润 120 万元的年产量应为多少?

(4)在市场销售不良的情况下,为了促销,产品的市场价格由 60 元降低 10% 销售时,若每年获年利润 60 万元的年产量应为多少?

(5)从盈亏平衡分析角度,判断该项目的可行性。

24. 某方案年设计生产能力为 6000 件,每件产品价格为 50 元,单件产品变动成本为 20 元,单件产品销售税金及附加(含增值税)为 10 元。年固定总成本为 64000 元。用产量表示的盈亏平衡点为(　　)件。

　　A. 800　　　　　B. 1600　　　　　C. 2133　　　　　D. 3200

25. 某化工厂为保护环境拟建一个废水处理厂,现有两个方案:建大厂或建小厂,其中建大厂需初始投资 300 万元,而建小厂有两个方案,或者只建一套装置需初始投资 50 万元,若建两套装置则需投资 80 万元,大厂与小厂的寿命都是 10 年,由于化工厂原料来源不同,致使废水的有害物质含量也不同,估计在使用期间,含有害物质高的可能性为 0.7,两方案的年经营费如表,贴现率为 8%,应选择什么方案。(提示决策树法)

年经营费用表(单位:万元)

状态概率 方案	含有害物质(0.7)	含有害物质(0.3)
建大厂	10	5
建小厂一套装置	20	3
建小厂两套装置	14	4

参考文献

[1] 曾忠东. 保险企业全面风险管理研究 [D]. 四川:四川大学,2006.

[2] 范小军. 基础项目融资风险的分担比例研究 [J]. 管理工程学报,2007(1).

[3] 张极井. 项目融资 [M]. 北京:中信出版社,2004.

[4] 徐劲. 项目融资过程中的风险管理研究 [J]. 商场现代化,2007(3).

[5] 戴大双. 项目融资 [M]. 北京:机械工业出版社.2005.

[6] 冀伟. 大型项目融资风险度量 [J]. 兰州交通大学学报,2006(6).

[7] 马秀岩,卢洪升. 项目融资 [M]. 大连:东北财经大学出版社,2004.

[8] 张建. 城市轨道交通项目融资的偿债能力分析 [J]. 价值工程,2006(12).

[9] 注册咨询工程师考试编写委员会. 项目决策分析与评价 [M]. 北京:中国计划出版社,2004.

[10] 徐莉. 项目融资 [M]. 武汉:武汉大学出版社,2005.

[11] 蒋先玲. 项目融资 [M]. 北京:中国金融出版社,2001.

[12] 罗斌. 项目融资的风险管理研究 [J]. 山东纺织经济,2006(6).

[13] 王立国. 工程项目融资 [M]. 北京：人民邮电出版社，2002.

[14] 孙杰. 城市基础设施项目融资风险识别与防范策略 [J]. 工程建设与设计，2006（11）.

[15] 赵振民. 项目融资风险的管理措施 [J]. 集团经济研究，2006（20）.

[16] 卢有杰. 项目融资 [M]. 北京：清华大学出版社，1998.

[17] 曹健. 论融资租赁项目风险管理的基本策略 [D]. 北京：对外经济贸易大学，2006.

[18] 杨芳. 项目融资的优势和风险分析 [J]. 科技资讯，2006（32）.

[19] 张维华. 榆神煤炭液化项目敏感性分析 [J]. 现代企业，2006（09）.

[20] 李恒毅. 房地产项目融资风险评估 [J]. 湖南经济管理干部学报，2006（4）.

[21] 牟方松. 项目融资中承包商对完工风险的预测与控制 [J]. 工业技术经济，2006（8）.

[22] 刘江华. 项目融资风险分担研究 [J]. 工业技术经济，2006（8）.

[23] 罗吉·弗兰根等. 工程建设风险管理 [M]. 李世蓉，等，译. 北京：中国建筑出版社，2000.

[24] 卢有杰，卢家仪. 项目风险管理 [M]. 北京：清华大学出版社，1998.

[25] 于九如. 投资项目的风险分析 [M]. 北京：机械工业出版社，1999.

[26] 国家发展改革委员会，建设部.《建设项目经济评价方法与参数》[M]. 3版. 北京：中国计划出版社，2006.

[27] 陈丹. 论建筑业投资项目的融资风险管理 [J]. 当代教育理论与实践，2012，4（5）：145-146.

[28] 贯君，张文. 浅析我国项目融资风险管理 [J]. 黑龙江对外经贸，2011（1）：50-51.

[29] 许晓丽. 项目融资风险管理的问题与对策 [J]. 商业会计，2012（1）：57-59.